本书承瀚华金控股份有限公司资助出版

本集目录

民国金融

阎锡山与山西省银行 …………………………………………………………… 3

阎锡山早期的银行资本——山西官钱局和晋胜银行 ……………………… 9

蒋阎冯中原混战与晋省金融 ………………………………………………… 19

抗战前阎锡山的农村金融政策 ……………………………………………… 39

山西货币商人在对外经贸中的贡献 ………………………………………… 52

阎锡山的金融货币金融思想与实践 ………………………………………… 61

山西与山西人要为中央银行制度做出更多的贡献 ………………………… 72

阎锡山时代的山西产业结构调整 …………………………………………… 76

太原解放战役中的金融战线 ………………………………………………… 87

美国白银政策与中国货币改革 ……………………………………………… 99

阎锡山金融思想学说概述……………………………………………………… 110

新中国金融

中国金融的百年回顾 ……………………………………………… 143

新中国金融五十年 ………………………………………………… 150

晋商银行从历史中走来 …………………………………………… 156

引导中国金融发展——纪念《中国金融》创刊 65 周年 ………… 176

中国金融改革探索

明清商业革命对金融的呼唤 ……………………………………… 185

中国金融革命探讨 ………………………………………………… 240

明清货币商人的经营战略 ………………………………………… 265

中国金融理论演进

中国金融理论演进纲要 …………………………………………… 283

专 访

货币，大国角力的利器——访山西财经大学孔祥毅教授 ………… 329

孔祥毅：对话票号历史 探寻山西金融发展之路 ………………… 334

民 国 金 融

阎锡山与山西省银行

背景说明

　　本文是《阎锡山与山西省银行》一书的概述，中国社会科学出版社 1980 年 1 月出版。

　　该书的史料收集、整理和编辑工作是在人民银行总行金融史编写组具体指导下，由人民银行山西省分行在山西财经学院的支持下组织金融史编写组完成的。作者作为编写组成员，从 1974 年末到 1979 年参与了编写的全过程。

　　民国时期的山西金融史有其特殊性，当时在总行金融史编写组讨论时，大家都把它看作是特殊类型的金融史，称为"阎锡山独立王国统治下的金融"。其特殊性表现在自成体系：山西省银行在山西省有类似中央银行的职能，占据垄断地位，其金融体系号称"四行一库"，即山西省银行、晋绥地方铁路银号、绥西垦业银号、晋北盐业银号和山西省省铁垦盐四银行号实物十足准备库，并实行货币的物产证券本位制度，与南京政府的法币建立汇兑联系，一直到 1941 年后才实行法币政策。

　　山西省银行（以下简称省银行），是山西土皇帝阎锡山的官僚资本金融机构，它随着阎锡山军阀政权的建立而产生，又随其军阀政权的崩溃而灭亡。在阎锡山统治山西 38 年的历史过程中，省银行自始至终都是一个封建"独立王国"的中央银行，残酷地掠夺劳动人民的财富，成为阎锡山维持军阀割据的财政支柱。

一

1911 年，阎锡山窃取了山西辛亥革命的胜利果实后，面临着严峻的财政经济困难。最初，他采用"募捐"和向巨富"借款"的办法，解决了一些临时的困难。旋于 1912 年组设山西官钱局，但仍满足不了军政费用激增的需要。1918 年，阎锡山兼任山西省省长后，又设立了铜元局，用低价收买民间制钱改铸铜元的办法，仅 1 年多就获利 360 万元。于是，受到"启发"，筹组山西省银行，于 1919 年 8 月 1 日正式开始营业。预定资总额为 300 万元（实收 120 万元），股本来源：一是接受官钱局的财产；二是用军政府"劝募"的借款转为省银行股金；三是省政府拨款。首任总经理阎维藩未及 1 年即去职，由阎锡山的叔丈人徐一清继任。

省银行成立后，在太原设总管理处。总管理处下设总稽核、总文书、总营业、总会计及司券、司库，时称"四总两司"。另设太原分行对外营业。在各主要县城及区设立分行、办事处和寄庄。以后，随着阎锡山反动势力的扩张，又陆续在天津、上海、汉口、北京、石家庄、保定、绥远等地设立了分支机构。到 1929 年，省内外分支机构达 40 余处，形成了一个触角四伸的金融组织。

省银行的经营方针，按其章程规定，"以调剂金融，扶助生产事业的发展"为宗旨。经营的业务范围主要有八项：存款；放款；汇兑；买卖生金、生银；折收未满期限期票及汇票；代表有交往之银行、公司、商号及个人收取各种票据和款项；代人保管贵重物品；办理储蓄。但是，章程上的规定只是个形式，实际搞什么，则完全根据阎锡山统治集团的需要而定。如章程上的规定并无发行纸币、经营产业两项，然而省银行一成立，就迫不及待地印发钞票（人们习惯上称之为晋钞），并经营地产、投资工业，攫取巨额利润。

省银行为了垄断纸币发行权，以"划一币制"为名，凭借政府的法令，取缔了私营商号的钱帖子，而省银行的纸币并无保证准备。开始一段时期晋钞可以十足兑现。当群众被迷惑后，即大量发行纸币。据统计，截至 1928 年底，10 年间共发行纸币 1300 万元，平均每年 130 万元。从 1929 年起，为了支持更大规模的"倒蒋"战争，更肆意滥印滥发。当时，阎锡山、冯玉祥、汪精卫的 70 万军队的饷项，全赖山西省银行的印钞机，晋钞随之涌向省外，到 1930 年 10 月底，纸币发行量猛增至近 1 亿元。不久，"倒蒋"战争失败，晋钞随同军队一起，像飞蝗一样涌回山西，市场商品被抢购一空，通货急骤膨胀，金融极度混乱，给山西人民带来了严重的灾难。

1930年底，阎锡山挟历年掠夺山西人民所得的巨款逃往大连，托庇于日本帝国主义。接着，商震出任山西省政府主席，力图维持省银行的局面，想了各种办法，但都无济于事。省银行仍处于严重的危机之中。

二

1932年初，阎锡山与蒋介石达成妥协，重掌了山西的军政大权。他一上台，就利用广大人民群众迫切要求改变现状的强烈愿望，高喊"造产救国"的口号，立即着手整顿、改造省银行。他首先借口总经理高步青有以落价省钞套取省银行库存现洋的不法行为，勒令高步青退出现洋100万元，并撤销高步青总经理职务，另委任王骧为总经理。接着发行"兑现券"，以新钞1元收兑旧钞20元。其次，修订省银行章程，定为"官营民监"，标榜什么"以后概不借垫军、政各费"等，并由省政府特派监理员1人，监理一切收支及各项财产。再次，裁撤机构，削减职员。复次，规定省拨银行资本为1200万元，由省政府分年拨给，以后增至2000万元。最后，由省政府授予发行纸币、经理省金库和省建设金库以及募集和经理公债等特权。

这次省银行的所谓"改组"，实际上并没有给省银行增添多少信誉。于是，从1933年开始，先后成立了晋绥地方铁路银号、绥西垦业银号和晋北盐业银号3个官僚资本金融机构，初步预定3家资本合计550万元。1936年，以一纸空文分别确定资本为1000万元、200万元、100万元。这3家官银号，名义是以"发展晋、绥两省地方所有铁路和扶助有关铁路建设事业"，"扶助垦牧事业"，"扶助盐号经济，调剂盐区各县金融"为宗旨，实质上是与省银行四位一体，相互配合，通过发行纸币，办理存放汇兑等业务活动，进一步垄断全省金融，控制经济命脉。

为了把银行资本触角伸向农村，瓜分农村高利贷资本的利润，进而独占农村金融市场，省银行又积极支持筹组县银号和村信用合作社。通过对县银号"息借"资本，村信用合作社向县银号"息借"资本以及县银号、村信用合作社、当铺"代发"省银行兑换券等办法，尽收农村金融机构为其附庸，层层借贷取利，成为农村高利贷资本的总后台。

1935 年，蒋介石政府实行"法币"政策后，阎锡山进一步加紧宣传他所谓的"物产证券"理论，成立"山西省省铁垦盐四银行号实物十足准备库"。以"实物准备"为幌子，用四银行、号（省银行、铁路银号、垦业银号、盐业银号）的纸币，强行收购人民的产品，高价出售，赚取商业利润，美其名曰"收物发券，售物兑现"，肆意进行投机活动。

随着银行资本的膨胀，阎锡山又进而扩展其官僚资本工商业。他以省政府和太原经济建设委员会的名义，大量发行名目繁多的所谓"借款券"，如"统一建设借款券"、"公路建设库券"等，实际上就是地方公债。以省银行为首的四银行、号，是借款券的主要承购者，它们以借券为"准备"，满足供应官僚资本工业商业的需要，只要阎锡山写个"可"字，要多少钱给多少钱，而且美其名曰"核准发行"。截至 1937 年 8 月底，仅山西省银行承购这种"借款券"未还本者，尚有 4927 万元，超过其资本总额 1 倍多。

阎锡山为了便于控制，把银行资本与工商业资本结合起来，统一管理。于是又有康采恩式的所谓"山西人民公营事业董事会"这样一个包罗万象的组织，来经管阎锡山官僚资本的主要工业、交通运输业、商业和金融业。它不仅有人事管理和任免权，而且有资金调度与运用权。它的最高权力机关是"督理委员会"。阎锡山亲任首席督理委员，至高无上，大权独揽，成为实际垄断山西经济命脉的太上皇。他直接指挥垄断资本进行各种活动，排挤、吞并民族工商业，聚敛财富。

三

"七七"事变后，日寇大举进犯山西，阎锡山匆忙令四银行、号合并为二银行、号（垦号并入省行，盐号并入铁号），随军逃窜。由省银行和铁路银号抽调行员 12 人，组成"随营银行办事处"，沿途给军政人员发饷，其余人员押送资财撤往西安。

阎锡山带领其军政机关撤至晋西后，一面令省银行抽调大批人员携带巨款赴成都筹组"华利号"，令铁路银号筹组"裕中商行"，进行商业投机；一面又在晋西成立 5 个银行办事处，并在陕西秋林"票济村"开动印钞机，大量发行"花脸票"（因纸质不佳，票版粗劣，币面模糊，人们称之为"花脸票"）。从 1939 年开始发行，到 1941 年停印，不到 3 年时间，共印发 1.3 亿元，区区晋西只有 5 县（后来才有 5 个完整县、7 个不完整县，共 12 "县"），晋钞如此大量发行，形同废纸，人民怨声载道，拒绝使用。阎锡山为了平息民怨，竟以高价出售大烟土和实行田赋附加办法，来抑制晋钞的贬值趋势。同时，为了从蒋介石政府那里发一笔财，于 1940 年，回财政部提出了"整理晋钞"问题，要求蒋"中央"给予支持。此项"交涉"延续两年之久，终因蒋介石、孔祥熙不买这个账，阎锡山碰了一鼻子灰，"整理晋钞"不了了之。

开设在四川成都的省银行、铁路银号的这种"华利号"、"裕中商行"，在汉中、广元、兰州、成都、重庆以至昆明等地，大量倒贩、囤积金银、纱布以及其他日用品，大发国难财。仅 1940 年，即盈利 87 万元，超过资本总额近 2 倍。由于投机生意越搞越凶，与地方利益发生了冲突，1943 年被四川当局驱逐出境。

与此同时，阎锡山又提出了所谓"新经济政策"，成立了名目繁多的所谓"合作社"。名曰"合作"，实为官办，严禁私人经营工业、手工业和商业，强制推行一个地区、一个商店、一个价格的政策，垄断市场，从而控制了人民的生产、交换和消费。为了解决这些"合作社"的资金问题，又大量发行"合作券"，用"没收货物给收条"的办法，掠夺人民的资财。因此，晋西人民把这种"合作券"讽刺为"活捉券"。

四

中国人民在中国共产党和毛主席的领导下，经过八年浴血奋战，打败了日本侵略者。阎锡山为窃取抗战胜利果实，暗中与日寇山西派遣军秘密勾结，利用日伪力量，抢先进占了太原。山西省银行也跟着阎锡山的军队返回太原，开张营业。

省银行恢复营业后，第一件事就是伙同德国纳粹分子扬宁史等，合组"同记公司"，大搞买办投机，为阎锡山进行反共反人民的罪恶勾当提供大量外汇资金。同时，更肆无忌惮地大搞囤积物资、倒卖金银等投机倒把活动，牟取暴利，并通过祝寿、献碉等方式为阎死守太原"堡垒城"积极筹措资金和物资。在此期间，为了应付伪"中央"的命令，省银行被迫进行了所谓"改组"，表面上由"民营事业董事会"（公营事业董事会在抗战胜利后改称民营事业董事会）改归省政府领导，实际上仍是阎锡山统治集团的摇钱树。在阎锡山政权行将灭亡的前夕，省银行又积极替其转移资产，犯下了严重的罪行。

1949 年 4 月 24 日，中国人民解放军攻克太原城，彻底捣毁了土皇帝阎锡山盘踞了 38 年的老巢，中国人民解放军太原市军事管制委员会金融接管组迅即进驻山西省银行，胜利地完成了接管工作。至此，山西省银行终于回到人民手中。

阎锡山早期的银行资本

——山西官钱局和晋胜银行

背景说明

1974～1977 年，作者被借调人民银行山西省分行金融史研究组，研究阎锡山与山西省银行，1977 年完成了《山西省银行简史》和《山西省银行史料》，1980 年由中国社会科学出版社出版了《阎锡山和山西省银行》一书。本文原载《山西财经学院学报》1980 年第 1 期，主要讨论 1919 年山西省银行成立以前的山西银行资本及山西官钱局与晋胜银行。

一

山西官钱局和晋胜银行，是阎锡山统治山西的早期官僚资本金融机构。对于官钱局的一些问题，至今未见专门文章，有些书中偶尔讲到的点滴问题，说法亦多不一，就连官钱局的成立时间，也有多种不同说法。至于晋胜银行，涉及则更少。而弄清这两个金融机构的产生与发展对研究近代金融史很有必要，因为它和阎锡山官僚资本的发迹有着不可分割的联系，同时，对研究半殖民地半封建的旧中国地方军阀割据历史也是不可忽视的问题。为了澄清一些历史事实，现根据近年调查所得并辩证各家说法，简述如后，就教于经济史学界的同志们。

山西官钱局成立于何时？多少年来众说纷纭。主要说法有以下三种：第一，辛亥革命以前成立。如《巨变中的太原》说，辛亥革命前太原已经有了山西官钱局，"清政府垮台后，官钱局仍旧保留"。① 第二，1911 年辛亥革命过程中成立。其中有说辛亥九月成立，如贾士毅《民国财政史》说："山西官钱于辛亥九月，由该省军政府拨资创办。"② 有说辛亥十一月成立，如张家骧《中华币制史》说："山西官钱局，系由该省军政府于辛亥年十一月拨资兴办。"③ 魏建猷《中国近代货币史》、张郁兰《中国银行业发展史》亦认为山西官钱局成立于 1911 年。④ 第三，民国元年（1912年）四月以后成立。如《晋阳日报三十周年纪念册》载："辛亥九月本省军民起义，军政府成立大汉银行，发行军用手票若干，民国元年，本省成立山西官钱局，后改为山西省银行。"⑤ 曾亲身参加辛亥革命的同盟会会员南桂馨先生的一篇回忆录也说道："辛亥革命过程中，地方秩序一度混乱，晋泰官钱局被抢一空，因而停办。阎锡山回省（这是一九一二年四月的事）稳定军政局面以后，又把官钱局（没了晋泰二字）恢复起来。"⑥

究竟哪一种说法符合历史呢？我认为第三种说法是可靠的。

1911 年 10 月 29 日，山西军民响应武昌起义，击毙清政府山西巡抚陆钟琦，夺取山西军政大权，成立山西军政府。当时阎锡山玩弄两面手法，篡夺了革命果实，窃取了军政府都督职位。当天下午，乱兵抢劫了藩库和晋泰官钱局（清光绪二十八年成立），该局人员逃散，房屋、账册毁于大火之中。使军政府在财政上遇到了极大困难。当时，北京清政府对太原起义，大为震惊，决定派兵镇压，为防御清兵反扑，山西军政府议定立即派兵前往娘子关抵御。部队出时，没有军饷，军政府被迫印发军用票8000 元，⑦ 先将部队开发。接着，成立大汉银行，由军政府财政部副部长、阎锡山的叔丈人徐一清兼任行长。但大汉银行是个空架子，没有资

---

① 《巨变中的太原》（财贸部分）1960 年。
② 《民国财政史》下册第六编，商务印书馆，1945 年。
③ 《中华币制史》第二编，民国大学，1925 年。
④ 《中国近代货币史》，群联出版社，1955 年。载："山西官钱局系辛亥革命期间成立。"《中国银行业发展史》，上海人民出版社，1958 年，清末地方银行统计表记载山西官钱局成立年份是 1911 年。
⑤ 《晋阳日报三十周年纪念册》，1936 年 7 月。张子杰：《三十年来之山西经济》。
⑥ 《一九三〇年以前阎锡山的经济措施》，《山西文史资料》第 5 辑。
⑦ 据山西官钱局监理官朱善元给北洋政府财政部的报告载，该局 1914 年 12 月底"财产目录"中有"军用票"一项，说"军用票，五千四百二十七两八钱七分，是项为前都督府收存之本省军用票，计小银元九千七百七十五零一百八十文，按一千八，合红封平银五千四百二十七两八钱七分，以六钱七分八厘，折合大洋八千零一十九元九角一分七厘。"又，"军用票说明，此种军票系民国元年奉前民政长周函官钱局，用现款换回作废之票，计小洋九千七百七十元零一角八分……合大洋八千零一十九元九角一分七厘。慎列。"摘北洋政府财政部档案。

金。阎锡山派人到祁县向富商借银 30 万两，充实大汉银行，借以周转。恰在这时，娘子关驻军电告，军士因军用票无处兑现，军心不稳，阎即派人持现银到娘子关收兑军用票。然而，未待大汉银行站稳脚跟，12 月 11 日，清兵攻破娘子关，阎锡山弃兵北逃宁武，后抵包头。1 月 5 日，清兵占领太原，大汉银行也就消匿于军事旋涡中了。后清廷垮台，袁世凯窃踞了临时大总统，此间又经过许多周折，到 1912 年 3 月，袁世凯方同意任阎锡山为山西都督，4 月 4 日阎返回太原就任。经初步整顿秩序后，由省政府拨给资本银，正式成立山西官钱局，开始营业。同年，经省民政长周勃批准，由官钱局以现银将前军政府所发军用票从都督府换回，此项军用票一直作为资产列在官钱局账上。

从这段历史可以看出：第一，既然山西辛亥起义是 10 月 29 日，那么在此以前山西只有清政府巡抚衙门，根本没有另外一个军政府，缘何能有"辛亥九月，由该省军政府拨资创办"官钱局呢？这是不会有的事。第二，既然从太原起义到清兵复辟，只有两个月的时间，而且娘子关军事火急，已成立的大汉银行尚无多少事情可做，怎么能在 1 个月之内于 11 月再成立一个山西官钱局呢？这也是不可能的。第三，既然辛亥革命时藩库和晋泰官钱局被洗劫一空，支出无着被迫印发军用票，并向富商借款和劝募现银、物资，财政支绌如此严重，怎么能"拨资兴办"官钱局？可见认为官钱局成立于 1911 年可能是把官钱局与大汉银行这两个不同时期的金融机构当成一回事了。第四，既然阎锡山是民国四月四日返并，那么官钱局成立的时间最早不能在四月四日以前。另据晋泰官钱局总经理渠本澄《呈都督民政长陈明清理手续将本局注销以为结束文》①谈，民国告成后，渠召集该局旧有人员成立清理处，于 1912 年 5 月 10 日向阎锡山递交了清理计划，随即开始清理欠外、外欠，为此开出一张票据，现银 1000 两，在山西官钱局支用，可见这时山西官钱局已经开始营业。因此，山西官钱局成立的时间，我们可以初步认定是 1912 年夏季。

山西官钱局初成立时，并未制定章则制度，其组织管理和业务手续均按照票号的办法办理。到 1913 年始明订章程，整顿组织。设总局于太原市，总局之下分设文书、会计、出纳、营业四股，另在天津、曲沃等地设有分局。②

---

① 《山西政报》1913 年。
② 山西官钱局监理官给北洋政府财政部的报告，摘自北洋政府财政部档案。

山西官钱局的资本由省政府分年拨给，至 1914 年底，先后拨入红封平银 269987 两 4 钱 7 分 3 厘，小洋 9569 元 947 文，大洋 52048 元 7 分 6 厘。按当时市上银两、小洋、大洋比价，总共折合大洋 454673 元 5 角 8 分 3 厘。[①] 这就是官钱局最高资本额。

山西官钱局虽在 1914 年末已有资本 45 万元，但其营业额并不是很大。据山西官钱监理官给北洋政府财政部的报告，1914 年末资产目录如下：

表1　1914 年末山西官钱局资产　　　　　　　　　单位：元

营业用器具	1703.531
军用票	8019.917
长期放款	267660.948
短期放款	155228.620
抵押放款	315.514
各署往来欠款	412582.979
各行往来欠款	213550.310
各户往来欠款	40813.579
库存生银	123041.918
库存大银元	180287.973
库存小银元	52973.574
库存制钱	905.350
合计	1457048.213

由数据可知，资产运用为实收资本额的 3 倍多，这与后来山西省银行的资产运用超过资本额几十倍以至几百倍的情况相去甚远。不奇怪，这与阎锡山当时军事上高唱"保境安民"，经济上侈谈"六政三事"是相一致的。彼时，阎锡山的羽毛未丰，资本不厚，不能拉出军队与各派军阀争雄，只好闭关自守，巩固内部，因而官钱局业务谨慎，范围狭小，发行不多，随发随收。

当时，官钱局的主要业务，首先是经管财政款项的收支。初成立时，全部公款均存放该局。1913 年，北洋政府在各省设立"国税筹备处"（后改为国税厅），山西国税收入自此则由省财政司划出，归国税厅管辖，并存入中国银行太原分行（该行于同年由前大清银行山西分行改组）。之后，官钱局只管地方财政收入，及田赋附加捐税各款，代理省库。[②] 对于

---

① 山西官钱局监理官给北洋政府财政部的报告，摘自北洋政府财政部档案。
② 《一九三零年以前阎锡山的经济措施》，《山西文史资料》第 5 辑。

民国金融

商业方面，营业甚狭。据贾士毅《民国财政史》下册第六编，1913年末官钱局对各机关与商业存放款的情况如下：

表 2　1913 年末官钱局存放款情况

项目	存款		放款	
	金额（元）	占比（%）	金额（元）	占比（%）
合计	507500	100	465100	100
其中：公款	415300	81.83	445000	95.68
商业行户	92200	18.17	20100	4.32

可以看出，存款总额中有 81.83% 来自各局署的公款，而商业性存款只占 18.17%；同期放款总额中，放于各局署的占 95.68%，商业放款只有 4.32%。可见官钱局基本服务于机关财政，而对于工农业生产和商品流通几乎无甚业务。

其次，官钱局办理钱币兑换和货币发行业务。民国初年，山西通行的货币极为混乱，同时流通的货币大体如下：

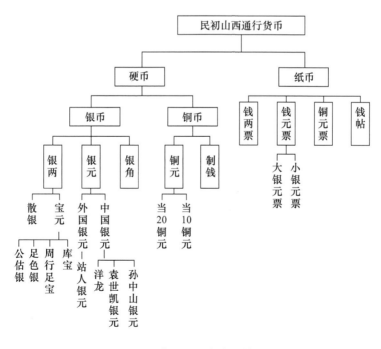

图 1　民初山西通行货币情况

当时，不仅钱币紊乱，而且平砝不一。据张家骧《中华币制史》第二编，太原、新绛当时通行平砝为：

表3　民初太原通行平码　　　　　　　　　单位：元

平砝名称	比较数目	其他平砝名称	比较数目
库平	1000	北京公砝平	1036
库平	1000	上海公砝平	1020.7
街市平	1000	库平	990
红封平	1000	库平	1000
省大平	1000	库平	1000
司库平	1000	库平	1008
老湘平	1000	库平	960
新湘平	1000	库平	940

表4　民初新绛通行平码　　　　　　　　　单位：元

平砝名称	比较数目	其他平砝名称	比较数目
公议平	1000	北京公砝平	1017
泾公平	999	公议平	1000
羊皮平	1004	公议平	1000
牛皮平	1013	公议平	1000
杂货平	1001	公议平	1000
金珠平	1006	公议平	1000

官钱局未成立以前，钱币兑换均由私立银号、钱庄等办理。官钱局成立后，在平色上较私人银钱业略有优待，因而夺得大量业务。山西官钱局给北洋政府财政部的报告所附《山西省通用货币种类及折合本位币定价表》，如表5所示。

表5 民初山西省通用货币种类及折合本位币定价表

红封平银	0.6665 两
老湘平银	0.6943 两
新湘平银	0.7091 两
新银铺币	10 角
小洋	11.97 角
铜元	127 枚
制钱	1270 个

但是，压平擦色的事仍然是其取利的重要途径。

山西官钱局的纸币发行，据《中华币制史》、《中国近代货币史》和山西官钱局部分档案资料记载，民初曾发行小银元票 6 万余元，很快被全部收回。1913 年以后主要年份发行情况如下：

表6 1913~1917 年山西大小银元发行情况

年份	大银元票	小银元票		银条纸币	合计
		数目	折合大银元票		
1913	4040 元	81800 元	68167 元		87207 余元
1914	69992 元	41797 元	34831 元	15000 余元	104823 元
1917	53723 元	9097 元	7588 元		61311 元

注：1914 年数字包括流通在外和柜存周转纸币，其他年份为周转在外数；按 1.2 元小银元票折合大银元票 1 元计算。

按上述资料，山西官钱局的发行额在全省银钱业总发行中所占的比重如表7 所示。

表7 民初山西官钱局发行额在全省银钱业总发行中的比重

年份	户数			发行		
	全省银钱业总户数（户）	其中官钱局（户）	比重（%）	全省总发行（元）	其中官钱局发行（元）	比重（%）
1913	524	21	4.01	1066939	87207	8.16
1914	569	1	0.17	1495525	104823	7.01
1917	414	1	0.24	863646	61311	7.10

由表 7 可知，官钱局在全省银钱业中只占 4.01% 左右，而纸币发行却占到 7%~8%。

当时，官钱局的纸币是可以兑现的。1915 年 1 月，5 元大银元票 1 张，可以兑换银元 5 元，或兑白银 3 两 6 钱 6 厘，或兑制钱 5896 文；3 元大银元票 1 张，可以兑换银元 3 元，或兑白银 2 两 1 钱 6 分 4 厘，或兑制钱 1000 文。① 1916 年中国银行和交通银行在京、津、沪曾一度停止兑现，其他地区也有折扣情事，而阎锡山的官钱局纸币则照常行使，如数兑现，无折扣发生，信用良好。所以有人说，阎锡山初期不骗人，正是为了后来欺骗更多的人。

官钱局的盈利之巨，是十分可观的。1912~1913 年虽资本仅有 3 万多元，而且营业伊始，许多事情尚未就绪，然而就在这一年多时间内，仅从所获盈利中拨充资本的现款就达 6400 余两，折合现洋近万元。当时利润分配的办法是七成归公，三成归局员分红。以此计算全部利润，则在 1200 多元以上。② 以后资本增至 45 万余元，加上历年公积投入周转，获利之巨，可以想见。真是官钱局依官而盛，阎政权依局而富。

二

前文述及，山西官钱局在阎政权的扶植下，资本充足，业务发达，盈利丰厚，但是相比同时期的晋胜银行，却大为逊色。

晋胜银行是阎锡山集团的"私资银行"，成立于 1913 年 1 月 1 日。原定资本 80 万元，实收资本 18.5 万多元③，名义上由阎锡山等私人投资，而实际上是一笔挪用来的公款。其时，阎锡山根本没有那么多的货币积累。阎未放洋留学前，曾与其父阎昌春在五台县开设钱铺，因过度发行钱帖，投机失败，赖账潜逃太原，弃商操戈。④ 留学日本后又转而投机革命。好不容易时来运转，登上了"督军"宝座，虽在辛亥革命中趁乱兵行劫之机，捞了一笔不义之财⑤，但是要拿出如此巨大的资金开办银行，

---

① 山西官钱局监理官给北洋政府财政的报告，北洋政府部档案。
② 贾士毅《民国财政史》第六编，商务印书馆，1945 年。
③ 晋胜银行业务报表，北洋政府财政部档案。
④ 1979 年 4 月 10 日在山西省政协召开的一次关于阎锡山统治山西情况座谈会的笔记。
⑤ 山西省文史馆王定南同志访问辛亥革命时陆军第四十三协骑兵营右队队长潘迁安先生记述："阎锡山派他三营张瑜带兵抢了方山府三晋源米粮店……将抢来的银子装在粪桶里，用车运出太原城北门外古村，交给商人王左掌柜替他们保存，事后王左把这些银子交给了阎锡山、张瑜，"《山西文史资料》第 9 辑。

尚属困难。于是便利用职权，由将军署"拨给官本十余万元，嗣后陆续归还，全系商本办理"。同年即发行纸币 433500 元，票面分 1 元、3 元、5 元、10 元四种，接着在北京、天津、张家口、大同、包头、丰镇、汉口等地设立分行多处，扩大营业，办理汇兑、划拨、存款、放款等业务。通过与旧交通系梁士诒的关系，晋胜银行又代办了交通银行在山西的业务，并代发交通银行纸币①。总行执事人贾继英，是山西金融界老手，据传，八国联军进攻北京，慈禧太后西逃时，路经山西，经费拮据，贾力主票号承借。后慈禧"回驾"，筹办户部银行（后改大清银行），欲交山西票号商人承办，票号商虽未承办此事，贾继英则因之声名大震，商界流传"五百年必有王者兴，一千年才出了个贾继英"。由此，贾继英担任了大清银行山西分行经理。②此时，阎锡山任贾为晋胜银行总经理后，确实营业旺盛，冠盖官钱局和中国银行太原分行之上，1913～1920 年的 7 年时间，仅公积金就达到了 45000 多元，占到资本额的 1/4 左右。③

这个时期，阎锡山控制的官钱局和晋胜银行两个官僚资本金融机构，在全省银钱业中的地位已经十分显赫。民初山西金融业中官僚资本与民族资本的比较如下：

表 8　民初金融业官僚资本与民族资本比较

年　份	金融机构户数					货币发行额				
	合计（户）	民资		官资		合计（元）	民资		官资	
		户数（户）	占比（%）	户数（户）	占比（%）		金额（元）	占比（%）	金额（元）	占比（%）
1913	524	522	99.62	2	0.38	1066939	546232	51.20	520707	48.80
1914	569	567	99.65	2	0.35	1495525	957202	64.00	538323	36.00
1917	414	412	99.52	2	0.48	863646	749264	86.76	114282	13.24

1917 年以前，官钱局与晋胜银行在全省银钱业的纸币发行中占据优势。但是，它们在同业发行中的比重却呈下降的趋势。这是什么原因呢？山西省由于交通不便，经济落后，文化较低，一向闭关自守，行动迟缓，不仅官钱局成立晚于外省，纸币发行也远不及京、津及沿海省份。民国以

---

① 晋胜银行业务报表；陈涛给北洋政府财政部的调查报告。北洋政府财政部档案。
② 1975 年 5 月 14 日访问山西金融界老人、榆次常紫先生时，常提供的资料。
③ 晋胜银行业务报表，北洋政府财政部档案。

来阎锡山用发票子筹款，逐渐使民间银钱票商以及典当各业看到了发行纸币的"好处"，故民国以来，私家纸币增发较快，于是出现了所谓"商夺官利"的情形。

多财善贾的阎锡山如何能容得"商夺官利"？而且他手握山西军政两枚印，眼望着娘子关外军阀混乱，急于打将出去，浑水摸鱼，扩大地盘，苦于力量不足，不敢出兵，乃大力推行"村本政治"，贩卖行动。这样就要求财政必须有新的来源，光凭田赋及附加，杯水车薪，无济于事。于是除了调整税率，增加税目等办法外，最简便最直接的办法是从金融货币上打主意。1915 年 10 月北洋政府关于《取缔纸币条例》公布后，阎敏感地认定，划一币制，取缔私钱，垄断货币发行的利权，刻不容缓。但是，限于官钱局资本无多，省府增资又不可能，遂想出利用民资一法。立令亲信陆军旅长赵戴文、粮服局长徐一清等 12 人发起成立山西省银行，以"股份有限公司"相标榜，聘票号素著声誉的金融老手阎维藩、齐孟彪分任山西省银行正副筹备处处长，于 1917 年开始筹备，1919 年 1 月 1 日正式成立。官钱局资本全部充作公股，另吸收商股一部，合计资本 120 万元。原官钱局职工 100 名，全部转至省银行。[①] 山西官钱局至此全部结束。

山西省银行成立之后，阎维藩不到一年即去职，由徐一清继任总经理。这时，山西省银行资本雄厚，营业发达，既是商业银行，又是土皇帝的"中央银行"，执行金融行政管理职权，阎锡山指挥如意，用款自由，晋胜银行相形见绌，更加 1920 年北洋政府再次颁发《修正取缔纸币条例》，发行纸币的银钱行号，要受财政部的检查和监督，不甚自由。遂于1921 年停业，将其资本化整为零，改为典当、钱庄、商店，为其官僚资本体系——所谓"外府"和"内府"奠定了基础。

---

① 山西省档案馆：《山西省银行进退条例》。

蒋阎冯中原混战与晋省金融

背景说明

本文原载《山西财经学院学报》1980 年第 2 期。在北洋军阀混战前期，阎锡山没有出兵参战，而是在山西省内从金融政策入手整顿经济和社会，如整顿货币金融、开办股份公司、发展农林水利、大办军火工业等，被北洋政府授予模范省省长，并且通过出售军火赚了不少钱。到 1925 年才率晋军冲出山西，夺得绥、冀、察、平、津，成为四省两市的领袖。到 1930 年，联合南京编遣会议上受到利益伤害的冯玉祥、汪精卫等各派军事力量组成倒蒋联盟。阎锡山于民国十九年九月九日上午 9 时在北平中南海怀仁堂宣誓就任国家主席和陆海空军总司令，宣布倒蒋开始，一场蒋阎冯中原大混战打响了。倒蒋军队的经费全赖山西省银行的印钞机。阎冯军队的失败给晋钞和山西省人民带来了严重的灾难。

1930 年蒋（介石）阎（锡山）冯（玉祥）中原大混战，是中国近代军阀混战史上规模最大、战斗最烈、死伤最多的一次混战。双方投入的兵力达百万人以上，消耗了中国人民无数生命财产。这一年蒋介石南京政府的直接军费开支达到了 3.12 亿元，占其财政支出的 43.7%，占其债务收入以外的财政收入的 60% 以上。[①] 阎锡山方面的军事费用也是巨大的。这

---

① 《中国近代农业史资料》，三联书店，1957 年；《上海金融史话》，上海人民出版社，1978 年。

些钱财是怎样从人民群众身上搜刮得来而又是怎样用以残害人民和装进他们的腰包，本文试就阎锡山方面进行剖析，从而对近代军阀与银行的关系及其金融政策与后果进行初步探索，以就教于史学界的同志们。

一

1927 年夏，阎锡山改易青天白日旗后，立即发动了讨伐奉军张作霖的战争，不久遭到严重挫败。1928 年 3 月蒋介石在徐州召开军事会议，将全国支持南京蒋介石政权的军队编为四个集团军，蒋自兼第一集团军总司令，分别任冯玉祥、阎锡山、李宗仁为第二、第三、第四集团军总司令，接着下令"北伐"进攻奉军。阎锡山在第一、第二、第四集团军的配合下，又秘密派人与天津日本驻屯军司令新井及关东军特务相勾结，取得日本侵略者的支持，迫使张作霖退回关外，迅速占领京津，当即电召晋省人员，日夜兼程赶赴平津接任。阎在一年前曾举行县知事考试，录取180 名，此时仍不足调用，将他的育才院（人称奴才院）改为党政学院，培植力量，接着在北京碧云寺召开的会议上，蒋介石顺水推舟，决定将北京改为北平，任阎锡山为平津卫成总司令，任阎属傅作义、南桂馨、赵戴文、商震、徐永昌、杨爱源分别为天津、察哈尔、河北、绥远军政负责人，平津两市和晋冀察绥四省归于阎锡山手中。

在这场军事变动中，阎锡山曾下令停止山西省银行纸币兑现，将不兑现晋钞向外推行，军队到处张贴布告："本军军饷，向系发给山西省银行票，现在军队进到北京，仓促不及兑付现款，诚恐士兵持有该行银元票购买物品、兑换铜元，各商号未及周知，一时难于通用，已责成北京总商会，暂时一律使用，本总司令到京后，即负责兑现，绝不使我商民稍受损失，仰即一体周知。"① 与此同时，阎锡山又将平津两市税收全部截留自用，大有不可一世之概，就在阎锡山这方面得意之时，蒋介石那方面也在施行着自己的一套计划。蒋利用晋军打败奉军，不仅是要削平老军阀，重要的是建立独裁专制的蒋家王朝。在北京会议上，蒋就提出国家统一，要实行军队编遣，冯、阎、李都不便提出反对，而到了 1929 年 1 月南京编遣会议上，却吵成一团，谁也不愿编遣自己的部队。蒋为了拉阎压冯、李，任阎为编遣委员会经理处主任，用阎这架铁算盘，控制编遣军费，阎

---

① 《阎抵北京后之重要消息》，《来复报》1928 年 6 月第 494 号。

两面不得罪，以调解人姿态出现，但编遣仍进行不下去，蒋李、蒋冯之间接近火并。1929年4月，蒋桂战争终于爆发，蒋打败了李宗仁，李丢了两湖，退回广西。接着蒋又以重金拉走了冯玉祥手下的五虎上将石友三、韩复榘等，下令讨冯，冯被迫退入潼关。阎锡山预感到蒋介石吃掉冯玉祥就该吃自己了，不反蒋也得反蒋。恰此时唐生智因两湖地盘问题对蒋不满，联络阎锡山表示愿拥阎为首，共同倒蒋，阎答应送唐军费补助60万元，发动军事。唐通电反蒋时，将阎的名位放在汪精卫之后，阎即决定拥蒋讨唐，出兵河南。蒋介石在讨唐事平后，秘密布置韩复榘在郑州活捉阎锡山，阎得悉仓皇逃离郑州返回太原。蒋阎矛盾进一步激化。这是阎锡山倒蒋的政治背景。

在经济方面，1929年11月，蒋介石派财政部长宋子文到北平，借口统一全国财政税收，划分地方税和国税，接收天津海关和长芦盐运使署等税收机关，欲把平津税收这块肥肉从阎口中夺走。① 阎无奈，只好把平津税收机关的晋方人员撤走，向宋子文提出平津卫戍部队的经费由财政部拨发，宋答应照办，可是只发了一个月就停止了。阎受骗后，又提出"北伐"时山西省银行曾垫款3000万元，申请发行金融公债3000万元以资弥补，但也被蒋否决。阎锡山气得捶着桌子对左右骂道："我很后悔北伐时垫此巨款，这件事咱们做错了。现在蒋要用经济手段把咱们困死"，"以前我还以为蒋介石可以相处，现在他居然压到我的头上来了"。②

从客观方面讲，1929年6月阎锡山软禁冯玉祥于山西五台以后，冯的部下鹿钟麟秘密与南京何应钦联系，何为了替蒋介石拉西北军打阎锡山，表示只要西北军愿意打阎，马上可以得到蒋介石的接济。鹿与蒋拉上关系，便与石友三、韩复榘联系一起打阎，其往来电报被阎破译，阎留禁冯玉祥本来是想借以自重，好与蒋讨价还价，反招致西北军与蒋的联合，置自己于孤立地位。同时由于冯在山西，晋军实力较强，反蒋的各派系都派有代表在太原活动拥阎倒蒋。阎锡山盘算，不倒蒋就不能达到"自存"，更不能达到夺取全国政权的目的，只有倒蒋一条路可走。

那么，军事上力量如何呢？阎锡山也进行了一番盘算。南京编遣会议后，他进行了第四次大规模扩军，将晋军扩大到步兵10个军30个师，保安纵队4个纵队（后改为4个军）12个旅，骑兵4个师，炮兵7个旅。

---

① 山西省文史馆：《阎锡山统治山西罪恶史》油印本上册。
② 陈少校：《阎锡山之兴灭》，香港致诚出版社，1972年。

再加上其他反蒋各派军事，大大超过了蒋介石军队，阎锡山全面权衡轻重之后，认为形势乐观，遂决定联合各派反蒋力量，一举推翻南京蒋介石王朝，建立他自己统治中国的政权。

1930 年 2 月，阎锡山与南京政府先打了一场笔战。笔战期间，国民党反蒋各派系和反蒋各大小军阀，纷纷派代表麇集太原，其中有改组派汪精卫、陈公博，西山会议派邹鲁、谢持等，军阀方面有冯玉祥、李宗仁、刘文辉、韩复榘、石友三、孙殿英、张学良、唐生智、马鸿逵、刘湘、宋哲元等的代表，共 50 多人，由阎锡山主持在太原开了倒蒋会议。2 月 28 日，阎锡山亲到软禁冯玉祥的地方看冯，并念了讨蒋电稿，陪冯到达太原。接着以李宗仁等名义发出通电，拥阎为陆海空军司令，冯玉祥、张学良为副总司令。3 月 8 日阎送冯离并返陕，并赠送现洋 50 万元、机枪 200 挺、面粉 2000 袋作礼物。① 接着阎在太原组成陆海空军总司令部，3 月 21 日阎冯发出讨蒋通电，蒋介石于 4 月 5 日下令免除阎锡山本兼各职，"严拿惩办"。一场大规模的军阀混战开始了。

阎冯方面，调动晋军 20 万人，西北 27 万人，加上其他杂牌军队共 70 万人。晋军主力沿津浦线南下，直指南京；陇海线方面由晋军担任中央正面，石友三、万选才分为左右翼；西北军沿平汉线南进。蒋介石方面，也作了相应的兵力部署。同时又派出一批说客到各杂牌军队中去"游说"，进行分化瓦解和收买拉拢工作。倒蒋联军本来就是各派军阀的大凑合，战斗开始，各怀异志，互相观望，谁也不肯牺牲自己的主力，加上蒋介石方面的"委任状"和现洋，阎冯方面很快显出弱点。双方军事一接触，陇海线上的刘茂恩因不满阎对他的安排又嫌军饷少，首先倒戈，使阵地后退百余里，接着是石友三无心反蒋，真心戒冯，消耗了不少力量，津浦线方面，指挥不灵，互相拆台。再加上军纪混乱，抢劫商民，蹂躏百姓；阎锡山把最次的物资当军用品，供应不良，军士骂阎是钱铺老板；军粮实行就地征集，征粮不给钱，各级官佐贪污私分，军士生活时感困难。军队吸毒问题也很严重，中原老百姓说"阎锡山的队伍每人带二支枪一支炮，步枪大烟枪高射炮（吸白面用具）"。所以，根本无法谈其战斗力。阎军在津浦线上只打到曲阜就再也无法前进了。7 月 31 日，蒋军在津浦线上开始总攻，8 月 10 日阎军退到黄河北岸，败退中，正遇秋

---

① 陈少校：《阎锡山之兴灭》，香港致诚出版社，1972 年。

雨连绵，行动困难，有被打死的，有被地方民团解除武装的，有掉河淹死的，溃不成军。9月18日，未就任讨蒋副总司令职而处于观望状态的东北军张学良，在阎冯军事失利后，通电拥蒋，挥军入关。中原战场上的阎冯军队大为动摇，冯玉祥的部队怕退回西北贫瘠山区再过艰苦生活，一批批投降蒋介石，未投降的也只得向北溃退。平汉线上退下来的冯军拟撤入较富足的山西晋南，阎锡山怕丢了山西地盘，抢先指挥晋军向娘子关内撤退。陇海线上的军队也仓促翻越太行山进入晋东南一带。

在中原战场炮火连天的同时，阎冯方面在北平召开了国民党扩大会议。前在国民党二届四中全会上蒋介石曾提出党务案，旨在军事上消灭异己力量的同时，在党内摧垮反对派，建立蒋家私党。这就使凭党字吃饭的汪精卫失去了权力，不能不依靠阎冯反蒋力量；阎冯虽有军队在手，但要与蒋介石对抗，也要利用汪精卫这块牌子支撑党统门面。8月7日，国民党反蒋各派系在北平召开国民党扩大会议，发表宣言，通过了政府组织大纲，另组国民政府，由阎锡山任中华国家主席，冯玉祥、汪精卫等任国府委员。民国十九年九月九日上午9时，阎锡山与汪精卫在北平怀仁堂宣誓就职。本来要取"九九"谐音"久久"，使中华国家主席的皇冠能长长久久、久久长长地戴下去，殊不知"四九小朝廷"只坐了9天，十八日张学良通电入关，使阎冯汪处于腹背受敌之势，九月十九日扩大会议只得偃旗息鼓退入太原。代表们无事可做，整日吃喝玩乐，尝"全羊席"，听"梆子戏"，百无聊赖。

在这场军阀混战中，死亡于战场的壮丁30万人[1]。双方军队拉锯式地往返于河南、山东、河北、山西诸省，造成了中原地区的兵灾，据记载，河南洛阳等27县，兵灾损失平均占农产常年产值的160.2%[2]。战争中阎冯方面的军费主要依赖山西省银行的印钞机，随着军事败北，溃军和纸币一下涌回山西，造成纸币毛荒，物价飞涨，商业倒闭，农村破产。几十万军队猬集，粮糈无着，只好就地勒索摊派，偶有不周，动辄武力威吓。临晋县长郭某被枪击碎膀骨，解县支差局长几被毒打至死[3]。军队对地方官吏尚且如此，对老百姓就可想而知，奸淫掳掠，无所不为，解县在一年内供应军队仅现洋就达100万元[4]。屯留县1930年10月至1933年6

① ② 《中国近代农业史资料》第三辑，三联书店，1957年。
③ 山西省文史馆：《阎锡山统治山西罪恶史》油印本上册。
④ 陶伯行：《阎冯倒蒋之战给山西人民带来的灾难》。

月供应军队粮秣白面 2033105 斤，小米 2306520 斤，玉米面 1230910 斤，麸子 55875 斤，谷草 4852930 斤，现洋 36356 元，另外还有差车、差务不下 10 万元。[①] 再加上地方官绅在办理差务时加派粮款，从中渔利，搞得老百姓家破人亡。当时，蒋介石又派飞机来并轰炸，太原商民惊恐万分，阎锡山也被弄得昼夜不宁。他本想蜷缩山西，闭关自守，怎奈蒋介石逼迫日紧，通令全国"缉拿阎逆就地正法"。在内外夹攻之下，只得于十一月末乔装打扮，离开山西，在日本人保护下避居大连。一场规模巨大的军阀混战以阎锡山的失败而告终。

二

阎锡山发动这场战争，旨在称霸中华，夺取蒋介石的王位。他指挥 70 多万军队并支撑扩大会议与国民政府，是需要一笔巨大的经费的，而动摇于蒋阎之间杂牌军队的拉拢收买更是非钱不行。

为了筹集这笔经费，阎锡山实行增加捐税、预征田赋等办法，以各种名目向劳动人民搜刮。到 1930 年倒蒋之前，除国税留归省用的印花税、烟酒公卖费税、烟酒产销税、烟酒牌照税、关税、盐税、特税等税目以外，省地方征收的厘税有田赋、契税、牙税、当税、屠宰税、猪羊小肠税、商税、畜税、厘金、邮寄包裹税、皮毛税、木料税、碱税、蛋黄蛋白税、棉花税、卷烟吸户税、矿税、营业税、斗捐、车捐、戏捐等，正税之外，还有各种名目的附加。[②] 如田赋一项，向分地丁、米豆和租课三种，其中地丁正银 1 两，需要随加耗羡银 1 钱 3 分，亩捐银 1 钱 5 分，平余银 1~2 钱，再加汇价、杂费等项，附加部分达到 7~8 钱。在征收时还要折征银两，1 两地丁正税要折征银元 2 元 3 角；米豆一项，按原粜价，每米 1 石折银 1 两 2 钱，每豆 1 石折银 6 钱 1 分，实际征收时还要有各种附加，每石米折征 3 元 3 角，每石豆折征 1 元 8 角 5 分，尚不包括随征之斛面、样盘、口袋、脚费等，而且米豆还分为甲、乙、丙三等，三类米豆折征数有高有低，[③] 这五花八门的名目，纳税人根本无法弄清，征税人自可随意索讨而中饱私囊。这仅为常年征税情形，而军事期间，各种差杂费用又在田赋上加征。如沁县在 1930 年 11 月至次年 3 月，5 个月内地丁正税 1 两

① 《中国近代农业史资料》第 3 辑，三联书店，1957 年。
② 赵作哲：《抗战以前山西的税务税则》，《山西文史资料》第 6 辑。
③ 仇曾诒：《抗战以前的山西财政》，《山西文史资料》第 3 辑。

所摊兵差为 128 元 6 角 3 分，平均每月 25 元 7 角 2 分（折合小米 214 斤多），较辛亥革命前差役最重的光绪五年（1879 年）每两地丁正税平均每月负担兵差 75 文制钱（折小米 12 斤半）增加到 17 倍多。[1] 山西崞县在 20 年代初全年所难兵差数千元[2]，1930 年 12 月 1 个月竟负担兵差 152804 元，1930 年 11 月至 1931 年 3 月，5 个月中山西南部闻喜、屯留、襄垣等县平均所出兵差占地丁正税的 2216％。[3] 除田赋加征之外，还实行田赋预征。山西田赋一向分为前后两季完纳，称为上忙和下忙。1930 年夏季，阎锡山令各县将该年下忙应纳田赋与上忙一次并收，6 月底清解，当时正遇上年旱灾严重，本年小麦尚未收割，逼得农民高利借贷，剜肉补疮。[4] 对于税款征收办法，原是设局派员征集，后来阎独出心裁，实行招商包办，由省署分别额定包额，派员令县招商承包，凡投标超过定额或已足定额者，即准该商包征，投标不及定额仍派员征收。那些地方权势，土豪恶霸，争相承包，借机向老百姓敲诈勒索。这一办法使阎锡山的税收年年增加，1924 年包税收入 700 万元，比 1914 年的 140 万元增加 4 倍。1928 年以后由于战争影响，经济萧条，铺保倒闭，一些包商破产，积欠税款 70 余万元，在临战之前，为了保证财政收入，阎又放弃包税，设局稽收，[5] 两手交替，使财税收入不断增加。这一系列财政措施，虽使阎集中了一大批金钱，但应付浩大的倒蒋军费，只能算杯水车薪，为此阎锡山在金融方面制定了以下政策：

（一）清退山西省银行商股，改为官办

山西省银行是 1919 年在山西官钱局基础上改组而来的。当初因资本不足，信用未孚，阎锡山决定吸收商股，定为股份有限公司，"官督商办"。然而自成立以来，主要任务是发行纸币，对公放款、管理全省金融行政，实际上是阎锡山军阀政权的"中央银行"。但是，既有商股存在，必有商股董事，这对阎任意发行纸币，提用现金，多少也有不便之处。于是在 1930 年决定清退商股，将私人股票按票面以现金全数收买，解散该行董事会，委财政厅长仇曾诒为省银行监理。这样，一切内幕，局外人自

---

①②③ 《中国近代农业史资料》第 3 辑，三联书店，1957 年。

④ 山西省文史馆：《阎锡山统治山西罪恶史》油印本上册。

⑤ 仇曾诒：《抗战以前的山西财政》，《山西文史资料》第 3 辑。

然无从得知。① 据《银行周报》报道，倒蒋前省银行库存现金1200万元，战争中阎锡山提取现金600余万元，败北逃走时又提走200万元，阎出走后商震派人清库，只剩40万元了。②

（二）取消发行准备金制度，为无限制发行钞票大开绿灯

发行兑换券必须有足够的准备金，这是银行发行的常规。按当时银行条例，其准备金至少必须有六成现金准备，四成证券准备。倒蒋开始前，即1930年初，阎锡山令财政厅长兼省行监理仇曾诒，取消纸币发行必须有现六券四准备金的规定，而根据需要，随时发行支援军用，为无限制发行纸币大开绿灯。1913年以前，省银行纸币发行，只有500万元，1924～1929年也只增加到1300万元，然而到1930年1～10月，晋钞发行增到了7500多万元。③

（三）停止兑现，限制省外汇兑和现银出境

阎锡山收集现银，推行纸币，大体经过三个阶段，各阶段的政策和主要措施是：第一，20年代山西市场上流通的纸币，有中国银行纸币、山西省银行纸币和私人商号的钱帖，在阎锡山军政力量支持下，省银行不断扩张，中国银行的业务逐渐萧条，1923年由分行改为支行，1930年再改支行为办事处。④ 纸币发行日趋缩小。地方钱帖，经阎几年的"划一币制"，"取缔私票"，也接近绝迹，1929年民财两厅再次通令各县，勒令私人商号和金融业所发钱帖限分三期全部收回销毁，代之以省银行钞票。到1930年初全省市场钞票已为省银行纸币独占。第二，在省外开拓晋钞市场，宣布钞票上所打地名戳记不再生效，取消流通地界和兑现区城限制，省银行总管理处为此所发通告还说："倘有不法之徒或奸商拒绝、播弄、故意折扣，即行拿获，以凭惩办。"⑤ 第三，停止兑现。此间也经过

---

① 关于清退商股的时间向有两种说法，一种说法是在1923年左右清理，如王尊光《阎锡山的四银行号》和南桂馨《1930年以前阎锡山的经济措施》都是这么讲。另一种说法是1930年清理的，如当时的省行监理仇曾诒"抗战以前的山西财政"一文中说："……奉军入关后，晋钞不能在省外行使，悉数退回本省，钞价大跌，市面停滞，同时又将行内商股退还，经高处派员赴行毛底清查，据报晋钞发行额共为七千余万元，该行仅实存现元四十余万元，不及发行额百分之一。"曾在省银行当过会计主任的张邦彦有《阎匪滥发晋钞情况》中说："晋钞发行总数已高达七千万元，这大量的纸币不无任何现金准备，都被阎锡山挪作军事急需、买爪牙使用，余下点残羹剩汤，又以发还商股名义，也为阎锡山和依附他的商人们所巧取强夺。"《银行周报》1931年3月14日《山西省银行沿革记》也有1930年"发还商股用去百余万"的记载。经核对，后一种说法比较可信。
② 《银行周报》1930年3月14日。
③ 王尊光：《阎锡山的四银行号》，未刊稿。
④ 《中国实业志》（山西省），实业部国际贸易局，1937年版（辛）。
⑤ 《山西政报》1930年2月12日。

了暂时停兑、时停时兑和完全停兑三个步骤。打奉军时，阎张贴布告，宣布停兑，说"俟军事结束后恢复原状"，并令各县知事"传谕所属"，"倘胆敢扰乱金融者，着即拘拿，从严惩办"。① 后来倒也开兑了几天，借口"营业繁剧"改为下午兑换，半兑半不兑。② 到了1930年2月中旬，大战将临，遂以"奸商从中取巧，借省钞之兑现作牟利之途径"为口实，假"省内外商家来函，电请予以取缔奸商播弄金融"为名，宣布停止兑现。③ 晋钞停兑后，钞价大落，物价上涨。由于当时晋钞在省外还维持兑现以利阎锡山的信用，于是商人多要求汇款到外地，增加了省际间的逆差，这时阎锡山又提出了"限现出境，平准汇费"的政策，令财政厅、宪兵司令部等五机关成立"汇额检查委员会"，限定汇款数额，提高汇费，1929年初，汇费每千元平均为二三十元左右，而汇额检查委员会规定每千元汇款收费300元。④ 同时又制定《禁止携带现款出省办法》，规定"凡私运现款出省者，一律将现款和运现人扣留，一面呈报省府，一面送省公安局或当地县政府处罚：运现一百元至一千元者，罚百分之二十；一千元至三千元者，罚百分之四十；三千元至一万元者，罚百分之六十；一万元至五万元者，罚百分之八十；五万元以上全部没收。所得罚款百分之三十归查获人，百分之七十归公。百元以下捎家款和旅费，须出示有关机关证明文件，否则不得通行。"为此设有宪兵、警察、驻军组成的稽查队，关卡林立，严行搜查。⑤ 这一规定，不仅为阎锡山从商旅和行人手中抢夺了大量现银，也给警宪关卡制造了敲诈勒索大发横财的机会。

（四）成立中华国家银行，发行"通用票"

阎锡山联冯倒蒋的政治目的，是取代蒋介石的皇位。因此在金融政策上自然要有一套国统的体系。1930年夏，阎在进兵中原的同时，在太原龙王庙街成立了银行学校，令全省105县每县由店员子弟选送5名共500余人经考试录取100名学生，培训银行干部，由省银行行长徐一清任校长。⑥ 但远水不解近渴，乃由山西省银行抽调大批得力人员，在北京成立中华国家银行，由徐一清任行长。7月18日由阎锡山的陆海空军总司令

① 《银行月刊》1928年第8卷第3号。
② 《山西政报》1930年2月12日。
③ 《山西财报》1930年2月20日。
④ 《银行周报》1930年第14卷第24号。
⑤ 《山西省政府公布》，《来复报》1929年11月17日；《山西政报》1930年12月18日。
⑥ 作者1975年10月11日访问陕西咸阳市支行李一平同志记录。李当时为该校学生。

部核准公布了《中华国家银行条例》、《国家金库条例》和《中华国家银行兑换券暂行章程》等有关条例法令，规定国家总、分、支金库由中华国家银行经理。规定中华国家银行发行 1 元、5 元、10 元、50 元、100 元和 1 角、2 角、5 角 8 种兑换券，按面额与现洋等价流通。[①] 为了保证这些"纸蝴蝶"的信用，开始时曾在票面打有地名戳记，借以迷惑人心。然而这一国家银证刚刚摆好档口，9 月 18 日张学良通电入关，20 日阎锡山就"手谕"国家银行"着即移设太原营业"，10 月 3 日中华国家银行在太原市鼓楼街中国银行挂出了招牌。但为了强制推行这种毫无准备的"国家纸票"，阎以陆海空军总司令部名义通令晋冀察绥各省政府，国家银行所发印有"北京"字样的钞票一律通用。[②] 在阎锡山中华国家银行体系中，还有个投资银行，即在成立国家银行的同时，拨款 100 万元，由山西省银行北京分行经理王子寿负责，在天津组成建设银行，聘天津金融界素著声誉的金融老手、平定人黄益臣为经理，该行于 9 月 1 日开张，9 月 18 日即行垮台。阎令将资本金 100 万元送给汪精卫 50 万元，为汪出洋费用，其余资金转入地下，在法租界丰泰里开设亨记银号，成为私资银行。[③]

三

阎锡山的一系列金融政策，旨在集中现金，扩大纸币发行，提供军用。这些政策执行的结果，使市场通货膨胀，现金奇缺，信用中断，交易困难，生产萎缩。通货膨胀所带来的国民收入重新分配，使贫苦人民更加贫困，使军阀和剥削阶级大发横财。蒋阎冯中原大混战所造成的这场金融货币危机，一直持续三年之久。据《巨变中的太原》有关资料，1929～1931 年，太原市 1 元银元与晋钞的比价变化如表 1 所示。

表 1　1929～1931 年太原 1 元银元与晋钞比价变化　　　　单位:%

	1月	2月	3月	4月	5月	6月	7月	8月	9月	10月	11月	12月
1929 年	1	1	1	1	1	1	1	1	1	1	1	1
1930 年	13	13	13	13	13	5	5	5	7	13	17	25
1931 年	30	30	30	20	20	20	20	20	20	20	20	30

在货币危机中，多少晋钞可以换到 1 元银元，是由多方面的因素决定

---

① 《山西政报》1930 年 10 月 20 日。
② 《山西政报》1930 年 11 月 20 日。
③ 阎子奉：《阎锡山家族经营的企业》，《文史资料选辑》第 49 辑。

的，至少它要受到军事的成败、晋钞本身的发行数量、当局的财政金融措施和由此而造成的人们的心理状态等的影响。因此，晋钞与银元比价的变化大体可以反映出这场货币危机的演变。从倒蒋开始到 1932 年 2 月阎二次上台收回旧钞发行新钞为止，大体上历经了四个阶段：

第一阶段：从 1930 年 2 月到 9 月中旬，这个时期晋钞停兑，商民以折扣晋钞而进行抵制，市场由追逐银币到追逐铜元，货币危机由猛烈而一度趋于和缓，在这次战争之前，阎锡山打奉军长达 10 个月之久，据阎锡山自己公开的数字，曾由山西省银行垫款 3000 万元，虽在省内停止兑现，亦曾发生几度挤兑，但因阎的势力已达 4 省 2 市，称雄华北，晋钞在平津尚照常兑现，所以"省钞易银元一元，只找贴铜元数枚，汇费每千元平均为二三十元，铜币易银元一元，平均为三百六七十枚，铜钞（铜元券）易银币一元，平均四百枚上下"，① 以致讨唐战争之后，市场仍然相对稳定。1930 年 1 月 25 日阎实行晋钞兑现，原想对外"昭著信用"，好暗中增发纸币，筹措倒蒋经费，却不料"自开兑后，前后不满十日，共兑出四五百万"，因而被迫于 2 月 19 日宣布停兑。在蒋阎双方笔战激烈、反蒋各派军阀代表聚集太原商讨倒蒋计划、战争气氛紧张的情况下，晋钞兑现的一放一收，自然动摇市面。商民持银元券不能兑换银元，于是追逐铜元。5 月省财政厅又"新印铜钞一百万，发省银行使用"，使市场铜币更加紧张，于是山西省政府又制立了"铜钞找零办法"三项，规定凡持铜元券 100 枚以内或银元券 3 角以内到银行调换铜元，只付铜元 10 枚，其余搭付铜元券和银角券；凡持铜元券 100 枚以外或银元券 3 角以外到银行调换铜元，只换给 1/10 现铜元，最多不得超过 100 枚，其余付铜元券和银角券；每人每天不得有两次以上到行调换。② 但到 6 月初，虽然蒋介石南京政府行政院发布命令，要全国商民对阎锡山"所发种种纸币债券及各项票据""一律拒绝"使用，③ 阎又实行限制兑现政策，但自战争打响后，阎冯军队暂占上风，再加北京国民党扩大会议开幕，中华国家银行成立，阎还按期开兑了编遣欠饷定期库券和金库券，政治军事形势有利阎冯方面，所以从 6 月到 9 月初，市场上晋钞对银元比价较春季还稍有回升。

第二阶段：1930 年 9 月下旬到 11 月末。这个时期通货急剧膨胀，币值猛烈下跌，公私拒收晋钞，改用现洋，纸币发行由官而民，市场追逐物

---

①② 《银行周报》1930 年第 14 卷第 24 号。

③ 南京政府财政部档案卷三。

资。9 月 18 日张学良通电入关，砸碎了阎锡山的如意算盘。军事失败，扩大会议散伙，国民政府烟消灰灭，但阎对于中华国家银行还要尽量利用，立令搬迁太原。随着这一切，晋钞价格猛烈下跌，金融市场一片混乱。9 月 25 日山西省政府贴出布告："谕令各商民人等，对于晋钞一律行使，不准折扣"，并说"查市面风传将有折扣情事，显系奸人造谣，有意扰乱，除令军警严密查拿外"，"仰商民人等照常营业，毋得听信谣传，自起纷扰"。① 26 日又发一个布告，"奉总司令阎迥电"，"设法严惩数家以树正风"，令太原卫戍司令部、宪兵司令部、公安局、总商会、阳曲县政府"彻底查究，依法严惩"。② 但是任何严令都无法抵御客观经济规律，流通中拥塞大量纸币，不能不使钞票与银元比价继续下跌。据阎锡山 10 月 18 日返回太原后所公布的数字，③ 其纸币发行情况如表 2 所示。

表 2　纸币发行情况　　　　　　　　　　单位：元

项目	钞票种类	券别	发行额	折合银元券
流通在外钞票额	银元券	1 角券	1272446.00	
		2 角券	2068239.00	
		5 角券	136406.50	
		1 元券	14650077.00	
		5 元券	6828700.00	
		10 元券	19223290.00	
		50 元券	2796350.00	
		100 元券	38900.00	
		小计	47014409.50	47014409.50
流通在外钞票额	铜元券	10 枚券	911364 吊 800 文	
		20 枚券	1303673 吊 300 文	
		50 枚券	230676 吊	
		100 枚券	687220 吊	
		300 枚券	25500 吊	
		500 枚券	800 吊	
		小计	3159235 吊 100 文	789808.77

①② 《山西政报》1930 年 9 月 27 日。

③ 根据 1930 年 10 月 31 日阎锡山给各县长和商会电见《山西政报》1930 年 11 月 2 日和《中行月刊》1930 年第 1 卷第 5 期报道整理。

续表

项目	钞票种类	券别	发行额	折合银元券
	分行业务库存	19049922.41		
业务库存周转额	太原总行库存	27777538.61		
	合计	46827461.02		
	钞票	17500000		
阎锡山向省行提用军费	现洋	6000000		
	合计	23500000		

而实际晋钞发行多少呢：据 1931 年 3 月 24 日《银行周报》报道："该行发行总额，据官方称虽为四千七百余万，然社会纷传有谓七千余万者，有谓一亿一千万者，其中真相殊难明了。"据 1932 年的省银行监理王尊光在新中国成立后的回忆文章中说："1930 年阎锡山与蒋介石中原大混战，七十余万正杂各军的军费，绝大部分以山西省银行纸币支付。阎被打败，战争结束时，省银行的纸币发行额突增到七千五百余万元。"[①] 此外还有当时的财政厅长仇曾诒[②]、省银行会计主任张帮彦[③]、会计常紫书[④]等在新中国成立后写的回忆录中都说是 7000 余万元，因账簿档案失落，迄今只能暂以此数。即便以此计算，倒蒋一役纸币发行较打奉军时增加到 5 倍，较阎参加军阀混战之前，增加 15 倍。不过，尽管军阀政权可以在这些花花绿绿的纸票上印刷任意价值的名称，10 元、50 元、100 元……但这些纸币一经投入流通，他对这些纸票的控制必将同这一机械动作一起完结。晋钞价值一落千丈，阎锡山对它亦无可奈何。10 月 13 日阎下令正太铁路客票停止收用晋钞，一律改收中华国家银行票，"如乘客无该行钞票者，准以现洋代替"（货车托运收费改用中华国家银行票是 9 月 1 日）。[⑤] 实际上是停用晋钞，改为现银元。铁路此举之后，商办电业局、电话局、电报局、相继效仿，[⑥] 社会呈现一片混乱。火车站收取旅客现洋，找以晋钞，如由太原到榆次，票价 4 角 5 分，付给现洋 1 元，而路局找出晋钞 5 角 5 分，路局和行旅时起冲突。"自车站改收现洋后，十月十

---

① 王尊光：《阎锡山的四银行号》，未刊稿。
② 《抗战以前的山西财政》，《山西文史资料》第 3 辑。
③ 《阎匪滥发晋钞情况》，未刊稿。
④ 《阎锡山垄断金融核心——山西省银行》，未刊稿。
⑤ 《山西政报》1930 年 9 月 27 日，10 月 16 日。
⑥ 《银行周报》1930 年第 14 卷第 42 号。

四日早午两次客车。仅售票十八张，十五日由此开榆次车售票十二张，开石家庄车售票四张。"还有旅客到站，因无现洋，仅携纸币三四元，购票不够，换现不足（此时 1 元银元需换晋钞 5～17 元）在站失声痛哭。[1] 商业方面虽未正式拒收晋钞，但物价失去标准，由商人随便索讨，"同一货物，甲说三元，乙说五元，丙说十元。此等奇形怪状，为历来未见未闻。"[2] 尽管如此，人们却争相储存货物，推出手中晋钞，市场商品抢购一空，连棺材铺的棺材也被抢光了。阎锡山返回太原后，一面通令继续推行中华国家银行钞票，[3] 一面组织"整理金融委员会"，研究维持金融办法。[4] 这个委员会协助阎开出一堆空头支票，诸如正太路火车货捐和杀虎口关税作抵发行金融公债、清理变卖省县官产、开发煤矿和修筑同蒲铁路吸收晋钞股本，提高钞价等，都没有也不可能兑现。[5] 倒是有一条就是允许各县发行"特计兑换券"有些特殊，11 月 6 日，省政府正式公布了《山西特许兑换券发行条例》、《山西省特许兑换券管理处章程》、《各县特许兑换券兑换所通则》和兑换样式一纸。[6] 按照这个办法，等于宣布省行垮台，晋钞崩溃。虽然这种兑换券未实行，但随着省钞成为废纸，现金奇缺，交易中的流通工具必然有新的替代物，那便是私人商号的纸币又起死回生，开始时不合法、不公开，以后省府亦无办法，只好允许流通。[7] 可以说这个阶段纸币发行权阎锡山已无法控制，只好走向由官而民，呈现混乱。

第三阶段：1930 年 12 月至 1932 年 1 月。这个时期，金融危机继续蔓延，殃及工农商各业，正常交易中断，投机倒把猖獗，企业倒闭，生产萎缩，劳动人民生活困苦，阎锡山集团及其有政治背景的大企业却趁机暴发。11 月末阎锡山在内外交困下决定下野离晋。临行从省银行提出现金 200 万元，分赠左右亲信，多者 2 万元，少者 5000 元，他们感激涕零，发誓"虎走山还在，山在虎还来"，为日后拥戴他东山再起潜下力量。然

①② 《银行周报》1930 年第 14 卷第 42 号。
③ 《山西政报》1930 年 11 月 10 日。
④ 《山西政报》1930 年 10 月 23 日。
⑤ 《山西政报》1930 年 11 月 6 日。
⑥ 《山西政报》1930 年 11 月 8 日。
⑦ 《中国实业志》（山西省），实业部国际贸易局 1937 年（辛）："十九年政治风潮起后，金融风潮接踵而起，省行纸币，一日数跌，初尚有市价可循，终则等于废纸，商民受累不浅，后政局平静，省行信用未复，人民已如惊弓之鸟，不愿行使省钞，市面顿感流通停滞。钱庄商号，为救急起见，纷纷呈清发行，省府……暂如所清。"

后席卷平津税收所积巨款3000万元，①于11月29日乔扮商人，经大同、天津潜逃大连，省行总经理徐一清也辞职远飏。阎出走后，金融危机继续蔓延，省银行存款不入，放款不能，汇款无信，兑现无银，失去正常业务，陷于瘫痪。省政府主席商震为挽救危机，接连采取如下措施：第一，任命财政厅长仇曾诒兼省银行总经理，仇避而不就，4月6日改任协理高步青为总经理。②第二，停止晋钞发行，求援南京政府，整理晋钞。商震亲携仇曾诒赴天津向财政部长宋子文呼吁，宋以北方财政均归副司令张学良，一再推诿。商又晋见张学良，张以河北税收作抵，向银行借用现银100万元拨发山西，又答应各军军饷山西减定为80万元，其余部分由张拨发。后又答应另拨300万元撤收晋钞，因晋军将领孙楚不服编遣，张又取消了这一决定。③第三，1931年2月初决定实行抽签兑现。第一抽签兑现于2月8日中午12时在太原总商会举行，省行事先备就木筒，内装竹签100支，从"00"到"99"。大门内外由军警宪兵分配岗位，政府代表、省银行负责人、商会会长、公安局长、市政代表以及各商业行会董事正副街长等到会，④抽中86号，⑤凡流通在外省钞号码末尾精简为86（不包括铜元券和银角券⑥）者，可持之到省银行兑现。此办法虽可暂稳人心，终因囊中现银无多，又加行内人员作弊，仅在2月8日、3月10日、4月5日实行三次，即宣告失败。⑦第四，5月6日，山西省政府通过决议，制定禁止银钱商行进行延期交易和重申禁现出省办法。⑧第五，5月下旬决定对晋钞实行二五折扣，完粮纳税一半交现金，一半按二五折扣交晋钞，以后又实行二五存款，分一年期和二年期，到期按二角五分付现。又决定省银行收晋钞股本，亦按二五折扣，谓之"二五入股"。⑨商震这一系列措施，只不过是扬汤止沸，金融市场仍是一片混乱，至夏末遂率32军离晋而去。在此期间，省银行内部人员营私舞弊，给晋钞危难火上浇油。从总经理、协理、四总二司（总会计、总出纳、总营业、总文书

① 阎子奉：《阎锡山家庭经营的企业》，《文史资料选辑》第49辑。
② 《全国银行年鉴》1934年。
③ 仇曾诒：《抗战以前的中国财政》，《山西文史资料》第3辑。
④ 《山西政报》1931年2月9日。
⑤ 《银行周报》1931年第15卷第5期。
⑥ 《银行周报》1931年第15卷第4期。
⑦ 《全国银行年鉴》1934年。
⑧ 《银行周报》1931年第15卷第5期。
⑨ 《山西省政府公报》1931年10月，《银行周报》1931年第15卷第42期。

和司券、司库）负责人到分行正副经理、各股长，几乎都有舞弊情况。各自开设的私资银号钱庄常年浮借省银行现洋 100 多万元，不出分文利息，到 1932 年初几经追查尚有 40 多万元。更大量的是利用太原天津汇兑和买卖省钞牟取厚利。他们用少量银元在晋收买落价省钞，汇往天津，然后在天津提用现款，仅 1930 年 9 月到 1931 年 1 月 5 个月中，套取现洋十余万元，协理高步青等在钞价低落时收买省钞，然后透露省钞抽签兑现，造成钞价升高，接着卖出省钞，获取暴利。天津分行"经理郭树经、李鹤年作维持晋钞之生意赚得二三千万元"①。当年 8 月阎锡山用三四万美元包得日本民航飞机一架，由大连返回山西河边村，做了接替商震的省政府主席徐永昌的后台。徐阎商定了一五兑现办法（一元按一角五分收兑）和兑现日期，由阎负责拨款，由徐布告周知，及至兑期，阎不仅不予拨款，反指使其金融机构晋裕银号等故意压低钞价，动摇市面。② 致使晋钞进一步狂跌，太原市上二三十元购不到一块银元，有些县里竟要六七十元。"省钞命亡，商民失望，倾家荡产者大有人在。市民有因存钞无用，携省钞到省银行门前焚烧，以泄忿者，商人有因赔索不堪，服毒或上吊自杀者，真是民愤沸腾。"③ "晋北有一老人携带省钞来太原，在银行门口自动焚化，大哭而去，不知所终。"④ 当时有一首"苦工自叹"的歌谣："口里捱，肚里俭，赚下几个钱，都被银行骗，冤。银币贵，纸币贱，每工赚一千，难买一斤面，冤。一年勤，四季忙，劳动录录措军粮，军催饷，官催粮，十室九空呼爷娘。"⑤ 据记载，1929 年全省总人口为 1213 万，1930 年下降为 1205 万，1931 年又降为 1197 万，2 年之内人口减少 16 万。⑥ 金融市场的混乱，对生产和流通的破坏也是巨大的。除阎的官僚资本企业有政治背景的大企业外，绝大多数资力弱小的民族资本企业都受到不同程度的打击。据统计，山西全省这几年的生铁产量情况如表 3 所示。⑦

① 《山西省政府公报》1932 年 5 月 1 日。
② 仇曾诒：《抗战以前的山西财政》，《山西文史资料》第 3 辑。
③ 杨怀丰：《关于山西省钞二三事》，未刊稿。
④ 陶伯行：《阎冯倒蒋给山西人民带来的灾难》，未刊稿。
⑤ 《沁源县志》，1933 年。
⑥ 《中国实业志》（山西省），实业部国际贸易局，1937 年。
⑦ 《山西考察报告书》，全国经济委员会编印，1936 年 2 月。

表3　山西生铁产量　　　　　　　　　　单位：吨

地名	1929 年	1930 年	1931 年
	产量	产量	产量
平定	52300	47614	49500
晋城	4747	4317	4500
沁水	2400	2212	2330
其他	6400	5749	6000
合计	65847	59892	62330

据统计，山西省铁矿产量骤然下降，1929 年为 254000 吨，1930 年下降为 180000 吨，1930 年为 183400 吨。① 运城路盐产量清代产二三十万吨，1930 年仅产 107700 吨，1930 年更下降为 57050 吨。② 在商业方面，随着省钞倒台，全省商业资本损失达 60%，③ 如榆次县 1928 年，"城关商号近四百家……不意民国十九年晋钞狂跌，市面大受影响，加之农村破产，徭役繁兴，商店工厂纷纷停业，截至现在（1935 年），仅有大小商号一百五十余家……如此衰落，一时实不易复兴也。"④ 所以，有人在 1933 年调查，全省有 40% 的农户借粮食吃，有 61% 的农户受高利贷盘剥。⑤ 连阎锡山也不得不承认："年来山西农村，整个破产，自耕农沦为佃农、雇农，以致十村九困，十家九穷。"⑥

第四阶段：1932 年 2 ~ 7 月。这个时期，旧钞贬值收兑，新钞开始发行，十足兑现，通货紧缩，市场趋于平稳。1932 年初蒋阎达成妥协，阎于 2 月 29 日到达省城就任太原绥靖公署主任。经上台前有意掀起晋钞狂贬，成为废纸。此时才开始准备收兑。上台前他已警知省行总经理高步青有以落价省钞套取现金行为，一上台即令省政府秘书长王尊光赴省行限高即日交出现洋 100 万元，否则按"军法处治"，高吓得失魂落魄，当日凑足现洋 100 万元，交王封存省行。不数日，宣布发行新钞票——"兑现券"（为了与前"兑换券"相区别），旧省钞限期兑换新钞，新钞 1 元与银元等价，旧钞 20 元兑换新钞 1 元。⑦ 接着将 1931 年所收 1 年期、2 年

① 《山西考察报告书》全国经济委员会编印，1936 年 2 月。
② 中共山西省政研室：《山西经济资料》1960 年第 1 辑。
③ 中共山西省委研室：《山西资料汇编》1964 年第 4 期。
④ 《中国实业志》（山西省）实业部国际贸易局，1937 年。
⑤⑥ 《中国近代农业史资料》第 3 辑。
⑦ 王尊光：《阎锡山的四银行号》，未刊稿。

期"二五存款"折合现洋251万元一律停止支付利息，延期5年归还；将原定"二五入股"所集商股折合现洋1040000元一律清理，定于"二五存款"还清后，接续分两年偿还。即1937年、1938年各还一半。① 然而这一许诺未及到期，抗战爆发，大部不了了之。到六七月份，旧钞基本收清，通货由膨胀趋于紧缩，市场趋于平稳，一场延续3年之久的金融货币危机，就这样在劳动人民的血汗上飘渡了过去。

四

上述这段历史，使我们看到些什么呢？

首先，我们看到的是军阀与银行结下不解之缘。为了发动倒蒋战争，阎锡山在银行方面下了不少力气。清退商股，解散董事会，把山西省银行由官商合办改为官办，成立中华国家银行和天津建设银行，还搞了个银行学校，训练银行骨干；倒蒋军事败北后，他可以丢弃在北京的国民政府，却把中华国家银行当作宝贝抱回太原继续办公。联系到这次倒蒋之前，1911年成立大汉银行，1912年成立官钱局，1913年成立晋胜银行，1917年设立铜元局，另外还办了1个铜元兑换所3个银号4个当铺。阎锡山与银行结下不解之缘。他能够作为老军阀参加北洋军阀混战而未被吃掉，又能够作为新军阀参加国民党军阀乱战，虽被蒋介石打败，但还是未被吃掉。有人把他比作"军阀混战中的不倒翁"。这除了政治、军事、地理多方面因素外，经济的实力也是一个重要方面。其经济实力很大程度上依靠银行搜刮人民的钱财。当然其他军阀也无一不拥有银行资本，发行纸币，只不过阎锡山出身钱商，更精通银行机巧罢了。既要保护封建割据政权，就要拥兵，既要扩大地盘，就要打仗。拥兵打仗，非钱不行。在有限的地盘上筹措无限的军费需要，单凭田赋税收当然不堪承受，建立银行，发行纸币，舍此莫筹。银行本来是资本主义创造的一种绝妙机构，作为支付的中介，信用的中介，并创造信用流通工具为资本主义生产和流通服务。而军阀办银行则主要在于发行纸币，筹措军费。这样，军阀政府所赋予银行的任务与银行的固有职能是相矛盾的，从而决定了这种银行必然走向自己否定自己，这一任务越是完成得好，越是加深自己的危机。山西省银行在中原混战中为阎锡山立下了功劳，但同时也把自己推向了纸币崩溃、信誉

---

① 《山西省政府公报》1932年5月1日。

扫地、业务停顿、临近死亡的境地，一个银行要把自己置于财政筹款地位，必然最后否定自己。

其次，使我们看到了战争引起通货膨胀，通货膨胀引起国民收入在各阶层的重新分配。在抗战以前的山西近代史上，阎冯倒蒋所引起的这场通货膨胀，是规模最大、时间最长、人民受害最深的一次通货膨胀。它使国民收入在各阶层的分配发生变化。依靠工资收入的劳动者，因物价扶摇直上而入不敷出，手中的少量积蓄也因贬值而失去作用；广大农民和手工业者因出售产品要经过商人之手，低价出售，高价买进生产资料，信用混乱，利率升高，而无法继续生产，或因债务亏累而倾家荡产，特别是这次通货膨胀与兵灾结合在一起，而关门倒闭。只有以阎锡山为代表的官僚资产阶级和有政治背景的少数大企业与投机商人发了财。阎锡山虽然被打败，但败走时从银行提出的两笔巨款3200万元，既非纸币，又非私蓄，而是在浑水中摸来的滚滚白银。至于他的官僚资本（包括私资和公产）企业二十七八个，除中华国家银行无必要再办下去和天津建设银行改为亨记银号外，没有一个倒闭。相反，由大连返晋后，很快又以"私资"名义开办了2个银号1个矿业公司。依附他的大小官僚和省银行头目以及他们参与的私资企业都在不同程度上发了财。据《中国实业志》（山西省）记载，1929年全省有银号23家，1930年、1931年两年分别增加5家。[①]而这些银号大多数是直接或间接与阎锡山有联系的。如晋丰银号、晋裕银号、同祥银号等都是阎锡山出资开办的。

最后，使我们看到了中国原始资本积累的典型实例。原始资本积累过程，不外乎是一种造成两极分化的过程，一极是贫困的积累，一极是用以转化为资本的财富的积累，它是一种强制地迫使劳动者脱离生产资料的剥夺过程。正如马克思在《资本论》中所说："这种剥夺的历史是用血和火的文字载入人类编年史的。"[②]在这场战争和货币危机中，以阎锡山为代表的官僚资产阶级虽然付出了一笔战费，但也积累了一笔可以转化为资本的货币财富，同时由于农村破产形成了一批一贫如洗的无产者。但是，造成这种原始积累与一般资本主义国家的原始积累一样，都经过了"血与火"的历史，但它不是中国自己的资本主义生产逐渐发展而自发形成的，而是帝国主义侵略者在中国各自寻找其代理人——封建官僚，并促使其相

① 《中国实业志》（山西省），实业部国际贸易局1937年。
② 《马克思恩格斯全集》第23卷，人民出版社，1974年。

互厮杀这样一个曲折的过程。它消耗了中国人民无数生命财产，造成了中国社会经济的畸形病态，自然经济遭到破坏，封建残余顽固存在，资本主义发展又受到阻碍，使中国长期陷于半殖民地半封建社会之中。这是中国社会经济不能迅速发展的社会根源。

抗战前阎锡山的农村金融政策

背景说明

　　抗战前，山西农村市场死滞，流通不旺，农产品卖不出去，缺少货币资金为之周转。阎锡山通过山西省银行的"省钞发酵"，启动农村经济，成效显著。本文原载《农村金融研究》1981年第3期，《山西地方志通讯》1985年第4期转载。

　　众所周知，统治山西人民达38年之久的军阀阎锡山，其哲学思想，既有孔孟伦理道德的糟粕，又有日本军国主义的毒素，还有欧美资产阶级的秘诀。集封建主义、资本主义之大成，偶尔还盗用几句马克思主义的词句，形成一个大杂烩。这不仅表现在政治上、军事上，也表现在经济上。本文试从抗战以前山西农村金融方面探讨阎锡山如何将封建主义和资本主义相结合，政权手段和经济手段相结合，建立军阀割据政权的农村金融体系，实行膨胀政策，不断破坏小农经济，进行着原始资本积累。

一

　　民国初年，阎锡山慑于袁世凯的淫威，蜷局晋地，等待时机。袁世凯死后，1917年间由督军兼了省长，鉴于北洋各系自树一帜，南北争战，一片混乱，认为扩展自己政治势力的时机到了。他首先提出了"保境安民"的口号装出不介入军阀混乱，致力于省内建设的样子，实行"用民政治"，进行政治经济建设。所谓"用民政治"，按照阎锡山的话说，即"适时的政治作用与人生发展的企图相顺"，"人人不亏负其才智"。其内容包括政治、思想、文化、教育、行政、经济、司法等各个方面，简言之，即"民德"，"民智"，"民财"。其中最主要的是"六政三事"，六政是兴水利、种树、养蚕、禁烟、天足（禁女人裹足）、剪发（男子剪辫子）；三事是种棉、造林、牧畜。①

这个时期，由于俄国十月革命，马列主义传入中国，山西的人民革命力量在 1919 年的"五四"运动中与阎锡山进行了初次较量，阎开始注意共产主义思想对人民的影响。在俄经商的山西商人有 1 万余人于 1920 年前后被驱逐回到山西，阎锡山召见由俄返省的汾阳代表五人，了解俄国十月革命情况，② 更加强了对共产主义思想的防御。从 1920 年 6 月开始，在一年多的时间里，每周用两个半天，召开"进山会议"，讨论"人群组织怎样对"，从经济到政治形成了阎锡山的一套反动理论。随之又推行了"村本政治"。所谓"村本政治"，就是以村为政治本位。他认为"村是人类第一具有政治上的天然团体"，"村无编制，等于军队散乱，号令不行，难于指挥如意"。"积户成闾，积闾成村，积村成区，区统于县，上下贯注，如身使臂，臂使指，一县之治，以此为基础"。大力加强村政建设，省府设有村政处，划全省为十二个大区，大区有区主任，县有县知事，下设小段主任、编村村长，以至闾长、邻长。当时群众说："头上顶着九层天，千查万问永没完。"编村长不仅有年龄限制，还要拥有 3000 元以上的不动产，以后降为 1000 元，村副 500 元。村公所以外，还有息讼会（人称"稀松会"），监察会（人称"奸诈会"），村民会议以及军事组织保卫团，立有"村禁约"，全省共有 4 万多个这样的"政治本位"③。

阎锡山在农村强行推行这些经济、政治措施，旨在加强经济实力和巩固内部统治，养精蓄锐，待机扩大地盘，实现统治全国的政治野心。为达到这一目的，阎锡山实行的农村金融政策主要有以下两个方面：

（一）利用民资，发展经济，办有成效，介入股本，夺取权力

阎锡山对其官员们讲："现在百政待举，非款不办"④，"在实业方面，个人实业，家庭实业，总应提倡，如种树、栽桑、养蚕、牧畜等事，亦赖

---

① 山西省文史馆：《阎锡山统治山西罪恶史》油印本。
② 《阎锡山早年回忆录》附《阎锡山传略》，台北市传记文学出版社，1968 年。
③ 《山西村政汇编》，山西省档案馆。
④ 1919 年 6 月 20 日对各官吏第 42 次讲话，选自《阎伯川言论类编》，山西省档案馆。

县地方办理"。① 劝谕绅商集资经营。提倡利用荒废山野造林，说什么"荒山荒地，听任牧放牲畜，不加禁止"。改良品种，还有奖励，② 吸引绅商举办农林牧企业事业。应时而起的公立牧畜业有：静乐县、朔县、安泽县的山西模范牧畜场，省立山阴牧畜场，省立农专附属马场；私资设立的有平鲁县大草坪的富有畜牧公司，交城县柏叶村的十生大牧畜场，静乐县民生牧场，阳曲县兰村群生牧场，岚县晋裕牧场等。在水利方面有朔县、山阴、应县等地的富山水利公司、广裕水利公司、六合公水利公司、广济水利公司等。这些农牧水利企业，大都是地方绅士出面以股份公司形式集资筹办起来的。而一经办起，阎锡山就插进来了。如广裕、六合公和富山水利公司，在1921年因修筑大坝挖掘渠道，资金困难，阎锡山便以扶助水利事业的名义，加入股金，进行改组整顿。规定每股3000元现洋，阎自认三股，其大小老婆各认两股，阎之亲信、雁北镇守使张汉杰也认一股，合计八股，这样原股东的股份就为数不多了，阎乘机夺去了三水利公司的领导权力，将"六合公"改为广裕二支店，三公司统一指挥，由阎亲任三公司总办，另委任米廷珍为代总办，后为范儒煌、康庚〔群众讥之为米饭糠先吃米，后吃饭最后吃糠（康）〕继续经营。以后又令公司向他的私资银行晋胜银行和省立山西省银行借款、扩大渠网、扩张业务。三公司系用桑干河、恢河浇灌田地，水分清水、洪水，地按有苗无苗、生熟荒废，分成若干等级。其各等收费标准如表1所示。

表1 收费标准 单位：元/亩

等级	恢河水	桑干河水
清水无苗灌溉	0.20	0.14
清水浇青苗	0.25	0.20
洪水淤胶泥地	—	—
厚度 0.1 ~ 1 寸	0.50	0.50
厚度 1 ~ 2 寸	0.90	0.90
厚度 2 ~ 3 寸	1.60	1.60

---

① 1919 年 4 月 1 日在"省议会第二届第二期临时会议上的讲演词"，选自《阎伯川言论类编》，山西省档案馆。

② 山西文史馆：《阎锡山统治山西罪恶史》油印本。

没有现金交水费而欲淤胶泥地的农民，按土地的生熟程度和淤泥薄厚分出等级按比例分田，未灌之前，将地丈量核实，造具清册，其分田比例如表 2 所示。

表 2　分田比例　　　　　　　　　　　　　　　　单位：%

等级	分配比例	
	公司	原主
淤胶泥 3 寸之一等熟荒	20	80
淤胶泥 3 寸之二等地	30	70
淤胶泥 3 寸之三等地	40	60
淤胶泥 3 寸之四等地	50	50
淤胶泥 3 寸之五等地	60	40

三水利公司迅速占有大量土地。1933 年，公司将省银行借款，全部按六元一亩地，折合土地归还。雁北地区一部分农民的土地转归山西省银行手中。到 1937 年初，准备年末大分红，按计划阎锡山及老婆约可分 300 顷。有人估计，加上晋胜银行股金约可得土地千顷左右。如将这些土地按时价出售，可得大洋 500 万元，可借 2 万农民一年开支；如将土地租给农民耕种，每年可收租 100 万斤，按每斤 3 分计价，可收 3 万元，可买洋布 3000 匹，可供 15000 人一年穿用。[①] 应县广济水利公司，是山西大学校长、国会议员浑源田应璜的儿子田汝弼发起成立的股份公司，每股 50 元，主要股东黎元洪加入 200 股，1 万元，此外，还有陆军总长汤化龙等官僚政客，阎锡山曾以田福堂、田禄堂、田寿堂名义入股 7000 元，朔县人刘泉功任总经理，公司设在应县南马庄。1917 年扩大股本后，渠工告竣，公司与周围各村代表协议，将各村土地全部清丈，开渠成方，15 亩一方。清水浇田，每亩收水费一角，洪水淤地只分地不收费，一个村一个村地挨个进行，淤成三寸厚胶泥田，按五等分成。头等地，公司分 10%，原主 90%；二等、三等、四等、五等土地，公司、原主分别按二八、三七、四六、对半分田。每年可以淤三四个村子的土地。至 1929 年，公司拥有的土地过多，不便经营，对各股东按股份分地。土地按优劣折价，最高每亩 10 元，最低每亩 5 角。黎元洪 1 万元股份，分得 19000 元的土地，

---

① 曲宪汤：《雁北的三个水利公司》，《山西文史资料》第 8 辑。

成立了"新农合作社"，田汝弼分的土地起名"福成堂"，阎锡山分得一万数千亩，分交"田福堂"、"田禄堂"、"田寿堂"经理。其他股东亦各起堂名，或种或租。就这样，桑干河流域农民的大片土地，进入了这批军阀、官僚、政客和地方绅士之手。

（二）成立银行，发行纸币，利用抵押放款，兼并土地

1912 年成立山西官钱局（1919 年改组为山西省银行）。1913 年阎锡山又从都督文化教育挪用现款十余万元，以私资名义成立了晋胜银行。这些银行主要是发行纸币，资助政府和官办工商企业。对农业放款为数甚少，且条件苛刻。阎锡山规定，对实施"新政"，要贷款支持，同时，规定到期不能归还，就"勒令全村摊还"。其放款的着眼点在企业公司，而农民要想取得资金，只能从"二倒庄"间接得到一些高利借贷还得交付抵押品，到时不能归还，即将抵押品没收。山西省银行仅在应县、朔县两地就以土地抵押放款的形式，攫取土地 29902 亩，然后再把这些土地出租给农民收取地租。[①] 对公司放款多采用信用放款。广济水利公司在 1925 年以前曾向山西省银行借款 2 万元修渠筑坝，省银行亦不收利息，1929 年公司分地时，省行亦不理会，第二年派去一位副经理，坐着绿围大轿在南马庄外转了一圈，公司杀羊，备席，该副经理全不在意，扬长而去，即收了上等好地四五千亩。接着起名"大有堂"分设应县哑嘈庄、范村两处管理土地。"大有堂"的土地大部分是出租，还有部分伴种（即银行出农具、种子，佃农出劳力耕种，秋收四六分粮），另雇有长工 30 余人，养大牲畜十六七头，养猪三四十头，羊 200 多只，鸭子 100 多只。长工的任务是管理水淤地，收租。所收粮食卖给军队或粮行。今应县范店、哑嘈庄、魏庄、东辉耀等村的土地，当年大部分都被山西省银行"大有堂"夺去。

阎锡山这个时期的农村金融政策，名义上以其"六政三事"为目标，然而实际上军阀官僚扩大了土地所有权，军队有了充足的军粮军马；而农民却失去了土地，为其扩军备战和兴办工业提供了兵源和劳动力。从而，阎锡山的实力日渐加强，军事野心迅速膨胀，遂于 1925 年以后开始卷入军阀混战。

---

① 中共山西省委调查研究室：《山西省经济资料》第四分册，1963 年。

二

1932 年 2 月阎锡山二次出山，为了向蒋介石表示再无政治野心，以避嫌疑，4 月即成立山西省政设计委员会，自任委员长，编制所谓《山西省政十年建设计划案》。同时，整顿山西省银行，撤销旧省钞，发行新钞，接着又成立了铁路银号、垦业银号、盐业银号，合称四银行号，作为实施经济建设的筹款机构。按照其十年建设计划，在农业方面，提出了改良农事（农具、种子、肥料、耕作方法、病虫害等），发展水利（凿井、开渠、筑蓄水池、引黄入晋），推广植棉，种植烟叶，植树造林，发展畜产等。阎锡山编的《将来希望歌》道："无山不树林，无田不水到；无村不工厂，无乡不职校"，描绘出了一幅令人神往的蓝图。但在当时，由于资本主义世界经济危机的影响，土特产品出口滞销，连年战争的破坏，商业凋敝，农村破产。"穷困万分，亟待救济"，[1] 这个计划如何实行呢？"要想造产，更非先有资金不可"。[2] 阎锡山鉴于倒蒋战争以前在农村金融方面只重视入股分地，押借收田，其资本有限，成绩一般，这次一上台就把强化编村的办法用到了农村金融方面，积极筹建一套能指挥如意的农村金融体系。因为，第一，只有建立一套"上下贯注，如身使臂，臂使指"的金融体系，才能与其在农村的整个政治、经济体制相协调，以达到其十年计划案的政治、经济目标；第二，只有建立这样一个金融体系，才能分润以至夺取农村高利贷者的利益，聚敛更多的财富。此时在农村金融阵地上，由于晋钞毛荒，私营金融业大批倒闭关门，全省典当业由 1929 年的 536 家，到 1932 年只剩 319 家，钱庄还不及战前的 1/2。但是在全省 105 个县中，有官办省铁垦盐四行号分支机构的县仅 9 个。私资方面，则有银行 3 家，银号 33 家，钱庄 180 余家，当铺 319 家，遍布全省各县城乡。如何建设一个"指挥如意"的农村金融体系呢？扩充四银号吗？没有资本。阎锡山经过与其谋士们多方筹划，制定了一套以"山西省银号票为总酵面"的层层发酵的膨胀政策。[3] 其具体办法是：

---

① 1933 年 11 月 11 日山西省经济统制处处长张汉杰在太原经济建设委员会召开发行村信用合作券会议上的讲话，山西省档案馆。
②③《阎锡山和山西省银行》，中国社会科学出版社，1980 年。

（一）设立官当铺，与省、铁、垦、盐四银行号相互支持，扩大农村金融业务

从1932年开始，先后在大同、忻县、原平、平遥、洪洞五县设立晋益、晋忻、晋原、晋平、晋洪五个当铺，资本每家2万~3万元不等，到抗战爆发前，5年中其资本发展到340余万元。

（二）发展代理店，开展代理业务，代发省钞

凡省银行分支机构未达到的地方，与商办钱庄建立契约，代理其业务，1921年11月规定代理店可以代发省钞。代理店可在其资本额三倍的额度内申请代发数，经县商会签发认可书，向省行订立代发契约，取具殷实铺保保证书，并由省行制作"山西省银行某县代理店"及"代兑山西省银行某县地方兑换券"字样的招牌，悬挂于代理店门首，始准其代发省钞。所代发的省钞，由省行加盖县名戳记，代理店自行加印暗号，发行准备由代理店负责，并保证兑现。若代发省钞流入外县，由省行各行处收回后，当即通知代发单位限五日内换回，过期按太原市满加利率计收利息。为了诱引代理店代发省钞，还规定代发开始前先领角票1000元试办，免计利息，以后按领取额数，角券月息4厘，元券月息3厘，领票万元以上，角券按6厘、元券按5厘行息。[1] 于是，山西省银行不用现金准备即可扩大纸币发行，通过其政府的命令，经济的纽带，控制了一部分钱庄，借钱庄的资本，扩大了省行在农村的金融阵地。

（三）设立县银号，借发省行兑换券

据南京政府经济委员会《山西考察报告书》载："在省当局本意，县银号之于本县，犹省银行之于省，为沟通省、县、村之金融，自非依照原定计划，督促……各县积极筹办县银号不可，但终以办理公营事业，得人匪易，赔累中跑，在在堪尤，故除已成立县银号外，今后倡立者，俱有殷实商号代办。"至1935年9月底，正式成立县银号的有曲沃、洪洞、乡宁、永和、陵川、孝义、临县、保德、五寨、岚县10县，共有资本118000多元，每县平均11000多元，岢岚与方山县成立后不久，即行结束。招商代办县银号的有忻县、定襄、五台、崞县、阳曲、太原、榆次、代县、文水、清源、徐沟、平遥、介休、沁县、沁源、盂县16县，筹得资本40余万元，但并未交足。阎锡山规定，县银号必须借发山西省银行

---

① 《山西省各县县银号借发山西省银行兑换券章程》，山西省档案馆。

纸币，不得自行发行。借发省钞种类，数额需造具清册，由县政府转省政府核准，令省银行订立借发契约。借发省钞的县银号要按照规定，"向省银行缴纳印刷费"，免收发行税。所谓"印刷费"实际上是借款利息。但是省行出借这些兑换券，不计入省行发行，不必拥有发行准备，亦不负责兑现，而由省行加盖某县戳记，由该县银号借用后自行加盖暗号，由县银号负责兑现。"其在市面流通之数，并须有法定准备金"。① 这些准备金从哪里来呢？"或按田亩摊派，或令商会筹集，或在田赋项下附征，或向地方教育金提拨，或在半捐项的挪借。如此筹得之款，为数甚微，多者一二万元，少仅四五千元，实不足开设一正式银号。"② 然而以这些现金作准备金，只需现金四成，即可供发省钞十成。但因这种银号多半官营、官民合营或官督民营，经办人员贪污中饱、亏累甚巨。据南京政府实业部调查："各县为履行省府命令起见，类多虚设名目，而将已筹资本，交商人代办，坐收利息，自八厘至一分二不等，一方面以此资本作抵，发行纸币。故就此次调查所得，各县所设县银号，不但无营业地址，抑且无营业职员，所谓存放款等营业，更无论矣。此种县银号，现有总号三十一家，分号一家，合计三十二家。"③ 尽管县府如此搪衍塞责，县银号如此松散无力，阎锡山的省钞发行却陡然增长。

（四）特许当铺发行纸币，受权省行管理发行

倒蒋战争以前，阎已将纸币发行权交由省银行垄断，禁止当铺发行。1932 年又特许当铺有发行之权，准其发行资本额三倍的兑换券，而"营业发达，信用昭著时，得另请增发"，④ 规定"凡愿发兑换券之当铺，应先将兑换券种类、数额造册呈递县府，由县长转省府核定交省行代印兑换券，收取印刷费，由当铺负责兑现。"发行兑换券是一种权力，一个当铺能否取得发行权，能取得多少发行权，均由当局和省银行审定。当铺为了取得这一特权，自然听命于省行。从此尽收全省当质业为省银行的附庸。据 1935 年统计，当铺发行额近 134 万元。其中阎锡山"私资"的忻县民生当，资本 15000 元，发行额达 27 万多元。⑤

（五）组织信用合作社，发行"合作券"

信用社最初由招商代办县银号的 16 个县开始筹办，以村为单位成立，

① 《山西省各县县银号借发山西省银行兑换券章程》，山西省档案馆。
②③⑤ 《中国实业志》（山西省），实业部国际贸易局，1937 年。
④ 《山西省各县当铺发行兑换章程》，山西省档案馆。

称村信用合作社。阎锡山规定凡村中有土地的农民，均为合作社社员，社长由村中富裕且有能力的人充任，受村经济建设董事会领导。规定：凡有5亩地以上的农民，均由经济统制处按土地之多寡发给一定数量之信用合作券，由土地担保。每亩土地担保信用合作券的数量如表3所示。

表3　每亩土地担保信用合作券数量

土地等级	每亩担保合作券
每亩价 10 元以上	1 元
每亩价 5~10 元	0.5 元
每亩价 2~5 元	0.2 元
每亩价 1~2 元	0.1 元
每亩价 1 元以下	不得发行

　　规定使用合作券在本村购买动产不动产一切货物，以9角9分顶现洋1元，其余行使，与现洋相同，除完粮纳税外，不得拒绝收受。农民领用此券，按年利1分计息，若不能按时付息，照市价扣收粮食。为了推行这一政策，又规定，领用此券期限为12年，到期利息停止，不必还本。信用合作券的发行，以村为单位，不负责兑现。若要到外村外县使用，可到合作社兑换省钞。① 村合作社的汇兑基金，由县总合作社按各村合作社所发合作券总额的20%息借，以年利1分计息；部分合作社的汇兑基金按全县各村所发合作券总额的20%向县银号息借，亦以年利1分计息；县银号再按对总合作社贷款的20%向省银行息借，仍以年利1分计息，此省钞由省行负责兑现。太原经济建设委员会宣传说："按现在情形，系以一亩地一元为原则，山西有地六千万顷，即发行六千万元。就目前说全省社会上，有这许多通货周行，即够使用，自可抵制外来纸币，免再吃其亏……发行此券，救济目前的农村穷困，金融滞涩，还是暂时的小利。稳定金融的基础，那才是长久的大计……此券是开纸币革命的新纪元。"② 合作券办法的出笼，是阎锡山在家"经过几多考虑，才把此事想通"。因为山西省银行钞票经倒蒋一役，信誉扫地，"使人民吃亏很多"，增发省钞受到了限制，用不动产土地作保证发行合作券，群众就不怕吃亏了，

① 《中国近代农业史资料》第3辑，三联书店，1957年。
② 太原经济建设委员会经济统制处：《召开发行村信用合作券会议记录》，山西省档案馆。

"向来发行纸币者，非即使用者"，"准备金可以短少，业务亦不能长盛"。"此券与普通纸币性质不同……因为用券者即发行者，而且都以土地作担保。土地永远不能没有了。"其实，阎锡山的"信用合作券"，即他的所谓"口吹大洋"的一种若能发券1万元，15年后本利30552.7元，全省6000万顷土地即是一二亿元的收入。所以有人讥讽道："即使按每两亩发券一元，全山西可发合作券三千万元，水泄不通的山西社会，骤然加添一笔三千万元的流通要具，想来会达到'救济农村'，'活动金融'，'复兴商业'的目的吧！又总合作社，县银号所借款额以三千万元的十分之二计，共有六百万元，转借给各村，十五年后，又得纯利六百余万元。这样，我们只要'等候'十五年，一定会有一个堂哉皇哉应有尽有的山西社会出现。这就是所谓'造产救国'。"[①] 总之，按照阎锡山的金融政策，就是要山西省银行充分地进行信用创造，以省银行钞票这块"总酵面"，层层发酵，以便层层控制，膨胀农村的信用流通工具，统治农村金融市场。其农村金融体系如图1所示。

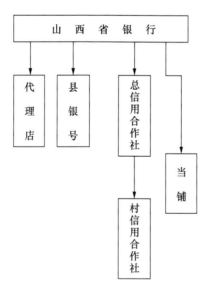

图1　民国山西农村金融体系

由前可知，自辛亥革命到抗战以前，山西农村金融的历史可以分为两

---

① 《中国近代农业史资料》第3辑，三联书店，1957年。

个阶段。两个阶段的金融措施尽管有所不同，但总的都是膨胀政策。按照货币信用规律，实行膨胀政策，扩大货币供应，势必使利率下降，然而山西农村利率在这一时期，一直呈现上升趋势。以当质业的利率为例，有这样几段记述可资证明：《中国实业志》（山西省）载："当铺利率昔轻今重，在前清末叶，当铺利率，多为按月二分，高亦不过二分五厘，低者一分五厘。民国以后，逐渐增高，由二分升至二分五，更由二分五升至三分。质店利率原较当铺为重，民国以后始有开设，内为四分，五分。"请看以下四县典利变化：

表4　四县典利变化

县　别	当　本	民初利率（月利）	1935年利率（月利）
祁　县	不满1元	3分	3分
	1元以上	2分5	3分
	100元以上	2分	2分
洪　洞	1吊以下（制钱）	3分	3分
	1吊以上	2分	2分
霍　县	1吊以下	2分5	3分
	1吊以上	2分	3分
河　津	1.5元以下	2分	2分5
	1.5元以上	2分	2分

"当铺利率，不特昔较今低，且往昔又有年底减利之举。例如辽县（左权）、武乡、沁源、寿阳等县，往昔月利二分五，冬腊日赎当之时按旧例减为二分，至翌年二月底止，现则均为三分。朔县则由二分五减为一分五，现亦改为通年按月三分计算。此种年节减利之举，大约为往昔全晋商业共同一致之办法。"《晋阳日报三十周年纪念册》载："山西当质业之利率，恒较沿海各省为多，即以太原市而论，均在三分之上，至其他各地，高达五六分，殊属惊人，以言当期，从前当铺可延至十八个月，惟现在已缩短为一年。"南京政府实业部《山西考察报告书》载："至于贷款利率，乡村与城市，昔年即有差异，唯近数年来，相差更甚。二十一年（一九三二）后，乡村利率有高至四五分者。"

以上这几则史料说明，抗战前山西农村利率比清末民初高，比沿海高，比城市高。这是什么原因造成的呢？根本原因是贷款成本提高：①阎锡山官僚资本银行垄断金融，依靠政权力量，层层息借，不仅信用货币越"发酵"越多，而且利率越"发酵"越高；②军阀混战，物价上涨，金融业职员薪给伙食和铺面开支扩大；③军阀政府摊派浩繁，当税之外，还有各种地方摊派，如兵捐、区捐、警捐、村捐、门捐、灯捐、铺捐等；④高利贷借者均系农民和小手工业者，借款用途大多不是用作生产经营资本，而是用来解决生活困难。农民在失去土地，生计无着的逼迫下，不得不向高利贷者告贷。此时农村利率，主要是受高利贷信用规律支配，不受资本主义借贷资本规律的制约。在利率一天天升高的情况下，农民为了活下去，借贷亦天天增加。据调查，1933 年全省农户中，借款户占 61%，借粮户占 40%。[①] 这些告贷农民，由银行借入占 4.9%，从合作社借入占 1.3%，从典当借入占 18.9%，从钱庄借入占 13.1%，从商号借入占 11.4%，从地主手中借入占 14.4%，从富农手中借入占 13.4%，从商人手中借入占 22.6%。[②] 这些贷者都是以山西省银行为后台的。从借贷方式看，个人信用者占 12%，保证信用者占 35.7%，抵押信用者占 52.3%。[③] 由于到期不能归还，土地房屋等抵押品便归入贷者之手。到 1936 年全省 90 个县统计，自耕农仅占 61%，半佃农占 23%，佃农达到 16%。[④] 到抗战爆发前，占农村人口 10% 左右的地主、富农约占有农村土地 40% ~ 70%；占人口 90% 的贫雇农和贫下中农仅有土地 30% ~ 60%。[⑤] 连阎锡山也不得不承认："年来山西农村，整个破产，自耕农沦为半自耕农，半自耕农沦为佃农、雇农，以致十村九困，十家九穷，土地集中之势，渐次形成……无田之耕农歉岁所分之粮少，不足以丰食用，丰年所分之粮贱，不足以易所需；而借租息生存者，反比一般贫民无论丰年歉岁生活为优。"[⑥]

在以阎锡山为首的军阀、官僚、地主、高利贷者大量兼并土地，聚敛财富，而广大农民破产，失去土地这一两极分化的发展的同时，另一个经济现象亦在迅速发展，那便是农业的商品化。以粮为例，除省内大同、太原、榆次、太谷、临汾、晋城几个大粮食市场外，运往省外的粮食逐年增加。到 1935 年前后，每年约有商品小麦 216 万担，输出省外 50 万担，商

---

① 严中平等：《中国近代经济史统计资料选辑》。
② 满铁北支那事务调查部：《北支那农业要览》日文版。
③④ 严中平：《中国近代经济史统计资料选辑》。
⑤ 《巨变中的太原》。
⑥ 1935 年阎锡山呈国民政府请由山西省试办土地村公有制文，见《中国近代农业史资料》第 3 辑。

品高粱 76 万担，输出省外 34 万担；商品小米 168 万担，输出省外 97 万担；商品玉米 59 万担，输出省外 9 万担。棉花的种植面积 1917 年不及 30 万亩，1927 年为 130 万亩，1936 年达到 200 多万亩，所产棉花除本省销售外，每年远销省外达 20 多万担以上，大部分被帝国主义者掠往天津、上海等地。其他如党参、黄芪、红枣、核桃等土特产品外销都迅速增加，① 据武乡县调查，1921 ~ 1925 年，农民所产农副产品自用部分为 50.2%，作为商品出售部分为 49.8%；其生活资料自给部分为 72%，购买部分占 28%。②

与此同时，洋货不仅涌入大城市，也如潮水般涌入了农村，洋布、洋袜、洋油、洋火、洋胰、洋糖等，迅速破坏着山西农村的自然经济。

这一切，使我们不得不承认银行信用创造的威力。

在西方资本主义国家，借贷资本是伴随着产业资本的发展，并与高利贷资本进行了坚决的斗争而发展起来的，可以说先有产业资本的发展，后有银行资本的发展。在我国，却走着相反的道路。山西的实例说明，尽管在清代中叶发展起来的山西账庄和票号已经具有了存、放、汇、兑等银行的基本形式，但毕竟是高利贷性质的金融组织，借贷资本在山西的发展，还是民国以后，阎锡山利用政权力量，先办银行，发纸币，然后才来启动产业的发动机。并且是高利贷资本与借贷资本在长时间内平行发展。这种奇特的道路，与阎锡山这类奇特的人物——时而是洋刀黄服的大军阀，时而是长袍马褂的大地主，时而又是西装革履的大买办，是完全相称的。这就是半殖民地半封建这一奇特社会的产物。抗战前山西省农村金融的变迁，说明了封建军阀政权利用行政方法强制地办起了银行，又用资本主义的经济手段与封建主义的强制手段伸入农村，以此两手交互的方法，掌握了农村金融，使农民迅速破产，使财富迅速集中，这就是半殖民地半封建社会、军阀割据政权下的山西农村的原始资本积累的过程。

---

① 《中国实业志》（山西省），实业部国际贸易局，1937 年。
② 《中国近代经济史统计资料选辑》。

山西货币商人在对外经贸中的贡献

背景说明

本文是 1988 年冬在中国金融学会金融史研究会在苏州举行的"外向性经济与中国近代金融研讨会"上的发言，被中国商业史学会明清史专业委员会编辑的《明清商业史研究》第一辑收录，中国财政经济出版社 1998 年 11 月出版。中国对外贸易和金融活动的研究，一般多注意中国南方和沿海商人对外海上贸易和金融活动，而对北方陆路对外贸易与金融活动则讨论很少。

马克思在分析商人资本时说："商人资本或商业资本分为两个形式或亚种，即商品经营资本和货币经营资本。"早期山西商人经营的票号、账局、钱庄、印局、当铺等金融业，或说经营货币商品的商业，是在普通商品经营业发展的基础上发展起来的，并同时促进了普通商品经营业的发展。这种货币经营业与商品经营业的混合生长，不仅促进了山西商人资本在国内的发展，也支撑了山西商人资本对外经济活动，同时影响着 19 世纪到 20 世纪中叶的中国经济金融和社会发展。

一、对俄贸易，输入白银

中国对西亚贸易的"丝绸之路"在中国对外经济文化交流中有着极其重要的地位，几乎可以说古今中外人人皆知。然而中国对外经济交流中的另一条商路——"茶马之路"却鲜为人知，这条茶马之路是中国对北亚和欧洲贸易的陆上通道。据地下出土文物，这条商路初于汉代中期，经几百年的时断时续，到宋代又有一定的发展。明代一度中断，明后期尤其到清中期以后这条商路相当热闹。特别令人瞩目的是，活跃在这条商路上的基本是山西人，其主要原因是，山西地处中原农业地区与北部游牧民族地区之要冲，山西人"近水楼台先得月"，特别是在清康熙皇帝征剿准噶尔叛乱时就进行着军需贸易。这条商路在《中俄尼布楚条约》签订之后，尤其是《恰克图条约》签订之后，得到了极大的发展。这条商路南起汉口，以汉口这一西联重庆巴蜀，东联苏杭、上海，南联长沙、广州的"九省通衢"，集结物资北上，经周口、开封、清化、潞安、子洪口至平遥、祁县、太谷，进行商品分类加工包装之后，起程经太原、忻州、雁门关至黄花梁分作两路：东路出张家口，西北走库伦（今乌兰巴托），东北走多伦、齐齐哈尔到呼伦贝尔的海拉尔；西路走杀虎口、归化城（今呼和浩特），然后分作两线，北线至库伦、恰克图、西伯利亚、伊尔库茨克、莫斯科、彼得堡，西线沿长城内侧自古城、迪化至伊犁、塔尔巴哈台，或由库伦而西至科布多后西南折向奇台。

清代山西商人垄断经营的这条茶马之路，主要分作三个市场，亦称北路、东路和西路，其中最重要的一路是北路，即外蒙古的恰克图市场，东路是呼伦贝尔的海拉尔市场，西路是新疆的塔尔巴哈台市场。

恰克图市场开始于康熙中年。康熙二十八年（1689年）《中俄尼布楚条约》签订，中俄两国人民持有护照者，俱得过界往来，并许其互市。山西商人大量向北活动，开拓国外市场。据何秋涛《朔方备乘》卷四六："所有恰克图商民，皆晋省人。"恰克图坐落在中俄边境上，中俄两国各建一城毗连，中国方面叫买卖城，俄国方面叫恰克图。中方买卖城为矩形，以木为垣。俄国方面恰克图为正方形，亦以木为垣。山西商人先后在买卖城设立的大商号有大升玉、福源德、天和兴、恒隆光、锦泰亨、大成兴、永玉恒、天庆隆、祥发永、永光发、大泉玉、璧光发、独慎玉、大德玉、大美玉、锦泉涌、大盛魁、兴泰隆、公和盛、万庆泰、公和浚、万盛永、永玉亨、火成庆、广全泰、永和玉、大珍玉、复源德等。恰克图市场在雍正初年，商品交换额大约为100万卢布左右，乾隆中期增至200万卢布左右，到乾隆末年达到300万卢布以上，嘉庆时增至600万卢布以上，道光咸丰年间持续增加，以道光二十三年（1843年）为例，经山西商人之手，输往恰克图的商品，仅茶叶一项达12万箱（每箱100磅），其中花茶8万箱，家茶4万箱。每箱花茶120卢布，家茶70卢布，12万箱价值可达 1240 万卢布，这还没有包括其他商品，如丝绸、曲沃烟丝及其他生产生活用品马鞍、火镰、刀剪、铜铁盆、瓷器、木勺、衣针、土布、鞋帽、衣服、烟叶、米酒、陈醋等。这一年，从俄国输入的商品中有：各种毛皮 123 万张，各种毛呢 11000 匹，天鹅绒 117 万张，亚麻布 57 万俄尺，羽纱 2.6 万俄尺。

据统计资料分析，道光朝是恰克图市场的繁盛时期。这个时期，俄国对华贸易占其对外贸易总额的 40%～60%，19 世纪 40 年代贸易额有时超过 60%，据《中俄贸易之统计的研究》，1844 年中国对俄商品输出入分别占全国商品输出入总额的 16% 和 19%。对俄贸易仅次于英国，居第二位。这样巨大的贸易额主要是在恰克图市场进行的。

海拉尔市场初建于雍正年间。雍正八年（1730 年）黑龙江将军卓尔海奏准在呼伦贝尔建城，1734 年初具规模，清政府令在京的山西商人晋兴号、鼎兴号、大利号、天聚号、宏盛隆等八大家在海拉尔城建立商号，政府发给"龙票"，给予护照和特权，从事对蒙俄贸易。当时的宏盛隆资金计达 3 万两白银，牛车 150 辆，8 个蒙古包，他们从北京、张家口进货，向蒙俄推销内地生产的手工业制品和农产品，持在蒙俄地区收购的畜产品销往哈尔滨、上海等地。到 1912 年，大约每年有 162.5 万卢布的皮毛、肉类、牲畜输往沙俄，将 83 万卢布的商品销往海拉尔市场、塔尔巴哈台市场，包括伊犁市场，当时商人们称之为"西路"。西路对俄贸易于咸丰年后，由《中俄伊犁塔尔巴哈台通商章程》签订开始得到发展。据《筹办夷务始末》同治朝卷五六，走西路的山西商人办安徽建德朱兰茶（又名千两茶），"此项千两朱兰茶，专有茶商从建德贩到河南十家店，由十家店发往山西祁县、忻州，由忻州至归化，专贩于走西疆之商，运至乌鲁木齐、塔尔巴哈台等处售卖。"这种茶叶并不是俄国人消费，而是西洋人的生活必需品，由俄国商人贩运卖给欧洲人。陆路对俄贸易自雍正五年（1727 年）到咸丰末年（1861 年）大约 130 多年最为活跃，而且一直是平等贸易的。交易市场在两国政府官吏的监督管理之下，双方商人各举若干代表，商定货物交换比例，价格经议定，各方必须遵守。这个时候的商品交易，主要是易货贸易。但每年中国方面输出大于输入。俄方无货可以输入中国，经常发生逆差。据俄洛日柯娃《俄国同中亚的经济关系》记载，19 世纪 40 年代俄国对中国商品输出如表 1 所示。

表1 19世纪40年代俄国对中国商品输出统计 单位：千卢布

年份	金额
1841 年	7172 千卢布
1842 年	6501 千卢布
1843 年	4857 千卢布
1844 年	5753 千卢布
1845 年	6663 千卢布
1846 年	7222 千卢布
1847 年	6975 千卢布
1848 年	5469 千卢布
1849 年	5740 千卢布
1850 年	7127 千卢布

1821～1850年，中国方面向俄输出每年约在800万卢布。俄国对华贸易的差额，是由一种白银的粗制品以"工艺品"的名义来支付的，因为当时俄国禁止输出白银。而这种粗糙的"工艺品"大部分是俄国从汉堡或莱茵河上的法兰克福人处输入的，称为汉堡银，其成色很高，被山西吸收后，铸成元宝银，投入国内金融市场，对解决国内金融市场上白银不足的困难起了很大作用。这一点在中国近代史上至今没有被人重视。

除中俄边境贸易外，山西商人还深入俄国内地，在俄国的莫斯科、多木斯克、耶尔古特斯克、克拉斯诺亚尔斯克、新西伯利亚、巴尔纳乌、巴尔古今、比西克、上乌金斯克、彼得堡等城市均设有分号，对俄输出的主要是以茶叶为主，输入的主要是毛呢及金属制品。太原南郊徐沟县的"万顺通"、"万胜顺"、"万胜高"、"豫盛达"等商号，就是专门在省内推销俄国货的商号，时称"羌货庄"。

第二次鸦片战争以后，随着俄国对华侵略的扩大，一个又一个不平等条约的签订，俄国商人深入中国内地开办贸易商行，设立工厂，直接在内地低价收购原料，输出工业制品，再加上他们以现代交通工具轮船将茶叶等中国货由天津或大连运往海参崴，恰克图商路逐渐被冷落，山西商人失利。1861年在恰克图的山西商号有100多家，到1863年减少为60多家，1868年只剩下4家。

二、对日贸易，输入铜斤

清代的"康乾盛世"，社会安定，经济发展，随着商品流通的扩大，作为民间商品交易使用的铜钱需要量相应增加，限于铜产量不足供应，货币供应量制约着商品经济的发展。雍正初，曾出现鼓铸困难，制钱腾贵，雍正皇帝不得不做出指示："钱文系国家要务"，要求各级官吏认真解决。当时铜荒对山西商人的影响很大，太原、大同、长子铜货久负盛名，行销全国，如乐器、铜锅、铜壶，由于原料不足，"多销制钱而制铜器"。雍正四年清廷颁布法令，"严禁制造黄铜器皿，除黄铜之乐器、天平砝码等5斤以下铜镜亦不禁止以外，其他一应器皿，无论大小轻重，俱不许使用黄铜制造。"（《清朝文献通考》）又规定，"京城内除三品以上官准用铜器，其余俱不得使用黄铜器皿。定限三年，令将所有悉行报出，官府给价收买。不交官者，照私藏禁物律治罪。其铺户有仍将黄铜制造器皿者，照销毁钱文依律治罪。"① 第二年又规定，"从前曾议三品官以上使用黄铜，今犹觉乱用者多。以后，唯一品官之家，器皿准用黄铜，余者遍行禁止。藏匿私用者，概以违禁论。"② 于是铜品手工业歇业，民间大为恐慌。山西省仅雍正四年至乾隆元年（1726～1736年）收买铜器小钱689500多斤。

为了补充铸钱的铜源，除加紧云南铜矿的开采外，还动员商人们到日本产地长崎采买铜斤，实行"洋滇并办"的政策。康熙三十八年（1699年）以前外采洋铜由民间商人承办。以中国土产装船放洋换日本铜，一年两趟，"大抵内地价一，至倭可易五，及回货，则又以一得十，故铜商之豪富，甲于南中。"③ 作为皇商的山西介休县范氏见此厚利，极力挤入竞争，他联络山西乡帮皇商包办对日铜贸易，提出"请将芜湖、浒墅、湖口、淮安、北新、扬州六关额铜专交承办，不误运解。"④ 并提出"情愿报效，自请减价，是以与民间价不同。"⑤ 康熙三十八年（1699年），清政府把芜湖关额铜660760斤，浒墅关额铜448840斤，湖口关额铜397840斤，淮安关、北新关各307690斤，扬州关额铜153840斤，每斤照价给银一钱，脚价银五分，交给了以范氏为代表的山西商人操办。康熙四十年（1701年）又将荆州、凤阳、太平桥之应办额铜交给了山西商人，康熙五十一年（1712年）又将龙江、西新、南新、赣关应办额铜也交给

①② 《清朝文献通考》。
③ 《东倭考》。
④ 《皇朝文献通考》卷十四。
⑤ 《苏州府志》卷十九。

了山西商人。① 以范毓宾、王刚明、刘日晟为代表的山西商人，每年须从日本采购日铜七八万斤，比民间商人少收 5 万两白银。他们为了完成任务，利用乡帮商号在全国各地的分支机构，在山西全省和全国各地搜罗土特产品从各地运往苏州，在苏州设立船局，运往日本，其中主要是丝绸缎、绉纱、绫子、毛毡、锦罗、茶叶、扇子、瓷器、衣针、笔墨、纸砚、药材、书籍。② 从山西运去的土特产品主要是：潞安党参（日本人称之为潞安人参），辽州的麝香，泽州和辽州的牙香，大同的香皮、石绿、花斑石、玛瑙石、黄芪、黄腊，汾州的甘草，沁州的石菖蒲，平阳的龙骨，太原的瓷器、毛毡、天花粉等，都受到了日本人的欢迎。③ 用这些中国商品换取日本的铜。他们每年夏至从苏州装船出海到日本长崎，九月中旬装载铜斤返航，小雪之后再次放洋，次年四月回国，一年两运，借季风，冒着风浪拍打、触礁沉没的危险，远渡重洋。日本正德四年（清康熙五十三年，即公元 1714 年）实行新商法，予以种种限制，采购日铜困难增加，山西商人历经艰辛，垄断对日铜贸易长达 70 余年。范氏经历四代从事洋铜贸易，终因条件变化、政府在价格上的苛刻，到范永斗时，家产被抄没抵债，范氏家族至此垮台。但是山西范氏等皇商每年采购数百万斤洋铜对中国制钱制度的维持，对国内金融市场的稳定所做出的贡献是不可低估的。若以每年输入洋铜 300 万斤计算，70 年大约使 21000 万斤铜进入中国市场，保证了中国商品交易必要的交易媒介。同时，又对沟通中日两国人民的经济和文化交流起到了重要作用。日本人宫本泰彦在《中日交通史》一书中说："中国书籍之传入日本，影响日本文化最大……使各地文运大兴。"

三、票号、账局、钱庄的资金融通与汇兑

前文已经讲过，山西商人在清代前期对俄贸易中从欧洲输入大量的白银，补充了国内金融市场中的白银货币数量；在对日本的铜贸易中，大量购入日铜补充了中国铜制钱的铜源，对巩固中国长期实行的银铜平行本位的货币制度做出了重要贡献，历史应当肯定他们的功劳。但山西商人在对外经贸中更重要的贡献则是汇兑、借贷和资金周转。山西商人创造了票

① 《皇朝文献通考》卷十四。
② 山胁悌二郎：《长崎的唐人贸易》。
③ 西川求林：《增补华夷通商考》。

号、账局、钱庄、印局、当铺等金融机构。这些从商品经营资本中分离出来的货币经营资本对经济贸易又做出了积极的贡献。不仅在国内贸易，也在对外贸易中发挥了作用。

据初步调查，山西商人把自己的金融机构设在国外，从事国际金融业务的机构有合盛元、恒隆光等。分布地有日本的神户、大阪、横滨，朝鲜的仁川，俄国的恰克图、莫斯科。民间传说在印度的加尔各答、南洋的新加坡也有票号的分支机构，当然，有些国外的分支机构，还有待进一步的考证。

山西祁县荣任堡人郭源逢与祁县城内人张廷将在道光二十七年（1847年）由茶庄改设的合盛元票号，资本金10万两白银，嫌资本少，又以其投资的合盛亨、合盛利、合盛贞3个商号16万两资本金作辅资，分支机构遍设全国，于光绪三十年在日本神户荣町三丁目设立分庄，后又在东京、横滨、大阪设分庄，从事国际汇兑和借贷业务。不过合盛元在国外的分庄不称票号，而称合盛元银行。据日本明治四十年六月合盛元票号在神户《又新日报》发表的开业广告，资本金已达50万两，公积金650万两，国内分支机构32所，在日办理存款、汇兑等各种银行业务。它大量承揽日本与上海、天津间的国际汇兑，服务于中国在日本购买火柴、海菜、杂货，日本在中国东北购买大豆、豆油、豆饼等商业贸易。光绪三十四年，全年汇兑业务在2000万两白银以上，汇款每万两获汇水50两，利润可观。

山西祁县乔家开设的账局恒隆光，资本金15万两白银，业务重点放在蒙古地区，设庄于恰克图、库伦、张家口、北京等地，大作对俄国和蒙古贸易商人的融资业务。账局是以放款取息为主要业务的金融机构，当然要吸收存款，办理款项过拨等。恒隆光资本股加人力股共6股，每股每个账期可以分红25000两白银。又如山西商人中号称最大"通事行"的商号大盛魁，从业员工六七千人，其骆驼商队有1.6万~2万头骆驼，专门从事外蒙喀什喀四大部、唐努乌梁海、科布多、乌里雅苏台、库伦、恰克图以及新疆乌鲁木齐、库车、伊犁、塔尔巴哈台和俄国西伯利亚、莫斯科地区的贸易。为支持他的商品经营资本的发展，其财东又筹集资本另设有大盛川票号、裕盛原银号、宏盛银号，以及其他钱庄、当铺等。大盛魁作为总号，通过它分布在全国各地的票号、钱庄、银号、账局的借贷、存放、汇兑，融通资金，支持各业商号从事欧亚大陆大范围远距离的长途贸易，至今民间还流传着很多当年拉骆驼的人从茂司嘎哇（莫斯科）回来谈论俄国乡土人情的动人故事。

山西票号 30 多家，加上账局、钱庄达数百家之多，它们分布在全国各地，是山西商人和全国各地商人从事对外经济贸易活动的后盾。

此外，山西商人在对外贸易中的信用交易，对外向性经济的发展也有着重要的意义。比如清后期的中俄贸易，曾有过山西商人对俄商赊销商品的情况，以扩大他们的商品销售额，后由于俄商赖账，经至清末发生了一件山西 10 余家商号大泉玉、大升玉、独慎玉、大珍玉、兴泰隆、祥发永、碧光发、公和盛、万庆泰、公和浚、复源德、广全泰、锦泰亨、永玉亨、天和兴等，联合呈请清政府与俄交涉，追回米得尔样夫等五家俄商欠银 62 万余两的事件。

四、山西货币商人支持对外经贸的几点启示

从近代中国金融机构的业务活动中，尤其是对外经济业务中，可以得到以下几点重要启示：

（一）外向性经济需要外向性金融的支持

山西商品资本对俄贸易之所以发展很快，其中一个重要的原因是山西商人的商品经营资本伸向哪里，货币经营资本也跟着伸向哪里服务，他们的东家往往是一个人。某一财东的商号到国外设立分支机构，也将自己的票号、账局或钱庄跟着设到了国外，从事汇兑、外贸信贷等业务。没有外向性金融机构和外向性金融业务，外向性商业企业是无法生存和发展的。

（二）外向性经济的发展调节着国内资金市场的稳定

山西张家口八大家皇商及洪洞刘家从事对日本贸易，补充了国内铜钱铸造的铜源。山西商人中的通事行，从对俄贸易顺差中获得了大量白银，也填补了国内市场上的银两，为中国商品市场提供了数量比较充足的一般等价物，这对银铜平行本位的中国货币制度的稳定，对国内经济发展的作用无疑是积极的。

（三）金融业适应外向型经济的发展需要不断地改变自己的业务制度

对俄贸易的货物运输，主要是靠骆驼、牛车、骡子，但也只能到周口。所以商人向金融机构借贷期限如何确定，就应运产生了一种山西商人使用的"标期"和"标利"。标期大体有年标、季标和目标之分：年标是按借款采购运货北上到俄蒙售卖返回山西为大体一年而确定，借期亦为一

59

年；季标是春、夏、秋、冬四标；月标也称骤标。相应利息计算上也有标利和满加利等名目。

为适应商品集散地资金需求，各金融机构既相互竞争，又相互合作。为了加速资金调度，解决资金供应不足的问题，在归化的山西货币商人创设了"宝丰社"，它可以调度资金，组织银行业的转账结算，"与票据交换"，资金拆借等，还可以协调借贷利率，协调各行关系，犹如今日中央银行之功能。他们创造的"谱拨银"、"城钱子"和"拨兑（客兑）"就是很好的节省现金运送，减少在途资金，加速资金周转的好办法。

（四）融商品交易、生产和资金融通为一体，商品经营资本和货币经营资本混合生长，有利于提高竞争能力

山西商人对外经济贸易主要是茶叶等。在湖南羊楼司、羊楼洞、安徽六安等地包山购茶，就地设场加工。按华北人、哈萨克人、维吾尔人、蒙古人、俄罗斯人、西欧人的不同要求，分别加工、包装。财东投资商号，又投资于手工业作坊，还投资金融（包括钱庄、当铺、票号），各有分工，相互配合。这种类似现代综合商社的做法，提高了山西商人的对外竞争能力，是山西商人组织管理的重要特点。

（五）发展对外经贸业务需要政府的支持

清末民初，山西商人从日本撤回来，从恰克图垮下来，在对外商业竞争中败下阵来，其中一个重要原因就是帝国主义用武力迫使中国政府签订不平等条约，取得了种种特权，山西商人失去了与外商竞争的能力。没有政府的支持，对外经济发展是不易成功的。

（六）发展对外经贸业务需要培养专门人才

山西商人对外贸易活动中有一个重要特点，就是他们很注重人才的培养，大盛魁在外蒙古科布多就设有专门的外语培训机构。至今山西民间还保存有当年的外语教科书，如双蒙语对照手抄本。

阎锡山的金融货币金融思想与实践

背景说明

本文是 1993 年 9 月在"中国近现代名人社会经济文化思想（国际）学术研讨会"上的演讲稿，原载《山西财经学院学报》1993 年第 5 期，后被收录入《中外学者论张学良、杨虎城和阎锡山》一书。阎锡山是中国黄金非货币化思想最早提出者和第一位实践者，他在 20 世纪 20 年代曾经通过整顿币制，利用金融手段，启动农村经济，发展工业生产，并且取得了成功。30 年代初，他提出资本主义有两大病症，即交换病和分配病。交换病是指由于黄金生产数量赶不上普通商品生产数量，就会"比限生产"发展，病根是"金代值"。解决交换病的办法是废除金代值，实行"物产证券"，实际是纸币制度。他是中国黄金非货币化的倡导者。1932 年他二次上台后，进行了"物产证券"的实验，即建立"四银行号一库"，用"核准发行"纸币的办法，推动产业建设，为山西经济发展做出了贡献。

阎锡山的货币金融思想，是阎锡山经济思想的核心内容之一。从 20 世纪 20 年代初到 40 年代，他在统治华北及山西省的几十年中，在货币金融方面作了大量的研究和实践，形成了一套独特的金融体系，对山西经济产生了重大影响。客观地分析和评价阎锡山的货币金融思想，对不发达地区和国家的经济启动并不是无益的。本文试图通过对阎锡山的货币金融思想与实践的评介，为经济不发达地区和国家的经济决策提供参考。

一、货币思想与实践

（一）划一币制：复本位向单本位过渡

中国长期实行银铜平行本位的货币制度，到民国初年，市场上周使的银货币，有银两和铜元两类，同时还流通铜货币，有制钱和铜元两类，其计算单位各不相同，有以银两称量，有以银元点个，有以制钱计吊（每吊个数各地不一）。有些商号往来交易，不付现款，通过钱庄"过拨"，叫"拨兑钱"或"克钱"，除银铜金属货币外，还有纸币流通，银行、钱庄、银号发行兑换券，当铺、粮店、商号都可以出"帖子"，代现款流通。这种封建落后的货币制度严重影响经济的发展。阎锡山对此采取了"划一币制"的积极措施，在 20 年代末，先后公布了《划一币制暂行规则》、《发领铜元规则》、《发行镍币条例》、《禁止商号私发银元纸币惩罚规则》、《查禁私发纸币规则》、《禁止携带现款出省办法》等文件。[1] 在阎锡山亲自签发的这些文件中规定，"凡山西境内商民交易，一律周行银元、铜元。""不得使用银两、制钱"，放款借款也必须如此，使铜元成为银元本位币的辅币。

为了肃清土杂货币，阎锡山采取了许多措施。比如他由督军兼任山西省长以后，很快设立了铜元局和机器局，由机器局铸造铜元，铜元局发行铜元，在山西和陕西部分地区民间用铜元收购制钱，1 枚当 10 铜元兑 10 枚制钱，然后用 3 枚制钱熔化后的铜铸 1 枚当 10 铜元，先后由此项盈利360 万银元，充作政府举办山西公营事业的原始资本。铜元数量不足，阎又请示北洋政府发行铜元票，银元数量不足，又发行山西省银行兑换券。从而推动了山西币制由银铜平行本位向银单本位制的过渡。尽管对 10 铜元兑换制钱问题历来有很多贬词，但划一币制的思想与实践是需要肯定的。

（二）废除金代值：黄金非货币化

阎锡山认为，资本主义社会各种弊端的病根，一是"资私有"，二是"金代值"。所谓"金代值"，就是"金银作货币而代表工物价值之谓也"。他说，金代值有四个弊端：第一，违反为产物而劳动的劳动原则，反成为劳动不为产物，而为金银。因为金代值取得了独占贮藏的地位，使

---

① 山西财经学院、人行山西分行：《阎锡山与山西省银行》，中国社会科学出版社，1980 年。

人盯着金银，以金银为主，以物产为奴，以金银为富，不以物产为富，产生了重金轻物的弊端。第二，违反了生产愈多生活愈富裕的生活原则，反成为生产愈多，生活愈贫困。因为黄金生产为限，一遇物产过多，争相求售，价格低落，换得金银数减少，而且人们不肯以金银购买生活够用以外的物产，故生产者不能销售，从而限制了生产的发展，故产生生产愈多，余剩愈甚，生活愈贫困的弊端。第三，违反保障人民生活之政治原则，反成限制人民工作，减少人民生活。因为金代值，产生"二层物产制"，即生活需要之物产为一层，代值之金银为一层，百物皆与金银比其价值，而后才能转易百物，由于生产金银需相当费用，政府不能无偿取得，而人们的生产物，皆需换成金银，再转换成其他生活所需，政府手中无金银不能接受人民之物产，物产滞销，人民则失业，政府为调剂失业，不得不减少工作时间，以期尽可能保障就业，减少人民工作，就是减少人民生活，也是减少国家之物产，故产生"比限生产"之弊端。第四，违反互通有无的国际贸易原则，反开商战之路，增加兵战之端。因为金代值，作国际支付手段，聚得金银，就可以把握经济命脉，所以各国增加生产，换求国外金银，就得争取出超，遂开商战，争之不已，继之以兵，故使国际关系恶化。他说，"货币之产生也，为代替物物交易之烦"，"金银之为货币也，以其为产量相当，携带便利，不畏仿造等优点，并以其本身具有独立信仰之价值。"但正好也是因此，"形成'二层物产制'，独占贮藏，比限物产，并以其本身价值作交易价值之梗"，尤其是近代"物产繁多，交易复难"，纸币应运而生，"纸币生则金银作为货币的理由已失，只留其扰乱物价及比限物产，困人民生活，减社会之富力，助长私资剥削与国际侵略，徒为种种扰害，人与人群之罪物耳。"[1]他把金银货币当作一种交易病，治疗这种病症的处方是实行"物产证券"。

何谓物产证券？"物产证券者，政府用法令规定代表一定价值之法货，用以接收人民工作产物，并作人民兑换所需物产及公私支付一切需用者也。政府接受物产若干多，即发行若干证券，同时即将此种物产，售于消费者，而收回证券。""物产证券如同物之照相片。以此照片，即可购买物产，证券如同物产价值之收条，直接代表物产之价值。""物产证券的货币制度是收物发券，在周使上是以券兑物，所以物券统一，其数量能

---
① 《阎伯川先生言论辑要》。

随物的增减而伸缩，且依产物发券，物为券之准备，购物即是兑现……准备十足，信用巩固，兑购合一，充分体现了物本物的一层物产制的货币。"[1]

为了宣传这套理论，他还编了歌曲："金钱金钱，您是罪恶之源泉，因了您的娇宠，痛苦了劳动万千……取消了您交易的权威，贬您为普通物产……人生不会再为了您而痛苦，物产再不受您的比限。……废除金银代值，实行物产证券，那才是钱币革命的具体实现。"[2] 为了实现这一"钱币革命"，于1934年在太原设立土货产销商行，并在全省各县市设代办所，专事推销西北实业公司产品及各种土货。在太原市场上发行并流通"土货券"。以后"土货券"不再流通，改用山西省银行等四银行号纸币，"收物发券"，"售物兑现"。到抗战爆发停止了试验。

阎锡山取消金代值、实行物产证券理论的提出，是在1929～1933年发生世界资本主义经济大危机时期，当时中国经济也受到一定影响，各国均放弃了金本位，中国货币何去何从，当时有三种不同观点，一是能力本位，二是虚粮本位，三是物本位——物产证券论。阎氏"物产证券"作为一个学派，在当时有较大影响。当然，物本位的首倡者，在中国应为廖仲恺先生，他在1919年发表了《钱币革命与中国建设》，后来又发表了《再论钱币革命》。他发展了孙中山的钱币革命思想，提出废除金银货币，代之以百物本位，实现纸币制度，由政府调节供求等理论。阎锡山虽然是在廖仲恺之后提出"物产证券"形式的百物本位理论，但他却是黄金非货币化的勇敢的实践者，他于1934年就在太原发行土货券，并以9角9分顶1元银元流通。

（三）"实物库"：货币发行的商品准备

关于货币发行的准备问题，阎锡山先生主张实物十足准备，这是其"物产证券"理论的实质问题。1935年，在中国货币何去何从问题上，南京政府进行了紧张的研究。此时，阎锡山先生多次建议国家实行他的物产证券主张。他在1935年7月10日给孔祥熙的一份电报中说："金银代值向因不足不便之故，代以纸币，按成准备，已作不兑现之基，加以出超各国金银已成偏聚，而金银每利宽困窄，出超而不兑现，尚可运用自如，入超而不兑现，必成废纸。故近代经济命脉常为出超国家所操纵，弊战而失

---

[1] 阎锡山：《物产证券与按劳分配》。
[2] 《钱币革命的具体实现》。

利，终归入超国家所遭受。以我国今日之国情与环境，倘若实行不兑现，纸币势必跌价，社会恐慌，人心怨重，政府收入顿减，为抵补计，不得不增发纸币，愈增发愈跌价，社会愈恐慌……"阎锡山的这一建议尽管南京政府未予采纳，而在1935年11月2日推出了禁止银元流通，实行法币政策，但阎锡山的"物产证券"在山西的试验一直坚持到日本侵略军进占山西为止。

按照这一思想，他于1935年12月2日下午召集太原绥靖公署、山西省、绥远省主要负责人开会，讨论通过了成立山西省银行、晋绥地方铁路银号、绥西垦业银号、盐业银号四行号实物十足准备库（简称四银行号实物准备库），拟定实物库章程九条，规定四行号发行纸币的准备，为金银货币、生金银和市场上交易的货物。实物十足准备库设立商行，或委托商号，收买实物，归入仓库，作为发行准备。实物库货物出售价格只准按成本加收3.5%的附加。其实物库的分库，设立在同蒲线沿线各主要城市，大同、原平、忻县、榆次、寿阳、平定、太谷、平遥、文水、汾阳、洪洞、临汾、候马、运城、风陵渡等，在省外的分库有包头、绥远、潼关、西安、石家庄、张家口、汉口、上海、天津、北京，抗战开始后又有汉中、宝鸡、兰州、平凉、成都、重庆等地。但省外机构不叫"分库"，而叫"物产商行"。省内各分库之下有支库和请私商代理的"合作商号"千余处，实际已形成了一个庞大的商业体系。新中国成立以后据当事人回忆，自1935年12月到抗战爆发，实物准备资产达到1000万元以上。

实物库成立之前，四银号的发行是现金银准备60%，其余为证券准备。南京政府实行法币政府后，山西省银行、晋绥地方铁路银号、绥西垦业银号、盐业银号四银行号纸币不能以银元兑现，阎锡山遂推出"实物"兑现。这一办法，一是保证了山西省四银行号的纸币发行和流通；二是无本从事商业活动，在当时市场死滞、物资流通窒塞的情况下，为经济活动注入了生机，而且所聚集的财富，在客观上对后来抗日战争的胜利起了一定的作用。若不是日本侵略，使实物库很多物资被劫，对山西经济发展是有积极意义的。历史对此实物准备褒贬不一，有人认为是"口吹大洋"的好办法，也有人认为是"赤腿穿套裤"（实物准备库的谐音），加以否定。现在看来，这实际是一种纸币发行的商品准备制度。

二、金融思想与实践

（一）办银行：产业与银行业混合生长

阎锡山对于银行及其银行业的发展饶有兴趣。1911 年山西辛亥革命时他任都督，即由山西军政府成立大汉银行。当时银行没有资本，向祁县富商借白银 30 万两充作大汉银行资本，发行军用票。据当时天津《大公报》报道："兵变后商民死亡逃散，十室九空，虽有现银，无处换钱，米面亦无处购，经济困难，达于极点。革军设大汉银行，行使纸币，名曰军用手票，分一毛、二毛、一元、三元、五元六种，军饷赋税，一律通用。商民不肯收用，后派兵赵平、祁各县勒捐现银三十余万两（实为向商人借款），开设分局三处，粥厂两处，又铸银元……"[①]

民国初年，山西军政府获得袁世凯北京政府承认以后，阎锡山返省，第一件事就是于 9 月拨资 21400 两，创办山西官钱局，以后又逐渐增资，官钱局所获红利，70% 归政府，以后改为 50% 归政府，20% 为公积金。

与此同时，以阎锡山为首的革命党人，又组织成立了晋胜银行，设太原市帽儿巷，代办了交通银行在山西的业务，并且成为了晋政权与交通系首领梁士诒联系的桥梁。这家银行经营时间不长，仅几年时间，到山西省银行成立后就停业了。

阎锡山在山西最大的金融机构是山西省银行，后来事实上成了具有中央银行性质的垄断性、管理性的金融机构，充当山西省政府财政支柱长达 30 年，这家银行是 1919 年在山西省官钱局的基础上改组的。改组银行时，请了一批票号界的老手，进行了设计、筹划，以股份公司形式，向社会征集股本，山西商人、票号入股者不少，政府又投资 100 万银元，成为公股合营性质的股份银行。省银行一成立，就以垄断纸币发行为目标，并逐渐成为管理其他金融的机关，独享"中央银行"某些特殊职能。20 年代的山西省银行，曾配合阎锡山在山西实施"六政三事"和"村本政治"发挥过积极作用，不仅在划一币制上起了积极作用，而且吸收省外资金和社会各界资金，投入农业，大兴水利，改造雁北土地，组织雁北水利股份有限公司，对大同、浑沅、应县地区的土地改良做出了积极贡献。银行在这里设立了经营土地的机构"大有堂"，对开发农村发挥了一定作用。

① 《大公报》1911 年 12 月 27 日。

1930 年，山西省银行又成为了阎（锡山）、冯（玉祥）、张（学良）、汪（精卫）联合倒蒋的财政后盾，曾一度造成晋钞贬值，通货膨胀。1932年，阎锡山与蒋达成妥协，二次执掌山西政权后，开始实施"山西省十年建设计划案"，此计划前 3 年以政治为中心，后 7 年以经济为中心，他说："中国的官吏以为不贪赃不枉法就是好官吏，现在时代不同了，务必依照已定的计划案积极办事，如果办不利就科以贻误罪。"（《阎伯川先生言论辑要》）按计划案需筹集上亿元以上的资金，因而在 1933 年又成立了晋绥地方铁路银号、绥西垦业银号、晋北盐业银号与省银行，四银行号均为省营金融机构，从事纸币发行、存款、贷款和汇兑等业务，据 1935年统计，当时省铁垦盐四银号分支机构达 30 处，占全省金融机构总数的23.4%，但资本占到 77.3%，吸收存款占 33.3%，放款占 61.5%，汇出款项占 61.2%，汇入款项占 58.7%，储蓄存款占 98.4%，纸币发行占到89.2%，基本垄断了山西金融市场（《阎锡山和山西省银行》）。20 世纪 30年代，山西省银行的业务重心是与铁路、垦业、盐业三银号一起支持山西地方工业的发展，并与工商业资本密切结合，混合生长。当时阎锡山把山西经济发展的资本投入和管理分为三大类：最大的一部分叫山西人民公营事业董事会，下辖制造业——西北实业公司 19 个工厂和 20 多个分厂及服务机构；运输业——同蒲铁路局；金融业——四银行号；商业——斌记五金行和四个粮店；研究机构——电气化事业研究会等。到 1937 年，资本总额达到近 1 万元法币，为当时全省私营工商业资本总额的 2.78 倍。第二部分是营业公社，包括省、县、村三级，其中省营业公社有晋通银号、晋裕银号。晋益、晋忻、晋源、晋平、晋洪等 7 个当铺与其他面粉业、棉花、煤矿等，资本达到 340 多万元。第三部分是直属省府的企业，包括土货商行及晋北矿务局、阳泉煤业公司等。无论哪类省属公营事业，均有金融机构在其中服务，而且将工业、商业、运输业、金融业、科研机构混为一体。由督理委员会统一协调指挥，采用现代托拉斯和康采恩式的经营管理方式，这不能不说是一大特色。

1930 年夏，阎锡山联合冯玉祥、张学良和汪精卫发动倒蒋前夕，曾从山西省银行抽调人员，在太原龙王庙街成立银行学校，为中华民国国家银行培训干部，继而又从山西省银行抽调人员于北京成立中华国家银行，1930 年 7 月 18 日阎以陆海空军总司令部的名义颁发《中华国家银行兑换券暂行章程》，在北京发行中华国家银行纸币，倒蒋军事失利后撤回太原，价值由 1 元跌至 5 分，信用扫地。此系军事失败结果，这是阎锡山创办的十余个金融机构中失败最惨的一个。

（二）土地担保：信用合作理论与实践

阎锡山合作思想的建立比较早，在 1918 年他就曾研究合作经济，他说，信用组合，"好像河东各县俗行的'拨会'，由多数人分期小额资金，合成巨款，规定利率，组合员中有想经营事业而缺乏资本者，即以所集资金借给，嗣后按期偿还。"① 他的信用合作思想是与他的"村政建设"即"六政三事"相联系的。但他的合作理论的成熟与实践，是从 20 世纪 30 年代开始的。由于阎锡山的合作理论特色与一般合作理论有不同之处，因此产生的山西省的合作社就有两大类：一是按照南京政府实业部颁发的法规举办的，由省府村政处管理；二是按照阎锡山的思想来实验的，由太原经济建设委员会指导进行。前一类合作社，到 1935 年 10 月共成立 25 所，其中信用合作社 14 处，产销合作社 3 处，消费合作社 8 处。每社社员最多 70 人，最少只有几个人参加。后一类合作社，到 1935 年 9 月止共有 715 所。有两个突出特点：第一是省、县、村形成了一个体系：村设信用合作社，县设总信用合作社，与县银号、省银行有固定的借贷和发行准备关系；第二是发行"合作券"。村信用合作券发行，以土地为担保。阎锡山说："向来发行纸币者，非即使用者"，其"准备金可以短少，业务也不能长盛。"合作券"与普通纸币性质不同……因为用券者即发行者，而且都以土地为担保。土地永远不能没有了。"其担保数量规定地价 10 元以上者，每亩担保发行 1 元；地价 5～10 元者，每亩发行 0.5 元；地价 2～5 元者，每亩发行 0.2 元；地价 1～2 元者，每亩发行 0.1 元；地价每亩 1 元以下者不得发行。其发行方法为：凡有 5 亩地以上之农民，均可以到合作社按地价领一定数量的合作券，年利 1 分行息，限期 12 年到期，不再归还本金，且停止利息，但 12 年内需按期付息，不能付息时，按市价扣收粮食。合作券在村内流通使用，村合作社不负责兑现。但到外村外县使用，可以到村合作社兑换省钞，为此村合作社要设立汇兑基金，向总合作社息借省钞解决。②

抗战爆发后，阎锡山政权搬迁晋西，又实行"新经济政策"，搞"经济合作"，但这时的合作社的业务，阎规定一为计划督导生产，二为统制

① 《阎锡山年谱》。
② 《阎伯川先生言论辑要》。

物资，三为接收产物，开付合作券。这时把合作社的合作券，叫作产物的"收条"，"不是货币，是货币收条，等于一种货"，并限于合作社内购土产，对外购进的工业品，要兑成法币去购买。这时期的合作券，不再以土地作发行准备，而复原为抗战前的物产证券办法，实际上已成为了战时经济的组成部分。

（三）"省钞发酵"：信用扩张思想与实践

经济开发，没有资金的注入是不可能的，启动资金从何而来？阎锡山提出了"省钞发酵"的办法。1932 年，为了配合"造产救国"，实施十年计划案，阎锡山曾发布《各县县银号借发山西省银行兑换券章程》、《山西省银行代理店代发省银行兑换券章程》、《各县当铺发行兑换券章程》等。在省银行设有分支机构的县，委托私人钱庄代理。代理钱庄可以在其资本额 3 倍的额度内申请代发省钞数额，经县商会签发认可书，与省行订立合同，取具铺保，即制作"山西省银行××代理店"及"山西省银行××县兑换所"字样的招牌挂于门首，办理发行与兑现事宜，谁发行谁兑现。这样，省银行无须准备金，既扩大了纸币发行数额，又保证了兑现和流通。代理店的代发行，需要交付一定的利息。这种借商号、钱庄现金为准备的发行办法，融发行与贷款业务于一体，实属一个创造。他设计的县银号，"县银号之于本县，犹省银行之于本省。"并且在无资本暂时不能办起县银号的县，可以招商代办。对县银号，省府规定不能自行发行纸币，只能借发省钞。县银号借发省钞，由自己负责兑现，省银行不负责发行准备和兑现。县银号准备金由县筹措。并且把省银行、县银号、县信用合作社与村信用社联成一个体系。村信用社以土地为担保发行合作券，村与外村的货币往来需有汇兑基金，村合作社向县信用合作总社息借发行额 20% 的省钞解决；县总信用合作社以全县村合作券发行额的 20% 向县银号息借，县银号按县总信用合作社贷款总额的 20% 向省银号息借。层层息借省钞均按年利 1 分计息，并分别负责兑现。对此，阎锡山的经济建设委员会的经济统制处一位张姓处长解释说：村向县银号息借一部，县向省银行息借一部，如发酵然。"省银行票好比总酵面，发行一二百万，分借各县，作为县银号基金之一部，连同县银号另筹基金，再起发酵作用，以兑现票借给各村，作为汇兑基金。如此发酵后，辗转流行，社会金融就会马上活跃起来。"① 省钞发行及其信用扩张为山西农村经济注入了一笔巨大的启动资金。可惜时间不长，日本侵略，农村经济建设也无从谈论。

（四）股份制：现代企业集资的形式

阎锡山对发展地方经济资金问题的解决，除了成立银行，发行纸币外，还重视学习西方筹资方式。这一点在他执政的早期就很明确。1918年他讨论关于民德、民智、民财的问题时提出："新生意叫公司。公司有四样。"一叫无限公司，二叫两合公司，三叫股份有限公司，四叫股份两合公司。山西商务的衰落，与股东无限责任制是有关的，他在讨论山西独特的人身股和资本股之后，主张改革企业资本制度，用现代股份公司的办法组织企业。所以，20世纪20年代山西出现了一批股份制企业，如平鲁县的富有畜牧公司、交城生大畜牧场、静乐民生牧场、阳曲兰村群众牧场、岚县晋裕牧场、应县的富山水利公司、广裕水利公司、广济水利公司等。30年代的公司更是采用股份制形式，不仅吸收当地群众的资金，而且在省外、国外引进资金。20年代他就引进了大总统黎元洪、陆军总长汤化龙等的资金，投资山西水利建设。30年代对国外资金的利用又有了发展。据斌记五金行1936年12月统计，山西对德、美、日等国的礼和洋行、协和洋行、慎昌洋行、西门子洋行以及大仓、三井、克罗克纳等20多家洋行负债达248多万元，引进先进设备技术未到位的资金达385万元。广泛吸收国内外、省内外各方面人士的投资和融资，开发山西经济，使当时山西的炼油工业、机械工业、军火工业、建材工业、化学工业、造纸工业、纺织工业以及铁路、公路运输等从无到有，从小到大，获得了较快的发展。

三、阎锡山货币金融思想的特点及学术意义

阎锡山的货币金融思想是在20世纪20~40年代中国北洋政府和南京政府时期形成和实践的，其历史背景如下：①金本位制在世界各国的崩溃；②中国政局动荡，战事频繁，社会混乱，而山西地方政权相对稳定；③中国封建自然经济解体，资本主义经济发展，农村凋敝，金融滞涩，城市失业人口增加，社会资本需求旺盛；④阎锡山本人受多种思想和学说的影响，其自幼接受中国传统文化教育，又曾留学日本，对日本明治维新以来的资本主义经济发展比较了解，并邀请美国学者和国内的各派学者，包

---

① 《阎锡山和山西省银行》，中国社会科学出版社，1980年。

括马克思主义理论家讲授各派政治经济理论。这样，就使他的货币金融思想带有较大的开放性、综合性、独创性、整体性。

开放性。阎锡山的货币金融思想既注意到了世界金本位制度的没落和黄金非货币化，又注意到了国际资本的移动，引进外资，运用现代化大企业的通用的股份制办法管理企业，充分运用现代化外国银行制度及业务技术组建山西的金融机构，改造旧有的票号、钱庄业务，并注意到了外国金融业务技术与山西传统的旧式金融业务的渗透和融合。

综合性。阎锡山的货币金融思想吸收了西方资本主义货币金融思想，也部分地吸收了马克思主义理论的"公有制"、"按劳分配"思想，产生了多元思想的综合，这一点从他对资本主义病症的分析——交换病是"比限生产"，病根是"金代值"，药方是"物产证券"；分配病是"贫富悬殊"，病根是"资私有"，药方是"公有制"——而得到了反映。他的《物产证券与按劳分配》一书充分体现了其货币金融与经济社会发展密切融为一体的思想。

独创性。阎锡山的货币金融思想不仅融进了西方各学派的先进思想，也有自己一定的独创，例如农村信用合作社发行合作券，以土地担保；省银行—县银号—县总信用合作社—村信用合作社，层层息借省钞以"发酵"，实行信用扩张，启动农村经济，都是他的独特设计。

整体性。阎锡山的货币金融思想及其实践，构筑了当时山西省与各地不同的金融体系。

山西省银行不仅从事普通银行业务，而且代表省政府管理全省金融市场，从而构成了山西地方金融的独立体系。省政府基本上可以做到通过调控省银行，实现调控全省金融和经济的目的。

综观阎锡山先生的货币金融思想与实践，用现代金融经济的观点看，在一个不发达地区或国家实现工业化的起步阶段，需要大量资金时，可以从内部起动，这就是运用黄金非货币化论和信用扩张论，但这个扩张力毕竟是有限的，还需要借助外力，依靠外来资金。当然，自身的金融体系和可以调控自如的金融机制是不容忽视的。

然而，阎锡山的货币金融理论也存在许多缺陷，如理论体系的不完善性、纸币发行数量的无限制性、信用合作券流通的局限性等；在业务操作与管理方面也有许多明显的问题。因而不能认为阎锡山的货币金融理论体系是成熟的。

山西与山西人要为中央银行
制度做出更多的贡献

背景说明

　　本文是 2004 年 9 月在山西金融界纪念《中国人民银行法》颁布 9 周年座谈会上的发言。山西与山西人对中央银行制度有贡献，山西是中国最早的商业活跃地区，商品交换需要货币媒介；山西也是中国早期银行业的发祥地，银行业的竞争、管理、业务纠纷等需要社会的协调管理，在政府还没有意识并介入管理之前，山西货币商人们自发地组成行会，自治、自卫、自律，制定必要的行规，进行必要的管理，如查禁沙钱流通，组织票据交换、转账结算与银行订卯（清算），商定利率行市，组织债权债务清偿与资金拆借，处理金融商事纠纷等，金融业行会具有调节货币流通与金融监管的某些职能，这与晋商票号的发展有着密切的关系。特别是中国人民银行在 1948 年冬组建时，是在山西几个解放区银行合并基础上成立的，中国人民银行总行的第一任行长和第一任副行长都是山西人。

　　2004 年是中国人民银行专门行使中央银行职能 20 周年，是《中华人民共和国中国人民银行法》颁布 9 周年。1995 年 3 月 18 日，第八届全国人大会议通过并颁布了《中国人民银行法》，2003 年 12 月 27 日，第十届全国人大常委会又通过了修改《中国人民银行法》的决定，这些，必将进一步提高中央银行依法行政的水平，这是中国中央银行制度历史上具有里程碑意义的大事。在纪念《中国人民银行法》颁布 9 周年时，作为山西地区的金融理论工作者，需要回顾中央银行的发展历史，不要忘记山西与山西人为中国中央银行制度的建立与发展曾经做出过重要贡献，借以振奋晋人认识中央银行制度，明确中央银行地位、职能，更好地发挥中央银行宏观调控作用，把当前正在进行的控制宏观经济局部过热，确保货币稳定和宏观经济健康稳定协调发展任务完成得更好。

一、山西与山西人为中央银行制度做出了贡献

中央银行是国家发行的银行、政府的银行、银行的银行、管理的银行。在中央银行的发展历史上，山西与山西人有多处闪光点：

早在银行业产生以前，中国就是世界上金属货币的铸造和使用最早的国家，山西又是中国铸造和使用货币最早的地区，比公元前 600 多年地中海地区一些国家铸币早近 1000 年。1958 年以来，山西侯马出土了公元前 8 世纪空首布铸币工厂，布范数十万件。比欧洲出土的公元 3 世纪第一座罗马铸币工场早 1000 多年。

中央银行制度萌芽于近代，有说 1656 年的瑞典银行，有说 1694 年的英格兰银行。在中国，中央银行制度萌芽于清乾隆年间，随着山西钱庄、账局、当铺、印局与票号等金融机构的发展，在金融行业的协调管理中出现了宝丰社、裕丰社、恒丰社等一类管理货币市场和金融机构的组织，在晋中、大同、内蒙古以及内地各省被广泛运用。20 世纪初，清政府决定组建中央银行——户部银行，曾聘请山西票号商人参与筹备，这与晋商和票号是分不开的。

到民国时期，南京政府的中央银行成立于 1928 年，1933 年 4 月由实业部长孔祥熙改任中央银行总裁，到 1944 年离任，主政民国中央银行 12 年。先后完成废两改元、与美国抗争抵制白银外流，实现法币改革，改组四行（中、中、交、农四银行），创设两局（中央信托局、邮政储金汇业局），改组整顿金融业，形成了中国近代的金融体系。孔祥熙的叔曾祖孔宪仁曾经当过票号的大掌柜，在票号也有投资。

黄金非货币化是中央银行管理通货制度的重要理论问题，世界上最早提出并且实践黄金非货币化理论的是阎锡山。他认为资本主义经济存在两个弊端，一是分配病，贫富悬殊，因为"资私有"；二是交换病，比限生产，因为"金代值"（黄金代表价值），提出了黄金非货币化的理论，并

于 20 世纪 30 年代初在山西进行了实验。到 20 世纪 70 年代初，美元与黄金脱钩，国际货币基金组织的货币特别提款权亦与黄金脱钩，黄金非货币化问题在全世界范围实现。

现在我国的中央银行——中国人民银行也是根发于山西。抗日战争时期，在山西吕梁山、五台山、太行山上的抗日根据地晋绥区、晋察冀边区、太行区的西北农民银行、晋察冀边区银行、冀南银行在解放战争中的 1948 年 10 月合并为华北银行，两个月后的 12 月 1 日，与山东的北海银行合并成立中国人民银行。第一任行长南汉辰、副行长胡景云都是山西人。中国人民银行进入北京之前是在山西招聘、培训银行干部的，它为中国人民银行占领北京与全国金融市场作了重要的人才准备，据说新中国成立初期中国人民银行总行的工作人员山西籍的最多。

在中共十一届三中全会以后，我国开始了经济金融体制改革，作为社会主义中央银行理论的第一本专著《中央银行概论》产生于山西财经学院，先在山西人民银行系统组织了学习，于 1986 年由中国金融出版社正式出版。上海老金融学专家盛慕杰老先生曾经评论说，这是我国第一本专门研究中央银行制度的著作，"为全国金融系统提供的精神食粮"。

过去的山西与山西人对中央银行制度的发生发展做出的贡献是需要充分肯定的。今后的山西与山西人更需要为中国人民银行行使中央银行职能做出更多的贡献。

二、新中国中央银行职能的三次重大变革

1948 年 12 月 1 日中国人民银行在石家庄成立，1949 年 2 月，在北京设立中国人民银行总行。从这时起，中国人民银行就是"一身二任"的复合式中央银行制度，既从事一般商业银行的存款放汇兑业务，又是国家发行的银行、政府的银行、银行的银行和管理金融的机关，"一身二任"。55 年以来，作为中央银行的中国人民银行的职能发生过三次重大变革。

第一次变革是 1983～1984 年。这一年，为了适应经济体制改革的需要，国务院发布了中国人民银行专门行使中央银行的决定，不再兼办工商信贷和储蓄业务，专门负责领导和管理全国的金融事业，实现了中央银行与商业银行的分离。1986 年国务院发布了《中华人民共和国银行管理暂行条例》，明确了中国人民银行的四大主要职能，控制信贷、宏观调控、稳定货币、管理金融。第一次明确了人民银行既是执行货币政策的中央银

行，又是金融业的监管机关。

第二次变革是 1995~1998 年。根据我国市场经济体制的发展，为了加强金融监管，加强对市场经济的宏观调控，1995 年 3 月第八届全国人大通过了《中华人民共和国中国人民银行法》，随着资本市场和保险业的迅速发展，金融衍生产品的不断出现，1992 年国家决定成立中国证监会，1998 年成立中国保监会，从 1998 年起把证券业和保险业的监管工作分别交给了证监会和保监会，中国人民银行实现了剥离证券市场和保险市场监管的职能。

第三次变革是 2003 年夏季中国银监会的成立，并且在 2003 年 12 月 27 日全国人大常委会通过了修订后的新的中央银行法，与原法比较，保留了 32 条，删除了 4 条，新增了 2 条，共 25 处改动。将中央银行的职能由原来的制定和执行货币政策、实施金融监管、提供金融服务调整为制定和执行货币政策、维护金融稳定和提供金融服务三项法定职能。使中国人民银行实现了货币政策和银行监管职能的分离。从此，中国人民银行可以更加集中精力制定和执行货币政策，搞好金融调控，促进国民经济健康、稳定、持续、协调发展。

三、为学习贯彻新中央银行法而努力

按照新的中央银行法，中国人民银行不再负责银行业、证券业、保险业的监督管理，新职能突出了央行制定和执行货币政策工具的专业化，为今后央行充分履行金融宏观调控职能创造了必要条件；新职能把维护金融稳定的大任交给了人民银行，央行责无旁贷地全面主导金融风险调控；新职能把"反洗钱和管理信贷征信业"增加进来，使得人民银行职能更具有广泛的社会性。新职能要求中央银行还要负责银行间同业货币市场、外汇市场和黄金市场的监督管理，实施外汇管理等。

中国人民银行太原中心支行组织召开的这次座谈会，不仅有利于宣传贯彻新的中央银行法，更好地发挥中央银行的作用，而且更有利于宣传落实中央银行宏观调控，控制局部经济过热，稳定货币，促进国民经济健康、稳定、协调发展。

阎锡山时代的山西产业结构调整

背景说明

　　本文是 2005 年 10 月 16 日在山西大学、山西省图书馆、《山西晚报》合办的人文大讲堂的演讲稿，以"阎锡山时代的山西产业结构调整"为题，摘要发表在《山西晚报》2005 年 10 月 21 日。《山西晚报》的"开栏语"写道："您有没有这样的感觉，在繁忙的工作生活中，很少有机会去聆听学者们的真知灼见，感受那种人文反思精神和悲天悯人的情怀……在这里，我们将竭尽所能，为您奉献学者们富于智慧的精彩演讲内容，使您虽不能身临其境，也同样分享他们的思想成果，在思考中构筑自己的精神家园。"

　　1911～1949 年的中华民国经历北洋政府时期和国民党南京政府时期，而阎锡山却始终统治着山西，长达 38 年之久。其间在 1930 年冬曾联络各派反蒋军事力量发动倒蒋战争，失败后避居大连日租界，行韬晦战略。1932 年蒋阎达成妥协，阎锡山二次上台，形成前后两个时期。这两个时期都对山西经济设计过发展方案，并且以政府的行政权力推动工业化，调整产业结构，发展经济，其办法就是在市场基础上，实行金融先导政策。

一、20 世纪 20 年代的产业结构调整

（一）"用民政治"和"六政三事"

辛亥革命后阎锡山只是掌握了山西军权，到 1917 年 9 月北洋政府才

正式任命其为山西省省长，集军政大权于一身。当时全国军阀混战，而阎锡山却在"保境安民"的口号下，提出了"用民政治"的口号，他说："适时的政治作用与人生发展的企图相顺"，"人人不亏负自己其才智"，将人的聪明才智全部发挥出来。为此他编定村制，加强村政建设，为实施"用民政治"提供组织保证。

"用民政治"的基本内容：一是民德，做到"四要"，即信、实、进取和爱群，以此作为社会道德标准；二是民智，即进行国民教育、职业教育、人才教育和社会教育；三是民财，即着眼于农业、工业、商业、矿业，在农业方面，提出尤其要抓好经济作物的生产。为了这些基本内容的实现，在政治、思想、文化、教育、行政、经济、司法等各方面都作了具体要求以保证"用民政治"的实现。

"用民政治"的中心是"六政三事"。"六政"是指水利、种树、蚕桑、禁烟、天足（禁女人缠足）、剪发（禁男人蓄辫子）；"三事"是种棉、造林、牧畜。为此，设立了相应机构，委派大批专门人员，指导督促实施。同时还设立了"六政考核处"，作为专管机构。又建立"政治实察所"，委派实察员，分赴各县调查了解，防止地方官吏谎报情况。为了使"六政三事"家喻户晓，编印成歌曲人人学唱："无山不树林，无田不水利，无村不工厂，无人不入校。"为了推广植棉，制定试验规划，设立试验场，改良品种，设立种棉奖金；为了"造林"，划定大小林区，设立林业传习所、林业促进会；为了"牧畜"，订立计划章程，组织研究会，"劝谕绅商投资经营"，对于"能改良种类或饲养数目蕃息多的，还有奖励"。

阎锡山的"用民政治"和"六政三事"一整套政策主张，是在当时省外各派军阀你攻我打，争城夺地，中国人民处于水深火热之中，多少无辜百姓成为军阀混战下的冤魂屈鬼的背景下提出的，不能不说是一件难能可贵的事。

（二）产业发展，金融先导

阎锡山除了加紧村政建设外，对发展工业特别重视。先后建立山西军人工艺实习厂、普晋银矿公司、裕晋煤矿公司、蚕业工厂、山西省工业实验所、同宝煤矿公司、山西平民工厂等。以后又在山西军人工艺实习厂下建设电气厂、机械厂、铜元厂、熔炼厂、翻砂厂，又陆续增设炸弹厂、酸厂、无烟药厂、炸药厂、枪弹厂、炮弹厂、炮厂、枪厂、铜壳厂、双用引信厂、铁工厂等。1924 年还设立了飞机厂（只装过几架教练机，因经费太紧而停办）。重点发展军火生产，生产步枪、手榴弹、机关枪、山炮、野炮、迫击炮等，不仅出售给省外军阀赚钱，而且用以武装自己的力量，同时又办了泉峰铁路（大同口泉到张家峰）、山西军人煤矿、育才炼油厂等。

发展产业，资金为先。解决建设资金问题的办法是：

一是"整顿币制"。在山西军人工艺实习厂内设立铜元厂，收民间流通中的前清制钱，改铸成民国铜元，3 个制钱铸造 1 个铜元，1 个铜元上写"当十文"，再以 1 个铜元收购 10 个制钱，再铸铜元。后来又铸"当二十文"铜元，1 个"当二十文"铜元换 20 个制钱……如此，一年多净赚 260 万银元，以此作为开办银行业的原始资本。

二是办银行。民国初年已经设立了山西官钱局，1919 年将山西官钱局改组为山西省银行，请祁县大德通票号经理阎维藩任总经理，除在山西设立分支机构外，又在天津、北京、汉口、上海、石家庄、保定、绥远等地建立机构，省内外分支机构达 40 多处。用山西省银行发行的钞票支持工业建设。1919～1928 年山西省银行发行钞票 1300 多万元，到 1930 年10 月发行几近 1 亿元。

三是增加税捐。全省税捐收入 1914 年为 140 万元，1924 年为 700 余万元。

四是工薪人员工资搭发"金库券"，以 20% 为限，实际是定期债券。

这个时期产业建设的实践是有成效的。雁北应县、浑源、大同、山阴一带开发桑干河水利，改良沙坂田为胶泥土，改旱田为水田等，使雁北地区农业获得了发展；用股份公司的组织形式，吸引官绅投资，组织银行贷款，发展水利、农业和养殖业，收到较好的效果；"天足"、"剪发"、"禁烟"，对解放妇女、解放生产力具有积极意义；植树造林、养蚕植桑扩大了山西的棉花种植面积，扩大了林木覆盖率，为山西农林牧业发展做出了积极的贡献；建设山西工业基础，增加了市场工业品供应，扩大了政府财政收入。

二、20 世纪 30 年代的产业结构调整

（一）理论基础

1929 年资本主义世界经济大危机，震动了整个资本主义世界，中国

经济也不能不受到影响。同时由于世界货币战袭击，银价波动，使实行银本位制的中国货币制度受到不利影响。在世界各国金本位制先后崩溃之后，中国货币制度也面临如何改革问题，国内理论界议论纷纷。第一种意见主张实行能力本位，依据人民劳动发展货币，即个人依据能力取本村甲长担保，以自己的产业向货币发行当局抵领纸币作为生产资本；第二种意见主张实行虚粮本位，即以正常年份中等土地产量为发行货币的标准，发行纸币；第三种意见是物本位，即"物产证券"，政府用法令规定一定价值的法定货币，收购商品，"收物发券、售物兑现"。第三种意见就是阎锡山的货币主张。他在阎冯倒蒋失败后避居大连期间，聘邀中外学者，有资产阶级学者，也有马列主义学者，还有维护孔孟之道的老先生讲学，集各方之大成，产生了《物产证券与按劳分配》一书。这本书的经济社会思想，中心是四点：①资本主义经济社会制度有两个病症：一是分配病，病根是"资私有"；二是交换病，病根是"金代值"。②"金代值"，是货币问题，由于黄金数量少，限制生产，因而产生了生产过剩、工人失业、经济危机和帝国主义国家之间的世界战争四种弊端。"资私有"使分配不公，产生了贫富悬殊、违反劳动人情、不能使生产发展等弊端。③废除"金代值"，实行"物产证券"，有多少物，发多少券，"做到券物相等"，可以消除交换病的四大弊害；实行"按劳分配"，废除按资分配，可以消除分配病造成的四大弊害。④"物产证券"是阎锡山的经济革命论；"按劳分配"是阎锡山的社会革命论。阎锡山的这一套经济社会革命理论是建立在他的"中的哲学"思想之上的，以"世界大同"和孙中山的人类社会发展目标相标榜。自1932年二次上台以后到1949年4月逃离山西，他就是依照这样的一套经济社会理论在山西实施他的政治统治的。其实，1937年7月抗战爆发后，也就无法按原来计划实行了。

（二）政府主导的建设计划

1. 计划编制

阎锡山按照他的经济社会革命为理论，提倡"造产救国"，于1932年二次上台后，立即着手编制《山西省政十年建设计划案》（以下简称《十年建设计划案》）。1932年4月正式成立了山西省政设计委员会，自任委员会会长。设计委员多达200余人，分组起草。草案拟出，又分两个审查委员会进行讨论修改，于1933年1月送交山西省政府审定。

2. 计划目标

《十年建设计划案》规定，建设计划案分政治部分和经济部分。10年期间，前 3 年以政治建设为中心，后 7 年则以经济建设为中心。政治经济建设的总体目标是：改善现行政治，完成地方自治，以树立民主基础；在经济上增加人民生产，发展公营事业，使十年后全省人民每年至少增加 20 元价值（银元）。其主要内容如下：

在政治建设方面，规定了警政、财政、教育、卫生、文化等方面 10 项期成和必成的具体要求；强化其在 20 年代提出的"用民政治"和"村本政治"主张，加强村政建设，严密警政系统。

在经济建设方面，阎锡山提出的产业序列为"农业、矿业、工业、商业、交通运输业、金融业"。

要求农业：第一改良农事，包括农具、肥料、种子、耕作方法、病虫害治理等，10 年内农业生产增长期成量 30%，必成量 20%；第二水利，包括凿井、开渠、修蓄水池、引黄入晋，要求增加水浇地的期成量为 800 万亩，必成量为 400 万亩；第三种棉，包括推广良种区，改良棉花品种，要求增加棉花种植面积期成量为 100 万亩，必成量 60 万亩；第四种烟叶，要求种植面积期成量 10 万亩，必成量 6 万亩；第五林业，护林造林，每年播种 240 万亩，成活率期成量七成，必成量五成；第六植树，包括木材树、生产树、苗圃，要求每户每年期成量 2 株，必成量 1 株，逐年生产树期成量 750 万株，必成量 500 万株；第七畜产，养牛、羊、鸡，优良品种羊期成量 7850500 只，必成量 525000 只，增加本地羊期成量 300 万只，必成量 200 万只，优良品种牛期成量 2000 头，必成量 1000 头，养鸡期成量 3900 万只，必成量 2600 万只。

要求矿业：认为当时"销售不及产量之丰，刻下无扩充开采必要，应提倡分采合销，以免各厂之间竞争"。

要求工业：规定设立工业实验所、女子工业传习所，奖励特种工业及新的发明创造。提倡县、村办工厂和提倡开办家庭工业。提出发展毛、棉、麻纺织工业，酿造工业，化妆品工业，制纸工业等 19 种实业。大力整顿壬申制造厂、育才机器厂、硫磺厂。创办而必成的有炼钢、肥料、毛织、纺纱织布、卷烟、苏打、水泥、印刷 8 个工厂；创办期成的有电气机械、电解食盐、制糖、染料、汽车、飞机、人造丝 7 个工厂。并且各种产业和工厂间有具体计划，列有专案。

要求商业：实行商标法和商品检验制度，成立商品陈列馆和公营百货市场。

要求交通运输业：规定修理公路，修筑铁路，实行兵工筑路，期成2750公里，必成2/3。

要求金融业：大力整顿和发展已建立的山西省银行，再建立两个银行，列有专案。

3. 具体措施：市场调节和政府调节

第一，针对当时关税不能自主，外货倾销和山西经济死滞，建设资金如何筹借的具体情况，提出了在省、县、村三级设立经济统制机构，在市场发生变化、产品不易销售、影响企业生产时进行补助，以调节市场。

第二，建设先决事项是建设经费问题：一是增加纸币发行，借以调剂城乡金融；二是借外债；三是发行地方公债；四是由省集资。所谓由省集资，要求太原绥靖公署在10年内筹集2300万～3900万元，作为生产保证费，由省政府厅等机关在10年内筹集600万～10000万元。

第三，设立省政建设研究院，划阳曲、太原和榆次为建设研究实验区。先研究，再试验，然后推广。

第四，对于县、村两级的建设，分别由县、村编制县政10年建设计划案和村政10年建设计划案。县有县的建设目标和具体要求，村有村的目标和要求。

总之，《十年建设计划案》对山西经济在30年代的发展方向和目标，描绘出了一幅宏伟的蓝图。这一幅蓝图，是以阎锡山的"物产证券"、"按劳分配"和"世界大同"的构想为基础设计的。

（三）政府主导下的产业体系

1. 山西人民公营事业

《山西省政十年建设计划案》是从1933年起实施的。《十年建设计划案》从1933年到1937年8月日本侵略军侵占太原止，建立了一个比较庞大的囊括工业、商业、交通运输、银行业和科研机构在内的山西人民公营事业体系。

山西人民公营事业管理机构的最高层是督理委员会。督理委员会设有委员三人，首席督理委员是阎锡山自任。下设董事会，划全省七区，每区设一人，由督理委员会推荐提名选举产生，负责全部公营事业的管理。又设监察委员会，设监察五人；设监进委员会，成员七人，负责纠察监察委员会的工作。

公营事业董事会下属企业机构，可以划分为四大类：

（1）制造业。主要为西北实业公司，该公司于1932年1月开始筹备，1933年8月正式成立，阎锡山自任总经理。公司经营分为两部分：一部分为集中经营，另一部分为独立经营。集中经营的制造业有西北洋灰厂、西北发电厂（下设兰村分厂、太原总厂、古城分厂）、西北窑厂、西北毛织厂、西北皮革厂、西北印刷厂、西北煤矿第一厂、西北煤矿第二厂、晋华卷烟厂、西北机器制造厂、天镇特产经营场。独立经营部分，有西北制造厂，下设化学工厂、汽车制造厂、铁工厂、水压机厂、农工器具厂、机车厂、机械厂、育才炼钢机器厂、铸造厂、熔化厂，与西北制造厂平等的还有西北炼钢厂、兴农酒精厂。其成果以西北实业公司为例（1936年）：第一，全国2826家最重要工厂共计资本3.129亿元，西北公司33个厂0.22亿元，占7%；全国机器业377个厂，资本870万元；西北公司10个厂，资本524万元，占60%；每厂平均资本52.4万元，是全国平均资本2.3万元的22倍。第二，产业工人数全国为40.6万，西北公司1.9万人，占全国的4.6%。其中机器业工人全国1.7万人，西北公司0.9万人，占40%。第三，生产效率：南京中央机器制造厂资本310万元，年产值226万元；西北机车厂等9厂资本538.7万元，年产值352万元；南京温溪造纸厂资本450万元，年产纸12250吨；西北造纸厂资本45万元，年产纸3360吨。

为了发展这些工业企业，阎锡山大力引进国外先进技术，聘请外国专家，购进外国先进机器设备，用了一批"洋人"和"洋设备"。德国的杜尔华、查楚士、佘赖德和瑞典的雅克布森等都是阎锡山的座上客，分别引进了克鲁伯钢厂、蔡斯光学仪器厂、德国火药机械制造厂等的先进设备和技术，来发展山西的军火工业和民用工业生产。

（2）交通运输业。主要为同蒲铁路，以晋绥兵工修窄轨铁路，全长850公里，1933年5月1日动工，1934年末太原至霍县段214公里通车营业，1936年1月1日通达风陵渡，至1937年7月南起风陵渡，北达大同的同蒲铁路，除怀仁至大同间15公里外全线通车。全部耗资1650万元，每公里平均2万元。

除同蒲铁路干线之外，其支线有：①忻窑支线——忻州到五台县甲子湾51公里；②平汾支线——平遥到汾阳34公里；③太兰支线——太原到上兰村24公里；④西山专线——太原至西铭水泥厂和煤矿30公里。到1937年抗战爆发前，同蒲铁路局资本达到3768.6万元法币。

（3）金融业。阎锡山二次上台以后，立即整顿了山西省银行，解决通货膨胀，用 1:25 的兑换比例，以新省钞收兑旧省钞，接着又成立了晋绥地方铁路银号、绥西垦业银号、晋北盐业银号，由山西省政府财政投资，各行资本情况如下：山西省银行资本 2000 万元、铁路银号资本 1000 万元、垦业银号资本 200 万元、盐业银号资本 100 万元。省、铁、垦、盐四银行号都有纸币发行权，除发行纸币，从事存款、放款、汇兑、结算等业务外，还从事证券投资、土地抵押、经营企业。

（4）商业。公营事业董事会下属的商业，有斌记五金行、物产商行和榆次、原平、太原、太谷四粮店。斌记五金行主要从事进出口贸易，与国外数十家洋行保持联系，并在一些口岸如上海、天津设有办事机构，开始时是以私人商行名义做生意，后归公营事业董事会管理。物产商行，也叫"山西省省、铁、垦、盐四银行号实物十足准备库"，即阎锡山物产证券理论实验的产物。四银行号发行纸币，以实物产品作准备，废止金银本位制，发行纸币。"实物准备库"就是用四银行号发行纸币，收购工矿农副产品的商业企业。该商行没有资本，全赖四银行号发行的纸币收购商品，从事商业活动。实物准备库总库设在太原，重要城镇设有分库，如大同、原平、忻州、榆次、寿阳、平定、太谷、平遥、文水、汾阳、洪洞、临汾、候马、运城、风陵渡等均有分库。在省外的分库，不叫实物准备库，而称物产商行，设在包头、绥远、潼关、西安、石家庄、张家口、汉口、上海、天津、北京等地，以后又在汉中、宝鸡、兰州、平凉、成都、重庆设立物产商行。实物准备库（物产商行）与铁路局、银行订立合同，享受运输、汇兑的优惠，相互合作。在价格上实行"省内低价，省外高价；省内少赚，省外多赚"政策，大搞商业活动，为 20 世纪 30 年代山西经济的发展积累了一定数量的资金。

20 世纪 30 年代，以 110 万元银元作资本，经过 5 年经营，建成了铁路 960 公里，创建了采煤、冶金、电力、化工、机械制造、纺织、造纸等轻重工业，总资产达 2 亿元银元。山西与广东广西是工业发展最快的省份。

2. 营业公社

山西的地方公营企业，除了上述庞大的山西人民公营事业董事会体系以外，还有营业公社和直属企业两大类。

营业公社，分为省、县、村三级，仍然是按照"物产证券与按劳分配"理论组织的。阎锡山认为，资产生息的流弊，在于私人资本集中，私人资本愈集中，社会经济愈不平，必须用和平调剂的办法来解决，这就是举办营业公社。省、县、村可以向有钱的人借钱作资本，兴办企业，但出资者既不得利息也不分红，30 年后按原出资本归还本人。省营业公社借资本 40 万元，阎本人担负 20 万元，又向全省大户强借 20 万元，出资者作营业公社董事会董事，阎任董事长。先后举办的企业有晋丰面粉公司、大同煤业公司、晋同银号、晋裕银号、晋通花店，以及在大同、忻州、平遥、洪洞办的晋益、晋忻、晋原、晋平、晋洪等七个当铺。到抗日战争爆发，省营业公社资本增长到 340 万元。至于县、村营业公社则发展较慢，五台、定襄两县发展较好，抗战爆发后均陷于瘫痪。

3. 直属企业

直属企业，有晋北矿务局、太原土货商场和阳泉煤业公司，发挥山西资源优势，开发煤矿，鼓励山西土货的生产和消费。土货商场发行土货券，规定用土货券购买山西产品，每 0.99 元顶 1 元法币或省钞。大力鼓励和发展地方产品，以刺激山西地方工业和农产品的生产和销售。

（四）金融先导政策

"山西省十年经济建设计划案"的实施，最大的难题在于建设资金。当时，阎锡山为筹措建设资金确实想了许多办法，除通过税收扩大地方财政收入，用于部分工业投资外，还采用了以下几种办法筹措建设资金：

1. 发行纸币

为了筹措建设经费，阎锡山十分重视银行业，他要求山西省银行、晋绥地方铁路银号、绥西垦业银号、晋北盐业银号都发行纸币，以支持十年计划案的实施。1935 年 11 月 2 日国民党政府实行法币政策，停止银元流通，规定纸币发行由国家垄断，授权中央银行、交通银行和中国银行发行的纸币为唯一合法的货币（法币），其他一切银行号都不得发行纸币。但阎锡山的四银行号仍继续发行，直到 1942 年方停止。

2. 利用外资

据"斌记五金行"对外国商人的负债记录，1936 年 12 月末为1484493 元，分别是向德国、美国、日本等国的礼和洋行、新民洋行、华德隆洋行、禅臣洋行、孔士洋行、白禄洋行、西门子洋行、德义洋行、克罗克纳洋行、安利洋行、慎昌洋行、德盛洋行、大仓洋行、公兴洋行、三井洋行、祥昌洋行、协兴洋行、恒昌洋行等融资。同期向各洋行定购货物亦达 385 万元之巨。并且大量运用了商业信用，诸如延期支付、分期付款等，获得了西方工业国家的信用支持。

3. 省钞发酵

为了启动农村经济，阎锡山提出了一个"酵面"理论，要求县县办县银号，村村办村信用合作社，县里还要办县总信用合作社，均以山西省银行钞票为"酵面"，即县银号以借省钞为准备，发行县银号纸币，每县5 万~10 万元不等，村信用社向县银号息借其纸币为准备，发行村合作券。他们认为，省银行号好比是总酵面，发行一二百万元，分借各县，作为县银号之基金一部，连同县银号另筹基金，再起发酵作用，以兑现票（兑现纸币）借给各村，作为村汇兑基金。如此发酵后，辗转流行，社会金融就可以马上活跃起来。这种发酵理论在部分县已经进行了实践，部分县尚未行动起来，即爆发了抗日战争，只好告终。

4. 发行债券股票

为了筹措建设资金，以山西省政府或公营事业、企业名义，多次发行建设债券或库券，吸纳社会资金，投向工业企业。有时为了完成债券发行任务，还常常对公务政教人员在发放工资时，搭几成债券或库券，实际是强制性地方公债。同时公营事业虽为地方政府公有，也发行了股票，但在一部分企业中，事实上是公股（地方政府股）与私股（私人股份）并存，而企业的经营管理权实操于政府官员手中。

5. 强制性无息借款

在反对私人资本集中的旗号下，阎锡山命令以省、县、村营业公社名义向有钱人强制借钱，以充实其资本，但不作为股份。名义上是限制"资私有"的发展，在事实上却是有钱人出钱、有钱人从事经营管理，并没有损伤富有阶级的经济利益。但是，这一办法也确实使山西地方官僚资本企业获得了发展的资金。

（五）山西产业结构调整的经验

阎锡山在统治山西的 38 年中，两度大规模组织经济建设，在政府主导下实行金融先导的产业调整战略，发展工业，扩大市场，推动农业经济社会向工业化前进，其成效是肯定的。20 世纪二三十年代建立起来的工业基础，后来遭到了日本侵华的破坏，并被掠夺到日本一部分，到 1949 年新中国成立时，解放军军管会的金融、贸易、工业接管组分别接收了山西省银行、垦业银号、铁路银号、太原市银行、晋丰银号、晋裕银号、会元银号、仁发公银号、德兴昌银号以及中央银行太原支行、中国银行太原支行和同记公司、西北实业公司等。当时除有部分资产被阎锡山转移至中国台湾和国外外，其余全部被收归为山西人民的公产，成为山西人民后来建设社会主义的经济基础，同时也是山西后来成为中国重要工业基地的有利条件。

阎锡山反对"资私有"和"金代值"的思想，在理论上有一定合理性，他的黄金非货币化思想到 20 世纪 70 年代已经成为世界经济中的现实。但是，这里也不排除阎锡山利益集团发展官僚资本和聚敛财富的用心。

太原解放战役中的金融战线

背景说明

　　本文是在纪念太原解放 60 周年讨论会上的发言提纲，后被收录于范世康主编的《龙城新纪元》一书，北岳文艺出版社 2009 年 6 月出版。文章叙述了新中国成立前太原官僚资本金融业的情况，分析了中国人民解放军 1948 年 4 月 24 日解放太原城前后，解放军太原军管会金融接管组在接管前的准备和进城后的接管情况，试图勾勒出太原解放战役中金融战场的基本画面，再现了太原解放时的金融战线，反映中国共产党在解放战争中的经济金融政策及其成功接管的经验。

导言

　　1974～1977 年，我有幸与人民银行山西省分行研究人员一起参加了中国人民银行总行组织的中华民国金融史的研究工作，我们的研究课题是民国时期的山西省银行。当时，曾经查阅了国家第二档案馆、山西省档案馆、山西省图书馆等档案资料与新中国成立前的出版物，访问了阎锡山的高干李冠洋、旧山西省银行会计处负责人常紫苏等一批高层和基层的相关人员，对山西省官僚资本金融业及其在解放战争中接管清审情况有了一定的了解。在纪念太原解放 60 周年时，很高兴将我所了解的情况整理出来，与大家分享。

一、新中国成立前太原的官僚资本金融业状况

1945 年 8 月 15 日，日本投降后，8 月 30 日阎锡山抢先占领太原，并委任日浮板井少将为太原警备司令，留用日俘与技术人员，积极组织恢复其经济统制，迅速建起其官僚资本经济体系，通过其官僚资本金融业垄断市场。

当时，在太原官僚资本金融机构中，属于国民党南京政府金融资本的分支机构有中央银行太原分行、中国银行太原办事处、中国农民银行太原分行三家。属于山西省政府阎锡山所属金融机构，有六个系统管理：一是中记董事会管辖的盐业银号、垦业银号、同祥银号、亨记银号；二是民营事业董事会管辖的山西省银行、铁路银号、实物准备库；三是省营业公社管辖的晋裕银号、晋丰银号、晋通银号；四是绥靖公署会计处管辖的正心诚银号、会元银号；五是属于太原市的太原市银行、太原市合作金库、太原市销联总社信用部（按司街）；六是以私人资本名义开办的金融机构仁发公银号、一德银号、德兴昌钱庄等。

主要金融机构的情况如下：

中央银行太原分行，地址新民东街 1 号，1946 年开业，没有固定资金，由总行调拨，执行南京政府金融管理职责，办理国库收支，办理一般银行存款，不对个人与企业贷款，发行纸币。职员 64 人。

中国银行太原办事处，地址桥头街 30 号，1946 年开业，职员为 29 人，1948 年 11 月，奉北京行令撤退天津，太原解放前已经人去楼空，房屋为租用。

中国农民银行太原分行，地址西肖墙 14 号，1945 年开业，专放农贷，不经营汇兑，职员 6 人。

山西省银行，地址鼓楼街 5 号，山西省政府投资，1919 年由山西官钱局改组，抗战前资本金法币 2000 万元，1948 年 3 月改组，设定资本金 50 亿元，办理存放汇兑，买卖金银，代理省金库，在北京、天津等地设分行，职员 112 人。

铁路银号，地址鼓楼街，1945 年 11 月复业，资本金银元 82000 元，民营事业董事会投资，职员 60 人。

垦业银号，地址桥头街 16 号，1946 年 1 月复业，资本金银元 13 万元，民营事业董事会投资，职员 36 人。在天津、上海、西安、成都等地设有分号。

盐业银号，地址按司街 33 号，民营事业董事会投资，资本金 1938 年改为黄金 200 两，1945 年 4 月复业，主要业务是存放款，买卖金银，员工最多 30 余人，后期职员 16 人。在天津、西安等地有分号。

晋裕银号，钟楼街 12 号，1945 年 10 月开业，金圆券 10 万元，原为存放汇兑，买卖金银，职员 15 人。

同祥银号，地址大剪子巷 1 号，省政府、粮商联合社与高级官员投资，1948 年 4 月开业，资本金银元 86000 元，职员 42 人。

仁发公银号，总管理处设于北京煤市街 127 号，最初为 1933 年由军官集资开办，总号设在太原，分号有北京、天津、五原、大同、绥远、包头、上海、西安、兰州、成都等，1939 年在四川清理，抗战胜利后于 1946 年 2 月在太原复业，资本金法币 6000 万元，后总号迁至北京，资本增至 1 亿元，其中阎锡山所属某高级军官以 6 个堂名与夫人名义入股，占全部股份的 1/3。太原分号地址南市街，业务为存放汇兑，买卖金银，职员 27 人。

会元银号，地址活牛市，1947 年，太原绥靖公署会计处投资，资本金法币 12 万元，职员 27 人。太谷城内有分号。

晋丰银号，通顺巷 28 号，1947 年开业，高级官员投资，公私合营，资本法币 4 亿元，存放款，买卖金银，只有 10 人。

德兴昌钱庄，馒头巷 14 号，1947 年 2 月复业，黄金 260 两，太原绥靖公署高干投资，存放款，买卖金银，职员 24 人。

正心诚银号，地址馒头巷 16 号，原为抗日根据地冀南银行经营，后被太原绥靖公署没收，由其高干增资入股经营，资本金 5 亿元，进行存放款，附设广益商行，倒卖金银物质，并进行特务活动。职员最多近 30 人，后来只有 8 人。在北京、天津、上海设有分号。

太原市银行，地址唱经楼，1946 年筹备，1947 年 1 月成立，为官商合办，资本金法币 7000 万元，折合赤金 280 两，每股 5 万元，市政府 600 股，商会 800 股。业务以倒卖金银、粮食、布匹、卷烟为主，同时办理存放汇兑，代理市政府金库。职员 32 人。

上述各银行号的资本金前后变动较大，这里是根据金融接管组的调查记录整理。1948 年 1 月，国民党山西省党部曾计划以党员特别捐，投资成立山西建设银行，作为党管事业，后来没能实现。

二、入城前夕金融接管工作准备

太原解放前，石家庄、晋中等城市已经解放，华北银行已于 1948 年 10 月 1 日，在石家庄由晋冀鲁豫边区的冀南银行和晋察冀边区的晋察冀边区银行合并组成。12 月 1 日，中国人民银行在华北银行基础上，又合并晋绥区的西北农民银行和山东的北海银行，在石家庄正式成立。中国人民解放军进入太原城之前，我解放军已经通过地下工作人员对太原官僚资本金融情况进行过详细的调查，基本掌握了城内金融业和官僚资本情况。1948 年 10 月，华北银行总行副经理胡景沄（12 月 1 日任中国人民银行第一副行长）和瑞华银行①总经理孙继武，带领 40 余人迁往太原前线，为接管太原官僚资本金融机构做准备。

（一）拟定接管工作方案

当时，华北银行副总经理（后中国人民银行总行副行长）胡景沄，亲自组织编写了《金融接管工作手册》，他在为这本小册子写的《序》中说，随着城市的攻克，第二步工作，将是如何完整地接管这些城市，将官僚买办资产阶级掠夺人民所积聚的庞大财富，变为新民主主义的国家财产与人民财富，我们担负着完整地接收一切过去官僚资本的金融企业的重任，如果不能完整接收，将会牺牲过去长期斗争的成果。"根据这个要求，我们从将接管工作的各个方面，从政策原则到具体做法，编成工作手册，内容按接管、业务、政治及秘书工作分为四个手册，一方面作为接收太原的准备，另一方面也希望能创造出一些比较完整的经验来，以供继续接收其他城市做参考。"《金融接管工作手册》的前言写道："太原解放指日可期，我们进入太原以后，为了保证正确地执行城市政策，贯彻华北局对太原决定的精神，完成有秩序的完整的接管任务，有拟定实现这些政策任务的明确具体的工作方案与方法步骤的必要。现在形势直转直下，解放大中城市日增，金融机构清审工作已成当前重要课题。"为此编写的《金

---

① 瑞华银行是抗战胜利以后，中共为迅速恢复工农业生产，搞活金融市场，同时准备与国民党进行长期斗争，由冀南银行派胡景沄同志发起募集股金 5 亿元冀南银行币，1946 年 4 月 19 日在重庆《新华日报》刊登启事筹建，总行设在邯郸，后迁往石家庄，1947 年春开业，下设邢台、南宫、临清、长治 4 个分行。鉴于解放战争迅速发展，中国人民银行已经成立，1949 年 3 月 22 日瑞华银行刊登启事，宣布歇业。

融接管工作手册》，"是在吸取了本行（华北银行）过去接管工作的片段零碎的经验（主要是石家庄的经验）基础上写就的，并力求克服狭隘经验主义的毛病。"

《金融接管工作手册》的内容：一是接管工作部分，包括接管清审工作的方针任务，接管工作的原则，接管工作的组织领导，对接管工作应有的认识，接管工作的基本要求，接管清审工作的步骤，如何接管清审账簿、物资，接管清审的调查研究等；二是业务工作部分，包括业务方针、任务、政策和货币兑换的分工、手续、注意事项、报表、账簿、金圆券兑换、金银兑换、货币兑换的会计出纳工作等；三是政治工作部分，包括宣传、纪律、与被接管机关的关系、防范特务奸细破坏、对被接管机关职员的处理、对伪法币和金圆券的处理、对教堂与外侨的处理、对工商业政策和土地政策的区别、对外讲话的掌握、接管注意事项、奖惩办法、入城纪律、告被接管职员书等；四是秘书工作部分，主要是汇报、报告等文字工作及档案、资料等。

（二）培训接管队伍

准备进入太原的金融接管组，在中国人民解放军太原军管会的领导下，在华北银行的具体指导下，在距离太原只有30公里的榆次进行了接管工作干部的培训。

金融接管人员到达榆次后，与先期到达的商业部门的同志共同组成金融贸易接管组，胡景澐同志任组长，金融接管人员很快增加到200多人，这些人员来自三方面：一是来自冀南银行、瑞华银行、晋绥八分区贸易局和其他根据地经济行政部门的领导同志；二是在山西招收了一批初高中学生；三是招收旧银行号人员，在中国人民解放军太原市军管会领导下，进行时势政策、革命纪律、银行业务知识培训。后东北野战军入关，包围平津，太原金融贸易接管组组长胡景澐同志等率领一批干部到平津前线接收新任务，太原金融贸易接管组分成两组，金融接管组组长周义中，副组长姚国栋，成员郝凝和、白生华、康振铎、岳崎亭等。军管会要求金融接管组的干部在入城以前，必须了解太原情况，收集整理材料，调查社会关系，掌握政策，研究接管原则和技术。接管组调查了解材料的方法有：通过城工部、俘虏招待所和接管网联系调查、召集熟悉太原情况的人开座谈会，查阅报刊，派人到前方从太原城内跑出来的人口中了解、利用私人关系了解等。接管组入城前将收集整理的资料，如当时太原金融企业材料、金融企业内部活动分类分户材料、太原各界熟人关系材料、绘制金融机构分布地图等，各个材料都要印成手册，熟悉掌握。接管组的政策学习，主要包括学习接管人员纪律，入城纪律，工商业政策，华北局关于太原的决定，接管工作的方针任务、政策与工作原则等。接管组学习的方法主要是学习文件、接管工作手册，组织报告会、讨论会、质疑漫谈会、学习讲演会、实际演习、排演接管清审话剧、学习测验等。就这样，接管干部很快地掌握了太原官僚资本金融业情况，掌握了接管工作的方针政策、组织纪律、具体业务与操作方法。

（三）明确接管方针任务

金融接管工作总的方针任务，是正确地执行城市政策，"有秩序地完整地接管"敌伪金融机关，具体是："第一，彻底摧毁蒋匪反动的金融体系，迅速建立新的金融秩序，奠定新民主主义金融事业方针的基础。第二，保护正当商人之利益，接管敌伪公营金融企业，及军政机关在银行号之存款及股金，没收罪大恶极之战犯、特务、汉奸或官僚资本在银行号之存款及股金。第三，大量争取留用敌伪金融企业工作人员，对保护资财有功者予以奖励，对隐瞒、侵吞、破坏资财或未办交代手续意图潜逃者，予以惩办。"

（四）明确接管工作原则

军管会金融接管组对接管工作的原则规定非常详尽：

第一，关于接管的问题：凡敌伪公营金融企业（包括银行号、信托事业、保险事业等）、军政机关在银行号及其他金融企业中之存款及股金、押金等，不论国营及地方公营一律接管。

第二，关于没收面和代营监督面：原则上没收面要小，代营监督面宜宽，以便慎重处理，扩大我政治影响。具体规定：①凡官僚资本及罪大恶极之战犯、特务、汉奸，在银行号及其他金融业的存款及股金一律没收，此种人员之标准由最高领导机关确定；②属于公益事业之存款，应代管转拨，如教育经费及救济院之存款等；③对审查不清尚有怀疑之存款股金以暂时代管（如存款数很大与本身职务极不相称者）；④已确定应行代管之具体对象，暂缓处理者，暂于代管；⑤债权人下落不明，一时不易查清者，应暂于代管；⑥外资应行偿还者，因无法调查或偿还者，应暂代管之。

第三，工商业者及其他人民之存款股金一律保护，不得没收、侵犯。

第四，关于债权债务问题：（只限本地，外阜债权债务不包括在内）①凡正当商民人等之债权债务关系，一律合法有效，不得废除，所有债务之清偿在蒋券（金圆券）兑换期中可以蒋券或本币清偿，在蒋券停兑后，解放前之债权债务应以解放后银行第一次兑换牌价折为本币计算，如债权债务关系仍继续者须重行改订契约，折成本位币计算，并根据新情况，参考华北银行及市场现行利息，适当调整利息，由借贷双方自由商定之，（因过去蒋券恶性贬值，物价暴涨，故利息甚高，解放后我本位币及物价均相对稳定，故应适当降低利率）。②敌伪公营金融企业所有债权债务，应全部接管，妥为处理，如资产不敷抵偿债务时，根据公私兼顾的原则，应按实际财产折价按成偿还，并将资产负债状况公告，不应采用逼令伪金融企业机关人员调款偿还，或只管接收财产不管负债等方法。按成偿还具体办法如下：伪国营金融企业（无私股者），按成偿还办法，应将所有应该接管或没收的一切敌伪公私债权及财权（如其他伪公营企业部门在伪银行的存款等）收归人民政府所有，作为人民政府的债权，偿还时应将人民政府接管的债权和私人正当的债权，综合起来一并按成偿还。伪地方公营有部分私股金融企业，如资产不抵负债时，应首先偿还债权人，公私股权均同样按成抽回，不得只顾公股不管私股。③对被没收者（如战犯等）之债权债务处理：该犯在伪公营金融企业机关的债权，全部依法没收，其债务以呆账处理。该犯在私人金融企业中之债权，亦应依法没收，如该犯在同一个私人金融企业单位中同时存在债权（如存款）与债务（如暂借款）者，为了照顾私人金融企业之利益准允在相抵补后，再行没收之，若债权抵不上债务时，人民政府概不负责。该犯之债权与债务，如不在同一个金融企业单位中，其债权债务不能互相抵偿者，仅依法没收其债权，不负责债务之偿还。④对私营金融企业（包括银行号钱庄、信托公司及金店、当铺等）之债权债务应加以普遍审查，目的是要保障正当商民利益，处理敌伪之财产，审查之后，该复业的尽速使其复业，该进一步清理的即深入清理，应根据具体情况分别处理，如有资产不敷抵偿债务情况，亦应在公私兼顾原则下按成偿还，不得先公后私，影响私人债权之保障。

第五，敌伪公营金融企业工作人员问题：①明令宣布交代清理工作为其任务，不得推卸责任，在交代期间，必须尽责保护资产，不得擅离职守。②大量争取留用，其不愿继续工作者听便，不得勉强，留者欢迎，去者欢送。③在清理交代期间照发原薪，如正式声明参加工作者，则按其能力、勤惰分别确定其薪俸待遇。④对未办交接清理手续即行潜逃之各该负责人，应明令宣布归案法办，并设法召回其下级职员及时交代清理。⑤对隐瞒侵吞破坏敌伪财产及账册、单据、档案、电台，或怠工分子应依法惩办，对保护资财、账册、单据、档案、电台等有功者，应予以奖励（其奖惩办法另定之）。

（五）接管清审步骤

接管工作分为三个阶段：第一阶段，重点掌握，全面审查。召集原有职员会议，或者银钱业会员会议，说明政策和清审手续的限期，责成原有职员办理移交和清理工作，查对库存和主要账簿，冻结存款物资等，时间原则上五六天。第二阶段，深入调查研究，重点从侧面收集材料，审查表报档案，在资产上弄清是非，达到"没收敌伪公私资产，保护正当市民利益"的目的，时间原则上半个月。第三阶段，根据掌握的材料，按照不同情况，提出初步处理方案经上级审查，分别没收、代管、保护予以处理，时原则上六七天。经过三个步骤，大体上用一个月时间，完成全面接管清审工作。

（六）接管清审工作的组织领导

第一，领导关系。金融接管工作在军事管制委员会统一领导下，由银行抽调人员组成金融接管组，负责进行公营金融企业及其有关单位之接管与私营金融企业的全面审查清理工作。

第二，内部组织分工。在金融接管组下按工作性质，下设金融接管清审组、金融紧急业务组、人事组、秘书组，金融接管清审组应按接管清审对象的性质及距离远近，参照主观力量分若干接管清审小组（接管太原共七个组），每个小组负责人为接管委员，下有接管员十余名（配备有审计、政治、保管、调查等人员），进行五六个单位的清审接管工作，及对私营金融企业的全面清审工作。

第三，金融接管组应与军管会密切联系，经常汇报情况，提供方案，以便迅速处理问题，及时交换各接管组（如财政组、交通组等）情报，交流接管的经验，金融接管组所属之各接管清审小组，亦应经常（每天汇报一次最好）向金融接管组领导汇报情况（口头的、文字的），以便分析问题，研究对策，克服工作中的困难，保证对政策的正确执行。

第四，为了保证正确地执行政策，凡有关会议的召集，政策的宣布，均由负责同志主持进行，凡有关政策性原则问题的处理，必须事先请示，事后汇报，不得擅自处理。

第五，金融接管组的工作，应与已确定担任当地银行工作之干部适当结合起来，以便待突击性的接管清审工作告一段落后，将具长期性的事务手续的处理工作，交由当地银行办理。如此，接管清审工作可迅速结束。

三、阎锡山通过金融系统转移财产

1947年下半年，阎锡山已经预感到其在山西的统治迟早不保，开始动手转移财产。当年，阎锡山将四儿子及媳妇、五儿子，还有一个孙女共4人送往美国，让山西驻天津办事处为其在津收购美元，存于天津大陆银行，然后汇往美国150万~200万美元，作为其子在美国留学的费用。

1948年8月20日，中国人民解放军已经包围太原，蒋介石飞抵太原与阎锡山密谋战事，阎锡山加快了转移财产，准备逃离太原。同一天，阎锡山批示山西省银行总经理从银行提取黄金100条交平执会①，阎锡山的批示为："由备交中记②款内借给平执会黄金壹佰条。山手（阎锡山名章），八月二十日"。在阎锡山的白条子上有山西省银行总经理的签字，这位总经理又在附条上亲笔签注道："此项黄金壹佰条已与乔人洽商妥由该会出据，着金锦部王墨君取用。请照付，收据及手谕暂保存。东生③留，八月二十一日"，同时附有平执会9月2日补来的收据，写着："收到赤金一千两零零零八钱四分三厘正"。9月23日，阎锡山又一次批示提取黄金："由阎志敏、阎志惠项下取赤金贰佰玖拾玖两捌钱肆分陆厘。山手（阎锡山名章），九月二十三日"。再次提取黄金299.846两，仍然有山西省银行总经理签注的同样的附条。

9月30日，阎锡山借口支持南京蒋介石政府发行金圆券，从山西省银行及其他营业单位提取黄金9801.887两，其中山西省银行6033两，盐业银号320.237两，太原市银行50两，晋益银号24.99两，派专人专机送抵南京，向中央银行兑换金圆券。后因为兑换展期，金圆券价值跌落，南京政府补给一部分外汇，向加拿大购买面粉4000吨，但面粉始终没有

---

① "平执会"是阎锡山在1947年5月成立的"平民经济委员会"的简称。当时阎锡山控制的地区仅剩同蒲一线，晋南战役已经打响，太原市物资供应越来越紧张，阎企图通过平执会管理控制市场物价，包括实物配售、吃饭等级等。

② "中记"指中记公司，阎锡山官僚资本商业机构。

③ 东生即白东生，山西省银行总经理。

被运回山西，直至阎锡山逃离太原。

10 月 26 日，山西省银行内部私分旧存七五通粉 505 袋，此前还私分双象面粉 10 袋，小米 16280 斤，按照当时市价约值银元 1.7 万余元，实收金圆券 266.15 元，相当于银元 532 元，即行销账。太原解放前夕，他们又将面粉高价折回 256 袋，套取银元 5100 元，并将欠账与分面粉名单焚毁灭迹。

12 月，阎锡山命令在省内外所有投资的企业，除西北公司外一律结束，留十分之一未变价收入为人员开支，其余变价财产，交其爱将某某负责的领导组，集中上海然后转移台湾，从太原转移财产约黄金 4.5 万两。省外转移财产数量不详，其中盐业银号、会元银号、垦业银号三家在天津、北京、上海三地移交的财产有黄金 132.19 两，金圆券 42728.50 元，各种布匹 649 匹，各种呢料 184 码，房院 5 处，以及面粉、纸烟、盘纸等商品器具等。因为当时国民党法币发行量已达 660 万亿元，等于抗战前的 47 万倍，物价上涨 3492 万倍。所以用实物上交。

以上这些，仅是阎锡山逃离太原之前，通过金融系统搜刮转移财产的一个侧面，而通过工商业、财政、军事机关等其他渠道转移的财产不在其中。

四、金融战线的战斗成果

1949 年 4 月 24 日早晨，英勇的中国人民解放军攻克太原城，太原市军管会主任为徐向前，副主任为罗瑞卿、赖若愚、胡耀邦。下午 2 时，所有在榆次的太原军管会金融接管人员，齐集榆次火车站，在赖若愚、裴丽生等领导的率领下进入太原，开始接管工作。太原金融接管组先期入城的有 273 人，后又从晋中分行调进 78 人。金融接管组入城后，立即开始了接收官僚资本金融机构，建立人民币市场，打击金银黑市，培训留用人员，支持恢复生产，安定人民生活和稳定市场的工作。

25 日，中国人民解放军太原军管会发布布告，宣布金圆券是国民党掠夺人民财富的工具，自本日起宣布为非法货币，限期肃清，人民币为本位货币，每 1 万元金圆券兑换 1 元人民币。金融接管组迅速进入中央银行山西省分行、中国银行山西办事处、中国农民银行山西省分行、山西省银行等 6 行和铁路银号、垦业银号、盐业银号、晋裕银号等 8 银号，还有省铁垦盐四银行号实物十足准备库，进行清理接管。这一天，金融接管组开始设立 20 个货币兑换点，以人民币收兑金银、银元、金圆券。

27 日华北人民政府公布《华北区金银管理暂行办法》、《华北区私营银钱业管理暂行办法》。

28 日，太原金融接管组在鼓楼街 3 号，开办银行留用人员训练班，200 多人参加学习，为人民银行太原分行选拔人员。

太原金融接管组仅仅用了 1 个月时间，就胜利完成了对太原官僚资本金融业的接管清审任务，并初步建立了人民币市场。在人民币占领市场中，共收兑黄金 288 两，白银 1947 两，银元 51051 元，金圆券 974563 万元，没有因为金圆券的废弃而使老百姓吃亏。金融接管组接管官僚资本的金融资产中，总计接收黄金 2124.701 两，金圆券 3758445091.78 元，大银元 29507 元，小银元 54338 元，白银 659.44 两，白金 5 粒（片），宝石 2 粒，人民币 51800 元，各种器具房产若干。其中，山西省银行赤金 415.645 两，银元 33346 元，金圆券 156450.165 万元，混白银 14.85 两，小银元 33.5 元，面粉 246 袋，小麦 1011 斤，本市房院 5 处。各官僚资本金融机构原有职员 498 人，接收 406 人。金融接管组的同志们坚守纪律，廉洁奉公，面对金银财宝，毫不动心。

1949 年 6 月 1 日中国人民银行太原分行正式成立，管辖太原市和晋中分行的 3 个专区，经理为周义中，副经理为姚国栋、李进军。8 月 19 日华北人民政府任命周义中为山西省人民政府委员兼中国人民银行山西省分行经理，张茂甫为第一副经理，李进军为第二副经理。姚国栋已调上海接管上海金融。9 月 1 日，山西省人民政府在太原成立，同日，中国人民银行山西省分行成立，人民银行的太原、太岳、太行分行撤销，按照新的行政区划，当时人民银行山西省分行下设长治、汾阳、榆次、忻县、兴县、翼城 6 专区办事处，67 个县支行，4 个街道办事处，2 个营业所，3 个分理处，共 83 个机构，2607 人。

军管会金融接管组没收了全部官僚资本金融资产，归人民政府所有，纯属私人性质的银号和钱庄，允许其继续开业，在人民银行监督管理之下经营一定范围的金融业务。当时，太原市有官私银行号 27 家，接管 14 家，其余 13 家私人行庄，有 4 家自动歇业，3 家转业，6 家呈请复业，批准了益和、豫慎茂、晋益银号和晋兴钱庄复业。太原市共有工商业 4200 户，其中较大的 600 多户工商企业与国家银行建立了业务往来，其余中小工商业户利用私人银号钱庄配合国家银行开展业务，建立了新民主主义金融秩序。

太原解放中的金融接管清审工作，由于方针政策明确，计划安排周密，准备充分，干部队伍得力，事前通过各种办法对太原金融的情况摸得透，所以，金融接管组紧随着解放军攻克太原，仅用 1 个月时间，就胜利完成了接管清审任务。

结语

民国时期的官僚资本，从根本上说，是国民党政府控制的公有资产和罪大恶极的高级官僚侵吞人民的财产，是支撑旧政府的经济基础。新中国成立后接管官僚资本，将其收归人民群众当家做主的国家所有，是理所当然的。在这场向旧政府夺取财权的斗争中，斗争是激烈的，不仅因为涉及国民党政府的存亡，也因为涉及人民群众的根本利益。这些官僚资本金融资产，不仅直接表现为公营金融业，在私营金融业中也有官僚资本的股份、存款或者债权。所以，接管官僚资本与整个金融业的清审关系非常密切。当年的金融接管组，不仅迅速完整地接管了官僚资本金融业，保卫了人民财产，也创造了很多很好的经验，为后来解放晚的其他城市的金融接管工作提供了经验。而且，在整个接管过程中，无一例接管干部受贿贪污或侵吞财物的违法违纪行为，非常值得借鉴与学习。

美国白银政策与中国货币改革

背景说明

　　本文原载《当代金融家》2010 年第 12 期。该刊编辑在按语中写道："20 世纪 80 年代，美国以'白银政策'施压于中国，迫使中国货币盯住美元，曾一度导致中国金融危机。当时新任财政部长孔祥熙利用美、英、日的微妙关系，出售白银换取外汇，强力推进中国币制改革获得成功。近年来，美国一再施压中国，敦促人民币升值，仿佛历史重现。80 年前，美国强要两国货币挂钩；80 年后，美国迫使两国货币脱钩，其目的都是要中国货币升值而美元贬值，以维护自己的国际贸易利益。本刊特约山西财经大学前校长孔祥毅撰文，再现发生在 80 年前的一段金融历史，在那段往事中，我们可以看到虽然美国对美元贬值的追求是无止境的，但中国的金融外交也并非软弱可欺。"

　　近年，美国一而再再而三地提出要中国人民币结束盯住美元的汇率机制，强迫人民币升值。这使我们不能不想起 20 世纪 30 年代的一件事，就是美国实行白银政策，把中国逼进金融危机。当时中国政府与美国进行了针锋相对的斗争，很快度过了金融危机。80 年前与之后发生的事件，形式差异很大，目的却完全一致，就是要中国货币升值，美元贬值。现在我们来回顾一下当年的情况，可能对如何应对人民币升值压力会有一定的启发。

　　1933 年 4 月，孔祥熙由工商部长改任为中央银行总裁，同年 11 月兼任财政部长。第一次世界大战使金本位制度在各国发生动摇，1931～1933年经济大危机中，各国竞相放弃金本位，贬低币值，倾销商品，拯救危机中的本国经济。贫弱的中国，工商业本来就经不起风吹雨打，遇此危机，更加困难。经济学者与工商业者一致认为必须改革中国货币制度，废除银两，改用银元，统一货币。1933年初，实施废两改元已基本准备成熟，3月在上海试点。4月6日起，废两改元在全国顺利推行。但是，由于"一战"后白银采炼技术提高，白银产量增加，在大危机中世界市场出现了金涨银跌的现象。为稳定世界银价，美国、中国、印度等8个产银或用银大国于1933年7月伦敦世界经济会议上，签订了一项《国际白银协定》，规定美国政府每年购银不超过3500万盎司，中国将从1934年起四年不得将年销毁银元所得之白银出售①，其目的在于维持白银的较高价格，以求稳定国际市场。但是，不到一年，美国就违背了它所承担的稳定银价的国际义务。

一、美国白银政策及其对华影响

在世界经济大危机中，罗斯福就任美国总统。在国内白银生产商、银行业打压者及通胀支持者的联合压力下，1933年12月，美国政府颁布了《银购入法》，1934年5月又颁布了《白银法案》，规定提高白银价格，国内每盎司白银价为0.645美元；美元的准备金为75%黄金、25%白银；财政部长有权在国外收购白银，以补充发行准备。同年8月又宣布"白银国有令"，将白银收归国有，总统有权命令国内存银全部交造币局，限三个月内全部交国家造币厂充作通货准备。同时宣布美元贬值，禁止黄金和白银出口，减少美元含金量60%。美国的上述法案和一系列政策，统称为"白银政策"。按此规定，美国货币准备金的比例，需从国外购进白银1亿盎司，计划每月购进5000万盎司，直到银价上涨至每盎司1.29美元为止。要求其财政部大量购入白银并推高银价，实现美元贬值，扩大商品出口。

美国白银政策实施后，立即引起世界银价飞涨，1934年底世界银价比上年增长了26.7%，1935年4月26日伦敦银价比1931年上涨了3倍；纽约同一天银价比1931年高出3.3倍②。美国白银政策的实施，也立刻导

① 中国人民银行总行参事室：《中华民国货币史资料》第2辑，上海人民出版社，1992年。
② 周伯棣：《白银问题与中国货币政策》。

致中国的白银储备被走私出国门并在海外出售，致使其国内货币供应下降，银根奇紧，金融梗塞，物价下跌，工商业资金周转困难，银行、钱庄、工商企业纷纷倒闭、停业。具体说：

首先，白银外流，贸易入超加剧，出口更加困难。1928～1931年世界银价下跌，中国在外贸进出口中曾一度因白银货币贬值而受益。但是在银价上涨后，情况立刻颠倒了过来。1934年中国净流出白银2.57亿元，1935年达2.9亿元。1934年1月，上海外商银行库存白银共2.75亿元，约占当时上海中外银行存银的49.2%；到1934年底，上海外商银行存银竟下降到0.54亿元，一年内减少了2.2亿元[1]，均被外商运出国外赚取高利。随着白银升值，中国进出口贸易发生剧烈变化，1931年出口净值为14.17亿元，1934年降为5.35亿元，历来畅销的出口商品棉纱、丝织品、茶叶等下降几近1/3[2]。虽然当时出口下降也有日本侵占我国东北和世界经济危机等因素，但银元升值则是出口困难的主要原因。1931～1935年，中国银元在国际汇兑中增值几近100%，将中国经济推向了萧条。

其次，白银外流，金融市场恐慌，银行倒闭停业。据中国驻美公使施肇基在致美国国务院的一份备忘录中说，截至1934年，中国白银出口量约为5.6亿元，其中5/6是在美国通过"购银法案"之后。因为白银价格暴涨，出口利大，持纸币证券者均向上海各银行钱庄挤兑现银，造成上海金融市场严重恐慌。上海银行总经理资耀华描述当时情形说："金融恐慌由上海波及全国，几十家银行和上百家钱庄倒闭，其他勉强生存的银行、钱庄，有的钞票挤兑应接不暇，有的流动资金周转不灵，以致人心浮动、惶惶不可终日，所以当时上海各大银行的总部都纷纷急电外埠各地分行，命令尽量将现金汇往上海支持总行。"[3]1935年全国银行倒闭或者停业达20多家，其中上海就有12家。

最后，白银外流，工商业破产，农业萎缩。白银的外流与银行的挤兑风潮，使流通中货币减少，通货紧缩，银行界不得不尽量减少贷款发放，同时又向客户催收借款，进而造成了信用紧缩，使得工商企业资金周转不灵，生产经营不能顺利进行，给工商企业造成沉重的打击。1935年6月，

① 中央银行经济研究处：《十年来中国金融史略》。
② 刘大钧：《上海工业化研究》，商务印书馆，1940年。
③ 《法币、金圆券与黄金风潮》，文史资料出版社，1985年。

全国 92 家华商纺织厂有 24 家停产，12 家压缩生产规模①。在白银冲击与
金融恐慌下，荣宗敬的申新纱厂集团的第二、第五分厂关门，第七分厂因
无力偿还汇丰银行贷款而被迫拍卖，损失惨重。当时中国橡胶厂约 30 家，
有 3/5 关了门；丝织厂、面粉厂停工也达半数以上。各类工厂 1934 ~
1935 年倒闭 300 家以上。商业企业 1934 ~ 1935 年倒闭 723 家，改组 162
家②。农业方面，由于银根紧缩，农贷几乎停止，农副产品无钱收购，农
业生产严重缩减。

更为严重的是，白银外流，给日本侵略者提供了趁火打劫的便利。当
时，在中国银价每盎司 40.5 美分，世界银价 65 美分，日本利用其军事武
装在中国特别是华北大搞白银走私，获取暴利，用以建造兵舰和稳定日本
币值。同时在 1934 年 11 ~ 12 月，通过横滨正金银行多次向中国银行突击
购买外汇，使中国外汇储备量骤然下降到不足 5000 万元，使中国无法维
持汇价。虽然美国也担忧日本在远东军事实力的增长，期望中国能在某种
程度上牵制日本，但是他们没有想到日本会通过走私和劫掠中国白银在伦
敦等地出售，大大增强了军事实力。当时中日之间处于全面战争的前夜，
美国白银政策大大削弱了中国抗日的经济基础，助纣为虐，帮了日本侵略
者的大忙。美国财政部长摩根索曾感叹道："假使我是被日本花钱收买
的，那么我一直在挣着我的工钱。"

二、与美国政府的周旋

1933 年 4 月，孔祥熙由工商部长改任中央银行总裁，同年 11 月兼任
财政部长。

美国的《购银法》还在国会中讨论时，中国银行公会就致函罗斯福，
明确表示反对，认为该法一旦通过，必将导致世界银价上涨、中国白银外
流和金融危机。但美国政府置中国抗议于不顾，不惜违背在《世界白银
协定》中所做的承诺。1934 年 8 月 20 日，中国财政部长孔祥熙顾不上正
常的外交程序，直接向罗斯福呼吁，希望美国能够在今后购银时事先告知
中国，以便中国能够保护自己的利益。

虽然美国表示愿意就购银政策与中国协调，但回避正面的承诺。孔祥
熙不得不直接告诉美方，中国正在考虑逐步采取金本位，而美国正在购买

① 《中国经济评论简报》1936 年第 18 期。
② 小科布尔：《上海资本家与民国政府》，中国社会科学出版社，1988 年。

白银，美国可否用美国的黄金来换取中国的白银。虽然美国国务卿科德尔·赫尔表示，金银互换是国际市场上的买卖不是政府间的事，但财政部长摩根索则表示可以通过中国中央银行和美国财政部委托的美国银行进行交易。据此，1934 年 11 月，中国向美国财政部出售了 1900 万盎司白银，此项白银暂存上海。孔祥熙担心这批白银的外运会加剧金融恐慌，便从伦敦购买了 1700 万盎司来垫付，并且一再推迟交付时间达 7 个月，其中只有 200 万盎司是在 1935 年 11 月中国币制改革后才从中国运出的。这场交易尽管没有多大经济意义，但却警告美国白银派议员，中国可能要放弃银本位①。

1934 年 10 月 14 日，孔祥熙宣布从次日起中国开征 10% 的白银出口税及根据世界银价波动而确定的平衡税。又鉴于日本大规模武装走私白银，孔祥熙在 12 月又颁布加强缉私力度的命令②，因日本的军事实力，打击走私并未能完全奏效，孔祥熙不得不再与美国协商稳定银价，提出了两项意见，一是除美国国内自产的白银外，美国不在世界市场上购买价格高于每盎司 0.45 美元的白银；二是美国向中国提供贷款，帮助中国重整币制③。

这时，美国大通银行上海分行向美国国务院报告说，中国人因为美国的《购银法》而产生的反美情绪有增无减，日本人正在打算向中国贷款，以便控制中国的货币④。

这份报告引发了美国内部的一场政策辩论：国务院认为白银政策损害了中国的利益，因而势必影响两国的关系，希望财政部暂停购银，或把银价限制在每盎司 0.45 美元，至少应把在中国的购银留在中国，反对由美国单独向中国贷款，避免触犯日本利益。财政部则认为不可能立即停止购银或降价，最好是帮助中国进行币制改革，并使之与美元挂钩。而罗斯福既不想停止购银政策，也不想给中国贷款。后来采用了折中方案：一是美国将只购买中国央行的白银，每盎司价格不超过 0.55 美元，并在市场上维持这一价格；二是美国可随时中止这一做法，但会提前一个星期通知中方；三是请中国尽快派代表来美讨论有关问题。

① 《施肇基致孔祥熙》1935 年 1 月 6 日，《中华民国货币史资料》第 2 辑。
② 《中华民国货币史资料》第 2 辑。
③ 《孔祥熙致施肇基》1934 年 12 月 8 日，《中华民国货币史资料》第 2 辑。
④ 《菲利普斯致罗斯福》1934 年 12 月 10 日，《美国对外关系》1934 年。

孔祥熙遂向摩根索进一步提出，0.55 美元价位过高，希望能稳定在 0.50 美元，表示中国愿意与美国就此签订一个长期协定，否则中国只好考虑放弃银本位。

摩根索不同意孔祥熙的意见，于 1935 年元旦通知孔祥熙的代表——中国驻美公使施肇基说，一个星期后美国将不再把银价维持在每盎司 0.55 美元的价位，不过仍然愿与中方合作。

摩根索与罗斯福商量后，决定邀请中国银行董事长宋子文访美，讨论白银问题，但美国务院担心反日派宋子文来访会损害美日关系，未能成行。

19 日孔祥熙向美国提出了一份非正式的备忘录，希望美国限制银价，至少不要购买从中国走私的白银。美国再次表示不能限价，它在购银时"可以把中国的意见考虑进去"[1]。

1935 年 2 月 5 日，中国秘密通知美方，中国计划放弃银本位，将新货币与美元联系，稳定中国的汇率，建议向美国提供白银，第一年出售 2 亿盎司，希望美国能提供 1 亿美元的贷款或长期基金和一笔以未来中国白银出口作抵押的同样数目的备用贷款。这一要求再次引发美国政府内部争论：国务院强调只有当其他国家对此感兴趣时，才会探讨共同给予中国援助的可能性。但财政部摩根索认为联合行动是"不切实际"的，美国应"单独行动"。美国国务院的答复令孔祥熙大失所望，他责问道："难道不是美国的白银政策与中国的财政危机有着特殊的关系吗？"他再次重申金银互换计划，并希望美国在收购中国白银时给予中国一定的期限。孔祥熙的这份电报措辞极其强硬。

在与美国激烈的货币斗争中，中国政府决定利用世界银价高涨之际，出售白银，换取外汇，建立汇兑本位制。

1935 年 10 月中国已经制定了币制改革方案，为争取美国对中国币制改革的配合，至少是大量购买中国的白银，在币制改革的前一周，孔祥熙再次电告施肇基，要他"用最强烈的理由，向美方表达最恳切的要求，以取得美国的支持"。

孔祥熙早已意识到美国财政部和国务院的分歧以及摩根索相对积极的态度，因此他指示施肇基通过摩根索，直接把中国的请求提交给罗斯福，

---

① 《孔祥熙与施肇基来往电文》1935 年 1 月 19 日、26 日，《中华民国货币史资料》第 2 辑。

希望美国能在两个月内以 0.65 美元每盎司的价格从中国购银 5000 万盎司，接下来的四个月中国还可以向美国提供 5000 万盎司白银。此后如果美国愿意，中国将在半年内再向美国出售 1 亿盎司。为防止美国国务院的干扰，孔祥熙特别强调这是一次"纯商业行为"①。

10 月 28 日，施肇基前往摩根索的家中向他转达了孔祥熙的建议。摩根索表示，如果中国告诉他币制改革的详细方案，他会考虑中方的要求，希望中国将售银所得外汇基金存放在一家美国银行而非英国银行。第二天摩根索非常高兴地告诉罗斯福，"这是我们的机会"，"我们可以让中国的货币与美元而非英镑挂钩"。国务院这时才表示愿意让财政部来处理与中国的货币关系。

为了能及时把握谈判机遇，施肇基在周末从华盛顿驱车赶到纽约乡下摩根索的别墅。经过连夜的讨论，摩根索提出了具体的从中国购银的计划和条件：①从中国购银 1 亿盎司，在美国船上交货，如果双方满意，可以续购；②中国售银所得必须全部用于稳定通货；③成立由三位专家组成的平准委员会，其中两人是美国人；④中国售银所得存于纽约的美国银行；⑤由中国确定某种形式的法币与美元的固定汇率②。

由于形势紧迫，中国一方面在 1935 年 11 月 3 日宣布币制改革令，另一方面答复美国说，中国无法接受摩根索提出的第三项和第五项条件，因为中国已宣布法币不与任何外国货币挂钩，并成立了中国银行家组成的货币准备委员会以及包括美英等国银行家在内的咨询委员会。

11 月 8 日，孔祥熙要施肇基向美国转达，这种纯财政安排不应受到美国额外的约束，中国不愿让法币与某种外币挂钩的原因之一是避免外国的反对。最后，孔祥熙不得不与美国摊牌："在最坏的情况下，中国仍可以在市场上抛售白银，但这对双方都不利。"③

11 月 9 日，罗斯福担心银价一旦下跌，就可能很难再上去了，无法向美国白银派集团交代。于是，他们决定在中国满足美国条件之前先从中国购银 2000 万盎司来稳住中国，避免中国在国际市场上抛售白银。

11 月 12 日，拒绝向中国政府交出白银的日本横滨正金银行突然冲击中国的外汇基金，秘密购进大量美元。当时，中国的外汇储备严重下降，

---

① 《孔祥熙致施肇基》1935 年 10 月 26 日，《中华民国货币史资料》第 2 辑。
② 《施肇基致孔祥熙》1935 年 11 月 3 日，《中华民国货币史资料》第 2 辑。
③ 《孔祥熙致施肇基》1935 年 11 月 8 日，《中华民国货币史资料》第 2 辑。

包括刚刚售出的 2000 万盎司的白银收入在内，中国的外汇和黄金储备仅存 5000 万美元。因此迫切要求美国再从中国购银 8000 万盎司[①]。施肇基在向摩根索转达这一要求后，摩根索急忙给罗斯福打电话，两人商量后，同意把从中国购银数量从 2000 万盎司增加到 5000 万盎司。他还承诺美国将买下中国想要出售的所有白银，条件是中国保证不在伦敦市场上售银[②]。

这个时期，中国通过中央银行一共向美国出售白银三次。第一次是 1934 年 11 月 1900 万盎司，孔祥熙等显然是利用银价飞涨之际，通过向美国出售白银获得更多的外汇来准备币制改革。以后一再说服美国从中国大量购银也是这个原因。第二次是 1935 年 11 月 5000 万盎司。这次售银加强了受到日本冲击的外汇基金。第三次是 1936 年 5 月 7500 万盎司，巩固了币制改革的成果，弥合了因白银问题所造成的中美两国关系中的创伤。一位美国学者称，由于美国的支持，中国政府在"几乎一夜之间"，没有经过一个金本位过渡阶段而使其货币现代化。

三、法币改革成功

实际上，中国的币制改革早有计划。在稳定银价无望的情况下，中国一步步走上了币制改革的道路。中国的币制改革酝酿于 20 世纪 20 年代。1929 年，邀请美国专家甘末尔来华，帮助设计改革方案，计划逐步过渡到金本位。但这一计划因为世界经济危机，银价下跌，以及"九一八事变"等原因而未能实现。不过，中国政府在 1933 年 4 月宣布"废两改元"，成功地完成了银本位币制的统一，"为币制改革先着一筹"[③]。1934 年 3 月，孔祥熙聘请了一批中外货币专家，成立币制研究委员会，特别是宋子文、美国经济学家杨格在币制改革计划的起草、修订、公布、推行中做了大量工作。

1935 年夏天，国民党首脑聚集庐山，原则决定了币制改革方针。之后，孔祥熙与宋子文秘密组织了拟定方案的小组，到 1935 年 10 月，中国政府已经制定了币制改革方案。10 月，英国的李滋·罗斯来到南京，也提供了帮助。由于当时日本在华北偷运白银出境猖獗，社会传言四起，金

---

① 《孔祥熙致施肇基》1935 年 11 月 12 日，《中华民国货币史资料》第 2 辑。
② 《施肇基致孔祥熙》1935 年 11 月 13 日，《中华民国货币史资料》第 2 辑。
③ 许涤新、吴承明：《中国资本主义发展史》，人民出版社，1993 年。

价飞涨，汇价下跌，不少人持钞到银行要求兑付银元，形势十分紧迫。孔祥熙 11 月 3 日在上海致电行政院，强调币制改革"事关紧急重大，深虑延误时机，奸人乘隙牟利，摇动全国金融"，他先斩后奏，未待行政院批准呈文，令财政部 11 月 3 日深夜火速完成改革币制布告的文稿，当即签字后深夜发出。后来国民党六届四中全会第三次会议才予以追认，并交国民政府通令实施，11 月 16 日才由行政院训令财政部，财政部于 11 月 28 日才函达中央银行。

《施行法币布告》的主要内容：一是从 1935 年 11 月 4 日起，以中央、中国、交通三银行所发钞票为法币，所有完粮纳税公私款项收付，概以法币为限，不得行使现金；二是中、中、交三行以外，曾经财政部核准发行的银行钞票准其照常行使，其发行数额以截至 11 月 3 日之总额为限，不得增发，由财政部确定限期，逐渐以中央银行钞票换回；三是设立发行准备管理委员会，办理法币准备金的保管及发行收换事宜；四是凡银钱行号商店及其他公私机关或个人，持有银本位币或其他银币生银等类者，自 11 月 4 日起，交由发行准备委员会或其指定之银行兑换法币；五是旧有以银币单位订立的契约，应各照原定数额于到期日概以法币结算收付；六是为稳定法币对外汇价，由中、中、交三行无限制买卖外汇。

中国币制改革布告一公布，英国驻华公使就立即将英皇敕令发布，要求在华英商与侨民遵守这一法令。港英政府亦宣布香港放弃银本位，实行纸币。英商在华银行也率先答应交兑库存白银给中国的中央银行。

美国方面开始态度并不明朗，但随着法币改革的顺利推进，也转而予以好评。美国在华银行亦将库存白银交中国中央银行收兑。

此时，中国驻美公使施肇基仍然在华盛顿与美国财政部长进行购银谈判。摩根索借中国外汇储备不足要挟中国，坚持中国新货币与美元挂钩。孔祥熙 11 月 8 日电报要求施肇基向美财政部长说："中国即使到了最坏的场合，我们总可以在公开市场上抛售白银，不过这样对我们两国都将不利而已"。摩根索请示罗斯福后，不再坚持法币盯住美元的意见，同意购买中国白银 5000 万盎司。

12 月摩根索再起疑虑，暂停在伦敦购银，孔祥熙再次呼吁美国购银，摩根索提出要了解中国新货币情况，要中国派代表团赴美。孔祥熙派遣以摩根索的同学上海商业储蓄银行陈光甫为团长的代表团前往美国。1936 年 4 月初，陈光甫等抵达华盛顿，代表中国与美方商讨以较好的价格向美方出售白银与恢复1933年美棉麦贷款的未动用部分[①]。这一次，摩根索彻底放弃了法币与美元挂钩的要求，双方的讨论相当顺利，4月23日，专家小组达成了协议，5月12日摩根索确认了《中美白银协定》，其主要内容包括：①美国将从中国购银7500万盎司，价格根据当时的市价确定，美国可以根据中国的要求支付黄金；②中国售银所得存放在纽约的美国银行；③中国货币储备中至少保持25%的白银；④中国扩大白银在艺术和工业中的用途；⑤中国将在美国铸造含银量为72%的1元和半元辅币；⑥中国改变其法币与外汇的报价方式，以避免造成法币与英镑挂钩的印象；⑦以中国存在纽约的5000万盎司的白银作抵押，美联储向中国提供2000万美元的外汇基金。摩根索告诉陈光甫，美国的政策是把银价维持在0.45美元，因此如果银价上涨过高，中国就卖；如果下跌过多，美国就买。《中美白银协定》虽然规定将大部分货币准备金存于海外，但在中国与日本处于准战争状态下，这样做是较为安全的，对于保持市场对法币的信心、巩固币制改革的成果，都有一定的积极意义。

法币政策的实施，首先是有力地推动了中国经济，资金开始松动，利率下降，金融市场趋于安定，物价普遍回升，刺激了生产的复苏；其次是形成了统一的货币流通市场，促进了商品生产和商品流通的扩大；最后是有力地打击了日本帝国主义，日本侵略者在东北实行金融殖民化政策，发行伪钞，收购白银，又从内地私运白银到伦敦出售，用以在外购买军用物资武装侵略军。

四、结论与启示

孔祥熙刚刚当上中央银行总裁兼财政部长，就遇到美国白银政策导致的金融危机，进行币制改革、摆脱金融危机与日本殖民金融破坏相互交织，使这位新任财长饱受压力。但他利用美、英、日的微妙关系，借美国白银政策，成功地实现了中国的法币改革。

从孔祥熙的应对策略中，我们至少可以总结出五点经验：

第一，转化为中国的财政金融危机之后，接着又演变为美、英、日为控制中国货币财政而展开的一场国际角逐。日本趁机武装走私白银，冲击中国的外汇基金，极力破坏中国的币制；英国囿于欧洲局势，不想触犯日

---

① 1933年5月29日的《中美棉麦贷款协定》规定，美国在三年内向中国贷款5000万美元以购买美国的棉麦。由于日本干扰等原因，中国实际上只用了1710万美元。中国几次想恢复未动用部分。

本利益而损害英日在亚洲的关系，企图以美、英、日联合行动帮助中国摆脱困境，未得到美国配合，也不受日本欢迎。

第二，美国清楚地知道白银政策是中国金融危机的根源，但其财政部必须执行《购银法》，其国务院不想得罪日本，只得拒绝中国稳定银价的要求。只有当中国放弃银本位并决定抛售白银时，中国售银和美国购银利益相一致时，美国才开始与中国合作。1935年11月和1936年5月美国两次购银决定，一定意义上帮助中国抵抗了日本的扩张。美国也担心英国对中国货币的影响力，自然要提出法币与美元挂钩。

第三，对中国来说，只能借助美国白银政策推进币制改革，利用银价高亢，先请美国以金换银，继之做出放弃银本位的姿态，最后快速实施改革币制。在与美国不停的交涉中，施肇基与孔祥熙配合默契，直接联系，绕过了国内矛盾的许多麻烦，以致不等美国表态，就对中国行政院先斩后奏，取得了法币改革的成功。

第四，考虑到日本对华侵略，中国通过售银而与美国建立起来的合作关系，为争取美国援华贷款打下了基础。中国政府，特别是财政部长孔祥熙积极主动与美方交涉，以有限的谈判资本，不厌其烦地向美方晓明利害，最终说服美国与中国合作，也使我们看到了中国近代的外交并不总是被动消极的。

第五，80年以后的今天，美国又一再对中国施压，要求结束中国人民币盯住美元汇率机制，也是要中国货币升值。20世纪30年代的问题是，中国大部分贸易都以英镑结算，当时英镑正对美元贬值，也就连带中国货币一同贬值。美国一再要中国法币与美元挂钩，就是要法币升值，提高美国出口商品竞争力。当年美国财政部长摩根索对中国代表说："我们必须考虑我们的政治家、我们的公众还有我们的未来。我们不可能拿出6500万美元，然后你们继续把你们的货币与英镑挂钩。"甚至说"帮助中国本币走强对于世界和平非常重要"。诚如英国《金融时报》前不久所说，"20世纪三四十年代，对（摩根索和怀特）二人将大部分精力用于说服世界各国政府维持或采取盯住美元的汇率机制，以扩大国际贸易，能够把参议员舒默及格雷厄姆与摩根索及怀特联系在一起的，是那种对美元贬值的无止境追求。"①

---

① 本·斯太尔：《20世纪30年代的美中汇率摩擦》，《金融时报》2010年6月24日。

阎锡山金融思想学说概述

背景说明

本文原载《百年中国金融思想学说史》第二卷，中国金融出版社 2011 年 10 月出版。文章评价阎锡山的金融思想与实践，认为阎锡山在民国时期的政治人物中，是一位有思想、有理论的军阀，在北洋政府时期和国民政府时期，运用优先发展金融业的战略发展山西经济社会成绩突出，其独创的金融思想与实践，主要是黄金非货币化的物产证券理论、银行业与产业混合生长理论、启动农村金融经济的省钞发酵理论和以土地为担保的农村信用合作券理论等，很值得认真研究。

阎锡山（1883～1960 年），字百川，生于山西省五台县河边村（今属定襄县）一地主兼商人家庭。6 岁丧母，9 岁入私塾读书，16 岁协助其父经商。1902 年入山西武备学堂，1904 年被选送日本振武学堂留学，结识了孙中山，加入了中国同盟会。1907 年入日本陆军士官学校步兵科学习。1909 年春归国，先后担任山西陆军小学教官、学校监督，陆军八十六标标统（团长）。1911 年 10 月 29 日参加辛亥革命太原起义并获得成功，被推选为山西都督，时年 29 岁。1914 年被北洋政府任为国武将军，1916 年为督军，1917 年兼任山西省长。1927 年 5 月参加北伐，任北方国民革命军总司令。1928 年 2 月被南京政府任为国民革命军第三集团军总司令，同年 6 月任平津卫戍总司令，1930 年被委任为陆海空军副总司令，同年 9 月与冯玉祥、汪精卫等联合反蒋，史称"阎冯倒蒋"，在北平另组国民政府并任主席兼陆海空军总司令。不久倒蒋失败，隐居大连日租界。1931年"九一八事变"爆发后，蒋阎达成妥协，于 1932 年 2 月二次上台，出任太原绥靖公督主任，1937 年任第二战区司令长官，1938 年 3 月兼任山西省主席。1949 年 3 月 29 日人民解放军兵临太原，阎离并飞南京，6 月 3 日出任南京政府行政院长兼国防部长，12 月 8 日随国民党政府退守台湾。1950 年 3 月以后辞去行政院长，仅任总统府资政、国民党中央评议委员，搬到台北郊外僻静的菁山隐居，一心研究理论问题，很少出门，但来访者仍络绎不绝，有政要、企业家、学者。在这里潜心研究，著书立说，完成《三百年的中国》等，有时也到一些高校和学术团体讲学，演讲《中国文化的真谛》、《中国政治的病根》、《孔学与中国的未来》等内容。阎锡山继续用他当年在太原组织"进山会议"的做法，用召开座谈会的办法，组织有关人员畅所欲言，各抒己见，探讨理论问题，直至1960 年 5 月 23 日病逝，终年 77 岁。留下的著作主要有《物产证券与按劳分配》、《中的哲学》、《人应当怎样》、《阎伯川先生言论集》、《三百年的中国》等。

阎锡山先生一生特立独行，不仅看重政治、军事，也对经济、教育、文化很关心，有很多哲学与经济以至金融学的思想与政策主张，有人称阎锡山是"学者型的军阀"。阎锡山曾经说："社会上的金融和人身上的血脉一样。人凭血脉活，血旺则健壮，血不旺则衰弱……金融活动，社会就活动，金融死滞，社会非死不可。"[①] 阎锡山的金融思想学说，最主要的反映在反经济危机的黄金非货币化论、银行业与产业混合生长论、启动农村金融的酵面理论、合作金融与合作券土地担保论等。他在 20 世纪 20 年代曾通过整顿币制、发展金融等推动了农工商业并且取得成功，成为北洋政府的模范省省长。20 世纪 30 年代初，在世界经济危机中，他指出了资本主义经济体制的弊病，主张黄金非货币化，代之以物产证券，实行公有制与按劳分配。他的这套理论集中体现在他的专著《物产证券与按劳分配》一书中。他不仅有一套理论主张，并且在山西做了黄金非货币化的试验，建立了庞大的实物十足准备库体系，并在山西取得成功。阎锡山在推动山西工业化建设中，实行银行业与产业混合生长的措施，推动产业建设，为山西经济发展做出了贡献。在发展农村经济中，鉴于农民没有资

---

① 《阎伯川先生言论辑要》第 6 册，阵中日报出版社，民国二十六年。

本，他大力推动建立县银号、县总信用社、村信用社农村金融体系，以山西省银行钞票为总酵面，层层息借发酵，以其省钞发酵论及其政策，以及他倡导的农村信用合作社，发行以土地为担保的合作券，解决农民当时发展商品生产急需的流动性问题，等等，有力地推动了山西农村商品经济的发展。

总之，阎锡山先生不仅在金融思想理论方面有创新性的理论观点，而且通过社会实践取得了一定的效果。后来由于日本侵略军入侵，抗日战争爆发，他的金融理论及其政策主张实践被迫停止。现在来看，阎锡山的金融思想不失为中国金融学说发展史上的一个耀眼的亮点。

一、反经济危机的黄金非货币化论

（一）黄金非货币化论的内容

1929 年，世界性经济危机影响到了中国，在全国学者、专家提倡钱币革命的呼声中，阎锡山提出了经济革命和社会主义的理论。他认为资本主义有两大病症：一是分配病，贫富悬殊，其病根是"资私有"，根治此病的办法是"公有制"与"按劳分配"；二是交换病，货币数量少，比限生产，其病根是"金代值"，黄金独占货币，根治此病的办法是黄金非货币化，实行"物产证券"，从根本上避免经济危机。阎锡山抓住"物产证券与按劳分配"这个经济学命题，提出了自己的理论主张，并在其管辖的山西省进行了实验。

1. "金代值"四弊害

阎锡山说："'金代值'者，系以金银做货币，而代表工物价值之谓也。'资私有'者，即生产之资产属于私人所有之谓也。'金代值'系以金银做货币，其本身为由独立信仰价值之物，形成'二层物产制'，独占贮藏，比限物产。盖生活需用之物产为一层，代值之金银又为一层。百物皆须先与金银比其价值，而后始能转易百物。乃金银之产生，本身已作其生产之价值，政府不能无偿取得。又因金银货币便于贮藏生息，遂取得独占贮藏之地位。人皆重金钱，轻物产，不肯以金银购买生活够用以外之物产，因之生产能力受其比限，遂生下列之弊害：

其一为违反为产物而劳动的劳动原则，反成为劳动不为产物，而为金银。人为生活而生产，为生产而劳动，故人为物产而劳动，以求生活，始为正道。乃因金银代值之货币，取得独占贮藏之地位，致人之企图，皆集中于金银，以金银为主，物产为奴。于此喧宾夺主之下，人皆以金银为富，不以物产为富；人之劳动，非为物产而劳动，乃为金银而劳动，重金轻物之弊害因之而生。此'金代值'之弊害一。

其二为违反生产愈多生活愈优裕之生活原则，反成生产愈多，生活愈困。人之生活，需用物产，当然生产愈多，生活应愈优裕。乃以'二层物产制'比限物产之故，一遇某种物产过多，争相求售，价格跌落，换得之金银自少，需用已足，人不肯以独占贮藏之金银，购买生活够用以外之物产，则持剩余之物产者，不能再行销售，以换金银；纵对投机者一再贬值，而其换得之金银，亦不足转换其他物产，以供需用。生产愈多，余剩愈甚，生活乃愈困。此'金代值'之弊害二。

其三为违反保障人民生活之政治原则，反成限制人民工作，减少人民生活。人民，工作即是生活。政府，欲保障人民充足之生活，须尽量为人民谋工作，须尽量接受人民工作产物。乃以'金代值'、'二层物产制'之故，人之工作产物，必须换得代值之金银，始能转换其他生活所需之物产。唯代值金银之产生，本身已作其生产费用之代价，故政府不能无偿获得金银，以尽量接受人民之工作产物。一遇交易壅塞，物产滞销，人民即失业。政府为调剂失业人民起见，不得不减少全部之工作时间，以期增加工作人数；在人民，减少人民之工作，即是减少人民之生活；在国家，减少人民之工作，即是减少国家之物产，不但违反保障人民生活之政治原则，而且违反发达物产之富国原则。此'金代值'之弊害三。

其四为违反互通有无之国际贸易原则，反开商战之路，增兵战之端。国际贸易原为互通有无，乃以代值之金银，既具独占贮藏之物性，又作国际支付之手段，其地位超于百物，聚得金银即可把握经济命脉。故各国努力增加生产，非正当的全为供国生活之需，乃不正当的进而作经济侵略他国之具。各国产物，无不竞先输出他国，求换入金银，企图把握经济命脉。各国均争出超，遂开商战之路，争之不已，继之以兵，而争兵战之端，使国际间失却互助之意义，成为侵略之事实。群与群间关系，遂成恶化。此'金代值'之弊害四。"①

2. "资私有"四罪案

阎锡山在分析了"金代值"的四大弊害之后，进而分析"资私有"

---

① 《阎伯川先生旅居大连时对新村制度研究之讲话》，《阎伯川先生言论辑要》第6册，阵中日报出版社，民国二十六年。

有四大罪案。他说："'资私有'系生产资本为私人所有。无资本而劳动者，不得不依赖他人之资本以生产。若依赖他人之资本以生产，势不能'按劳分配'，分其劳动结果之一部分，以作使用资本之报酬。此种使用资本之报酬，为剥削分配制。因之，构成下列四罪案：

其一为强盗罪。在'资私有'制度之下，因剥削分配制之故，劳动者劳动之结果须分于资本家二分之一（现在山西社会佃农制度虽系佃农分得三分之一，地主分得三分之二；但种田经费，除人工外，均由地主出，地主尚需花销三分之一。实际佃农与地主，多分其半）。非其有而取之，盗也。资本家不劳而取为制度所许。人盗人，盗也；制度盗人，亦盗也。'资私有'制度下许多资本家剥削劳动者劳动结果二分之一。此制度无异于犯强盗罪。

其二为杀人罪。在'资私有'制度下，劳动者之劳动结果，既须分出资本家二分之一，则劳动者及其家属之生活需用，亦须减去二分之一。减少生活需用即是减少生活，若忍饥寒而生，则寿命必短，若欲不饥不寒而生，则靠劳动者生活人口之二分之一，势须制死。人杀人，罪也；制度杀人，亦罪也。'私有'制度，致死劳动者人口二分之一。此制度无异于犯杀人罪。

其三为扰乱罪。在'资私有'制度下，一人资本所生之息，抵千百万人劳动之所得者，比比皆是。劳动者生产而被剥削，靠劳动反不易生活；资本家剥削人，靠资息反奢侈其生活。富人一饭一衣之所费，有足供常人终身所需者；一宅一瓦之所费，有足供千万人之所用者，造成社会之大不平，人人常呈不满之状态，人类罪恶之事，多由此而生，扰乱人生，孰甚于此。扰乱人者'资私有'制度也。人扰乱人，罪也；制度扰乱人，亦罪也。此制度实犯扰乱罪。

其四为损产罪。在'资私有'制度之下，靠资息生活者，不去劳动，以致生产者减少，减少群得生产总量，即是减少群得富强文明。减少生产，即是损产。人损人产，罪也；制度损产，亦罪也。此制度实犯损产罪。"①

3. "金代值"与"资私有"的关系

阎锡山进一步分析道："'金代值'的四弊害与'资私有'的四罪案

---

① 《阎伯川先生旅居大连时对新村制度研究之讲话》，《阎伯川先生言论辑要》第6册，阵中日报出版社，民国二十六年。

系就制度而论，若就资本家及劳动者本身而言，'资私有'、'金代值'复合凑而造成下列之残酷事实。一是'资私有'、'金代值'制度之下，人之企图皆集中于金银，然物产愈多，物价愈贱，而换得之金银亦愈少。资本家为求得多数之金银计，每于物产剩余之时，为求物价之高涨，毁灭物产，减少工作而致多数人失业失食。二是'资私有'、'金代值'制度之下，劳动者托命于资本家，始则被资本家剥削，不能得相当之生活；继则一遇物产剩余，资本家限制生产，虽一被剥削之工作，亦有时求之而不可得。且国家增加生产，非全为供国人之需要，乃为输出他国，作经济侵略之利器。就劳动者本身而论，实被资本家惨杀之余，复供国家作杀人工具。就四弊害言，'金代值'种其因；就四罪案言，'资私有'种其因。"①

所以，阎锡山认为，"取消'金代值'四弊害可除；应除'资私有'四罪案可消。二者致病之因不同，医治之方亦异。若取消'金代值'仍任'资私有'，四弊害虽除，而四罪案仍然存在。若废除'资私有'，仍行'金代值'，四罪案虽消，而四弊害，则反因之加重。同时取消'金代值'、废除'资私有'，则四弊害与四罪案之病均可医矣"。

4. 废除"金代值"、"资私有"代之以"物产证券与按劳分配"

取消"金代值"用什么来替代呢？阎锡山认为，替代物不仅需要具备"货币之效能"，而且没有"'金代值'之弊害"。他说："原夫货币之产生也，为代替物物交易之烦，其基本效能一为交易媒介，一为价值尺度。但作为交易媒介、价值尺度之效能，不在其本身为有相当价值之物，而在赋予法货资格，使其代表一定价值。金银之为货币也，以其有产量相当，携带便利，不畏仿造等优点，并以其本身具有独立信仰之价值；唯期本身系有独立信仰价值之实物，故形成'二层物产制'，独占贮藏，比限物产，并以其本身价值，作交易价值之极。嗣近世物产繁多，交易莜难，纸币应运而生，纸币生则金银作货币之理由已失，只留其扰乱物价及比限物产，困人民生活，减社会之富力，助长私资剥削与国际侵略，徒为种种扰害，人与人群之罪物耳。"②

废除"金代值"，实行"物产证券"的好处，阎锡山认为，"'物产证

---

① 《阎伯川先生旅居大连时对新村制度研究之讲话》，《阎伯川先生言论辑要》第6册，阵中日报出版社，民国二十六年。

② 阎锡山：《物产证券与按劳分配》。

券'可具有货币之效能，而无'金代值'之弊害。盖'物产证券'，如同物产之照相片，必须有此物产，始能照是相片；以此照片，即可购物产。证券如同物产之价值收条，直接代表物产价值，由政府赋予法货资格，自可具备交易媒介、价值尺度等基本效能；且证券本身，并无独立信仰之价值，当然不以其本身价值作交易价值之极，亦不会形成'二层物产制'，无因独占贮藏、比限物产所生之弊害"。①

5. 实行"物产证券"的好处

阎锡山说："物产证券者，政府用法令规定代表一定价值之法货，用以接收人民工作产物，并作人民兑换所需物产及公私支付一切需用者也。政府接受物产若干多，即发行若干证券，同时即将此种物产，售于消费者，而收回证券。""物产证券如同物之照相片。以此照片，即可购买物产，证券如同物产价值之收条，直接代表物产之价值。""物产证券的货币制度是收物发券，在周使上是以券兑物，所以物券统一，其数量能随物的增减而伸缩，且依产物发券，物为券之准备，购物即是兑现……准备十足，信用巩固，兑购合一，充分体现了物本物的一层物产制的货币。"②

阎锡山概括物产证券制的好处是：

第一，"就人民方面言，不患物产无销路，即不患工作失效用；不患无工作，即不患无生活；生产物不患物价跌落，需用物不患物价高涨；个人之生活，不但赖以安定，且可预计改进。"

第二，"就政治方面而言，尽量接受人民物产，无救济失业之苦；物产可尽量流通，无交易壅塞之用；政府可以统制价格，调节生产，无物产偏剩之虑。"

第三，"就国际贸易言，出入平衡，无因产业落后而致入超之害。"

第四，"就社会风尚言，俭为美德，奢为恶行。而'金代值'制下，俭为购买力小，工人失业，不得不鼓人为奢。勤为善行，惰为劣习，而'金代值'制下，勤则生产剩余，经济恐慌，不得不减少工作时间，限制人民工作。实则奢不可，俭不能，勤不得，惰不当，凡是动辄得咎，进退维谷。'物产证券'制下，则勤可增产，俭可蓄富，生产消费均趋合理，无矛盾之现象。"

第五，"就生产方面言，政府尽量予人民以工作机会，劳动能力可充

①② 阎锡山：《物产证券与按劳分配》。

分表现；物产增多，已非倍蓰；加之以余产集中亦可变资，可使生产能力逐年累进，其数量之大，当有出人以外者，较之'金代值'之限制生产，悉啻霄壤哉！"[①]

（二）黄金非货币化论的背景与环境

阎锡山先生提出的取消"金代值"实行"物产证券"的理论，是在20世纪20年代末30年代初提出的。当时，世界经济大危机波及各国，中国经济也受到一定影响，危机中各国均放弃了金本位，中国货币何去何从争论激烈。最主要的有三种不同观点：一是能力本位；二是虚粮本位；三是物本位——物产证券论。阎锡山物产证券论作为一个学派，在当时有较大影响。当然，物本位的首倡者还有廖仲恺先生，他在1919年发表了《钱币革命与中国建设》，后来又发表《再论钱币革命》。他发展了孙中山的钱币革命思想，提出废除金银货币，代之以百物本位，实行纸币制度，由政府调节供求的理论。阎锡山虽然是在廖仲恺之后提出物产证券形式的百物本位理论，但他却是黄金非货币化的勇敢的实践者，他于1934年就在太原发行土货券，并以九角九分顶一元银元流通。

其实，阎锡山对社会经济问题的研究与重视，始于民国初年，因为太原辛亥革命中，曾发生溃散清军抢劫藩库、官钱局和金融机构及富商，造成新生的军政府财政极度困难，都督阎锡山通过成立大汉银行发行军用票、向富商借款、成立官钱局、官商合办银行等措施，才使得新政权得以运行。继而阎锡山通过划一币制，整顿金融，稳定了社会。特别是在他兼任省长以后，更加重视经济社会建设。1918年前后，有1万多名在俄罗斯经商的山西商人因资产尽失逃回原籍，阎锡山在接见由俄返回的晋商代表时，得知"十月革命"后苏联政府将晋商财产全部没收的情况，十分震惊。遂于1920年6月开始，组织"人群组织怎样对？"的研讨会，名曰"进山会议"（进山即今山西省政府院内的梅山），每周三、周六开会，每次4小时，参加会议的是当时山西有名望的社会名流，最初仅12人，后来发展到134人。研究会规定三条公例：一是研究的结论必须"得乎人心之所同然"；二是研究的结论必须"无父"，即言行不掺杂成见；三是研究的结论必须"有儿子"，即不绝后，有发展前途。他主张"人群之真富真强真文明，土地公有私种，资由公给"，认为共产主义制度则是只

[①] 阎锡山：《物产证券与按劳分配》。

有"人人为圣人斯可办到的制度"。对阎锡山提出的研究目标，研讨会的答案是实行"村本政治"和"用民政治"①，这就成了阎锡山施政纲领的核心思想。他通过改组官钱局为山西省银行，垄断货币发行，大力支持民间金融机构的发展，以金融业的优先发展促成了20世纪20年代山西省工业化的第二次高潮的成功②，北洋政府授予阎锡山"模范省省长"的殊荣。

20世纪20年代末30年代初，当世界性经济危机影响到中国，国内学者倡导"钱币革命"的时候，阎锡山独树一帜，提出了"经济革命"和"社会主义"的理论，企图从根本上解决经济危机。他抓住"物产证券与按劳分配"这一经济学命题，出版了他的专著《物产证券与按劳分配》，企图通过货币改革作为摆脱经济危机的措施。当时，阎锡山曾在《造产救国年报》中发表题为"经济建设之难关与打开之方案"的文章，文章写道，中国处于"列强集全力于经济侵略之下，关税不能自主，工商落后，所以立国之原则已失，直形成半亡国之状态矣……今欲图存，非跳出半亡国之陷阱以外……简言之，保有口吹大洋，点石成金之神秘。而欲保有此种神秘，非社会经济出入平衡不可……比之一家人，岂有入不敷出之目的，则必须声明全体彻底醒悟，努力于物美价廉之生产，以增加输出，勉用本省一切之土货，以减少输入。而政府尤当实行统制汇兑，以操纵贩卖外货……否则坐之以待毙耳。"③他告诫商人："少贩卖外货，多销土货，同时自身亦应服用土货，纵使少赚些钱，也应该忍痛牺牲……商人们如此时要贩卖外货，致使金钱外溢，金融枯槁，将来必致同归于尽，这种举动是病国也是自杀。"④

从1932年开始，阎锡山大力提倡"造产救国"，服用土货，于1933年先后制定了《山西省政府服用国货委员会组织简章》、《山西省政府公务员服用国货委员会服用国货规则》、《经济统制处人员服用土货会简章》、《山西省公务人员服用国货联合委员会简章》、《山西省公务人员服

---

① 阎锡山认为"家国省县皆人类之团体，家以情系，政性较微，国省县区，范围甚广，独村为人类第一具有政治性之天然团体，以之为施政之本，既无过泛之病，又不虑其无由措施。"将基层权力下放，把政治放在民间，实行自我约束、自我治理，以村为政治本位，即"村本政治"。"用民政治"，一是民德，做到信、实、进取和爱群四要；二是民智，进行国民教育、职业教育、人才教育和社会教育；三是民财，发展农工商矿业。

② 山西省第一次工业化高潮是在晚清洋务运动时期。

③ 《造产救国社年版》，1933年。

④ 《阎主任为设实物准备库告山西商民》，《中华实业月刊》1936年6月1日第3卷第6期。

用国货通则》、《山西省军政各级机关庶务人员不购用土货处罚办法》、《山西各县市公安局督饬各商号分部陈列土货国货及外货办法》等规程。为推销本省各轻工企业生产的土货，建立了土货产销合作商行，简称"土货商场"。发行了50万元"土货券"，工厂在给职工发工资时搭发40%的土货券。土货券在"土货商场"购物，九角九分顶银元一元，抵制外货入侵。土货商场卖货不收一般货币，只收商场发行的"土货券"。土货商场发行的土货券，就是该商场的资本金，用土货券收买货物，售出时再将土货券收回。民间没有土货券，允许以社会通行的货币向商行调换同额土货券。久而久之，土货券也和其他通用货币一样在市面流通。1936年，国民政府全国经济委员会在《山西考察报告书》中记述："太原更有土货券之发行，该券系太原经济建设委员会印制，责成土货产销合作商行发行……所有该行售货价款，一律专收土货券，其目的在于提倡土货，盖凡持土货券购货者，其售价概照九折计算。"[①] 除太原外，在大同、临汾、长治、汾阳等地均设有土货产销合作商行的分行。

土货商场刚成立时，推销数量有限，产品滞销的问题并没有解决。阎锡山为了打开销路，让公务人员一律穿用土货衣料，并在全省105县，每县由经济委员找一殷实商号，定名为土货商场代办商号，在经济委员的监督下，推销山西土货。代办商号到土货商场选购货物，价款现付赊欠均可。这两种办法，对解决商品滞销起到了十分重要的作用。遂使山西晋生、晋华、晋益等各纺织企业以及其他工厂的生产得以迅猛发展。土货商场还采取供给原料的办法，支持中小工厂的生产。中小工厂只要有工人和工具，就可以向商场领取原料，制出成品后由商场收购。从而使山西工商业迅速走向繁荣。[②]

据1935年11月9日《山西日报》刊登的"土货券稳定，商民多信赖"一文称："本省土货商行，自发行土货券以来，收货发券，凭券兑物，原为增加人民生活上必需品之购买能力与制造家之生产能力，其性质完全与普通兑换券不同，收一分货，发一分券，卖一分货，收一分券，有十足的货物准备兑换，不受金融变化之牵累，不受市场盛衰之影响，以此博得各界人士真实信赖，且由多数工厂商号为吸收土货券起见，对土货券购买物品者，格外予以便宜。就中如西北皮革、毛织、洋灰三厂出品九八

---

① 全国经济委员会：《山西考察报告书》，1936年2月。
② 续承明：《太原土货商场纪略》，《山西文史资料》第24辑。

扣，火柴每箱让价五角，晋丰公司面粉每包让价一角，同蒲铁路运费九八扣，晋华、晋生两厂各让价千分之五，本市商号德盛咸、信丰久、巨兴恒、世兴号、瑞崇隆、永吉成……十六家货价九九扣，凡此皆是为土货券昭著之明徵，其热心周使者有西北印刷厂、西北窑厂、西北炼钢厂、西北铸造厂、西北农工器具厂、西北铁工厂、西北机器厂……晋华卷烟厂及泰和昌、义元生、大隆祥等商号，又阳曲县政府赋税、各税收机关税款均一律收受。外县如榆次、汾阳、大同等大商区均欢迎周使，毫无窒碍。近来更有河西呼延等村农民鉴于土货券信用稳妥，亦纷纷愿以土货券作价，出售大米等农产品。现在，土货券已立于稳固地位，其周使区域之扩大，有与日俱增之势云。"① 1937 年"七七事变"后，日军侵占太原，土货商场被迫结束，所发土货券，后来在西安清点销毁。

在土货商场和土货券之外，更为重要的是山西官办银行山西省银行、晋绥地方铁路银号、绥西垦业银号、晋北盐业银号"四银行号"发行的纸币，也废止金银准备，成立了山西省省铁垦盐四银行号实物十足准备库（以下简称实物准备库）。据当时实物准备库的负责人郝星三回忆："1935 年 11 月国民政府实行法币政策，禁止各省发行纸币。山西省四银行号发行的纸币停止兑现金银，以实物十足准备为保证。实际上，四银行号纸币的现金准备是发行额的 60%，而四银行号发行纸币八九百万元，实物准备库的物资储备已到 1000 万元以上，可以说还超过了十足的实物准备。其长远计划是要对各厂矿的原料供应，产品推销都包下来，由于日寇的侵华，没有达到这个计划。实物准备库没有资本，因其组织意义是四银行号的一个实物库。因而对实物准备库购买物资和设备等用款，规定了一个制度是四、三、二、一，即其负担比例是省银行 40%，铁路银号 30%，垦业银号 20%，盐业银号 10%。这些用款，名义上不出利息，按 2% 付出纸币印刷费，即寓有利息的意思。""省内沿同蒲线及重要城镇，均设有分库，如大同、原平、忻县、榆次、寿阳、平定、太谷、平遥、文水、汾阳、洪洞、临汾、侯马、运城、风陵渡等；在省外的分库，称为物产商行，分布在包头、绥远、潼关、西安、石家庄、张家口、汉口、上海、天津、北京等地……实物准备库从 1935 年 12 月成立，到 1937 年日寇进犯，10 月间太原失守，短短一年多的时间，物资及不动产达到 1000 万元

---

① 《山西日报》，民国二十四年十一月九日。

以上。"①

为了宣传黄金非货币化理论，当时还编了歌曲，教群众唱诵："金钱金钱，您是罪恶之源泉，因了您的娇宠，痛苦了劳动万千……取消了您交易的权威，贬您为普通物产……人生不会再为了您而痛苦，物产再不受您的比限……废除金银代值，实行物产证券，那才是钱币革命的具体实现。"②

（三）黄金非货币化论的价值与影响

阎锡山先生认为，一种有实践意义的理论必须从正反两方面得到证实，才有说服力。因此，他在研究提升其理论的过程中，特邀请社会各方面的名人学者包括马列主义理论家与他当面展开辩论。他说："我还要请一批有学问的人来河边村（阎锡山老家），介绍外国的新学说、新发展，让咱们消化消化，好充实咱的理论。"如有一次他专门插入一个马克思主义讲座，连续3天，阎锡山一直坐在会场上听讲，一边认真地笔记，一边不时插话，提出问题，要求解答。听后他感慨地说："马克思真了不起！他分析观察事物，就像有一只显微镜，竟然能看到人们所看不到的东西。不过，他把一切演变都看成是运动的必然准则，是忽视了人为的因素。如果照他的理论，那就用不着人为的革命了。可是，他还要号召人们起来革命，那就与他的理论自相矛盾了。"当时，有一位理论家坐在他的旁边，对他解释说："无产阶级起来革命，也是历史的必然。号召革命，只是为了加快社会变革的过程。"阎锡山听后摇着头说："阶级斗争要不得！要革命，马克思就要挑起阶级斗争，让人们互相残杀，这是不人道的。"停了停，他又说："阶级斗争为什么不对？因为问题出在社会制度上，这不能怪人！"当然他也承认："我的那一套是吃不倒马克思的。"

1935年，在中国货币何去何从问题上，南京政府进行着紧张的研究。此时，阎锡山先生多次建议国家实行他的"物产证券"主张。他在1935年7月10日给孔祥熙的一份电报中说："金银代值向因不足不便之故，代以纸币，按成准备，已作不兑现之基，加以出超各国金银已成偏聚，而金银每利宽困窄，出超而不兑现，尚可运用自如，入超而不兑现，必成废纸。故近代经济命脉常为出超国家所操纵，弊战而失利，终归入超国家所遭受。以我国今日之国情与环境，倘若实行不兑现，纸币势必跌价，社会

---

① 郝星三口述、贾乙和执笔：《抗日战争前的实物准备库》，《山西文史资料》第8辑。
② 《钱币革命的具体实现》。

恐慌，人心怨重，政府收入顿减，为抵补计，不得不增发纸币，愈增发愈跌价，社会愈恐慌，人民愈怨望，人民之损失必不减于欧战时不兑现诸国，而我国民智未开，其怨望必胜于欧战时不兑现诸国……我兄司农才长，必有远虑。弟空途浅见，无补高深，特心为之虑，电供参考。"孔祥熙复电阎锡山讲道：百川兄"蒸电敬息，关怀币政，远锡南针，语重心长，良殷纫佩……货币政策必以国利民福为前提，维护金融，彼此实具同情，厚荷教益，敢不拜嘉，臑陈事实，并乞垂察。"双方电报往返多时终未结果，1935 年 11 月 2 日国民政府推出"法币政策"，但阎锡山"物产证券"在山西的试验仍在不断扩大。

"山西省省铁垦盐四银行号实物十足准备库"成立之前，四银号的发行准备是现金银 60%，其余 40% 为证券准备。南京政府法币政策施行后，山西省四银行号纸币不能以银元兑现，阎锡山推出了"实物"兑现。这一办法，一是保证了山西省四银行号的纸币发行和稳定流通；二是无本从事商业活动，在当时市场死滞，物资流通滞塞的情况下，为经济活动注入了生机，而且所聚集的财富，在客观上对后来抗日战争的胜利起了积极的作用。若不是日本侵略军侵入山西并抢劫了实物准备库大量物资，山西经济发展是不可估量的。历史上对阎锡山的实物十足准备制度褒贬不一，有人认为是"口吹大洋"的好办法，有人认为是"赤腿穿套裤"（实物准备库的谐音）加以否定。当时，著名经济学家马寅初先生曾评论道："《物产证券与按劳分配》一书是阎锡山先生之演讲词。余曾细读一过，深佩阎氏思想卓越，见解高超，诚为难得"，"故唯有按劳分配，勉其自动，避其被动，适于生产。阎先生此论，确有卓识。""阎先生阐发物产证券之理论，精辟透彻，确属不同凡响，唯其将'资私有'之结果误认为'金代值'之病，实为其全部理论最大之缺陷。鄙意以为'资私有'与'金代值'应分别讨论，不宜混为一谈"，"物产证券，不能取今日之汇兑本位或纸本位而代之也。"[1] 现在看来，这一理论与实践，应当说是一种纸币发行的商品准备制度。

二、银行业与产业混合生长论

1932 年阎锡山二次上台后，提出"自强救国"、"造产救国"口号，

---

[1] 马寅初：《物产证券与按劳分配》，《马寅初全集》第 10 卷，浙江人民出版社，1999 年。

主持制定了"山西省政十年建设计划",除了大力发展民资工商业外,突出发展官办企业。其官办企业包括"公营事业"、"营业公社"、直属事业三大类。"公营事业"全称是"山西省人民公营事业",是一个集工业、商业、交通、金融、科技研究等于一体的庞大的托拉斯式的企业集团公司。

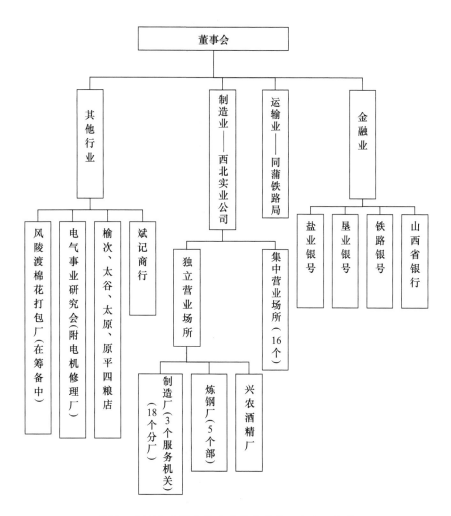

图1　山西省人民公营事业董事会管理事业一览①
(民国二十六年七月一日)

阎锡山认为,经济建设必须加快步骤,迅速发展,迎头赶上先进国

---

① 山西省档案馆档案,山西人民公营事业董事会档案第12·1卷。

家。他的措施：一是取消资本家的分红，发展"公营事业"，事业的盈余悉数用作再投资，加大进步马力；二是高薪"遴聘外国第一流技术专家前来，作为种籽，训练我方技术人员，逐渐扩大，使一粒谷子变成一穗谷子，再变成遍地谷子，均能获得最新智能"；三是不惜巨资，按需要向国外购买最新技术；四是派员前往国外实地学习，提高我工作人员之素质与产品之质量。在具体实施建设计划时，阎锡山强调"调查、计划、研究、试验、推行，是为完成建设必要之路程。"实践中采取了很多特别的政策措施，其中一条就是银行业与产业混合成长的发展道路。

（一）银行业与产业混合生长论的内容

阎锡山说，经济建设资金的筹措与运用"通常做法与步骤，是先筹到足额经费，再按步进行。但问题是我们无法筹到数目庞大的足额经费，如俟筹到巨额经费再行建设，那就无异是'俟河之清'了。"阎锡山将所建银行业与工商交通企业及科研机构业集中于"山西省人民公营事业董事会"管理，各个企业彼此依存繁衍，相互提携，大大提高了产业发展的效率。

超常规发展经济的首要问题是资金问题。阎锡山说："计算为成业之母，凡做一事即当计算真确。以同一之资本、劳力、时间而从事，其效果大者则成业亦自大。今详考材人不知计算而使资本，劳力、时间徒费损失之数，实在不少。国家、社会、个人之穷，此其总因也。世人说，穿不穷，吃不穷，估算不到一世穷，真成业之良语也。"① 公营事业发展资本从何而来？

1. 创造资本，由无到有

山西省公营事业董事会档案记载，"问：民营事业董事会的资本若干？来源如何？答：资本总额原为 500 万元，其中铸造铜元的盈余 360 万元；② 另由人民摊募 140 万元……一个方法是随地方捐摊筹 20 万元；另一个方式是让各县绅民认捐 120 万元，此次摊募集来的 140 万元，征得募捐人的同意，就作兴办山西全省人民公营之用，都作为山西人民所公有。"③

---

① 《阎锡山日记》（手写本），1932 年 12 月 29 日。

② "铸造铜元盈余"是指 1917 年推行"划一币制"政策，禁止民间交易使用前清制钱等杂乱货币，成立山西省铜元局，铸行民国铜元，用三个清代制钱的铜改铸一枚民国铜元，上刻"当十文"，后来为"当二十文"，用铜元收回制钱再铸铜元，一年多时间统一了山西流通中的铜币，政府净盈利 360 万元。

③ 《山西人民公营事业概况说明·附二十七个问答》，山西省档案馆档案，山西省民营事业董事会档案 12·1~456 卷。

2. 发行货币

为了筹措建设经费，阎锡山先后创办四家官办银行，即 1932 年整顿重组山西省银行，继而创办晋绥地方铁路银号、绥西垦业银号、晋北盐业银号，统称"四银行号"，均赋予货币发行权，以支持十年计划的实施。1935 年 11 月 2 日国民政府实行法币政策，停止银元流通，规定纸币发行由国家垄断，授权中央银行、交通银行和中国银行发行的纸币为唯一合法货币（法币），其他一切银行号都不得发行纸币。阎锡山用一个多月时间组建了省铁垦盐四银行号实物十足准备库，四银行号兑换券，以物产证券名义，继续发行。

3. 发行债券股票

以山西省政府、公营事业等名义发行建设债券、库券，如统一建设公债、公路建设公债、公营事业借款券等，吸纳社会资金，投向工业企业。有时为了完成债券发行任务，还在公务政教人员发工资时搭发债券或库券。债券所筹资金分拨经济建设事业体系内各企业作为增资。也有小部分库券交银号钱庄承销抵借现金，因其息优且无风险，社会亦乐于接受。债券以外，又发行股票，在一部分企业中，事实上是公股（地方政府股）与私股（私人股份）并存。

4. 银行参股产业

银行业与实业相互参股，山西省银行参股的企业有公营事业以外的晋华纺织厂、太原晋恒纸厂、中国银行、太原电灯新记公司等。

5. 信用扩张以少变多

采取"孵小鸡"办法，先自筹少量资金，订购器材，以其订单作担保向银行借款，然后以所借之款除付银行利息外，又订购较多之器材再向银行借更多的款，再订购更多之器材。

6. 自力更生以事业养事业

"以事业养事业，以事业发展事业"。同蒲铁路分段修筑，建成一段即行通车，由本身之收入滋生盈余，渐次发展，逐步扩大。

7. 一个钱瓣成几瓣用

阎锡山常说："一个好掌柜的，要能把一副本钱当几副来用。"修筑同蒲铁路需要洋灰，1933 年工程预算 60 万元购买唐山启新洋灰，阎锡山问："洋灰这么贵，我们自己能不能制造？"随即召集兵工筑路指挥部和西北实业公司负责人开会，让双方签订一份由西北实业公司洋灰厂供给同蒲铁路洋灰若干的合同，筑路指挥部预交 60 万元定款，当年出洋灰交货。洋灰厂用筑路指挥部的钱买了机器设备，建厂投产，共用 50 万元，节约 10 万元，践行了合同。阎锡山让人将洋灰送武汉大学、复旦大学鉴定，质量超过一般建筑标号，让省外争相购买，当年获利 64 万元。同时又令以洋灰厂作抵押向中国银行贷款 100 万元交四银行号运用，又获利 100 万元。这样，阎锡山直接指挥用同蒲铁路局向省外购洋灰款 60 万元，在一年多时间，建了一个洋灰厂，另外又赚了 174 万元。[①] 由于工商农交与金融各业统一于公营事业董事会管辖之中，延长了产业链，上下衔接，一副资本，多重效用。铁路局、洋灰厂、炼钢厂、窑厂（耐火材料厂）、电化厂、造纸厂、印刷厂、酒精、煤矿、牧羊、毛纺、皮革、机械等，无不以相互利赖而连锁发展，节省了经费，开发了不少工业资源，实现了阎锡山经常说的"一个钱要掰成几瓣用"。[②]

8. 无息借款

阎锡山以限制"资私有"，发展省、县、村营业公社名义，向有钱人强制借钱，充实资本，但不作股份。在其《告知委员并分别转告官绅事项》中写道："资产生息之流弊，厥为私人资本集中，私人资本愈集中，社会经济愈不平，救济此病，若以暴烈革命之方法，不如用和平调剂之政策。"向富人无息借款，出资者不分红利，30 年后照原出资数目归还。资本由有钱人手中借，事业也由有钱人管……省营业公社定为借资本 40 万元，阎本人负担 20 万元。出资者组织董事选举会选出董事，阎为董事长。

9. 利用外资

据"斌记五金行"对外国商人的负债记录，1936 年 12 月末利用外资未归还余额为 1484493 元，分别是向德国、美国、日本等国的礼和、新民、华德隆、禅臣、孔士、白禄、西门子、德义、克罗克纳、安利、慎昌、德盛、大仓、公兴、三井、祥昌、协兴、恒昌等几十家洋行用商业信用的延期支付，分期付款等方式，获得了国外信用支持。

（二）银行业与产业混合生长论的背景与环境

1918 年，在讨论关于民德民智民财问题时阎锡山说："新生意叫公司。公司有四样：一叫无限公司，二叫两合公司，三叫股份有限公司，四叫股份两合公司。"主张发展股份有限公司，改革山西商人传统的股东无

---

① 李维新：《阎锡山创建西北洋灰厂的一笔账》，《山西文史资料》第 63 辑。

② 徐崇寿：《西北实业公司创办纪实》，《山西文史资料》第 60 辑。

限责任制。在 20 世纪 20 年代山西发展了一大批股份有限公司,如平鲁县的富有畜牧公司、交城生大畜牧场、静乐民生牧场、阳曲兰村群众牧场、岚县晋裕牧场、朔县山阴、应县的富山水利公司、广裕水利公司、广济水利公司等。30 年代除继续发展股份制企业外,又突出推动公营事业发展。

阎锡山对银行业饶有兴趣。1911 年山西辛亥革命成功后任军政府都督,即以军政府名义成立大汉银行。当时银行没有资本,向祁县富商借白银数十万两充作大汉银行资本,发行军用票。民国初年,袁世凯主政北洋政府,承认山西军政府后,阎锡山第一件事就是拨资 21400 两,创办山西官钱局,同时成立股份制晋胜银行。1919 年将官钱局改组为山西省银行,资本不足,为官商合办,后来改为官办民监,在推行"村本政治"、"六政三事"中,通过划一币制、聚集资金、汇划融通,为农业和水利建设发挥了巨大作用。1930 年,阎锡山与冯玉祥等发动倒蒋战争之前,先在太原成立了中华国家银行,后迁到北京,同时创办了国家银行学校,后随着倒蒋战争的失败而结束。1932 年二次上台后,第一件事就是整顿山西省银行,接着制定《山西省政十年建设计划案》。他说:"中国的官吏以为不贪赃不枉法就是好官吏,现在时代不同了,务必依照已定的计划案积极办事,如果办不利就科以贻误罪。"[①] 按照计划案要求,需筹集上亿元以上资金用于投资,于是,1932 年在省银行之外又成立了晋绥地方铁路银号、绥西垦业银号、晋北盐业银号,与省银行合称省铁垦盐四银行号,均为官办金融机构,办理纸币发行、存放汇兑等业务。到 1935 年,省铁垦盐四银号业务占全省银行业务的比重为:分支机构占 23.4%,但资本占 77.3%、吸收存款占 33.3%、放款占 61.5%、汇出款项占 61.2%、汇入款项占 58.7%、储蓄存款占 98.4%、纸币发行占 89.2%,基本垄断了山西金融市场。[②] 30 年代,省铁垦盐四银行号与工商业密切结合,混合生长,带动了山西经济的迅速发展。到 1937 年日本侵略军侵入前夕,山西人民公营事业董事会下辖制造业、运输业、银行业、商业及研究机构,资本总额已经达到近万亿元法币,为当时全省私营工商业资本总额的 2.78 倍。营业公社不包括县、村两级,仅省营业公社的晋同、晋裕、晋益、晋忻、晋沅、晋平、晋洪 7 个当铺与其他面粉业、棉花、煤矿等,资本达到340 多万元。直属省府的企业,包括土货商行、晋北矿务局、阳泉煤业公

---

① 《阎伯川先生言论辑要》。
② 山西财经学院、人民银行山西省分行:《阎锡山和山西省银行》,中国社会科学出版社,1980 年。

司等数十个。无论哪类省属企业，均有金融机构在其中服务，用现代托拉斯经营管理方式，这不能不说是一大特色。

（三）银行业与产业混合生产经营论的价值与影响

据山西人民公营事业档案记述："山西省人民公营事业的目的，不只是防止权利外溢，而且含有节制资本及造福全省人民的意义，且是节制资本最简便、最圆满、最省力的办法。在人民不知不觉中，完成了十成的节制资本，也可以说把剥削奢侈的特拉斯，变为慈善开发的资本。详细地说，此项资本，出之于人民，所赚之利息，包括兴办省、县、村人民三项事业的使用，这三项事业就是教育事业、卫生事业与开发事业。但需在其资产超过 20 亿元以后。"[①]

1932 年前，山西省各种公营企业的数量有 10 个左右，资本总量大约有 1308.4 万元，而到 1937 年上半年，各种公营企业数量已经达到 50 多个，是前 5 年的 5 倍；资本总量大约达到了 9584.6 万元，是前 5 年的 7 倍左右。1937 年，金融业、商业、工矿业和铁路企业的资本，分别为 3320 万元、2468.2 万元、2165.4 万元和 1650 万元，分别占到官僚资本企业总量的 34.4%、25.6%、22.6% 和 17.2%，其中金融业占比最大，说明其在经济发展中的地位。在 10 年建设计划的前 5 年时间里，各种企业数量增加了大约 40 个，增长数量接近于前 5 年的 4 倍，资本新增加数量达到 8276.1 万元，增长数量相当于前 5 年的 6 倍左右，平均每年资本增长量大大超出了 1932 年之前的总数量。其中金融企业增加资本 3170 万元，在各种企业资本增加量中居于首位，商业资本增加 2377.7 万元，铁路资本增加 1645 万元，工矿企业资本增加 1083.4 万元。[②] 到日本侵略军入侵山西前的 5 年内，阎锡山以 110 万元银元资本开始，建成了铁路 960 公里，创建了采煤、冶金、电力、化工、机械制造、纺织、造纸等轻重工业，总资产达 2 亿元银元，奠定了山西的工业化基础，增强了经济实力，这在世界经济发展史中也是少见的。阎锡山主导的以金融业为核心的金融业与工矿商交各产业混合成长的金融集团公司这一金融管理思想与体制，为山西经济社会发展做出了贡献，对后来抗日战争的胜利起到了重要作用，在金融理论上也留下了值得后人思考的一页。

---

① 《山西人民公营事业的概况》，山西省档案馆档案，山西省民营事业董事会档案 12·1～456 卷。
② 景占魁：《简论阎锡山在山西的经济建设》，《晋阳学刊》1994 年第 3 期。

三、启动农村金融的省钞发酵论

民国时期，山西农村经济十分落后，发展农村经济，必须有一定的启动资金，发展经济的资金从何而来？阎锡山认为："社会上的金融和人身上的血脉一样。人凭血脉活，血旺则健壮，血不旺则衰弱……金融活动，社会就活动，金融死滞，社会非死不可。拿社会做人看，社会和人一样，钱和血一样。要想血充足，须得吃得多，化的血多……吃得少，用的血多，这个人一定不能活。譬如每年入山西的钱多，出去的钱少，这还可以。如果进来的钱少，出去的钱多，这就等于'食少事繁'。一省如此，一家也如此。"[1] 阎锡山按照"村本政治"目标，在实施"村政建设"中，设计了启动农村金融的"省钞发酵"方案，借以扩张信用，向农村提供交易媒介的发展农村经济的一套理论与政策。

（一）省钞发酵论的内容

阎锡山认为："现在金融滞塞，农村经济破产，乡村利息高至五六分至六七分，农民不能偿债，以致商业亦归停顿，社会全呈死象，必须有一个活动县金融的办法，以资补救。"他提出用山西省银行钞票"发酵"，启动农村金融。主持此项工作的太原经济建设委员会经济统制处一位张姓处长解释说："村向县银号息借一部，县向省银行息借一部，如发酵然。省银行票好比总酵面，发行一二百万元，分借各县，作为县银号基金之一部，连同县银号另筹基金，再起发酵作用，以兑现票借给各村，作为汇兑基金。如此发酵后，辗转流行，社会金融就会马上活跃起来。"[2]

1. 总酵面

省钞发酵的总酵面是山西省银行发行的钞票。山西省银行的前身是1911年辛亥革命后成立的山西官钱局，1919年改组为省银行。开始资本金不足，定为官商合办。1919年以后，清退商股，改为官办，扩大资本，拓展业务，在全省以至省外重要城市设立分支机构，除办理普通商业银行业务外，同时发行货币、代理省金库，也部分地执行全省金融业监管事务，成为山西省的发行银行、政府银行、银行的银行和管理金融的银行，相当于山西的"中央银行"。20世纪30年代，山西省银行钞票实行实物

---

① 1936年2月29日《在商人提倡土货讲演会之讲话》，《阎伯川先生言论辑要》第6册，阵中日报出版社，民国二十六年。

② 山西财经学院、人民银行山西省分行：《阎锡山和山西省银行》，中国社会科学出版社，1980年。

十足准备，省钞信誉很好。而国民政府的中央银行在山西业务很少，老百姓一般也不了解。全省无论官办或民办的银行、银号、钱庄、当铺，山西省银行均可以通过业务加以影响。

2. 发酵体系

以山西省银行钞票发酵，需要有一套传导机制，这就是建立省、县、村金融体系，层层发酵直到农村。阎锡山先后制定了《山西省县银号章程》、《各县县银号借发山西省银行兑换券章程》、《山西省银行代理店代发省银行兑换券章程》等一系列章程制度，形成省银行—县银号—县总信用合作社—村信用合作社的发酵体系。

（1）省银行及其代理店。山西省银行遍布全省各地，但还是有个别县城没有省银行分支机构。在省银行没有分支机构的县，就委托私人钱庄代理，称为代理店或寄庄。其代理店可以在其资本额三倍的额度内，申请代发省银行钞票，发行数额，经县商会签发认可书，与省行订立合同，取具铺保，制作"山西省银行某某代理店"及"山西省银行某县兑换所"字样的招牌挂于门首，成为山西省银行的代理机构，办理发行与兑现事宜。

（2）县银号。阎锡山设计的县银号，目标是"县银号之于本县，犹省银行之于本省"。县银号章程规定："各县县银号，以培植县建设基金，使县地方金融事业圆满进行为宗旨。"县银号的业务，除证券及票据的买卖贴现、再贴现、兑换、汇票、从事金银及各种货币买卖、办理存款、办理抵押贷款或信用贷款、兼营储蓄等等以外，还代理县金库，更重要的是以省银行兑换券贷款给县总信用合作社，再转贷村信用合作社作为村合作券汇兑基金。县银号不能自行发行纸币，只能借发省钞。借发省钞须经由县政府向省政府申请，经审查承认得借用发行山西省银行兑换券，一等县不超过 10 万元，二等县不超过 8 万元，三等县不超过 5 万元。县银号借发省钞，由自己负责兑现，省银行不负责发行准备和兑现，倘有亏累倒闭情事，所借兑换券仍由该县地方设法收回，省银行不负代收之责。县银号成立时，准备金由县筹措，须由县长会同地方士绅筹足应筹的资本，呈请"省经济建设委员会"印制县银号应发兑换券，招县城殷实商号包办，按章订立合同，定明双方权利义务，按资本给予私商一定利益。县银号实行"官督公营民监"，由"县政府监督，县地方经营，县全民监察"。县银号设董事会，由 3 人组成监察会，由县政府委派 1 人，出钱户选出 2 人。下设经理1人、业务员若干。县银号借发省钞的准备金，二成向省银行息借，其余由县地方分期筹募，可按田亩摊派，可由商会筹集，可在田赋项下附征。县银号所得利润10％作为本号经费开支，其余除付省银行利息外，以半数拨充县建设经费，以半数为"滚积基金"，"滚积基金"按年利9厘由县银号出放，以复利生息。

（3）县总信用合作社。在一县之内，各村信用合作社合组，成为县总信用合作社，介于县银号与村信用合作社之间。为县银号与村信用合作社的中间环节。

（4）村信用合作社。村信用合作社以编村为单位设置，是"中产以下之人，依自助互助有无相通之原则，谋社员间资金通融之一种合作组织，故业务的授信与受信最为重要。授信之业务……可以分为信用放款、保证放款、抵押放款、贴现放款、往来透支等。抵押放款又可分为动产抵押、不动产抵押。如以放款期限来分，可分为长期放款、中期放款及短期放款，此外，尚有专门指定某种用途之放款，如设备放款、运销放款、购买土地放款等。受信业务……如短期存款、活期存款、通知存款、往来存款、小额存款等。合作社为巩固其基础，奖励合作社人员存款，又可举办励工存款、励农存款、节日存款、纪念存款、子女教育存款等。依照合作社法之规定，信用合作社，除接收社员存款外，呈请主管机关核准，并可吸收非社员之存款。但绝对不能将吸收社员之资金转贷于非社员。信用合作社为一平民银行，故凡银行所经营之业务，如信托、汇兑、代理收付，均可经营。"[1]

3. 发酵办法

为了山西省银行钞票流通的稳定性，阎锡山规定百分之百的发行准备。除"实物十足准备"外，实际上还有现（金）六券（有价证券）四常规准备。省钞发酵，实际是充分利用民间的现银为准备，扩大省钞发行量，而省银行又不负责兑现。通过金融体系中各金融机构的代发省钞、借发省钞，增加社会的流动性。

县银号借发山西省银行兑换券时，需先"将所借兑换券种类、数额造册，呈由县政府转呈省政府核准，令行省银行订出借发契约，并分行财政厅知照。"县银号借发省钞不得超过规定总额，并须确实有相应时准备

---

[1] 山西省经济管理局：《战后新经济之做法》，1935年8月，山西省档案馆档案。

金。借发兑换券应按其借发数额，向省银行交纳印制费，免收发行税。所借兑换券由省银行加盖某县戳记，各县领回后自行加盖有效暗记。所借省银行兑换券应由该县银号负兑现责任。县银号倘有亏累倒闭情事，所借省行兑换券仍由该县地方设法收回，省银行不负代收之责。

省银行代理店代发省银行兑换券，"每次领取代发额数，须报由各该县商会审核，转函省银行径发，但至多不得过代理店资本之三倍，其在市面流通之数，须有法定准备金。代理店所领兑换券，应由省银行加盖某县地名字样，代理店自行加盖有效暗记"，避免发生流弊。代理店第一次只能领角票1000元试办，免计利息，继续领取兑换券时，按其领取额数行息，角券月息4厘、元券月息3厘，续领至5000元以上时，角券月息5厘、元券月息4厘，1万元以上者角券月息6厘、元券月息5厘行息，免交印刷费及发行税。兑换券如流通到外县，由山西省银行总行处收回时，当即通知收回额数，日内将元券换回，否则即以函知后第六日起，按太原市满加利率①计算利息。代发省钞的代理店，须觅相当殷实铺保，其铺保保证书须由各该县商会署名作证。代理店倘有意外情事发生，所借兑换券由省银行悉数兑回，所欠款项由商会督促代理店保证商号按照保额及时归还。

村信用社借用省钞，用于村合作券的汇兑基金。因为村信用社是以土地为担保发行合作券，合作券只在本村流通，村与外村的货币往来需有汇兑基金。村合作社的汇兑基金，可以向县总信用社息借村合作券发行额20%的省钞解决；县总信用社以全县村合作券发行额的20%向县银号息借，县银号按县总信用社贷款总额的20%向省银号息借。层层息借省钞，均按年利1分计息，并分别负责兑现。

（二）省钞发酵论的背景与环境

1932年，阎锡山提出"造产救国"目标，实施山西省十年建设计划案，为解决经济社会发展中的资金问题，他大力发展官办和民营各类金融机构，允许一些金融机构代发山西省银行钞票，但是省银行不负责兑现，由代发者负责兑现，借以扩大货币发行。为此，强力推行县县办银号，村村办信用合作社。全县各村信用社再合组县总信用合作社。为此，阎锡山制定了县银号章程、县银号借发省钞章程、省银行代理店代发省钞章程

---

① 满加利率是清代到20世纪30年代末，中国北方民间行用债权债务清偿计息制度，按照镖局过标的标期确定偿还时间，标外与标内利率不同，标外利率在标利基础上增加若干，谓之满加利率。

等，规定凡是在省银行没有设置分支机构的县，可以委托私人钱庄代理省银行借发省钞，县银号可向省银行或代理店借发省钞。使省银行在不增加准备金的情况下，就可以无顾虑地增加省钞发行数量，并保证兑现和稳定流通。就这样，阎锡山把山西省银行、县银号、县总信用合作社与村信用合作社联结构成了一个独特的无须山西省政府和省银行筹措准备金就能够扩大钞票发行的庞大金融体系。

就在 1932 年一年之内，曲沃、洪洞、乡宁、永和、陵川、孝义、临汾、保德、五寨、岢岚、方山等 12 县，有资本 1.8 万余元，发行兑换券 10 万元。1933 年 10 月又实行招商代办县银号，有忻县、定襄、五台、崞县、阳曲、太原、榆次、代县、文水、清源、徐沟、平遥、介休、沁县、盂县等 16 县，有资本 41 万余元，发出兑换券 41 万余元。到了 1935 年，成立县银号 31 家。阎锡山的农村金融体系不断发展，使山西农村社会经济发生巨大变化，但是时间不长，到 1937 年 8 月日本侵略军占领山西、抗日战争全面爆发而被迫停止。

（三）省钞发酵论的价值与影响

阎锡山先生提出的一套利用民间资本、扩大省钞发行，保证货币稳定性的"省钞发酵"的政策主张，在当时，社会上很多人不是很理解，当时一些媒体报道中评说不一，有褒有贬。现在看来，在当时的环境下，不仅解决了农村经济发展的资金需求，而且没有造成货币贬值、通货膨胀问题，应当说是具有积极意义的。这套政策主张的理论意义，在于发行银行无须增加准备金，而利用民间资金为准备，扩大了纸币发行数额，并且保证了纸币的正常流通和兑现。另外，代理店代发省钞和县银号借发省钞，交付一定的利息，将货币发行与贷款融资融为一体，实属一种金融理论与政策的创新。如果不是日本侵略军的侵入，山西农村经济的进一步发展将是不可估量的。

四、信用合作券土地担保论

阎锡山认为："经济建设的基点在于村"。"村的经济建设设施，实为防御经济侵略的最后阵地。关税既失防御之效，欲防人经济侵略，非在村的经济建设上，有最严密的设施不可……村经济建设的设施：以信用合作为发动机，增加村民经济能力，发展村生产事业；以村工厂为归宿，村民之无工作者，由村工厂给予工作，使无弃人之利，而其枢纽则在贸易之公营；贸易所，在不营利之原则下，办理村产品之输出，原料品之购入，并依贸易上之有利趋势，计划村生产之品质数量价格，使村生产物美价廉，以增加输出。并审计村民消费品，规定禁止输入，准其输出，及仿造代用品等办法，以节制输入，方能形成防御经济侵略之最后阵地，以作经济发展之基础，用达村入款多于出款之目的。"他建议作一个十年建设计划，在十年之内，对于农事怎样改进，对于工业怎样改良，如何增加本村的生产，如何减少外村的输入品，如何使村中输出超过输入，入款多于出款。如此做来，十年之内，使村生产增加几倍，输入品减少几倍，达到入款多出款少的目的。[①] 为此提出了村民以个人土地为担保，发行村信用合作券，发展农村经济的理论主张与政策。

（一）信用合作券土地担保论的内容

阎锡山先生认为，金融滞涩，利息高抬，农民不能偿债，农村破产，必须大力推动"设立村信用合作社，发行村信用合作券，以资救济"。他提出："由村中有土地之农民，大家合起来充当社员，组织一信用合作社，发行信用合作券。每亩以一元为限，分期发行。此项合作券，即由每亩地担保其一元之信用。但如不值十元之地，以十亩担保一元之合作券。然后按村民所有土地亩数，散给此券。此券在村中，不只一律周使，并且在本村购买货物时，尚可较用现洋者便宜，即以九分九角当一元……若到外村使用时，由合作社与之汇兑现洋，不收汇费……农民领此券者，对信用合作社按年利1分行息，以十二年为限。满十二年后，即停止行息，并且不用还本。"[②]

阎锡山说："向来发行纸币者，非即使用者"，其"准备金可以短少，业务也不能长盛"。他认为土地担保的合作券"与普通纸币性质不同……因为用券者即发行者，而且都以土地为担保。土地永远不能没有了。"他主张在农村大力发展信用合作社，发行以土地为担保的合作券，并建立合作券汇兑基金，可以彻底解决农村劳动人民生产生活中的资金问题，活跃农村商品生产。

为了保证以土地为担保发行合作券的稳定性，必须建立汇兑基金。汇兑基金的来源，由村信用合作社向县总信用合作社息借发行额20%的省钞解决。县总信用合作社以全县村合作券发行额的20%向县银号息借。

---

① 《乡村建设之理论与方法》，《阎伯川先生言论辑要》第7册。
② 《村信用合作社之理论与方法》，《阎伯川先生言论辑要》第7册。

县银号按县总信用合作社贷款总额的 20% 向省银号息借。层层息借省钞，均按年利 1 分计息，并分别负责兑现。这样，随着省钞的层层息借，也就是层层发酵，使得全省信用不断扩张，对农村经济注入一笔数额巨大的启动资金。

1. 建立信用合作社的组织

成立信用合作社的组织，凡村中有土地之人民，均为村信用合作社的社员。合全县之村信用合作社组成总信用合作社。总信用合作社归县经济建设委员会指导，县经济建设委员会直接受制于太原经济建设委员会经济统制处管理。

2. 发行以土地为担保的合作券

阎锡山在回答村信用合作券的疑问时说："可向村民说，这合作券与普通兑现票子不同。普通票子是由银行号发出，人民使用，所以人民能吃它的亏。这券是人民自己使用，永不怕吃亏。且普通票子是银元担保，担保的数量小，又容易少了。此券是土地担保，担保的数量大，又不能少了。有地的人是出票子的，固然不怕吃亏。无地的人，虽然是使用票子的，但此券的担保，如此确实，亦绝不怕吃亏。"①

村信用合作社发行自己的合作券，必须按照政府统一规定，凡有五亩土地以上之农民，均由经济统制处按土地之多寡，发给一定量之信用合作券，该券之信用，由土地担保，值 10 元以上之土地，每亩担保 1 元；值 5 元以上之土地，每 2 亩担保 1 元；值 2 元以上之土地，每 5 亩担保 1 元；值 1 元以上之土地，每 10 亩担保 1 元；不值 1 元者，不得发行。至于地价的高低，则由村长召集村副闾邻长开会，举出 7 ~ 15 人组成村地亩评价委员会进行评定。规定合作券不仅在本村中一律行使，并且在本村购买动产或不动产及一切货物时，还要较用现洋者便宜，即以 9 角 9 分当 1 元；其余行使，即与现洋相同，无论任何人，都不得拒绝收受，违者处罚。但合作券只能在本村行使，不能完粮纳税。

农民凡领取合作券者，需要按年利一分行息（征收现洋），以 12 年为限。领券者如不能按期付利时，待农田收获后，按时价折收其粮食；如土地租与他人者，于收租时，向租种人于租价内扣除之。在收粮扣租及应收利息发生困难时，应由村长负责，村长不能了者，区长负责；区长不能了者，县长负责。满 12 年后，利息即停止，并不必还本。只于卖地时，每亩如原领 1 元者，每亩即少收卖价 1 元，每 2 亩如原领 1 元者，每亩即少收卖价 5 角……以移转其担保信用之责任。

3. 设立合作券汇兑基金并负责兑现

信用合作券的发行以村为单位，不负责兑现，如到外村和外县使用时，由合作社与之汇兑现洋或者省钞，不收汇费，但遇现洋或者省钞向外汇兑有汇费时，则此券汇兑亦与现洋省钞等。汇兑基金的来源及数量，由县总信用合作社按照各村信用合作社所发合作券总额的 20% 借给省钞，此项借款，亦以年利一分行息。如遇 20% 有不足时，准由各该村向富商息借，此项借款亦以年利一分行息。总信用合作社的汇兑基金是由县银号按全县各村所发信用合作券额数 20% 借给的，亦以年利一分行息；由县负责汇兑，以调剂村与村之间的资金周转。由山西省银行按各县银号借给该县总合作社款数的 20% 借给县银号，亦以年利一分行息；省银行息借各县之省钞由省银行负责兑现，以调剂县与县之间的资金周转。①

合作券的"兑现准备金定为十足准备，由领券村民分七年摊出。第一年至少须摊足四成，余分六年均摊，此为长久办法。至开首之十足准备办法如下：子，由领券村民摊集四成；丑，由县银号息借二成；寅，由包办者周转一成；卯，其余三成由领券村民随时摊换。"②

4. 村信用合作社管理

村信用合作社的社长，"由村中富而能干之人充任，并且受制于村经济建设董事会——经济统制处在村中的机关"。

村信用合作社的经费，以全村所发合作券总数的 8‰ 为度。总合作社之经费，以全县各村所发合作券总数的 2‰ 及总合作社所借县银号款的 1% 为度。

村信用合作社之公积款及其支配办法，规定每年由社员身上所收回之利息，以年利 9 厘，责成本社负责人经营之，如同承包性质，逐年所得利息，累进至所发合作券总额 2 倍后，其以后每年之利息，以一半增益合作社之基金，以一半代替土地之负担。所有超过年利 9 厘以上所得之利息，概为本社负责人之红利。总信用合作社所经营之县银号款，每年所得利息，除照县银号章程以半数充作建设基金外，其余半数以年利 9 厘，责成

---

① 《阎伯川先生言论辑要》第 7 册，阵中出版社。
② 《村信用合作券实施办法之改善》，《阎伯川先生言论辑要》第 7 册。

总社负责人经营之，如同包办性质。逐年所得利息，累进至原借款本额相同后，所得利息，一律拨充建设基金。

（二）信用合作券土地担保论的背景与环境

1918 年，阎锡山就曾研究合作经济。他说，信用组合"好像河东各县俗行的'拨会'，由多数人分期小额资金合成巨款，规定利率，组合员中有想经营事业而缺乏资本者，即以所集资金借给，嗣后按期偿还。"① 阎锡山的信用合作思想是与他的"村政建设"相联系的。但他的合作理论的成熟与实践，是从 20 世纪 30 年代开始的。

1929 年 6 月。阎锡山在进山学校对学生讲话中讲道："我这次在家乡里住的日子很长，有时同乡下人随便叙谈……当时就得了许多感想，现在分别来说：

创办营业合作社：资产生息之魔力，骇人心思，实为生产分配之重要问题，亦为人群生活中最不幸的事！就按山西的惯例来说，晋南多以二分行息；关北较轻，然普通亦是一分五厘；省城最低，可是平均下来，也得一分；然以这最低的，月按一分行息，满 6 年时，就可得到个本倍利。譬如，以 1 元作本钱，每月得息 1 分，1 年就可得 0.12 元；本利加起来，只得 1.12 元。试按年用复利法计算起来，满 6 年时，本利相加，就可得 1.9 元多。如此看，差不多就是个本利倍了。若拿十元、百元、千元、万元的本钱来放账，累年结进，这获利还了得吗？所以社会上多一个放钱的人，就是平民多一层负担，也就是生活上多一层艰难，而社会秩序的不安定，也就是逼紧一层了。细细考究起来，社会上受这种事的影响和骚扰，实在不浅；但怎样能够解决这个问题，我想出了一个办法，同时就把他叫作省县或村营业合作社。这个办法和我以前说的劳资合一道理差不多。"②

建立村信用合作社发行合作券：按照阎锡山的经济建设委员会经济统制处测算，村合作社与总信用社的理想成绩是：倘若发给各土地所有者合作券 10000 元，15 年共计本利 30552.7 元，除原本 10000 元尚余 20500 余元，为原本之两倍有奇。如总合作社借县银号款 10000 元，转借给各村，按年利 1 分计，全年得利 1000 元，其中 10% 为总合作社经费之一部，20% 为付省银行之利息，35% 为县建设经费，其余 35% 以利息 9 厘生息，15 年以后共得本利 20276.4 元，除原本 10000 元外，尚余 10200 余元，为

① 《阎锡山年谱》。
② 《民国十八年六月对进山学校学生讲话》，《阎伯川先生言论辑要》第 6 册。

原本之一倍有奇。山西全省土地大约 60 万顷以上，每亩平均价格至少亦在 10 元以上，即按每两亩发券 1 元，全省可发合作券 3000 万元。"水泄不通的山西社会，骤然加添一笔 3000 万元的流通要具，想来会达到'救济农村'、'活动金融'、'复兴商业'的目的。同时，总合作社、县银号所借款额，以 3000 万元的 20% 计算，共有 600 万元转借给各村，15 年后，可得纯利 600 余万元。[①]"

阎锡山创办的农村信用社，在省、县两极政府的认真组织和严格监督之下，总体实施是比较顺利的。信用合作社通过组织发行合作券，为挽救山西农村经济注入了一笔可观的资金，对山西的经济建设起到了积极作用。农村信用合作社的建立，为农民提供了一个新的借贷渠道。合作社是由农民组成的互助组织，比起旧的农村高利贷来说，利息相对低一些，在一定程度上减轻了农民借贷的利息负担。还有，旧式的农村高利贷主要是用于消费，满足农民维持生计的需要，而信用合作社的贷款大多用于发展农业生产，属于生产性贷款。通过信用合作社的生产性贷款，使山西农民、农业、农村得到了相当的好处。

抗战爆发后，阎锡山政权搬迁晋西，又实行"新经济政策"，搞"经济合作"，但这时合作社的业务有了一定的变化，一是计划督导生产，二是统制物资，三是接收产物，开付合作券。这时把合作社的合作券叫作产物的"收条"，"不是货币，是货币收条，等于一种货"，并限于合作社内购土产，对外购进的工业品，要兑成法币去购买。这时期的合作券，不再以土地作担保，实际上已成了战时经济的组成部分。

（三）信用合作券土地担保论的价值与影响

20 世纪 30 年代，山西省的合作社大致有两类：一是太原经济建设委员会经济统制处所督促举办之信用合作社；二是山西省政府村政处所举办之农村合作社。前者，"系照实业部颁布法规办理。自 1933 年开办起，迄 1935 年 10 月止，总计此项合作社之成立，仅有 25 所。且其中有消费合作社 8 处，产销合作社 3 处，而信用合作社只 14 处。除襄垣县大池村之信用合作社有社员 70 人，股额共 2364 元外，其余之信用合作社，社员既少，股额复微。如阳曲县柴村之信用合作社，社员只 9 人，股额合计只 18 元；太原县上庄村之信用合作社，社员 11 人，股额合计只 11 元，即

---

① 陈光远：《山西发行"村信用合作券"的真相和我见》，天津《益世报》1934 年 3 月 24 日，载《中国近代农业史资料》第 3 辑，三联书店，1957 年。

其例证。合前述 14 信用合作社之股额计之，为数亦仅 2929 元。足见此项合作社之于晋省，尚属幼稚。"后者，"山西信用合作社之缘起，由于各地金融枯涩，乡间利息高昂，故由太原经济建设委员会先后指定招商代办县银号之忻县等 16 县，成立乡村信用合作社，发行信用合作券，以资救济。截至 1935 年 9 月，在上述 16 县内，共成立村信用合作社 715 所。复于各县内，就各村信用合作社会组一总信用合作社，介于县银号与村信用合作社之间，而县银号又介于省银行与总信用社之间"。①

阎锡山的合作券实质上就是一种专门为农民提供的具有固定期限的贷款，使得农民能够将手中的土地所有权转化为资金。当时农村的金融市场上缺乏建设资金，利用村信用合作社以农民手中的不动产土地作抵押向农民发放合作券，实质上盘活了农村的土地资源，提高了农村土地的利用率。农民利用这笔资金可以发展农业生产，政府利用合作社上缴的利息收入成立建设基金，专门用于发展农村的经济建设。阎锡山通过这种方式为发展农村经济注入了大量资金，使山西农村经济迅速发展起来。例如，据北洋政府农商部编印的《第三次农商统计表》和国民政府实业部《中国实业志》统计，山西全省小麦种植面积 1914 年为 1367.8 万亩，总产 1007.8 万石（每石按 60 公斤计），折合总产 60.47 万吨，亩产 44.2 公斤；1935 年种植扩大面积到 1553.8 万亩，总产 69.69 万吨，亩产 45 公斤；1936 年种植面积为 1553.7 万亩，总产 80.22 万吨，亩产 52 公斤。

由上可以看到，阎锡山的村信用合作社和一般的信用合作社不同。第一，参与信用合作社的社员不需要缴纳资金，而是以土地为担保领取合作券。合作券在流通中具有货币职能。这相当于阎锡山在农民缺乏资金的情况下，向农民提供了一笔以土地为担保的特殊抵押贷款。国民政府成立的合作社，社员需要缴纳一定股金，然后向社员提供各种贷款。两种信用合作社虽然采取的形式不同，但是有相同的实质，二者都是通过信用合作社向农民提供资金支持，解决农民融资困难的需求。第二，村信用合作社借发、省银行代理店代发省银行钞票，是借民间的现金做准备，在无须增加现金准备条件下扩大货币发行的一种创造。第三，阎锡山的"县银号之于本县，犹省银行之于本省"，没有资金开办县银号的县可招商可以代办，这样就把省银行、县银号、县总信用合作社与村信用合作社构成一个

---

① 国民政府全国经济委员会：《山西考察报告书》，1936 年 2 月。

独特的服务农民、农村、农业的金融体系。

阎锡山先生自幼受中国传统文化教育，又曾留学日本，对日本明治维新以来的资本主义经济发展比较了解，并邀请美国学者和国内的各派学者，包括马克思主义理论家讲授各派政治经济理论。这就使他的货币金融思想具有以下特点：

第一，开放性。阎锡山的货币金融思想注意到了世界金本位制度的没落和黄金非货币化，注意到了国际资本的移动，引进外资，运用现代化大企业的通用的股份制办法管理企业，充分运用现代化外国银行制度及业务技术组建山西的金融机构，改造旧有的票号、钱庄业务，并注意到了外国金融业务技术对山西传统的旧式金融业务的渗透和融合。

第二，综合性。阎锡山的货币金融思想吸收了西方资本主义货币金融思想，也部分地吸收了马克思主义理论的公有制、按劳分配思想，产生了多元思想的综合，他的《物产证券与按劳分配》一书充分体现了将货币金融问题放在经济社会发展的框架中并融为一体的思想。

第三，独创性。阎锡山的货币金融思想不仅融进了西方各学派的先进思想，也有自己一定的独创，如农村信用合作社发行以土地担保的合作券主张，用省钞发酵层层息借发酵，以信用扩张，启动农村经济的独特设计。

第四，整体性。阎锡山的货币金融思想及其实践，构筑了当时山西省与各地不同的金融体系。山西省银行不仅从事普通银行业务，而且代表省政府管理全省金融市场，从而构成了山西地方金融的独立体系。省政府基本上可以通过调控省银行调控全省金融经济。

综观阎锡山的金融思想，用现代金融经济的观点看，在一个不发达地区或国家实现工业化的起步阶段要求大量资金时，可以从内部启动，这就是运用黄金非货币化论和信用扩张论，但这个扩张力毕竟是有限的，还需要借助外力，依靠外来资金。当然，自身的金融体系和可以调控自如的金融机制是不容忽视的。当然，阎锡山货币金融理论也存在诸多缺陷，如理论体系的不完善性、纸币发行数量的无限制性、信用合作券流通的局限性等；在业务操作与管理方面也有许多明显的问题。因而，我们不能认为其货币金融理论体系是完美无缺的，只是中国金融思想学说发展过程中在一定阶段的一个流派。

新中国金融

中国金融的百年回顾

背景说明

　　本文原载《金融时报》1999 年 7 月 31 日。20 世纪是中国历史上多变的世纪，是中国金融史上最复杂和混乱的世纪；这百年是中国金融由混乱走向统一、由统一走向发展、由发展走向规范的百年。如何把握这百年金融的发展主线？如何概括这百年金融变迁的实质？本文对此进行了分析。

　　中国的金融，若以货币的产生为开始，已有 4000 年的历史。而金融的动荡、混乱、统一和发展当数这最后百年。回顾中国金融的百年，可以说是由混乱走向统一、由统一走向发展、由发展走向规范的百年。由此构成了中国金融制度百年变迁的三部曲。

一、由混乱走向统一

　　这是一个漫长的过程，从 19 世纪末到 20 世纪 40 年代末，这是中国陷入半殖民地半封建深渊的 50 年，也是金融混乱的 50 年。

　　货币由混乱到统一。当世纪的钟声敲响，西方国家早已放弃贱金属货币而实行金本位，但中国的货币还是落后的银铜平行本位。辛亥革命以后，实行银本位，然而流通中仍是"两"、"元"并行，各种元宝、锞子、制钱、铜元、银票、钱帖、银行兑换券、外国钞票和军用手券充斥市场。1935 年国民党政府实行法币政策，把黄金白银换成英镑和美元，以法币无限制地兑换外汇为保证，实行金汇兑本位制度。但在民间，称量货币并未结束，铸币不一，多种纸币和土杂钱帖仍在流通，所以钱币兑换、压平擦色就成为了钱庄、钱铺的绝好生意。令人气愤的是，在中国的土地上，外商银行竟能自由发行钞票。1931 年，日寇以军事力量侵占我国大片领土，建立伪政权、伪银行，发行伪币。在国统区，国民党政府令其中央银行、交通银行、中国银行、中国农民银行滥发纸币，从 1937 年 7 月抗战爆发到 1949 年 5 月新中国成立前夕，国民党政府纸币发行增加了 1400 多亿倍，物价上涨了 85000 多亿倍，达到了天文数字。中国人民银行在解放战争胜利的炮声中，于 1948 年 12 月在石家庄正式宣布成立，发行人民币，除台湾、香港、澳门之外，人民币迅速占领全国市场。中国的货币，经过了 4000 年，至此得以统一。

金融机构由混乱到统一。金融机构在西周已经萌发，但真正有了比较广泛的业务活动，当在明清时期。到 20 世纪初，中国各式金融机构沿着各自的轨迹，经过半个世纪的厮杀，到 40 年代，在人民革命强大的压力下走向了统一。

第一条轨迹：老式金融机构由盛而衰。中国传统的金融机构或称老式的金融机构，如票号、钱庄、账局、当铺等，自明代至清代得以形成和发展，曾促进了中国自 14 世纪至 19 世纪绵延 600 余年的辉煌。明代的资本主义萌芽、手工工场的发展、清代康乾盛世的经济繁荣，以至明清对外贸易的拓展等，无不与应运而生的金融业密切相关。明代中国钱庄和当铺迅速发展，至清代，账局、票号、印局先后创立并发展起来。票号本是商品经济发展的产物，但在咸丰朝以后发生异化，由商业金融转向政府金融，甲午战争之后，进入极盛时期。1911 年清廷皇冠掷地，票号迅速土崩瓦解。而钱庄（银号）则随着外国帝国主义在沿海、沿江等地的经济入侵而迅速发展，因而带有浓厚的买办性与封建性，30 年代以后随着中国经济不景气，业务衰落，尤其是 1934 年美国白银法案，引起中国白银外流，金融危机，大批钱庄歇业倒闭。解放战争时期，由于通货膨胀，钱庄从事高利拆放和金银、外汇、股票投机，又一度畸形发展，但终不能依靠投机而生存。印局、典当等亦因其高利贷特征与非生产性经营，在新中国成立以后失去了社会的需要。中国传统的旧式金融机构在 20 世纪 50 年代初全部退出了历史舞台。

第二条轨迹：外国在华银行特权被取消。最早的外国在华金融机构是给鸦片贸易与其他海上贸易办理保险的外商保险公司。19 世纪 40 年代以后，几次出现外商在华设立银行高潮，先是英商，之后有法、德、日、俄、美、荷、比等国商人在华设行。设行之初，主要是为支持本国商人推销商品而办理国际汇兑和存放款业务，由于清廷腐败和经济落后，他们以苛刻的条件迫使政府接受各种政治经济借款，夺取了管理中国关税等特权，以至发行纸币、垄断外汇行市、在中国境内修建铁路等特权等，扼住了中国金融的咽喉，控制了中国经济命脉。尤其不能忘记的是，"九一八"事变后在东北的伪满洲国中央银行，"七·七"事变以后在绥远、察哈尔和晋北的伪蒙疆银行、在华北的伪中国联合准备银行、南京伪华兴银行、汪伪中央筹备银行，都是日寇"以华制华"、"以战养战"，掠夺我国财富和资源的殖民地银行，严重祸害了中国金融和经济。1945年8月日寇投降后，由国民党政府接管。随着新中国的诞生，我政府取缔了外国在华银行的种种特权，它的业务开始衰退，无事可做，逐渐撤走。

第三条轨迹：现代银行业曲折前进。19世纪末，中国的企业家不仅学习西方先进技术，办工厂，搞实业，在看到外国在华银行业务灵活、资本集中、管理先进等后，遂引进现代银行制度，1897年的中国通商银行，1905年的户部银行，1908年的交通银行以及1906～1908年信诚商业储蓄银行、信义银行、浙江兴业银行、四明商业储蓄银行等，以纸币发行、使用新式票据和新的管理制度，实行股东有限责任制迅速发展起来。但其间多有曲折：有外国银行的挤压，有钱庄等旧式金融机构对市场的争夺，有国内资本主义发育不健全带来的弊端，有国内阶级斗争和民族矛盾以至战争的影响，造成了现代银行制度在旧中国起伏不定的曲折路径。

户部银行（后为中国银行）、交通银行，一开始就由政府投资，1928年国民党政府又设立了中央银行，以后又有中国农民银行的成立。1930年和1936年又分别成立邮政储金汇业总局和中央信托局，号称"四行二局"，为国民党政府官僚资本金融机构。到1948年又设以"中央合作金库"，形成了"四行二局一库"官僚资本垄断金融体系。直到新中国成立，除流向台湾的部分资本外，全部由人民银行接管。

第四条轨迹：人民革命力量的金融业从无到有，从小到大，最后掌握全国金融。20世纪20年代以后，由人民革命力量逐渐建立起来的根据地银行，如同人民革命一样呈星火燎原之势。北伐战争中，中国共产党在湖南衡山县组织了柴山洲特区第一农民银行，发行白布印制的货币，发放贷款，诞生了人民金融。以后又成立了浏东平民银行、江西蛟洋区农民银行、海陆丰劳动银行、闽西工农银行等，1931年11月7日正式成立中华苏维埃共和国国家银行，并对私人行庄进行监督。抗日战争和解放战争时期，先后组织建立了陕甘宁边区银行、西北农民银行、晋察冀边区银行、冀南银行、北海银行、江淮银行、盐阜银行、大江银行等。各根据地银行统一政策，多元发行，随着革命胜利，根据地连成一片，各银行逐渐进行合并。1948年12月1日，根据中共中央的决定，在华北银行（晋察冀边区银行和冀南银行合并）、北海银行和西北农民银行基础上，组建中国人民银行，各根据地银行成为它的分行。从1926年到1948年，人民金融事业从无到有，由弱到强，随着解放战争的胜利，解放军带着人民银行进城，在北京、上海、南京等大城市接收官僚资本银行，形成了强大的国有金融体系。中国人民银行的成立，标志着新中国金融业的开端，它一开始就行使中央银行的职能，代表人民政府管理金融行政，同时又从事货币发行和信贷业务，一身二任，在金融领域占据领导地位，业务上也占据垄断地位。1949年到1952年，完成了对私人资本主义金融业的社会主义改造，使社会信贷资金全部掌握在国家手中，切断了私人资本主义工商业与私人金融业的联系。中国人民银行集中了全国金融管理和主要业务活动，可称是"一统天下"。

综观这50年，土生土长的旧式金融机构、外国在华金融机构、中国人自办的现代银行和革命根据地银行金融事业，此进彼退，争夺市场，商业金融与政府金融的较量，殖民地金融势力与民族金融力量的拼杀，各种其他非经济势力对金融的渗透与参与，各派政治集团在地域间"本币"与"外汇"的储备、买卖与斗争，各种金融机构的筹组、建立、分合与撤并，演出了整50年金融闹剧，描绘了动荡的半殖民地、半封建金融的典型画卷。在这50年中，旧的东西由盛而衰，新的东西由弱而强，反动派的金融势力由垄断走向垮台，人民革命的金融势力从无到有，最终成为中国金融的主人。混乱的中国金融走向统一。

二、由统一走向发展

自1952年私人资本主义金融业的社会主义改造完成之后，中国人民银行运用多种形式为社会主义经济建设筹措资金，支持壮大国有经济，促进对农业、手工业和资本主义工商业的社会主义改造。人民银行撤销"大区行"，强化总行统一领导和集中管理，将公私合营银行纳入人民银行体系，刚刚建立的农业银行很快被撤销并入人民银行；建立全国纵向管理的信贷资金管理体制，统存统贷，存贷两条线；取消商业银行，撤销信托、保险公司，集中信用于国家银行；严格货币发行、现金管理和工资基金监督等。到 20 世纪 50 年代中期，形成了影响中国金融达 20 多年的高度集中统一的金融体系。高度集中的金融措施，使国民经济得以恢复，高度集中的金融体制，使有计划的国民经济建设得到了发展。

以后在"极左"路线影响下，金融"大跃进"，存款、贷款"放卫星"。当国民经济陷入严重困难时期，贯彻"银行六条"，进行金融调整。度过困难时期，又陷入"动乱时期"，革命大批判和"造反有理"，把银行机构推向了"精简"合并，银行职工下放"五七干校"劳动，金融工作在艰难中行进。1976 年粉碎"四人帮"，结束了这场灾难。中共十一届三中全会，开始了改革开放，党的工作重心转移到经济建设中来，中国金融再一次经历拨乱反正，迎来了金融事业的春天。

根据邓小平的经济改革和对外开放的理论，中国政府对金融体制进行了前所未有的大刀阔斧的改革，变人民银行"一统天下"为多种金融机构并存、多种金融形式并存、多种金融工具并存，随着科技的发展，电子货币以及回购、对冲等金融业务不断创新，呈现出方兴未艾之势。商业银行多元化发展，非银行金融机构如保险公司、信托公司、投资公司、财务公司等，亦如雨后春笋，生机勃勃。货币市场与证券市场得到发展。同时，中国的金融机构亦开始走出国门，进入世界市场，人民币在部分国家和地区计价结算，部分地充当世界货币职能。大力引进外资发展中国社会主义市场经济，不少外商先后来华投资设立银行分支机构和代表处，目前，我国有外资金融机构代表处 500 多处，营业性外资金融机构近 200家，出现了 20 世纪 90 年代外商在华设立金融机构的高潮。同 19 世纪的高潮相比，这一次没有特权，没有外汇垄断，没有不平等条约，在平等互利、互相尊重主权的前提下进行经济交往。我国银行也在世界各地设立分支机构及代表处、代理处，与众多的其他国家的金融机构建立了广泛的业务关系。中国金融走向全面发展。

三、由发展走向规范

从 20 世纪 50 年代中期到 70 年代中期的 20 年多年，似乎高度集中的国有金融体系越纯越好，即使在农村有部分信用合作社，也附属于国家统一的国有金融体系。这可以说是矫枉过正。经过 20 多年的发展与运行，中国人民发现了这样单一的、高度集中的金融体系，虽然在当时曾起到过积极作用，但在社会主义初级阶段，长期坚持高度集中的金融体制不利于金融发展、不利于经济成长。1978 年以来的金融改革，形成了现在的以中央银行为主导的金融宏观调控体系，以国有商业银行为主体的多种金融机构并存的金融组织体系和统一领导、竞争有序的金融市场体系。实际已经证明这条路子使中国经济发展道路越走越宽广。

市场经济必然不断地内生出金融创新，金融创新必然带来金融发展。金融发展中不可避免地会隐含有金融风险，金融风险不防范，金融动荡就会时刻威胁着人们，金融安全和经济安全问题让人们无法高枕无忧。所以，金融越创新，越发展，越需要金融的规范，规范才可以协调，协调会促进稳定和发展。20 年来，中国金融在改革中不断规范，不断提高。此间，我们引进了国外成熟先进的金融理论、金融业务、金融技术，也引进了国外成熟先进的金融管理、金融监督的机制和方法。中国金融正在改革开放中走向规范。

1983 年国家确定人民银行专门行使中央银行职能，运用货币政策对宏观金融和经济进行调控。10 多年来，中央银行的货币政策目标越来越明确，货币政策手段越来越多样化，货币政策操作越来越主动，越来越得心应手。我们已经有了比较成熟的货币政策规范。

过去我国的金融活动内容主要是货币发行和信贷资金管理，办理存放汇兑。中国的金融市场始终缺乏健全发育的土壤，在 19 世纪 80 年代洋务运动中，股票的发行与交易已经开始，中经昭信股票的失败、橡皮股票的风潮以及信交风潮等，股票市场始终没有在中国土壤上健康发育。30 年代到 40 年代，虽有一定程度的发展，但终因战争因素、投机猖獗，证券市场始终是畸形的。在高度集中的计划经济时代，证券交易既无必要亦无可能。改革开放后社会主义市场经济的发展，为中国股票市场的发展第一次提供了机遇与肥沃的土壤。我们建立了深圳、上海两个交易所，有了一大批上市公司，有组织的股票发行与交易，正在走向规范，走向国外，走向外国金融市场。

正在建立的中国金融规范，最集中地体现在金融立法上。短短的 20 年，已经出台了大量金融法规和管理条例，如《中国人民银行法》、《商业银行法》、《公司法》、《证券法》、《贷款通则》、《加强金融机构内部控制的指导原则》、《商业银行资产负债比例管理监控监测指标》、《贷款风险分类指导原则》、《防范和处置金融机构支付风险暂行办法》等。

中国金融正在市场化、国际化中规范行进。中国特色的社会主义金融正在昂首走向国际经济舞台。

结语

中国金融的百年变迁史，是中国人民挣脱殖民枷锁的历史，是中国人自强不息，行进于世界民族之林的历史。

中国金融百年变迁史昭示人们，世界各国和地区经济发展的不平衡性造成了弱肉强食，殖民政策在金融领域未必不会死灰复燃，美国向世界推行的军事霸权主义和其在国际经济组织中的经济霸权主义是一脉相承的，记住北约的导弹，也就不会忘记国际金融体系中的强权。

中国金融百年变迁史告诉人们，有什么样的社会、政治、经济制度，就必然会有什么样的金融制度，但是，金融业在其发展前进中，不可阻挡的金融创新、金融动荡又会深刻地影响社会、政治、经济制度，金融制度和金融业，必然为政府所关注，为人民所关心。

中国金融百年变迁史证明了金融是经济的命脉，金融活跃，经济繁荣，金融滞涩，百业萧条，金融业是经济发展的"第一推动力和持续推动力"。

中国金融百年变迁史，使中国人民更加深刻理解了毛泽东思想解放中国，邓小平理论富强中国，中国特色的社会主义市场经济的前方正是金融经济的社会：经济的商品化、货币化、信用化、证券化，宏观经济调控间接化，经济活动国际化、全球化。

中国金融百年变迁史也提示我们，经济金融化，金融国际化、全球化、一体化，必然会使中国经济融入世界经济，各国经济发展中的不平衡，国际金融投机等所造成的金融动荡未必不会冲击我们，防范金融风险，规避金融危机，保持金融稳定和国家经济安全，就是我们金融理论工作者和实际工作者的历史重任。

金融发展必然伴随金融创新，金融创新必然带动经济发展，金融发展中的金融风险和金融动荡是不可避免的。加强金融监管，强化金融安全，是我国经济和社会稳定发展的重要历史命题。

新中国金融五十年

背景说明

  1999 年 10 月 1 日是新中国成立 50 周年，中国农业发展银行总行《农业发展与金融》杂志社编辑部为庆祝中华人民共和国成立 50 周年，约我写了这篇纪念性文章，发表在该刊 1999 年第 10 期。新中国金融 50 年发展变化太大了，可以说成就巨大，经验丰富，教训存在，需要高度的理论概括。在这 50 年中，开创与发展——曲折与动乱——深化发展与规范中前进，在市场化、国际化规范发展中走向成熟，就是新中国金融发展的基本轨迹。

  新中国金融 50 年，是伟大的 50 年，不平凡的 50 年，是不断探索前进的 50 年，其间包含了半殖民地半封建金融的革除，人民金融事业的开创，社会主义金融的发展，高度集中的计划金融的曲折与动乱，更有社会主义市场金融的确立、发展、深化、规范和前进。回顾已经走过的 50 年，有可歌可颂的历程，有"千万不能忘记"的教训，有令人振奋的创新，有诱人探索的理论。这就是新中国金融 50 年的全景。

一、开创与发展

（一）人民金融事业的开创

新中国金融事业源于 20 世纪 20 年代后期的革命根据地，虽然是一个县区的"农民"银行，发行白布印制的货币，但它呈星火燎原之势，随

150

着革命斗争的发展而发展。到 1948 年 12 月 1 日，根据中共中央决定，在华北银行（晋察冀边区银行与冀南银行合并）、北海银行和西北农民银行基础上组建中国人民银行，各解放区银行成为它的分行。在解放战争的胜利进军中，解放军带着人民银行进城，在北京、上海、南京等大城市接管了国民党官僚资本银行，取缔了帝国主义在华银行的特权，形成了强大的国有金融体系。以人民币收兑了人民群众手中的国民党南京政府发行的纸币，形成了人民币的统一市场。

中国人民银行的成立，标志着新中国金融的开端，它一开始就执行中央银行职能，一身二任，在金融领域占据领导地位。当时，民族资本银行和私人钱庄被允许合法存在，但它们在新中国成立初通货膨胀、物价上涨中，大肆进行投机活动，天津、北京、沈阳三市私营金融业畸形发展，当时全国私营行庄包括分支机构达 1023 家，大行抽逃资金到国外，小行庄则设立暗账，隐匿资产。政府对私人行庄进行了整顿，规定了业务范围、资本标准、交存准备金和付现准备金，同年淘汰了 20%，同时人民政府发行折实公债，人民银行办理折实储蓄，制止金银外汇投机，以解决国民党遗留下来的通货膨胀的金融混乱局面。1950 年 3 月 3 日政务院颁布了《统一国家财政经济的决定》，以财政收支、信贷收支、物资调节"三平"为目标，出台了一系列政策，并对美国进行了反封锁、反限制、反冻结的斗争。人民银行又结合土地改革，支援农业生产，积极引导私人行庄资金，组织联合放款银团，与私人行庄联合经营，联合管理，以至成立统一的公私合营银行。而且积极团结海外金融机构进步人士，支持国内经济建设。从 1949 年到 1952 年，胜利地完成了对私人资本主义金融业的社会主义改造，使信贷资金全部掌握在国家手中，切断了私人资本主义商业与私人金融业的联系。中国人民银行集中了全国金融管理与主要金融业务活动。

（二）人民金融事业的发展

1952 年底，国家对私人资本主义金融业的改造胜利完成，国民经济得到恢复，国家财政状况也基本好转。从 1953 年起开始执行第一个五年计划，中国金融以过渡时期的总路线为指针，为"一五"计划的实现而奋斗，运用多种手段筹集社会主义建设资金，包括加强现金管理，大力发展储蓄和保险业务，积聚外汇资金，不断充实信贷基金，大力支持国有商业、供销合作商业和国有工业的发展，发放贫农合作基金贷款，积极发展农村信用合作，支持农业合作化发展，实行有区别的信贷政策，促进国家对农业、手工业和资本主义工商业的社会主义改造。为了消除通货膨胀的痕迹，成功地发行了新人民币，以新币1元收兑旧币1万元，新币好看、好用、好算、好记账，受到了人民的欢迎。

进入有计划经济建设以后，随着所有制结构趋向单一，银行体制的高度集中进一步加强，撤销"大区行"，加强总行的统一领导与管理，将公私合营银行并入人民银行，1954年刚成立的农业银行，到1957年就予以撤销，成为人民银行的农村金融局，同时人民银行对全国的信贷资金实行"统存统贷"的管理体制，并取消商业信用，将信用全部集中于国家银行。尽管金融向高度集中化发展，但金融形势很好，1953～1957年，银行存款平均年递增12%，贷款年递增20.8%，国民经济呈协调发展的良好状态。

二、曲折与动乱

（一）8年金融曲折

1958～1965年的8年间，中国金融在曲折的道路上艰难行进。在"大跃进"的旗帜下，人民银行提出了对企业流动资金大胆支持，充分供应，下放银行机构，存款、贷款"放卫星"，推行"存贷合一"，继而"无贷县"、"无贷乡"，收回贷款越多越好，出现了"一平二调三收款"，国有企业实行"全额信贷"，停办国内保险业务等。银行的"大跃进"为失调的国民经济"火上加油"，造成了市场供应挖了库存，涨了物价，除动用了很大一部分黄金外汇储备外，又大量增发货币，以弥补财政赤字。

为了纠正"大跃进"错误，中央提出对国民经济"调整、巩固、充实、提高"的八字方针，提出了加强财政银行工作的"双六条"，冻结机关团体存款、压缩集团购买力，改进国企流资供应办法，降低农贷利率，恢复农业生产，控制货币投放，严格信贷资金管理，划清财政资金与信贷资金的界限，严格现金管理和结算纪律。经过三年金融工作的调整，货币流通恢复正常，信贷资金使用效益提高，储蓄存款回升，国民经济迅速得以正常运行。

（二）"十年动乱"中的金融

1966年"文化大革命"开始，"革命大批判"使"极左"思潮广为泛滥，理论与政策是非混淆，社会秩序混乱。当时的"抚顺经验"说银行是"对外管卡压罚，对内封资修变"的"经济衙门"，储蓄存款被说成是"剥削"，国外业务和侨汇业务受到猛烈攻击，提出银行办成"非常无产阶级化、非常革命化的银行"。帽子满天飞，棍子遍地来，银行工作出现贷款大撒手，资金大敞口。在上海"一月风暴"后，许多地方武斗升级，国家为了银行安全，不得不对银行实行军管。"极左"路线还在继续蔓延，在革命的口号下大砍银行机构，1969年人民银行与财政部合署办公，银行干部大批下放五七干校，总行机关只剩下了87人。1971年林彪反革命集团被粉碎后，周恩来主持中央日常工作，针对信贷投放、货币发行的大敞口，提出坚决刹住"三个突破"。在周恩来的支持下，1972年银行开了一个实事求是的全国性会议，会议强调银行的职能，强调资金和货币的管理，对恢复银行机构，加强银行管理，恢复合理规章制度，研究国际经济，筹措外汇资金起了很好的作用。但不久开始的"批林批孔"，使"三个突破"不仅没解决，反而继续发展。1975年邓小平根据毛泽东指示精神，提出要把国民经济搞上去，理直气壮地狠抓银行工作，提出了全面整顿的原则和措施，"财政金融十条"开始贯彻，但很快又被"批邓"和"反击右倾翻案风"压了下来。金融工作与国民经济一并被推向了崩溃的边缘。

三、新阶段

（一）金融的深化与发展

1976年10月粉碎"四人帮"反革命集团以后，结束了十年动乱，金融工作与其他工作一样开始恢复生机。1978年12月中共十一届三中全会把全党工作重心转移到社会主义现代化建设上来，1979年邓小平提出银行要抓经济，银行要成为发展经济、革新技术的杠杆，要把银行办成真正的银行。在十一届三中全会路线、方针、政策指导下，金融系统贯彻邓小平对银行工作的指示精神，开始金融改革，整顿银行机构，充实业务骨干，决定人民银行专门行使中央银行职能，恢复农业银行，成立工商银行等专业银行、综合性银行，改革金融管理体制，加强保险机构，建立信托公司、投资公司、财务公司等非银行金融机构，发展城市信用社，改造城市信用社为地方商业银行，发展农村信用合作社，发展外资、中外合资金融机构，建立和开拓金融市场，发行股票债券，建立证券交易市场，发行商业票据，开拓货币市场，发展对外金融关系，恢复在国际货币基金组织的合法席位，恢复在世界银行的代表权，加入非洲银行集团和亚洲开发银行，建立与国际清算银行的业务联系，改革国际结算业务，加强金融宏观管理与调控，成功地制止了经济过热与通货膨胀，实现了"软着陆"。自1978年改革开放以来的21年中，中国金融事业进入了一个崭新的阶段，彻底改变了人民银行"一统天下"的高度集中统一的金融体制，逐步实现了社会主义市场经济体制下的金融格局，出现了多种信用形式并存，多种金融工具并存，各种金融机构并存。随着科技的发展，金融业务不断创新，建立了中国人民银行为主导的宏观金融调控体系，以国有商业银行为主体的多种金融机构并存的金融组织体系和统一领导、竞争有序的金融市场体系。同时大力引进外资来发展我国社会主义市场经济，不少外资金融机构来华设立分支机构和代表处，目前已有外资金融机构代表处500多处，营业性外资金融机构近200家，我国金融机构也在世界各地设立分支机构及代表处。中国金融机构已经走出国门，进入世界市场。中国金融迅速走向深化，仅居民储蓄一项，1999年6月底比1978年初就增加了280多倍。

（二）在规范中前进

中国金融在社会主义市场经济发展中不断地内生出金融创新，金融创新推动着金融和经济的发展，金融经济发展中不可避免地隐含着金融风险，保卫金融经济安全在亚洲金融危机之后，受到了国家及各级各类金融机构的普遍重视。金融越发展，越需要规范，规范才能协调，协调才能促进稳定和发展。1978年以来21年的金融改革，正在规范和提升着中国金融运行，中国金融正在改革中走向规范。

1983年国家确定人民银行分出信贷结算等具体业务于各专业银行，专门行使中央银行职能，运用货币政策对宏观金融和经济进行调控。十多年来，中央银行的货币政策越来越明确，货币政策手段越来越多样化，货币政策操作越来越主动，越来越得心应手，如果说20世纪80年代后期到90年代初期货币政策的调控还是"手忙脚乱"的话，1995年以来的中央货币政策的调控以及与其他政策的配合已经运用自如。我们已经有了比较成熟的货币政策规范。

银行信贷业务从人民银行分出后交给专业银行，这几年，政策性金融业务由三家政策性银行独立经营，而专业银行实行企业化管理，成为国有商业银行，又允许设立了一批股份制商业银行和地方银行，适度引进外资银行来我国投资经营，不仅扩大了货币资金的总容量，也引进了国外的先进管理和运行机制。加上非银行金融机构的组建和运行，各种各类银行与非银行金融机构各就各位，逐渐走向规范经营的轨道。80 年代后期以来，我们逐步引进了巴塞尔银行监管委员会的经验，结合我国情况，建立了我国金融监管的理论、方法和具体内容，其效果也越来越明显。

正在建立的中国金融规范，最集中地体现在金融立法上，短短的 20 年，已经出台了大量金融法规和管理条例，如《中央银行法》、《商业银行法》、《公司法》、《证券法》、《外汇管理办法》、《贷款通则》、《加强金融机构内部控制的指导原则》、《商业银行资产负债比例管理监控监测指标》、《贷款风险分类指导原则》、《防范和处置金融机构支付风险暂行办法》等。

中国金融正在市场化、国际化中规范行进。

新中国金融 50 年证明，金融是经济的命脉，是经济发展的"第一推动力和持续推动力"。金融活跃，经济繁荣，金融枯竭，百业萧条。

新中国金融 50 年告诉我们，经济金融化、全球化是市场经济发展的必然，中国经济正在融入世界经济，各国经济发展的不平衡和金融经济的动荡，不是不会传染给中国，我们要有足够的储备和强有力的应对能力。这次影响亚洲金融危机的波浪已经触及欧洲以至更远的地方，但中国金融岿然不动，中国金融的坚强实力，中国金融抵御风险的能力，是令世人敬仰的。中国金融正在规范中走向成熟。

晋商银行从历史中走来

背景说明

本文是 2009 年初为晋商银行挂牌时的宣传册《晋商银行的过去　现在　未来》所写的历史部分，山西经济出版社 2009 年 3 月出版。文章简要概述了山西货币金融的发展历史，特别是清代到民国时期山西银行业的发展变化，都是当今山西地方城商行晋商银行的发生发展的土壤和基础。

一、历史上山西的商业与货币

山西是中华民族的发祥地之一，10 万年以前已经有了比较集中聚居的村落；2.8 万年前原始氏族公社已在山西确立；传说中的原始部落领袖尧、舜、禹都曾在山西建都。尧都平阳（临汾），舜都蒲坂（永济），禹都安邑（夏县）。夏代存在于公元前 21 世纪到公元前 16 世纪，今襄汾陶寺和夏县、翼城、垣曲等地，成为夏代商业活动最为活跃的地方。《易·系辞》载："日中为市，致天下之民，聚天下之货，交易而退，各得其所"，反映的就是当时山西晋南地区发生的商品交易活动。《史记·五帝本纪》记载："舜耕历山，渔雷泽，陶河滨，作什器于寿丘，就时于负夏。"就是说舜做过农夫、渔夫、手工业者和小贩，可以说舜帝是华夏商祖。实物交换的不便，使得实物货币诞生，商周时期人们以海贝为币，海贝数量有限，便有仿海贝制作的骨贝和石贝，山西冶铜技术当时非常先进，开始铸铜贝，以便流通。1971 年 11 月 27 日，山西保德县林遮峪村一商墓中出土了青铜贝 109 枚，海贝 112 枚，这是我国货币发展进入成熟阶段的标志，"铜贝"的铸造开创了中国铸币史的新纪元，也是世界金属铸币之始。商后期到周，山西地区又出现了以"钱"和"布"或者纺轮、大刀等生产工具演化而来的多种形制的货币。

商祖舜帝。"舜耕历山，渔雷泽，陶河滨，作什器于寿丘，就时于负夏。"舜帝是华夏的商祖。

1971 年山西保德县出土的商代青铜贝，是中国历史上最早的金属铸币，比公元前 600 多年地中海地区一些国家铸币早 500～1000 年。

20 世纪 70 年代，山西侯马古晋国遗址出土的空首布，是迄今世界上最早的公元前 6 世纪的造币工厂，在 4×4 立方米的发掘坑中，发掘出空首布范芯 10 余万件。公元前 221 年秦始皇统一货币为"半两"钱，其原来的尖足布、方足布、刀币、圆钱均在三晋铸造流通。

山西太原出土的北齐时期（公元 550～577 年）的波斯金币。古晋阳城（今太原）是各地物资集散地，与国内以至西域诸国有贸易往来。中亚、西亚人成群结队，在晋阳地区进行贸易，政府设立专门供西方商人开展贸易的场所，便利外商生活和商务活动。1999 年太原市晋源区发掘了隋代虞弘墓。虞弘西域人，在北周、隋朝受到重用，临终前为隋朝的仪同三司，食邑六百多户。虞弘在公元 579 年前后曾统领代州、并州、介州三州的检校萨保府，专管进入华夏的西域商人事务。据以反映当时的开放程度。

金代，山西行用交钞。交钞上文字记载："许于中都南京交钞库京兆府河中府潞州省库倒换钱钞。"河中今永济，潞州今长治。1988 年山西定襄县发现的元代至元宝钞，出土盖有山西等处提刑按察司印的明代纸币流通布告以及大量山西流通的明代纸币和清代宝钞。

二、明清时期晋商的银行

到明末清初，山西商品经营资本已经分离出来了货币经营资本，先后有当铺、钱庄、印局、账庄、票号等几类金融企业，遍布全国各地乃至亚欧一些国家。外国人把这些金融机构统称为"山西银行"，山西祁县合盛元票号在日本、朝鲜挂牌就是"合盛元银行"。

据 1909 年日本出版的《天津志》记载："汇票庄俗称票庄，总称是山西银行。据说在一百多年以前业已成立。主要从事中国国内的汇兑交易，执行地方银行的事务。"

美国著名汉学家费正清著《伟大的革命》一书中说："在外国人来到以前，在最上层信贷的转让，是由钱庄经手，这些钱庄集中于山西中部汾河流域的一些小镇。山西银行常常靠亲属关系在全国设立分号，把款子从一个地方转给其他地方的分号，为此收取一些汇水。""在上层和低层之间还有几类大大小小的外国人称为地方银行的钱庄。小钱庄可以服务于它们所在地的社区，大的钱庄则常和分布在通都大邑的地方银号有往来。"

德国学者李希霍芬（1833~1905年），1868~1872年，7次在中国旅行，多次到山西考察，著有《中国》三卷。他说："山西人具有卓越的商才和大企业精神，当时居于领导地位的金融机关——山西票号，掌握着全中国金融，支配着金融市场，可以说计算的智能劳动是该省的唯一输出的商品，这也是财富不断流入该省的原因……对中国特有的尺度、数、度量观念以及基于这种观念的金融业倾向最发达的要数山西、陕西两地的人，作为最古老文化的保持者，他们获得了邻人或周围国家居民的精神上的优越感，保持了这种优越感的种族，即使在其后代丧失了政治势力以后也能通过发达的数量意识和金融才华显示精神优越的成果来。这种在西南亚洲明显出现的现象，在此地又出现了。山西人作为最古老文化的保持者，他们的优越感能以其他形式继续下去。"

明清时期，山西货币商人在金融企业治理机制、金融机构、金融工具、金融业务、金融制度等方面的一系列创新，谱写了中国早期银行业的辉煌，在中国银行史乃至世界金融发展史上都占有重要地位。

（一）金融企业治理机制创新

1. 企业股份制

晋商的股份制是由明代的贷金制、合伙（朋伙）制和伙计制演变而来的。明晚期已是股份制的前身了。入清以后合伙制和伙计制，受其经营规模、范围和区域的局限，已远不能适应大规模商业经营和流通的需要。为了集中资本和改善经营管理，山西商人在上述经营方式的基础上，于清乾隆、嘉庆之际，逐渐产生了股份制经营方式。这种股份制，亦称股俸制，即有股亦有俸之谓，俸便是红利或利息。股份制是将现号内已有资本或者是将要成立的商号预期资本划成若干份，按各自的情况予以分配额数，它有正本、副本之分和银股、身股之分。商号股俸的建立，始由财东出面聘请经理，再邀中人，书写合同，内容包括商号名址、经营项目、资本数额、结账期限，按股分红等。

2. 两权分离制

晋商企业实现了两权分离，即所有权和经营权的分离。聘用者与被聘用者之间订有契约，履行各自的权利和义务。把这两种权力分离开来，资本所有者才能够更好地从宏观上把握资本的运用，经营者才能不为资本所有者的主观意志所约束，从而使资本效益最大化。当时已经出现了职业经理人阶层。

3. 联号制

晋商"分号制"，即财东独立投资或合伙投资办商号，总商号又分设若干分号于全国各大商埠，而且商号或分号又可以投资办小商号，类似现代通过控制股权形成的母子公司，近似现代企业集团，其分支机构遍布全国各地以至国外。实行统一制度、统一管理、统一核算、统一资金调度。总号对分号的控制，一是考核制度；二是报告制度。总号对分号的考核，以"结利疲账定功过"，且以不对总号造成损失为原则，否则给予处罚。

4. 人力资本制

允许普通员工顶身股产生于明代中期，比美国的期权制度早了400多年。谓之"有钱出钱，有力出力，出钱者为股东，出力者为伙计，东伙共而商之。"人身股是晋商人力资源管理的核心，是晋商称雄商界500多年的"秘密武器"。人身股多少标志着个人的能力、地位、贡献，激发了员工的"成就感"和"归属意识"，实现了物质激励与精神激励的协调一致。同时又是一种长期有效的激励机制和动力机制，极大地增强了这一激励机制的可持续性。

（二）金融机构创新

山西货币商人经营的当铺、钱庄、银号、印局、账局、票号，在中国明清直到民国时期有着同样重要的地位，但由于票号资本巨大，分支机构较多，加上票号客户多是大商人、大官吏和政府，很少与小商号和小生产者往来，而当铺、印局、账局、钱庄的客户对象主要是小生产者和普通商户，特别是票号与政府关系密切，晚清时几乎成为清政府的财政支柱，故山西票号"汇通天下"，享誉全国，而当铺、钱庄、印局、账局等显得略为逊色。

1. 当铺

小额抵押消费信用机构，产生于南北朝，但发展不快，明清时期随着商人资本的发展，得到了较快的发展。明末清初，晋商的典当业已占了全国一半的天下。1685 年（清康熙二十四年）全国有当铺 7695 家，其中山西省有 1281 家，占 16.6%；1724 年（清雍正二年）全国有当铺 9904 家，其中山西省有 2602 家，占 26.2%；1753 年（清乾隆十八年）全国有当铺 18075 家，山西省有 5175 家，占 28.6%。清末著名的银行家李宏龄说："凡是中国的典当业，大半是山西人经理。"19 世纪 50 年代，在北京有当铺 159 家，其中山西人开办的当铺有 109 家，占 68.55%。咸丰中期，仅介休冀家一家所开当铺，仅有铺名可考者就有增盛当、广盛当、悦盛当、钟盛当、益盛当、恒盛当、文盛当、永盛当、星盛当、仁盛当、世盛当、鼎顺当、永顺当 13 家，大部分设在湖北樊城、襄阳、河北大名以及北京等地，相传有几十家之多。

2. 钱庄

也称钱铺、钱店、钱局、钱号、银号，最初主要是从事货币兑换业务，后来业务扩展，也办理存款放款。晋商在全国开设了多少钱庄，详不可考，1765 年（乾隆三十年），在苏州就有山西人开的钱庄 81 家。1853 年（清咸丰三年），"山西祥字号钱铺，京师已开四十余座，俱有票存，彼此融通。"据现有史料，北京、天津、张家口、归化、包头、西宁、兰州、河南、汉口等商业重镇的钱业势力多以晋商势力为强。随着钱庄家数的增多，各地钱庄建立了同业行会组织。绥远城的钱业行会大约在乾隆年间出现，名曰宝丰社，承担着当地商业票据转账结算、银行清算、确定利率、组织货币市场、管理金融市场等职责。山西省内，1912 年有钱庄 412 家，1913 年 529 家，1914 年 561 家，1915 年减为 360 家，1934 年为 182 家，商号兼营钱庄者 22 家。如中和德钱庄、广和隆、恒泰公、泰盛和、合聚永、德泰兴、复兴公和记、永盛庆等。

3. 印局

小额信用借贷机构，产生于明末清初，放款对象为城市贫民与小商人。活跃于本省各州县及京津、江南等地。1853 年（咸丰三年）内阁大学士祁寯藻在一份奏折中说："窃闻京城内外，现有山西等省民人开设铺面，名曰印局，所有大小铺户及军民人等，俱向其借用钱文。"又说："京师地方，五方杂处，商贾云集，各铺户籍资余利，买卖可以流通，军民偶有匮乏之意日用以资接济，是全赖印局的周转，实为不可少之事。"因为这种借贷一般按日或者按月计息归还，甚至朝借夕还，每归还一次，盖一次印，故名印子钱。

4. 账局

也称账庄，专门办理放款的信用机构。投资账局者，山西汾阳、平阳、太原府商人最多。大约在清雍正乾隆年间就已经产生，1736 年汾阳商人王庭荣在张家口设祥发永账局。账局放款，主要对象是候选官吏，也放款给商人。从清初到民国初年存在了近 300 年。晋商的账局资本都不大，大者十数万两，小者数千两，遍设长城内外，大江南北，还有的设在库伦、恰克图、莫斯科等地。如恒隆光、大升玉（茶庄兼账庄），都与俄国商人有信用关系。1910 年（宣统二年）因俄罗斯商人米德尔洋夫等 5 家商号倒闭，倒欠大升玉、恒隆光等 15 家商人 62 万余两白银案，引起国际诉讼。清末民初账局与钱庄业务类同。1853 年北京有账局 268 家，其中山西商人开设的账局有 210 家，占 78.35%。当时负责管理货币事务的户部右侍郎王茂荫说"账局帮伙不下万人"。如祥发永、三公门、用通五、励金德、三晋川等。

在 19 世纪 20～50 年代曹家商业有 13 种行业，640 多个商号，37000 多个职工，资本 1000 多万两白银。分布于山西各县及朝阳、锦州、沈阳、赤峰、北京、天津、徐州、济南、苏州、杭州、上海、广州、四川、兰州、新疆、张家口、库伦、恰克图、伊尔库茨克、莫斯科等地，分别由三个账庄砺金德、用通五、三晋川管理，实行大号管分号，分号管小号的办法，各商号独立核算的基础上，由上一级商号领导相互间进行信息交换、联合采办商品、融通资金、调剂人才等，是中国最早的金融控股集团的雏形。

5. 票号

最初是专门从事异地款项汇兑的金融机构，后亦办理存放及委托代理等业务。一般认为，票号产生于清道光初年，总号集中在山西平遥、祁县和太谷三县，分支机构散布全国及国外，以至自流井、蒙自、打箭炉、巴塘、里塘、拉萨，都有票号分支机构，日本的东京、大阪、横滨、神户，朝鲜的仁川等地，最早的票号是日升昌。"酬赢济虚、抽疲转快"，灵活调度资金，"有聚散国家金融之权，而能使之川流不息"的能力。1862 年（同治元年）上海有山西票号 22 家，对上海的钱庄放款达 300 多万两。1871 年业务重心从汉口转移至上海，1876 年 24 家山西票号在上海成立了"山西汇业公所"，但在汉口的票号到 1881 年（清光绪七年）仍有 32 家。

在 1883 年的金融大危机中，上海 78 家钱庄关闭了 68 家，票号却未受损失。1894 年（清光绪二十年），在北京的票号对户部放款 100 万两，1906 年汇兑公款 2257 万两，成为清政府的财政支柱。太谷帮先后有志成信、协成乾、会通远、世义信、锦生润、恒隆光、徐成德、大德玉、大德川等；祁县帮先后有大德通、大德恒、大盛川、存义公、三晋源、大德源、中兴和、巨兴隆、合盛元、兴泰魁、长盛川、聚兴隆、松盛长、长盛涌、公升庆、公合全、恒义隆、天德隆、裕源永、福成德等；平遥帮先后有日升昌天成亨、蔚长厚、协同庆、协和信、协同信、百川通、汇源涌、永泰庆、宝丰隆、乾盛亨、其德昌、谦吉升、广泰兴、承光庆、日新中、广聚兴、三和源等。例如大德通（原名大德兴，1884 年改为大德通，1936 年尚存，后来总号迁至北京）东家乔致庸画像。乔致庸从事金融贸易的理念，一是守信，二是讲义，三才是取利。如大德通票号存款户以山西本省最多，放款多在外省。中原大战后，晋钞贬值，25 元晋钞兑换 1 元新币。为了不使客户吃亏，大德通仍然按照战前 1 元晋钞兑换 1 元银元为客户支取存款。

（三）金融工具创新

山西货币商人对金融工具的创新，实现了以票代银，克服了金属货币币材不足的困难，也节省了流通费用，降低了交易成本，使货币支付进入了一个新的历史阶段，可以与英国、意大利金钱商相媲美。一是凭帖，二是兑帖，三是上帖，四是上票，五是壶瓶帖，六是期帖。上述六种信用流通工具，最迟在清前期已经在各地经商的山西商人中普遍行使，北京城内流通甚广。前三种是见票即付现款，如同现金；后三种不一定立即付款，易生纠葛，道光皇帝曾下令准许行使前三种，禁止行使后三种，但是因现银与制钱数量不足，民间商品交易实际上禁而不止。此外，还有其他多种金融工具：一是会券，即汇票，明晚期由商号偶然运用，尚未规范，清代出现专营汇兑的金融机构票号后，业务扩大，汇票制作、管理极为完善。有票汇、信汇，后来又有电汇，又有即票和期票等不同。二是兑条，即小宗汇款不用汇票，只需书一纸条，将其从中剪开，上半条给汇款人，由其转寄收款人，下半条寄付款的连号，核对领取，盖不用保。三是旅行支票，一次交汇，多地分次支取；小票，原系临时便条，凭票付款，并不记名，50～1000 两不等，常常被人长期收藏，类似银行券性质。

（四）金融业务创新

山西货币商人开始的异地资金"拨兑"、汇差清算、同业拆借、背书转让、委托代理等创新型业务，极大地提高了金融服务的水平，极大地提高了金融服务的效率，有力地促进了经济和业务发展。这些创新即使在今天也具有重要的借鉴价值。

（五）转账结算

山西货币商人的转账结算，始于清代初期，名为"客兑"或者"拨兑"、"谱银"。据《绥远通志稿》记载：在内蒙古地区的商品交易，"在有清一代，在现款凭帖而外，大宗过付，有拨兑一法……拨兑之设，殆在商务繁盛之初，兼以地居边塞之故，交易虽大，而现银缺少，为事实之救济及便利计，乃由各商转账，借资周转"。拨兑之外，还有谱银，"商市周行谱银，由来已久，盖与拨兑之源流同。其初以汉人来此经商至清中叶渐臻繁盛，初仅以货易货，继则加用银两，代替货币，但以边地银少用巨，乃因利乘便，规定谱银，各商经钱行往来拨账，借资周转，此谱银之所勃兴也。虽其作用类似货币，而无实质，然各商使无相当价值之货物，以为抵备，则钱行自不预互相转账，其交易即不能成立……拨兑行使情状，亦与谱银相类，所不同者，仅为代表制钱而已"。当时银两转账为谱拨银，铜制钱转账为拨兑钱。内外蒙古地区的银钱商人多为晋商，悉照山西习惯。

1. 汇差清算

山西票号"汇通天下"，但各地分支机构相互之间在一定时间之后总会发生汇差。如何处理汇差？当时是月清、年结两种账，由分号向总号报账以"收汇"和"交汇"分列，均按与各分号和总号业务清抄。总号收到报来的清账，核对无误后，将月清收汇和交汇差额分别记入各分号与总号的往来账，收大于交，差额为分号收存总号款项数；交大于收，差额为总号短欠分款项数，互不计息，这种办法是现代银行清算相互轧差办法之源。

2. 同业拆借市场

银行同业的短期资金交易市场，与转账结算发生时间大约同时出现。《绥远通志稿》说，当时归化城"向例在市口进行"货币资金的交易，"每日清晨钱行商贩，集合于指定地点，不论以钱易银，以银易钱，均系现行市，逐日报告官厅备查，各钱行抽收牙佣，均遵章领有部颁牙帖、邀帖……谓之钱市"。在这种钱市上融通短期资金的"银钱业商人，以山西祁（县）、太（谷）帮为最，忻（州）帮次之，代（州）帮及（大）同帮又次之，故其一切组织，亦仿内地习惯办理"。

3. 背书转让

商品交易在缺少现款时，可以信用交易，空口无凭，立有字据，后演变为固定格式的票据。持有未到期票据的人，急需用款，可以在票据上签名盖章后当作现款转让，谓背书转让。

4. 顺汇逆汇

异地款项汇兑的顺汇，是甲地先交款，乙地后取款，时间长了，易发生一地现银过多，而另一地现银短缺，晋商的票号创造了逆汇：让"有信用之商人立一汇票，交于票号，票号即买取之，送交收汇地之支后，索取现金。"即乙地先取款，甲地后交款，不仅可以平衡现银摆布，减少异地现银运送，同时存放汇结合，收取汇费与贷款利息双重利润，实现了"酬盈济虚，抽疲转快"。

5. 委托代理

晋商的银号也常常为客户代收货款、代垫税款、代发股票债券、代垫捐纳、代办印结等中间业务。

（六）金融技术创新

与金融工具创新相适应，山西货币商人在金融经营技术方面也进行了一系列的创新。大大地方便了流通，提高了效率，降低了成本，有效地防范了风险。

1. "本平"制度

清代不仅各地的银色不一，且权衡银两的平码不同，票号要实现异地汇兑，首先要解决银色与平码之间的差异问题。为此，各票号都自制了自己的天平砝码，简称"本平"。本平制度的创立，不仅便利了存放款和汇兑业务，而且使其总分号账务的记录及汇总有了一个统一的单位，便于及时掌握其资产、负债情况，解决了记账核算的技术障碍，成为晋商的银行记账货币。

2. 票据密押

为了异地汇款所用汇票的真实而不发生假票伪票冒领款项，总号统一印制了有暗记"水印"的汇票，如日升昌票号汇票水印为"日升昌记"字样。汇票专人书写，预留备案；还需要加盖六枚印章。

3. 金融稽核

相传明末清初，太原傅山先生参考当时官厅会计和"四柱清册"记账方法，为晋商设计出来一套既简单又明确的适用于民间商业的会计核算方法——"龙门账"。要点是：将商业中的全部经济事项，按性质、渠道，科学地划分为进、缴、存、该四大类，分别设立账目核算。进是全部收入；缴是全部支出；存是资产；该也称欠，指负债。年度终了办理结算通过"进"与"缴"的差额，同时也通过"存"与"该"的差额平行计算盈亏。进－缴＝存－该；该＋进＝存＋缴。以此来验算两方差额是否相等，称为"合龙门"。

"龙门账"使我国会计由单式记账向复式记账方法发展，发展了记账原理，进缴表和存该表合龙门是中国最早的金融稽核，也使得会计职能拓展到为商业经营过程进行控制和观测，提供信息，作为决策者的依据。

4. 票据水印

水印是银行票据与钞票防伪的一种重要技术，中国金融界使用最迟在清中期已经出现，现已发现的水印票据是晋商使用的票据，用麻纸印制，这大概是中国最早的水印的票据，是中国纸币水印之始。

（七）金融制度创新

金融企业在产权制度、治理机制、人力资源管理、社会信约公履和行业自律等方面的制度创新，是其业务顺利运作、企业长久兴盛的重要保证，许多方面依然值得现代银行学习和借鉴。

1. 银行协会制度

如内蒙古归化城有宝丰社，大同有恒丰社。《绥远通志稿》载："清代归化城商贾有十二行，相传由都统丹津从山西北京招致而来，成立市面商业……其时市面现银现钱充实流通，不穷于用，银钱两业遂占全市之重心，而操其计盈，总握其权，为百业周转之枢纽者，厥为宝丰社。社之组设起于何时，今无可考，在有清一代始终为商业金融之总汇。"宝丰社"大有辅佐各商之力"。宝丰社可以组织钱商，商定市场规程，监督执行，如收缴沙钱，销毁不足价货币铸成铜碑，昭示商民不得以不足价货币行使市面，确保商民利益等，有类似"银行的银行"和管理金融行政的职能。晋商的银行专业协会有"账庄商会"、"汇业公所"、"钱业公会"等，名称各异。

2. 标期标利与社会信约公履制度

晋商的债权债务清理，通过商会组织管理"过标"制度实现社会信约公履。以镖局押运现银路线及其在各县城间的距离与时间确定年标、春夏秋冬季标与月标（亦称骡标），以山西太谷为中心，向周围辐射，按照距离远近确定标期，依次"过标"。过标头一天下午，外地镖车到达，进入城门，鞭炮齐鸣，当天开始唱大戏，连续三日，如同过年。次日，所有到期的银两债权债务一律清偿；第二天所有到期制钱债权债务一律清偿；第三天金融机构之间债权债务通过"订卯"，即同业票据交换，轧差清算。不能按期偿还债务者，称为"顶标"，即永远失去信用，再没有人与之往来，便彻底破产，所以过标如过关。

3. 人力资源管理制度

晋商经营商业认为，"天时不如地利，地利不如人和"，人是第一因素，他们在人力资源管理上创造了人身股与薪酬激励机制、员工选拔与培育机制、铺保与号规约束机制等，构成高效执行力的动力机制。

4. 选拔制

晋商金融机构新聘员工，第一，必须是山西同乡人，既便于管理，又惠及同乡，利用乡情加强凝聚力；第二，必须由有社会地位和家道殷实者推荐。其程序：一是考察三代，有没有好的家庭教养；二是笔试，审阅受聘人的书法作品，借以判定性格与修养；三是面试，大掌柜亲自提问目测，判断被试者的能力、水平与品德；四是寻找担保人担保，一般是推荐人；五是请进，对合格者"择日进号"名曰"请进"，表示对新员工的人格尊重，同时向其明白宣示，人人都有升任经理的机会，以鼓励其安心服务，充分发挥个人的聪明才智。

5. 学徒制

新员工进入票号，需有三年时间的考察训练。第一年日常杂务训练，白天洒水、敬茶、侍奉掌柜，俗称"提三壶"（茶壶、水壶、夜壶），不设座位；晚则写字，习记账，演珠算，详记货品及价格、银之品色与钱之易价，练习仪容言语，道德修养。第二年业务学习，包括文化课（习字、四书五经、外语或少数民族语言）和业务课（珠算，记账，抄录信稿、商业信函，了解商品性能，熟记银两成色等），也可以做些抄写、帮账事务。第三年在柜上跟着师傅（老职工）学生意技巧。三年内不得回家，考核成熟正式录用。

6. 薪酬激励制

晋商的薪酬社保激励制度，包括人身股分红、应支、津贴、伙食、衣资、婚丧大事随礼贺吊、退休身股分红、故股分红、关照子弟就业。分红是享有人身股份员工的利润分配；薪金是没有享受人身股普通员工的工资，薪金收入外年底还有"尝金"；有人身股的职工在分红之前日常开销可以先从票号支取，称为"应支"，待结算时从分红中扣除；衣资和伙食，都由号中供应。有人身股的职员退休后，分红、应支等照常享受，身故之后，视以身股高低享受故股 2～8 年，子弟就业予以照顾和担保。

7. 担保与宗法约束

晋商用人原则是用乡不用亲、择优保荐。被保人在外因过失造成经济损失，担保人负有连带责任；同乡人知根知底，在外表现不端被开除出号，有辱祖宗面子，严重者无法进祖坟。故担保与宗法约束在当时是很有效的。

8. 号规约束

晋商企业内部规章制度严格，对人、财、物的管理，对员工品行操守和道德的要求与规范，以及业务程序和遵循守则方面的规定都很严格。如财东只能在结账时行使权力，平时不得在号内食宿、借钱或指使号内人员为自己办事，不得干预号内人事；号内人员一律不得携带家眷；不得在外地结婚；不准长借短欠；不得挪用号内一切财物；不得兼营其他业务；严禁嫖赌和吸食鸦片；不准接待个人亲属朋友；非因号事不准到小号串门；回家探亲时不得到财东和掌柜家闲坐，更不准向财东和掌柜送礼；如遇号内有婚丧喜庆之事，伙友之间不准互相送礼，也不得互相借钱或在外惹是生非；如有过失不得互相推诿包庇；凡打架斗殴、拨弄是非、结伙营私、不听调遣者，一律开除等。

9. 人才选拔

晋商的银行提拔业务骨干的原则，以懂得信义为标准，必须经多年实际业务考验，不分门户，不问私情，选能任贤，量才录用，委以重任。认为，"凡人心险于山川，难于知天，故用人之法非实验无以知其究竟。远则易欺，远使而观其忠；近则易狎，近使而观其敬；烦则难理，烦使而观其能；卒则难辨，卒间以观其智；急而易爽，急期以观其信；财则易贪，委财以观其仁；危则亦变，告危以观其节；久则易惰，班期二年以观其惰；杂处易淫，派往繁华以观其色，期在练或磨不砺，涅而不淄，方足以任大事。所以一号之中，不能断言尽是忠、敬、能、智、信、仁、有节有规十全之士，但不肖之徒难以立足"。

10. 总分支机构制

晋商的银行实行总分支机构制，总号设在山西本地，分支机构遍布全国各地以至国外。总号对分号实行集中管理，从分号的开立、经营、人员配置、资金调度、收益核算等都归总号指挥，采取"酬盈济虚、抽疲转快"的办法相互接济。实行统一制度、统一管理、统一核算，统一资金调度。总号对分号的控制：一是考核制度；二是报告制度。考核制度：总号对分号的考核，是以"结利疲账定功过"，但以不对它号造成损失为原则，否则给予处罚。报告制度：书面报告有正报、附报、行情；叙事报告有年终书面报告与口头报告，口头汇报一是每日晚上面报，二是大掌柜巡视面报，三是班期回总号面报。

11. 资本金管理制度

票号资本金有正本与副本之分。正本是股东的货币投资，在万金账中记载；副本也叫"护本"或者"倍股"，是在企业利润分红后，在资本股和人身股分红利中提留一定比例存在银行，这部分资金归个人所有，利息不分红，若遇经营亏损，由副本支付，借以确保资本充足率。这项制度，与 2007 年 1 月 1 日起实施的国际巴塞尔银行监管委员会"新资本协议"是一致的。晋商的附属资本金管理制度比欧美国家早近 400 年。

三、民国时期山西的银行

民国时期晋商的银行有两个阵地，即阎锡山统治地区的银行与抗日根据地和解放区的银行。在这里介绍阎锡山统治地区的银行。

1911 ~ 1949 年的 38 年中，虽然中国经历了北洋政府时期和国民党南京政府时期，但阎锡山却始终统治着山西，即使在 30 年代"倒蒋活动"失败避居大连期间，他仍然掌握着山西的实权。

（一）20 世纪 20 年代的晋省银行

民国初年到 30 年代初，是阎锡山第一次执政时期。鉴于山西的经济状况和财政困境，他一开始并没有参与军阀较量，用发展经济、扩充实力，巩固统治，以"保境安民"，提倡"用民政治"，即"民德"、"民智"、"民财"，推行兴水利、种树、养蚕、禁烟、天足（禁女人裹足）、剪发（男子剪辫子）"六政"和种粮、造林、畜牧"三事"。"六政三事"急需的是钱。鉴于当时钱币混乱，平砝不一，投机盛行。采取了划一币值，取缔私钱措施。公布了《划一币值暂行条例》、《发领铜元规则》、《发行镍币条例》、《禁止商号私发银元纸币惩罚规则》、《查禁私发纸币规则》、《禁止携带现款出省办法》等文件，将山西辛亥革命时的大汉银行改组为山西官钱局，又办民资晋胜银行，1919 年将山西官钱局改组为山西省银行，吸收民间资本，官督商办，成为既是商业银行，又是山西的"中央银行"。晋胜银行 1921 年停业，将其资本化整为零，改为典当、钱庄、商店。当时为了肃清土杂货币，设立了铜元局和机器局，铸造铜元，用铜元收购民间制钱，一枚铜元"当十文"后为额"当二十文"，三枚制钱融化后的铜铸一枚"当十铜元"，盈利 360 万元银元，充作政府举办山西公营事业的原始资本。铜元数量不足，发行铜元票，银元数量不足，又发行山西省银行兑换券。从此推动了山西币制由银铜平行本位向银单本位制的过渡，使山西经济迅速发展。1917～1918 年恢复新开渠 165 道，灌溉田地 1315.8 万亩；植棉由 27 县扩大到 49 县，由 20 万亩扩大到 179.6 万亩；种桑 1.15 亿株，产丝价值 60 万元；造林 33.3 万亩。1920～1927 年实现了山西工业化的启动，办有铜元厂、翻砂厂、熔炼厂、电气厂、炮厂、枪厂、枪弹厂、炮弹厂、冲锋枪厂、机械厂、引线厂、罐头厂、炸弹厂、铜壳厂、无烟药厂、炸药厂、酸厂、压药厂、飞机厂、炼铜厂等。其产品满足了晋军需求，也成为军阀混战提供了军事用品，积累了大量的资金。1925～1927 年初出兵一举成功，占有河北、察哈尔、绥远、北京、天津。

（二）20 世纪 30 年代的晋省银行

1930 年阎锡山发动"倒蒋战争"失败，晋钞毛荒，通货膨胀，又遇世界性经济危机，山西经济极度困难。蒋介石与阎锡山达成妥协，于 1932 年二次上台。提出"造产救国"，制定了《山西省政十年建设计划案》，规定了警政、财政、教育、卫生、文化等方面十项期成和必成的目标，在经济方面提出了农业、矿业、工业、商业、交通业产业政策，大力整顿和发展"公营经济"，将工业、银行、商业相结合，实行政府主导下的金融先导政策，建立了"山西人民公营事业"的网络体系和营业公社体系及几大直属企业。

山西省人民公营事业体系：下辖制造业——西北实业公司 19 个工厂和 20 多个分厂及服务机构（运输业——同蒲铁路局；金融业——山西省银行、晋绥地方铁路银号、绥西垦业银号、晋北盐业银号）、商业（斌记五金行，垄断进出口贸易，吸引外部融资）、物产商行（四大银行号发行货币的实物准备库）、研究机构（电气化事业研究所）。西北实业公司在全国的地位：①全国 2826 家最重要工厂共计资本 3.129 亿元，西北公司

33 个厂 0.22 亿元，占 7%；全国机器业 377 个厂，资本 870 万元，西北公司 10 个厂，资本 524 万元，占 60%；每厂平均资本 52.4 万元，是全国平均资本 2.32 万元的 22 倍。②产业工人数全国为 40.6 万，西北公司 1.9 万人，占全国 4.6%。其中机器业工人全国 1.7 万人，西北公司 0.9 万人，占 40%。③生产效率：南京中央机器制造厂资本 310 万元，年产值 226 万元；西北机车厂等 9 厂资本 538.7 万元，年产值 352 万元；南京温溪造纸厂资本 450 万元，年产纸 12250 吨，西北造纸厂资本 45 万元，年产纸 3360 吨。山西与广东、广西是工业发展最快的省份。

营业公社，剥夺地方豪绅在商业和金融业上的势力，以营业公社网络，将省、县、村三级的金融、商业活动纳入政府掌控之中。通过省、县、村三级向有钱的人借款作资本，兴办企业，但出资者既不得利息也不分红，30 年后按原出资本归还本人。省营业公社借资本 40 万元，阎本人担负 20 万元，又向全省大户强借 20 万元，先后建设了晋丰面粉公司、大同煤业公司、晋同银号、晋裕银号、晋通花店，以及在大同、忻州、平原、洪洞办的晋益、晋忻、晋原、晋平、晋洪等 7 个当铺。到抗战爆发，省营业公社资本增长到了 340 万元。直属企业有晋北矿务局、太原土货商场和阳泉煤业公司，利用山西资源优势，开发煤矿，鼓励山西土货的生产和消费。土货商场发行土货券，规定用土货券购买山西产品，每 0.99 元顶 1 元法币或省钞，大力鼓励和发展地方产品，以刺激山西地方工业和农产品的生产和销售。

山西产业结构的巨大变化，得益于山西省银行等一大批公私银行业的支持，为 10 年计划提供了大量资金：

第一，成立四银行号（山西省银行、晋绥地方铁路银号、绥西垦业银号、晋北盐业银号）从事纸币发行、存款、贷款和汇兑等业务。据 1935 年统计，省铁垦盐四银号分支机构 30 多处，占全省金融机构总数的 23.4%，但资本占到 77.3%，吸收存款占 33.3%，放款占 61.5%，汇出款项占 61.2%，汇入款项占 58.7%，储蓄存款占 98.4%，纸币发行占到 89.2%，基本垄断了山西金融市场。

第二，提出物产证券——纸币发行的实物准备理论并全力实施，四银号发行纸币不以金银为准备，而以实物十足准备库的商品为准备。准备库靠四银行号发行的纸币购买商品，太原建有实物准备总库，重要城镇设有分库，人们手中持有的纸币可以通过购买准备库的商品得以稳定。物产商行经营"省内低价，省外高价"、"省内少赚，省外多赚"，维护四银行号纸币的稳定性。可以说阎锡山是世界上"黄金非货币化"理论的倡导者和实践者。

第三，省钞发酵。为启动农村经济，阎锡山提出"酵面"理论，要求县县办县银号，村村办村信用合作社，县办县总信用合作社，均以山西省银行钞票为"酵面"，即县银号以借省钞为准备，发行县银号纸币，村信用社向县银号息借其纸币为准备，发行村合作券。省银行号好比是总酵面，分借各县，作为县银号之基金一部，连同县银号另筹基金，再起发酵作用，以兑现票（兑现纸币）借给各村，作为村汇兑基金。如此发酵，辗转流行，社会金融就会活跃起来，后因日寇侵入而终止。

第四，利用外资。据"斌记五金行"对西方国家商人的负债记录，1936 年 12 月末为 2484493 元，分别是向德国、美国、日本等国的礼和洋行、新民洋行、华德隆洋行、禅臣洋行、孔士洋行、白禄洋行、西门子洋行、德义洋行、克罗克纳洋行、安利洋行、填昌洋行、德盛洋行、大仓洋行、公兴洋行、三井洋行、祥昌洋行、协兴洋行、恒昌洋行等融资。同期向各洋行定购货物亦达 385 万元之巨。并且大量运用了商业信用，诸如延期支付，分期付款等，获得了西方工业国家的信用支持。

第五，发行债券股票。以山西省政府或公营事业、企业名义，多次发行建设债券或库券，吸纳社会资金，投向工业企业。同时公营事业虽为地方政府公有，也发行了股票，公股私股并存，而企业的经营管理权操于政府手中。

第六，强制性无息借款。政府以省、县、村营业公社名义，向有钱人强制借钱，以充实其资本，但不作为股份。但是事实上仍是有钱人出钱、有钱人从事经营管理，基本没有损害富有阶级的利益，确使山西地方企业获得了发展资金。

民国时期政府银行与晋商银行都很活跃，有官办、商办和官商合办三类，据南京国民政府 1935 年的统计，当时山西的银行共计 27 家，钱庄182 家，银号 101 家，当铺质店 436 家，商号兼营钱业 22 家，山西银号总号有 101 家，不过票号仅存大德通、大德恒、三晋源、日升昌四家，它们的业务已与昔日有了很大变化。民国年间，晋商的银行在省外的活动仍然活跃，1919~1927 年仅包头就有晋商钱庄 21 家，如公和源、公和泰、源恒长、广顺长、广顺恒、宝昌玉、复聚恒、兴盛号、兴隆永、谦和诚、天兴恒、复兴恒、懋合永、广义和、聚兴钱庄等。

大汉银行（1911~1913年），1911年太原辛亥革命，为抵御清军的需要，阎锡山成立了大汉银行。

山西官钱局（1913~1919年），1912年4月改大汉银行为山西官钱局。主要经营财政收支业务，也进行钱币兑换和货币发行。

晋胜银行（1913~1924年），晋胜银行经营存放汇兑一般银行业务，而且发行货币，在全省银行中占有很大的优势。晋胜银行发挥示范效应使民间银钱票商以及典当各也看到了发行"纸币"的好处，故民国以来，私发纸币增长较快，出现了所谓"商夺官利"的情形。

山西省银行（1919~1949年），1919年以山西官钱局资本全部充作公股，与商股合资开办，额定资本120万元，改组成山西省银行。该行发行纸币，吸收存款，发放贷款，办理货币兑换与款项汇兑，代理地方财政金库，代发债券，既是商业银行，又是山西省政府的中央银行，执行金融行政管理职权，其分支机构除遍设山西省内各地外，又分设北京、天津、绥远、上海、汉口、石家庄、保定等地，是一个综合性的全能银行。

晋绥地方铁路银号（1934~1949年），晋绥地方铁路银号成立于1932年，注册资本50万元，后增至500万元，隶属山西省人民公营事业董事会。绥远省入股并有代表参加董事会，总号设在太原，"以发展晋绥两省地方所有铁路及扶助铁路有关之建设事业为宗旨"，办理存放汇兑，办理两省铁路金库与特别会计事务，调剂铁路金融、仓储抵押、发售铁路期票等。

绥西垦业银号（1932~1949年），成立于1932年，"以活动金融，扶助绥西垦牧事业为宗旨"，总号设包头，后迁太原，在天津、绥远等地设分号，初定资本金50万元，后增至200万元，发行纸币，从事存放汇兑及代理等各种金融业务。

晋北盐业银号（1935~1949年），晋北盐业银号成立于1935年，"以扶助盐户经济，调剂盐区各县金融为宗旨"，总号在设岱镇（在山阴县），后迁太原，初定资本金20万元，后增加为100万元，发行纸币，办理存放汇兑与代理等各种金融业务。

省铁垦盐四银行号实物十足准备库（1935~1949年），省铁垦盐四银行号实物十足准备库成立于1935年12月，宗旨是"为开辟造产途径，救济农工困难，并维持货币信用，保障人民生活基础"，分支机构设省内十几处，省外有包头、绥远、潼关、西安、石家庄、张家口、汉口、上海、天津、北京、汉中、宝鸡、兰州、平凉、成都、重庆等地，是阎锡山实行"物产证券与按劳分配"的实验基地，以四银行号发行的纸币收购社会上的商品，作为四银行号发行纸币的实物准备，推行黄金白银非货币化，对内是四银行号的实物准备库，对外是"物产商行"。

会元银号（1920～1949 年），会元银号是民营资本金融机构，设总号于太谷县城，创建于 1920 年，股本 50 万元，在太原、天津、汉口、许昌等地设有分支机构。日本侵略军占领太原期间为日伪政府控制，总号迁至太原，1946 年被太原绥靖公署控制，成为官僚资本金融机构。

山西裕华银号（1922～1949 年），山西裕华银号是孔祥熙的私资银行，总号设在天津，业务活动主要在省外，在山西太谷和安邑（运城）分设分行与支行。

此外，还有太谷农工银行、文水农工银行、祁县农工银行、太原晋兴钱庄等。

四、抗日根据地与解放区的银行

1937 年 8 月，日寇侵入山西，阎锡山避退晋西，共产党领导的抗日武装开入敌后，开展游击战争，建立抗日根据地，一支代表新生力量的新民主主义金融力量在各敌后抗日根据地迅速发展起来，这就是太行根据地的冀南银行、晋察冀根据地的晋察冀边区银行和晋绥根据地的西北农民银行。解放战争时期，随着华北的全部解放，1948 年 10 月冀南银行与晋察冀边区银行合并成立华北银行。同年 12 月 1 日，华北银行又与西北农民银行、北海银行合并，在石家庄正式成立中国人民银行，发行了人民币，1949 年 2 月进入北京。中国人民银行总行首任行长南汉辰与第一任副行长胡景沄都是山西人。

西北农民银行（1937 年 9 月～1948 年 12 月），1937 年 9 月在吕梁山上晋绥抗日根据地的兴县成立兴县农民银行，1940 年改为西北农民银行，后将陕甘宁边区银行并入，仍称西北农民银行。

晋察冀边区银行（1938 年 3 月～1948 年 10 月），1938 年 3 月 20 日，晋察冀边区在山西五台县石嘴镇的普济寺内成立晋察冀边区银行，并正式营业，其宗旨为发行边区货币、救济边区农工商业、发展边区经济，支持抗日战争和解放战争。

冀南银行（1939～1948 年），1938 年 8 月，在太行抗日根据地的山西沁县郭道村成立上党银号。1939 年 10 月 15 日，冀南银行在山西黎城县小寨村成立，上党银号并入冀南银行。业务包括货币发行、办理存贷款、投资业务、贴现、收买金银、兑换、金库、承购公债、汇兑、经理各种有价证券之买卖，进行外汇及金融市场管理等，积极支持抗日战争与解放战争。

五、历史上晋商的金融文化

晋商在长期的经营活动中，创造了独具特色的、灿烂的商业文化，而其所创造的金融文化又在晋商文化中具有特殊重要的地位，有着丰富的内涵，闪耀着耀眼的光芒。概括来讲，主要有以下几点：

（一）博大兼容的唐晋遗风

尧、舜、禹、夏在山西建都。西周成王封叔虞为唐侯，后改为晋，唐叔虞是晋国始祖。当时成王指示"启以夏政，疆以戎索"。唐叔虞在这里既适当保留了夏代以来的一些制度，维护夏人习俗，同时依照游牧民族生产生活习惯分配土地，暂不推行井田制度，由此孕育出有别于其他诸侯国的唐晋文化，具有政治上博大宽厚、兼容并蓄，经济上求同存异、自强不息的内力与特点。

（二）关公崇拜的商业伦理

晋商的商业伦理的核心是诚信义利。认为义利相济相通，主张见利思义，先义后利，以义制利。关公一生仁义忠勇，忠实地实践了儒家的仁、义、礼、智、信，又是山西人，朝廷封之为关帝圣君，加上与关公的乡情，关公崇拜成为晋商的不易之规。

（三）不囿于传统的创新精神

晋商既尊重传统，又不固守于传统，敢于根据实践的需要，在机构、工具、业务等方面，进行了不懈的尝试与创新。创新精神是晋商活跃的生命力的不竭源泉。

（四）严格谨慎的管理之道

严格与谨慎体现在晋商管理的方方面面、点点滴滴，如票据防伪、慎于出票、密押管理、龙门账等。这是晋商在激烈的市场竞争中很少发生重大失误的根本原因，也是晋商经营管理的最显著特点之一。

（五）执两用中的中和思想

经商是与人打交道，与物打交道，处人、理事、经营，坚持道御经营，和贯始终，"仁义礼智信信中取利，温良恭俭让让内求财"，凡语必忠信，凡行必笃敬。笃信"和气生财"，重视社会各方面的和谐相处，通过行会协调商事纠纷，凡"相与"必善始善终。

（六）东伙和谐的人本理念

人身股是有钱出钱，有力出力，东伙共而商之，企业治理实行委托—代理机制。晋商用人"以懂得信义为依据"，"用人不疑，疑人不用"，"受人之托，忠人之事"，要求职员"重信义，除虚伪，节情欲，敦品行，贵忠诚，鄙利己，奉博爱，薄嫉恨，喜辛苦，戒奢华，他如恒心、通达、守分、和婉、正直、宽大、刚勇、贤明"。东家、经理、伙计以相互信任为基础，形成了劳资协调，和谐相处，合作经营的关系。

明蒲州商人王文显说："夫商与士，异术而同心。故善商者，处财货之场，而修高明之行，是故虽利而不污；善士者引先王之经，而绝货利之途，是故必名而有成。故利以义制，名以清修，各守其业，天之鉴也。"

引导中国金融发展

——纪念《中国金融》创刊 65 周年

背景说明

  本文原载《中国金融》2015 年第 19 期。文章回顾了新中国成立以来中国金融理论与实践走过的曲折路程，这段路程也是中国人民金融实践工作者与理论工作者探索中国特色社会主义金融制度的过程。

  《中国金融》是中国人民银行总行机关刊物，1950 年创刊至今，以引导中国特色社会主义金融之路发展为己任，与全国金融机关、金融企业、金融职工一起，风雨同舟 65 年，几经曲折，终于找到并且铺就了中国金融现代化、全球化之路，作为中国金融理论工作者，无不为之感到骄傲和自豪。

一、从建立人民金融体系到学习苏联高度集中的金融体制

  马克思、恩格斯在《共产党宣言》中说：无产阶级夺取政权以后，要"通过拥有国家资本和独享垄断权的国家银行，把信贷集中在国家手里"。列宁说："没有大银行，社会主义是不能实现的。""大银行是我们实现社会主义所必需的国家机关"。但是中国革命是走了农村包围城市的道路。早在新中国成立前的抗日根据地里，为了民族解放，就建立了根据地银行。解放战争时期，在解放区银行的基础上，1948 年 11 月组建了中国人民银行。人民银行随着人民解放军进入北京、南京、上海、武汉、成

都、昆明等大城市，首先以人民币收兑旧中国的钞票，占领货币市场。那么，新中国金融业如何建设和发展，中国人民银行总行决定创办《中国金融》杂志，作为宣传、贯彻、指导全国金融工作的喉舌。65年来，《中国金融》在建设中国特色的金融道路上，犹如航标灯塔，引导中国金融的发展。在国家没收官僚资本银行，取缔帝国主义在华银行特权，通过公私合营、联营联管，改造民族资本银行业的过程中，做了大量工作，使国家很快稳定了货币市场、信贷市场、黄金市场、外汇市场。

当时，按照马克思主义的银行理论，现代银行是资本主义发展过程中形成的"一种奇妙而精巧的机构"，无产阶级"决不可以也用不着打碎"，"我们可以把它当作现成的机构从资本主义那里夺取过来"。新中国成立前，尽管我国资本主义发展比较缓慢，但毕竟出现了一些民族资本银行，还有旧政府留下来的中央银行、中国银行、交通银行、农民银行、中央信托局、邮政储金汇业局、中央合作金库即所谓"四行两局一库"。我们依靠中国人民银行为骨干力量，接管了官僚资本银行，取缔了帝国主义在华银行的特权，开始着手国民经济恢复工作。

在新中国成立到国民经济恢复时期，以人民银行为骨干和核心，将接管的金融机构改造为几家专业银行和金融机构，如1951年8月将接管的中国农民银行和合作金库，改造组建为新的农业合作银行。同时，将接管的中国银行的国外业务和国外保险，统交中国银行办理，取消国内业务与国内分支机构，改造为外汇银行，对内是人民银行的国际业务部，对外保留了中国银行牌子。将接管的交通银行改造为基本建设投资拨款专业银行和监督机构，与中国人民保险公司一起交由财政部领导。为了改造私营资本银行业，通过联营联管，成立全国性的公私合营银行总管理处，到1956年初将公私合营银行与人民银行储蓄部合署办公，初步建立起一个由中国人民银行统一领导的银行管理体制和货币体系。同时，为配合农村的互助合作化运动，在全国范围建立并普及了农村信用合作社。遗憾的是，证券市场刚起步就停了下来：1949年6月，天津证券交易所成立，1950年2月，北京证券交易所开业。但仅仅过了一年多时间，天津、北京的证交所宣布停办。国家国债也仅仅持续到1958年就完全停办。资本市场全部停办，全国金融集中于单一的间接金融——银行信用。

从"一五"计划开始到60年代初，照搬苏联高度集中的经济管理体制，建立起中国人民银行"大一统"体系。1953年国家实行第一个五年计划，开始大规模的经济建设，金融业如何适应经济建设的需要，在没有任何经验的情况下，只得学习苏联的金融模式，按照高度集中的金融体制建设中国的金融业。当时，撤销了人民银行的"大区"银行；将公私合营银行纳入中国人民银行体系；将农业合作银行改为农业银行，不久又将其撤销。全力加强人民银行总行对全国金融活动的统一领导，形成了垂直管理的银行体制，使人民银行成为既是国家货币发行和金融管理机构，又是统一经营全国金融业务的经济组织，担负中央银行和商业银行的双重职能。1958年开始了"大跃进"，金融业也被卷入了"极左"轨道，一些地区将农村信用合作社并入人民银行，同时取消商业信用，对企业融资实行集中的银行信用，使人民银行成为全国的短期信贷中心、非现金结算中心和现金出纳中心，人民银行成了垄断一切金融业务的大一统银行。

由于多种因素的影响，形成了1960～1962年严重的三年"困难时期"，以致吃饭穿衣都成了问题，不得不实行国民经济"调整、巩固、充实、提高"八字方针。60年代初期到"文化大革命"前夕，为了完成调整国民经济的任务，各类专业银行相继恢复，又形成以人民银行、中国银行、农业银行和建设银行为主要力量的银行体系，国民经济很快得以好转。但不久又开始了"文化大革命"运动。

"文化大革命"开始，在"反修防修"、"打倒走资派"的口号下，金融机构受到了很大冲击。有一个城市的造反派在当地人民银行的大门上贴了这样一副对联，上联是"对外管、卡、压、罚"，下联是"对内封、资、修、变"，横批"经济衙门"。全国从中央到基层，将人民银行并入财政局，银行成了现金出纳机关。在理论上，排斥商品生产和货币经济；在实际工作中，不讲经济核算，"吃大锅饭"；在计划工作上，片面强调速度，忽视比例关系等。所以"十年动乱"期间，各专业银行相继撤销合并，又回到"大一统"的银行体制。金融机构同其他政府机构一样，处于瘫痪、半瘫痪状态。中国人民银行总行各职能司被撤销，只保留政工和业务两大组维持工作。1969年7月中国人民银行总行与财政部合署办公后，大批干部下放到"五七"干校，少数人在机关维持金融工作，省、地、县的金融机构和业务，也受到了巨大的冲击，金融工作基本无法正常运转。

社会主义金融到底是什么，新中国成立后的30年，《中国金融》与全国金融队伍在苦苦求索。

二、从拨乱反正到金融改革开放

1976 年粉碎了"四人帮"以后，结束了长达十年的"文化大革命"。1978 年 12 月，中国共产党召开十一届三中全会，做出了关于把全党工作重点转移到社会主义现代化建设上来的决定。从此，金融机构得到了恢复，金融地位和作用得到了加强，金融组织获得了巨大的发展，整个金融业发生了历史性的转折。

1978 年 12 月，为了加强农业和农村商品经济发展，恢复了中国农业银行，确定中国农业银行为国务院的直属机构，由中国人民银行代管。1979 年 3 月，为了发展对外经济交流，中国银行从中国人民银行中分设出来，并成立国家外汇管理总局，由中国人民银行代管。1982 年，国家外汇管理总局被改为国家外汇管理局，划归中国人民银行直接领导。1983 年 9 月，中国银行作为国家的外汇专业银行，独立行使职权和进行业务活动，实行企业管理和独立核算。1983 年 1 月，中国人民建设银行由财政部分出，成为国务院直属局级的经济组织，继而将中国人民建设银行的信贷计划纳入中国人民银行的信贷体系，业务上受中国人民银行领导。1983 年 9 月，国务院决定中国人民银行专门行使中央银行职能，成立中国人民银行理事会，作为决策机构，并同时明确了中国人民银行与专业银行业务上的领导与被领导关系，从而使中国的金融体制改革迈出了重要的一步。在中国人民银行行使中央银行职能的同时，国务院决定成立中国工商银行，作为国务院直属局级经济实体，承担原中国人民银行所担负的工商信贷和储蓄业务。1984 年 1 月，中国工商银行正式成立并营业。1986 年，重新组建了交通银行，确定了交通银行作为综合性银行进行改革试验。其后又先后成立了中信实业银行、光大银行、华夏银行、民生银行等全国性的股份制综合性商业银行。同时，为了适应经济体制改革和国民经济发展的需要，保险业和合作金融发展也很快。1983 年 9 月，中国人民保险公司恢复独立建制，成为国务院直属局级经济实体，独立开展业务活动。同时，各地陆续发展了城市信用合作社，有的后来发展成为城市商业银行。改造发展了农村信用合作社。在商业银行大发展的同时，国家又建立了国家开发银行、中国进出口银行、中国农业发展银行三家政策性银行，以扶植大型经济开发、进出口和农业开发建设项目。

在银行业迅速发展的同时，资本市场的发展更是空前的。1980 年人民银行抚顺支行代理企业发行股票，1982年中国国际信托投资公司在国际资本市场发行债券，1984年上海飞乐音响向社会发行股票，1985年深圳特区证券公司成立，1988年国债市场开放，1990年11月上海证券交易所成立，1991年深圳证券交易所成立，继而信托投资、金融租赁、基金等金融组织先后问世。1991年11月上海推出第一个专供海外投资者购买的B种股票，外国投资者开始进入中国投资证券市场。1992年10月国务院证券委员会成立，1998年以后，相继组建了中国保险监管委员会、中国银行监管委员会。至此，商业银行和资本市场的体制建设基本完成。

在改革开放中，中国对外金融业务发展也很快。1980年，国际货币基金组织和世界银行恢复了我国的合法席位；1984年，我国与国际清算银行建立了业务关系；1985年加入非洲银行集团；1986年加入亚洲开发银行；1987年加入东南亚澳新中央银行组织，使我国与国际间的金融业务交往得到了加强。与此同时，中国银行、中国人民保险公司及中国工商银行、建设银行、农业银行等金融机构也先后在海外设立分行，其业务也在不断发展。可以说，到1987年中国初步形成了一个以中央银行为领导、国有商业银行为主体、多种金融机构并存的金融体系。同时，中国金融稳步进入国际金融市场，与多个世界金融组织建立业务关系。1994年中国证监会和美国证券交易委员会签订中美合作监管谅解备忘录，是中国证券市场国际化的里程碑。之后，与多个欧美国家建立资本市场合作关系，成为世界金融体系的重要成员。

在此发展过程中，中国金融充分依靠中华传统文化，在金融伦理道德，义利相通相济思想基础上，确立以义制利、先义后利，以及传统的中和之道、和气生财、同舟共济的"蓝海战略"，反对以邻为壑的"红海战略"。使中国金融不仅具有当代世界金融业务技术、经营理念，而且足具数千年中华文明基因的中国金融文化，稳健审慎的经营原则，以义制利的金融伦理，谦慎相传与自立切究的职业操守，中国正在成为具有中国特色的现代金融强国。

三、稳步走向世界，彰显负责任的大国央行形象

20世纪90年代初，中国申请恢复"关贸总协定"时，遇到了不少麻烦。我们不拿原则做交易，先通过外汇额度的限期使用，使外汇调剂市场价格趋于理性，官方汇率接近外汇调剂市场价格，努力结束了行政和市场

两条渠道供给外汇的双重低效资源配置，到 1994 年 1 月实行新的外汇管理制度，使中国外汇管理制度又上了一个新台阶。

1997 年，东南亚的金融危机的发生和迅速蔓延，使各国的经济和国际责任感经受了一次大考验，有些国家被迫卷入危机；有些国家则"以邻为壑"，通过主动贬值"推走"危机；个别发达国家则"隔岸观火"，乘机"吸走"大量国际资金。在这种情况下，中国如果使人民币和港币贬值，全世界就只剩一个美元坚挺，如果美元再贬值，就可能引起更大范围的货币贬值，全世界将会进入"30 年代大萧条"。中国从自身发展和区域发展的需要出发，多次宣布人民币绝不贬值，虽然我们在随后付出了出口下降和外汇储备增速放缓的代价，但是人民币和港币保持了稳定，最终使东亚国家顺利走出了低谷。可以说，东南亚金融危机使中国提前承担了区域金融稳定的责任，赢得了世界各国，尤其是东亚各国对中国的信任，为亚洲金融合作树立了典范，确立了中国在亚洲金融合作中的"大国"地位。

2008 年，美国次贷危机导致的华尔街海啸迅速波及整个世界，出现了百年一遇的金融危机。为了全球整体利益，2008 年 10 月中国央行与美联储、欧洲央行、英国央行等世界主要经济体央行采取统一降息行动，发表声明，降低基准利率，并暂停征收利息税，联手挽救全球经济。中国凭借大量外汇储备，保持中国经济的稳定发展，免受冲击，同时积极参与救助、支持受冲击严重的国家渡过难关，用 4 万亿元人民币启动与扩大内需，积极参与重建国际货币秩序，显示了一个大国央行的负责的巨人形象，努力使中国由生产大国跃升为国际贸易大国，扩大了中国金融在国际市场上的发展空间。

在当代世界经济中，谁掌握了世界金融谁就掌握了世界。美国一直主导世界金融不放松，通过控制国际货币基金组织、世界银行、亚洲开发银行，使美元成为世界货币。中国要成为世界强国，必须走金融强国之路。为了实现人民币的国际化，需要先在周边国家制造影响，让人民币在周边国家甚至在亚洲成为实际上的硬通货。然后，与巴西、印度、俄罗斯、日本等国相互签署双边货币直接兑换的协议，人民币实际上成为了世界货币。同时采取大量储备美元等世界货币并购买美国国债，努力突破美元主宰世界金融的现状。在西方发达国家之外，联合俄罗斯、巴西、印度、南非等新型经济体，组成金砖国家，在美元之外建立金融体系，中国主导的金砖银行马上将要成立，中国主导的亚投行正在组建，亚投行的创始成员国包括世界五大洲国家，说明亚投行一开始就不是区域性银行，而是世界性银行，人民币影响世界正在成为现实。

中国特色金融制度建设是一个艰难的探索过程，是一个与经济社会发展相适应的协调过程，是一个与世界大国金融强权的斗争合作与磨合的过程。在这曲折的 65 年中，《中国金融》杂志始终坚持马克思主义金融理论和现代金融发展观，不断吸收发达国家金融业发展中的先进业务与技术，传承发展中华优秀传统文化中的伦理哲学精华，站在中国金融改革发展的前沿，评论、报道、讨论研究等专栏，呼风唤雨，引导中国金融机构、金融企业、金融队伍在金融改革开放与建设中前进，扎扎实实地做出了巨大贡献。今后仍然是中国金融业改革发展前进的灯塔。

中国金融改革探索

明清商业革命对金融的呼唤

背景说明

　　本文写于 2009 年秋，是为研究生讲授的专题，中心讨论中国金融革命的背景。商业革命的标志：一是农业手工业商品化程度大大提高；二是商业城市崛起与国内市场的形成；三是商帮、商号、商业家族的大批涌现；四是海外贸易与国际商路的发展；五是商业组织的企业化管理；六是商业文化与思想的提高。明清商业的发展不仅在货币数量上提出更大需求，而且要求货币支付更加简捷化，以票代银，使用新的支付形式和工具，于是不仅有新的金融机构创新，同时又有大量的业务与技术创新，商业革命呼唤着金融业的变革。

　　货币金融是商品经济发展的产物。研究金融发展及其理论，不能不从商业说起。中国商业最早的记载，可见于对舜的评介，"舜耕历山，渔雷泽，陶河滨，作什器于寿丘，就时于负夏。"[1] 就是说舜在接受尧的禅让之前，做过农夫、渔夫、手工业者和小贩。《史记索引》解释"就时于负夏"时说："就时犹逐时"，即在贱的地方买，到贵的地方卖，可以说，舜帝是华夏商祖。"舜巡视天下，不幸死于道途，即'葬南已之市'。"[2]

　　黄帝的第四代孙契，曾经跟随大禹治水，因为有功，舜帝命契担任司徒，封于商地，赐姓子。《诗经》说："天命玄鸟，降而生商"，就是说的

---

[1]　《史记·五帝本纪》，见《史记》三卷本上册，天津古籍出版社，1993 年。
[2]　刘长乐：《中华古文明大图集·通市》。

契，契的六世孙王亥（名振），继任为商族首领后，发明了牛车，驯服牛用以挽车[1]，是商王朝开国帝王成汤的七世祖。"随着农业与畜牧业的发展，随之而来的就是商业的产生。随着商部落经济实力的增强与剩余农产品及畜牧产品数量的增加，王亥便开始了一项前所未有的事业，这就是开始从事商业贸易活动。"[2] 王亥成为中国商业史上"肇牵车牛远服贾"的商人，他所开创的畜牧业和开始的商业贸易活动给当时的商部落注入了新的活力，使商部落迅速壮大起来。公元前 1551 年，汤灭夏，后迁都于殷，后来周灭商，因殷商之人善于经营交易，周公（姬旦）便要求商的遗民继续做买卖。后人将从事这种商品交易活动的人称为商人，将这个行业称为商业。

城市的发展是沿着集市—街市—城市逐步演进的，简单的、偶然的商品交换首先在交通便利的地方开始，时间长了、规模大了，就不再是日中为市，交易而退，而是就地盖房屋，形成街市；街市进一步发展，规模扩大，演变为城市。社会是沿着商品化、货币化、市场化、工业化、城市化、国际化的发展趋势，商业金融业就是沿着商品交易与货币资金融通演进一路走来的，经过几千年的发展，16～19 世纪，中国商业开始发生革命性的变化，也可以称为商业革命。

在明清商业革命以前，中国商业的发展，曾经出现过几个高潮。最初是战国时期商业的发展，在司马迁的《史记》中活跃着许多大商人。汉代商业的发展，也很令人注目，盐铁会议及其争论，抑商政策与国家专卖制度，贱商令到算缗告缗令，均输平准，以及对西域丝绸之路的开拓等。唐代国内外贸易又出现一代繁荣，商业城市兴起，海陆商路拓展，对外开放政策与国际地位提高，呈现繁荣盛世。到宋、元时期，手工业产品的增加，商业城镇的繁荣，区域性市场和海外贸易的发展，对周边地区的互市和榷场制度，开放口岸和建立市舶司制度，建立交子务，实行纸币制度，使中国商业一步步提升，金融业从无到有。但是，真正的商业与金融业的革命性变化，还是在明清时期。

马克思在谈到商人资本时说过："商人资本或商业资本分为两种形式或亚种，即商品经营资本和货币经营资本。"[3] 这些商人，包括盐商、茶

---

① 胡厚宣等：《殷商史》。
② 王瑞平：《王亥与中国商业贸易的肇端》，中国经济史论坛，2004 年 6 月 6 日。
③ 《马克思恩格斯全集》第 25 卷，人民出版社，1970 年。

商、粮商、布商、杂货商等从事商品贸易的商人，也包括钱商、当商、票商等从事货币交易的商人。在中国商业革命中，商品经营资本和货币经营资本为中国乃至全世界的商业贸易发展做出了巨大的贡献。

明代商业发展的原因，不能忘记 1370 年（明洪武三年）明政府一项重大改革，即实行食盐开中法。这是中国食盐经营体制的变革，其主要内容是将食盐国家专卖制改为国家垄断下的合法商人经营。这一变革，调动了民间资本的积极性，很快出现了一批大盐商。在清代，则是令盐商费巨资先向朝廷购买引窝，再实行总商制度（即令大盐商充当总商，以分摊每年的课税，然后将小盐商分属于大盐商名下，令其承管催追），从而有"拥银数百万两乃至上千万两的大盐商出现，而整个两淮盐商的蓄资总额则达银七八千万两的程度。"[①]

明清商业的革命性变化，可以从以下方面得以说明。

一、农业手工业商品化程度大大提高

明朝中期到清朝后期，中国农业的商品化程度有了前所未有的发展，手工业和工矿业也有了很大的发展，全国非农业人口增加。

（一）农业商品化程度提高

16～18 世纪自给自足的农业社会开始走上商品化、货币化之路。据许涤新、吴承明所著《中国资本主义发展史》第四章附录"鸦片战争前主要商品市场估计说明"，鸦片战争前全国粮食产量 2320 亿斤，商品粮约 245 亿斤，占 10.5%，值银 16333.3 万两；全国棉花产量 970.7 万担，棉花消费量 1031.3 万担，国内市场商品量 316 万担，占消费量的 30.6%，减除进口商品棉 60.5 万担，国产棉花商品量 255.5 万担，占产量的 26.3%，值银 1277.5 万两；全国棉布产量 59732.7 万匹，其中出口土布 5.9 万匹，进口洋布 273.2 万匹，实际全国棉布消费量 60000 万匹，国产棉布自给占 47.2%，国产棉布商品量 31517.7 万匹，占 52.8%，值银 9455.3 万两；全国丝产量 7.7 万担，其中商品量 7.1 万担，占 92.2%，值银 1202.3 万两；全国丝织品产量 4.9 万担，包括内销外销价值 1455 万两；全国茶叶国内消费量 200 万担，出口茶 60.5 万担，茶叶产量等于商品量，为 260.5 万担，值银 3186.1 万两；全国食盐产量也是销售量，为

[①] 汪崇篔：《一个中国商品经济社会萌芽的典型——论明清淮盐经营与徽商》，《明清史》2009 年第 4 期。

32.2 亿斤，值银 5852.9 万两。^① 至于油、烟、酒、糖等农业原料制成品的商品化比重也比较可观。

据许檀教授关于明清运河对南北商品交换的研究，明代由运河北上的商品，以棉布、绸缎为大宗，其次为茶叶、纸张、瓷器、铁器等；由运河南下的商品以棉花为主，其次为豆货、干鲜果品。清代，南货北上主要是绸、布、姜、茶、纸、糖及各项杂货；北货南下则以粮食为主，棉花、梨枣、烟叶、油麻等货亦为大宗。此外，长芦、两淮盐场经运河南下或转运的运输量，明代 1 亿多斤，清代有二三亿多斤^②。

（二）手工业迅速发展

明代整个的手工业与工矿业发展大大加快。比如开矿炼铁，1385 年（明洪武十八年），罢官冶铁，允许民间炼铁，使得民营冶铁发展迅速。1405 年（明永乐三年）至 1434 年（明宣德九年），铁产量由 114 万斤增加到 833 万斤，增加近 7 倍。1461 年（明天顺五年），仅山西阳城一县产铁就达 700 万～900 万斤，已等于 17 年前全国的铁产量^③。从春秋战国到唐代，山西冶铁技术在全国就遥遥领先，据明成化《山西通志》载："铁，平定、吉、朔、潞、泽州、太原、交城、榆次、繁峙、五台、临汾、洪洞、乡宁、怀仁、孝义、平遥、壶关、高平、阳城俱有冶坑，惟阳城尤广。"清道光年间，晋城一县有铁炉 1500 多座^④，其产品铁锅、铁丝，尤其是缝衣针，供应全国以及北亚地区。阳城县的铁质犁镜还远销西亚地区。北京的炉圣庵，就是潞安冶行在明朝中叶建立的，可见山西铁业早在明代就已占领了北京市场。硫磺也是分布山西各地的重要矿产，清乾隆年间，仅太原一地，年产量就达到 10 万～20 万斤^⑤。明代丝绸业，仅潞安、高平有织机 1.3 万多台^⑥。清初，高平县年产绸缎就有 3000 多匹。山西的其他手工业产品和土特产品，"如繁（峙）、浑（源）、应（县）之黄芪；泽（晋城）、绛（新绛）之茧丝；潞（长治）、辽（左权）之党参；河东（晋南）之柿霜；平陆之石膏；口外、大同、交城、绛州之皮张；岢岚之麝香；口外之鹿茸；汾（阳）、潞（安）、浑源之白酒；文水之葡萄；闻喜、猗氏之棉花；安邑、交城之红枣；台山之蘑菇，此则天然之产出物

---

① ③ 许涤新、吴承明：《中国资本主义发展史》第 1 卷，人民出版社，1985 年。
② 许檀：《明清运河的商品流通》，《历史档案》1992 年第 1 期。
④ 中共山西省委政研室：《山西经济资料》第 1 辑，1960 年印。
⑤ 《巨变中的太原》。
⑥ 《潞安府志》清乾隆三十五年版，卷八。

也。台山之桦木盘碗；浑源之毡鞋；潞泽之绸绢；交城之玻璃；凤台之剪刀；凤台、高平之皮金；大同之铜器；宁武、归化之花毯；曲沃之绒毡；太平、蒲州之麻纸；平定、阳城之砂器，此则人工制作输出之物品也。其他如口外之绒毛，潞城草帽辫，泽州之茧丝，皆为之大宗。运城之食盐，矿产之石炭，草地之畜牧，皆为生计上之必要。"① 这些手工业品和土特产品的生产者在出售自己的产品时，一般要经过商人之手，手工业者为了摆脱中间人的盘剥，有的便自己摆摊叫卖，或在自己的作坊外面设立铺面，成为前店后（场）厂的商业。

商人除异地贩运贸易之外，有的也从事相关商品的制造加工，"太谷商业实际上与工业极难分离，因多数商业皆营小规模之制造，如铁业、锡业、京货业、旱烟业、饼面业、金珠业……香油业、书笔业、竹器业、绵纸业、胰业、纸炮业、香业等；一方面因系贩卖他人制品，一方面多少自兼造制若干，谓为商铺可，谓为手工作铺亦无不可。"② 今天一些城市街巷名称，还可以看出当年手工业作坊与商业市场的因缘关系，长治市的锡坊巷，是明清锡器手工业聚集场所；炉坊巷，为小炉匠聚集场所；铁匙巷，为打制铁匙等炊具的场所；琉璃胡同，为明清时期设窑烧制琉璃制品的地方；纸坊巷，为清代造纸工业集中的地方。同样，太原的剪子巷、靴巷、铁匠巷、酱园巷、帽儿巷等，也都反映着手工业与商业荣衰离合的因缘关系。1409 年（明永乐七年）随沈简王朱模从南京移回民程、马二姓到山西长治，程姓以做便帽为生，马姓以做折扇为生。由于马姓的折扇冬不能销，程姓的便帽夏无顾客，不能维持生活，程、马二姓就转业于皮毛生意，间或做些折扇和便帽，以后皮毛逐渐成为主业。经过 500 余年的发展，先后从甘肃、陕西、四川、河南和省内晋城、陵川又迁来 20 余姓回民，到新中国成立前夕总达 700 余户 3800 余人，大都以皮毛为生。皮毛成了长治回民的命根子。谚曰："能舍爹和粮，不舍臭皮行。"他们的商号有通顺马、公盛才、和兴马、全盛玉、通顺义、通顺捷、德盛魁、公盛程、公盛祥、公盛铭、通顺良、德盛和、聚顺程等。有的熟皮做皮袍子，有的拔毛做皮裤（板皮裤），有的做黑皮，加工牲畜用的皮套用具，有的织裁绒毯，产品种类很多。他们从甘肃、宁夏、青海采购皮张，亦从省内采购本地皮张，加工成产品后发往山东、河北、安徽、河南、江苏、汉口

---

② 《中国实业志》（山西省），南京政府实业部，1936 年印。

等地销售。北京、天津、湖南等地商人间或也来长治采买皮货。每年 2 月至 3 月初，作坊主偕同工人前往山西最大的皮货瓷器市场交城，与湖南瓷器商人订立交易合同，成为交城皮货市场上的一支活跃的力量。①

"明清时期长江三角洲地区的经济发展之所以位于全国的前列，是当时的两大商品经济因素所致：一是江南部分地区的改稻种棉，以及家庭手工棉织业的兴盛；二是江北两淮盐业的兴盛……而徽商则都在其中扮演着重要的角色。"（见表1）

表1 明清时期长江三角洲地区的商业资本发达程度

时期	代表年份	项目名称	银（万两）	折合当代人民币（亿元）
万历时期	万历三十七年	徽商最富有家族的资产总额	100	3.64
	万历四十四年	两淮盐业流动资金总额	1000	36.4
乾隆时期	乾隆三十年	最富有盐商家族的资产总额	1000	14.53
	乾隆三十年	两淮盐商群体的蓄资总额	7500	108.89
明清之际	雍正五年	徽州布商汪益美年获利润	10	2583.3（万元）

资料来源：汪崇篔：《一个中国商品经济社会萌芽的典型——论明清淮盐经营与徽商》，《明清史》2009 年第 4 期。

（三）非农业人口逐渐增加

明中期开始，商业的迅速发展，使得非农业人口增加很快，从而商业城市和集镇迅速崛起。据李维珍所著《太泌山房集》卷八十七记载："竟陵东六十里，聚曰皂角市……市可三千人。其人土者十之一，自豫章徙者七之，自新都徙者二之。农十之二，贾十之八，儒百之一。"就是说，湖北竟陵皂角市的商业人口占 80%，农业人口只有 20%，全市 3000 口人，外地来的人口占 90%，有 2700 人，当地人只有 10%，300 人。② 又据抚州嘉靖志记载："金溪民务耕作，故地无余利，土狭民稠，为商贾三之。"③中国人民大学李华教授在研究明清北京工商业会馆中讲道："城市人口的骤增是生产力增长的一个方面，也是工商业繁荣发展的重要标志。北京城'周四十余里'，'汉唐之故都莫能及也'。1488 ~ 1505 年（明弘

---

① 马俅：《长治回民及他们经营的皮毛业》，《山西文史资料》第 7 辑。
②③ 傅衣凌：《明清社会经济史论文集》，人民出版社，1982 年。

治年间），人口已达六十六万之多。"① 汉口伴随城市经济的发展，人口剧增，1525 年（明嘉靖四年），汉口人口约 0.7 万人；1573 年（明万历元年）达到 5 万人；1772 年（清乾隆三十七年）增加到 9.9 万人；1814 年（清嘉庆十九年）则为 12.9 万人②。200 余年内，汉口镇人口增长了 17 倍。

二、商业城市崛起与国内市场的形成

（一）商路的拓展

明清时期商路拓展，大体形成南北京杭大运河、水陆衔接南北茶叶之路、塞北驼道、东西长江水运、南方粤闽赣浙、中南大商路等几条商路，在主要商品集散地相互交叉衔接，如北京、张家口、归化、古城、西宁、临清、汉口、扬州、苏州、上海、杭州、南昌、九江、衡阳、梧州、广州、重庆等，贯通形成全国商品流通的网络。

（二）京杭大运河：北京—天津—临清—扬州—苏州—杭州

大运河北起北京，南到杭州，经北京、天津、河北、山东、江苏、浙江诸省，贯通海河、黄河、淮河、长江、钱塘江五大水系，全长约 1790 多公里。明时曾重新疏浚元末已淤废的山东境内河段，从明中叶到清前期，在山东微山湖的夏镇至清江浦（今淮阴）间，进行了黄运分离的开泇口运河、通济新河、中河等运河工程，并在江淮之间开挖月河，成为南北的交通大动脉。贯通现在的北京市、天津市、沧州市、衡水市、邢台市，德州市、泰安市、聊城市、济宁市、枣庄市、徐州市、宿迁市、淮安市、扬州市、镇江市、常州市、无锡市、苏州市、嘉兴市、杭州市。水道的开通，使不知名的直沽寨发展成了闻名的"天津卫"，使临清成为当年山东最大的商业城市，淮安成南北商品粮的中转地，扬州成为淮盐总汇，苏州成为明清最大的全国性中心城市之一。明代八大钞关除九江外都位于运河上，即崇文门、河西务（清移天津）、临清、淮安、扬州、浒墅、北新关，其中运河七关在八大钞关商税总额中所占百分比，万历时为 92.7%，天启时为 88%。清代有所下降，康熙二十年为 50.5%，雍正三年 40.9%，乾隆十八年 33.1%，嘉庆十七年 29.3%，道光二十一年

---

① 李华：《明清以来北京的工商业行会》，《明清资本主义萌芽研究论文集》，上海人民出版社，1981 年。
② 《明末清初汉口名镇的形成》，《武汉文史资料》1996 年第 1 期。

33.5%。① 南北茶叶之路：汉口—襄樊—赊旗镇—洛阳—泽州—潞安—祁县—黄花梁—杀虎口—归化—库伦—恰克图。茶商们在附件武夷山采购茶叶，经江西铅山、九江水运到汉口；或者采购两湖茶叶，将湖南安化、临湘聂家市和湖北蒲圻羊楼洞、崇阳、咸宁茶，加工成茶砖，水运到汉口。然后经汉水运至襄樊、河南唐河、杜旗镇，由骡马驮运北上，经洛阳、泽州、潞安、祁县、太原、杀虎口（或者张家口），有旅蒙商运往内蒙古归化、外蒙古库伦、恰克图。俄商们再贩运至伊尔库茨克、秋明、莫斯科、彼得堡。汉口因此被欧洲人称为"茶叶港"。

（三）塞北驼道：古城—归化—张家口—北京—锦州—齐齐哈尔

据刘秀生《清代国内商业交通考略》② 研究，中国塞北，有一条东西走向的大商道，从新疆古城，经归化、张家口、北京、奉天到齐齐哈尔。因为"迪化不居要冲，唯古城缩毂其口，处四塞之地"。"自古城分道，西北转科布多，为通前后营，外蒙古人岁一至，秋籴麦谷，并输毳裘皮革，易缯帛以归。又循天山而北为北路，取道绥来，以达伊犁、塔城。循天山而南，取道吐鲁番，以达疏勒和阗"③。归化系塞外商业重镇，聚集众多商人，嘉庆五年，因归化城商铺拥挤，逐渐东移绥远城，特别是"由理藩院咨行绥远将军，令将本院照票领走，给发商民，前往乌里雅苏台等处及各蒙古地方持票勒限贸易"④ 在绥远城办理以后，归化、绥远成为塞北商业中心，向北达乌里雅苏台外蒙古各部落，经杀虎口向南通往山西，归化往东经丰镇到张家口，张家口曾是内地对东北的贸易中心，有八大皇商。张家口南行，经居庸关进入北京。北京商帮每年两次经此去新疆："尝以夏五月为期（北京春二月起程，则以夏五月至，夏五月起程，则以秋八月至，唯冬雪大时不可行）岁运腹地诸省之产以及西洋商品，值逾二三百万。"⑤北京至吉林段，系经山海关、锦州、盛京到达吉林，利用松花江和嫩江水上航运达卜魁（齐齐哈尔），卜魁和吉林成为东北地区北部的两大贸易中心。京杭大运河商路衔接着北京—张家口—库伦—恰克图商路。据刘秀生《清代国内商业交通考略》⑥研究，北京经张家口、库伦至恰克图。这条路线直抵当时中国最北部的商业重镇恰克图。其中北京

① 许檀：《明清运河的商品流通》，《历史档案》1992年第1期。
②⑥ 《清代国内商业交通考略》，中华文史网，2005年2月24日。
③⑤ 钟庸：《新疆志稿》卷二，《商业》。
④ 钟秀：咸丰《古丰识略》卷二十，《市集》。

至张家口段详见本文第一部分。张家口是内地通往内外蒙的贸易中心，清政府在此设立出塞贸易的管理机构，令出塞贸易者先到张家口登记领票："我之货往（恰克图），客商由张家口出票，至库伦换票，到彼（恰克图）缴票。"① 这条商路的贸易至晚清已相当发达，每年贸易额达亿两白银之多："以张家口为中心，清末张（家口）库（伦）通商日繁，每年出口约合口平银 12000 万两，出口货物为生烟、砖茶、鞍辔、皮靴、烧酒、馃食、河南绸、钢铁、杂货之类，入口货物为鹿茸、口蘑、见著及各种皮张、牲畜之类。"② 恰克图是这条商业交通线的终点。

（四）东西长江水运：宜宾—重庆—汉口—南京—上海

长江水运西起于川滇边界的雷波厅，经宜宾、重庆、汉口到上海③。金沙江畔雷波厅以上 700 里为四川叙州府，宁远府与云南昭通府、东川府的界江。从雷波出发经屏山县达宜宾。雷波是川滇边境的商业重镇，"深山大泽之中，五行百产，无物不有，乾嘉时，边境清平，商贾云集，云贵、两湖、豫章、粤广之民络绎趋赴、货物充韧，阛阓整齐，实边疆一巨镇也"④。下流沿宜宾县，是云南的铜汇入长江的交会点，也是湖北来的货物运入云南的转运点。宜宾下游的泸州、江津、渝州是全国闻名的商业中心，据乾隆时记载："渝州物产与全蜀同，物之供渝用者，则与全蜀异，三江总会，水陆冲衢，商贾云屯，百物萃聚，不取给于土产而无不给者。如昭文则有丹漆、旄羽，制器则有皮革、骨角，取材则有柟梓竹箭，利用则有鱼、盐、斿、裘、丝、漆、绤、纻、若铜、若锡、若铅、若铁、若怪石、若金玉器玩，佳果香茗，或贩自剑南、川西、番藏之地，或运自滇黔、秦楚、吴越、闽豫、两粤之间，水牵云转，万里贸迁。"⑤ 西部的四川、甘肃、陕西、新疆、青海及西藏、云南、贵州等省区的全部或大部分货物运往长江中下游及其以远地区，都要经过巴县。而长江中下游的江苏、安徽、湖北以及通过长江中下游水道而来的江西、福建、两广的货物入川及四川以远地区，也必经巴县。巴县顺江而下是汉口。中经涪州、万县，归州、沙市、石首、监利、江夏汉口等商镇。其中涪州是四川、黔北通往四川的四条道路之一。闻名全国的商业重镇沙市，"西接蜀江，北通

① 《塞外见闻录》。
② 宋哲元：民国《察哈尔通志》卷三十三，《商业》。
③ 刘秀生：《清代国内商业交通考略》。
④ 秦云龙：光绪《雷波厅志》卷三十三，《物产》。
⑤ 王尔鉴：乾隆《巴县志》卷十，《物产》。

襄汉、百货充韧、万舫鳞集"①。石首"山陕川广贾客鳞集"。监利南濒洞庭，北接长江，"西走蜀黔，南走百粤"，其朱家河镇，为"巴岳沔汉四达之区"②。湖北省城当七省冲，百货云集，舟车络绎，九省通衢："汉口当江汉交汇之区，水道之便，无他埠可拟，循大江而东，可通皖赣、吴越名区，以达上海；循大江而南，可入洞庭，入沅湘，以通两广，以上溯金沙之于遵；汉水而西，经安陆、襄阳、郧阳诸府，纵贯全鄂，以抵汉中；又沿汉水之支流白河、丹江二水，以入宛洛，所谓九省之会也。"③ 从汉口还可达到山西、甘肃等地："溯江河可以直达四川、云南、贵州，溯汉水则可直达河南、陕西、甘肃，其湖南、江西诸省，亦皆舟楫可通，山西、安徽其货物莫不汇于此，所谓九省之通衢也。"④ 汉口以下的长江水道，是畅通无阻的内河航道，政府在九江、芜湖、南京、上海设有钞关，并在镇江与运河成十字交叉，在长江口达上海，与沿海交通相沟通。粮食、木材、药材、生铁等亦顺流而下，江南的丝棉织品及日用杂货，淮南的盐等逆流而上，沿线由西向而东有叙州、沙市、岳州、九江、安庆、芜湖等，各大支流沿岸的各级城市形成网络。岷江上有天府之国的成都，涪江上有商品粮市太和镇，嘉陵江上有阆丝贸易中心苍溪，湘江上有湖南商业中心湘潭、长沙、衡阳，资江上有益阳，汉江上有"南船北马"转运站老河口，赣江上有江西商业中心樟树镇、吴城镇，抚河上有浒湾镇，信江上有河口镇，鄱江上有瓷都景德镇。⑤

（五）南方粤闽赣浙：广州—梧州—衡阳—南昌—赣浙闽⑥

广州北行经清远、曲江到达江西赣州。清远当南北之中枢，贯通南雄、韶州、连州、英德，下至广州、佛山，南海县之陈村、龙山⑦。从北江溯流而上可达江西境内，进入赣水航道。"赣郡十川均流，其源远者与闽粤接，既合于郡城之北为赣水出滩，以达于彭蠡，而赣郡实为两粤门户，仕官商贾溯彭蠡（鄱阳湖）而上者，未尝绝也"⑧。沿赣江顺流而下经新淦、清江县樟树镇等商业重镇抵达鄱阳湖。樟树镇、景德镇、河口

① 蒯正昌：光绪《江陵县志》卷九，《乡都》。
② 陈国栋：同治《监利县志》卷一，《市镇》。
③ 侯祖畬：民国《夏口县志》，《实业志》。
④ 徐焕斗：民国《汉口小志》，《商业志》。
⑤ 龙登高：《中国传统市场的整合：11～19世纪的历程》，中国经济史论坛，2004年2月21日。
⑥ 刘秀生：《清代国内商业交通考略》，中华文史网，2005年2月24日。
⑦ 陈永图：民国《增城县志》卷十四，《实业志》。
⑧ 黄德溥：同治《赣县志》卷四，《形势》。

镇、吴城镇为江西四大名镇，下游是南昌，南昌下游的湖口镇，"贾船商艇，往来无虚日"①。东出鄱阳湖进入锦江上游的铅山、江山一带，抵达闽浙赣边界地区。铅山河口镇和玉山县是重要商埠，玉山县城外的大河关口滩码头是水陆交接码头，"浙江货物由此下船，粤闽货物由此起剥"②。北上经屏风关、曹会关的短途陆运，可达浙江省的常山县，沟通江西、福建、广东、广西、湖南、贵州、云南等省，实为交通要塞。据龙游县志记载："自京、省以达江闽者，道水则自睦（古睦州，相当于清代的严州府，富春江穿府境而过）而至，道陆则自婺源而至，龙（游）适当其会，车马舟楫，辐辏并进，如鸟之集于林、水之钟于泽也，以视江（山）之专达于闽，常（山）之专达于江（西）者，稍有兼焉。"③从龙游顺江而下可达杭州，连接京杭运河。无论从杭州还是从余杭，都能进入京杭大运河。从闽浙赣边界地区通往福建的商路，一是从浙江江山县穿过闽浙交界的枫岭关（即武夷山与仙霞岭间的山口），进入福建建宁府境内；二是从江西铅山县河口镇通往福建崇安，延伸于延平府治南平县；三是从铅山河口镇经云际关达福建光泽县。三条路线会于南平县，可达福州："邑南路至省，东路至建安，西路至沙县；又至顺昌一路，为邵（武）、汀（州）二郡及江西省往来所必经，布客、木客、烟客货银甚多。"④简言之，这条商路南起广州，经珠江水域抵粤赣边境，经短途水陆转运进入鄱阳湖水系的赣江；再经鄱阳湖达闽浙赣边境，经短途水陆转运进入钱塘江水域的富春江，连通京杭大运河，直抵北京。

（六）中南大商路：梧州、广州—衡阳—汉口⑤

南起广西梧州和广东广州，两条路线会于湖南衡阳，再向北延伸经长沙、汉口、开封，抵达北京。梧州是广西地区商业交通枢纽，衡阳位于湘江中游，借珠、桂江，湘江，在梧州和衡阳间有桂林、灵川、全州、零陵、祁阳等码头，在灵川县境内有人工河道灵渠将漓江上源与湘江上源连通。零陵县的航运向北可以通衡阳、长沙，向南可达桂林、广东，零陵下游的祁阳，船运往来于湖北、湖南、广西之间。"杉竹之产能饶他郡，每年驾籍载舟，涉洞庭而抵汉鄂者络绎不绝；其次则驾小船如烟……上下桂

① 付春官：光绪《江西农工商矿纪略》，《清江县商务》。
② 王恩溥：同治《上饶县志》卷四，《疆域》。
③ 卢灿：康熙《龙游县志》卷一，《舆地》。
④ 杨桂森：嘉庆《南平县志》卷十，《艺文》，《请弭盗议》。
⑤ 刘秀生：《清代国内商业交通考略》，中华文史网，2005年2月24日。

（林）、全（州）、湘（江）、湖（洞庭湖）间，转运花、粮、盐、糖"①。广州经韶州到衡阳，或经赣州到鄱阳湖，或往北经湖南宜章、郴州、耒州可达衡阳。宜章县"地居楚尾，壤接粤头，石溪水流南海，摺岭达郴江，为南北经商水陆拨运之冲，县城东门外，居人立大店、栈房数十间，客货自北来者，为雇船，由南来者，为拨夫"；除县城外，还有两个码头可通广州，其一为白石市，其二为田溪市②。宜章往北的郴州是湘江水系中连接衡阳与广东的重要港口。清代的衡阳是烟草贸易中心，"山西、陕西大贾以烟草为货者有九堂十三号，每堂出入资本岁十余万金，号大于堂，兼通岭外，为飞钞交子，皆总于衡阳"，"长沙未设巡抚时，商贾必主衡州，以通广西"③。衡阳至洞庭湖之间的重要商埠有衡山县白果市、湘潭县城。白果市"下达湘潭，上接衡阳，旁通湘乡、宁乡"④。湘潭为湖南第一大商业都会，素有"金湘潭银益阳"之说。其地通"岭表滇黔"，东城门外河岸"樯帆蚁集连二十里"，"城市街衢三重，长十五里，三乘之，四十五里"⑤，从湘潭顺流而下，入洞庭，达汉口，水路运输畅通无阻。

从汉口北上，分三路进入河南，北进直隶、京师，西路，从汉口"沿支流白河、丹江二水以入宛、洛（南阳、洛阳）"⑥。由汉水河畔的沔阳北上达宜城县小河口镇，为"东临江汉，接界襄阳，京省通衢，商贾辐辏"之地⑦。襄阳以北的河南赊旗镇为四达之地，"北走汴、洛，南船北马，总汇百货"⑧。中路是从汉口经云梦去河南。湖北棉布运往塞北者，皆以云梦为集散地，云梦经西平到开封，为"南楚北冀通衢"。东路是从汉口经湖北黄安、河南光山、周家口达开封。周家口镇为东西南北商业枢纽，乾隆时期该镇"周围十余里，三面夹河，舟车辐辏，烟火万家，樯桅树密，水陆交汇之乡，财货堆积之数，南接楚城，北通燕赵"⑨。从汉口北上的西、中、东三路可会于开封，朱仙镇、汉口镇、佛山镇、景德镇

① 陈玉祥：同治《祁阳县志》卷二十二，《风俗》。
② 陈永图：嘉庆《宜章县志》，《疆域志》下。
③ 罗庆芗：同治《衡阳县图志》卷十一，《货殖》。
④ 李惟丙：光绪《衡山县志》卷六，《关隘》。
⑤ 陈嘉榆：光绪《湘潭县志》卷十一，《货殖》。
⑥ 侯祖畬：民国《夏口县志》，《实业志》。
⑦ 程启安：同治《宜城县志》卷二，《村镇》。
⑧ 潘守廉：光绪《南阳县志》卷三，《建置》。
⑨ 徐家麟：民国《商水县志》卷五，《集镇》。

为"天下四大镇之一,食货富于南而输于北,由广东佛山镇至湖广汉口镇,则不止广州一路矣,由湖广汉口镇至河南朱仙镇,则又不止湖广一路矣"①。从开封渡黄河,进入卫河,经卫辉达临清汇入运河。这条运输漕粮的水道亦可为商人贩运粮食到京师提供便利,据天津静海县的记载:"贩粟者南至卫辉、磁州,北至京师,视年之丰歉以为籴粜。"② 开封北上经山西泽州、潞安、祁县、太原、西口(杀虎口)、东口(张家口)进入内外蒙古地区,以至俄罗斯。输入俄国的砖茶和红茶均来自江南茶区,茶商们将湖南安化、临湘聂家市,湖北蒲圻羊楼洞、崇阳、咸宁的茶,就地加工成茶砖,水运到汉口,再经汉水运至襄樊,河南唐河、杜旗,骡马驮运北上,再由旅蒙商人改用驼队在荒原沙漠中跋涉 1000 多公里至边境口岸恰克图交易。俄商们再贩运至伊尔库茨克、乌拉尔、秋明,一直通向遥远的彼得堡与莫斯科。

(七) 大批商业城镇的崛起

明清京师北京,人口众多,店铺林立,聚集着很多来自全国各地的商人,他们一地域乡谊或者经营行业,联合成的商人组织达到了相当大的规模。据李华教授研究,"北京的工商业会馆,成立于明中叶的很多,如山西平遥颜料商所建立的颜料会馆……当在明万历以前……还有山西临汾、襄陵两县油、盐、粮商建立的临襄会馆。山西临汾纸张、干果、颜料、杂货、烟叶等五行商人建立的临汾东馆(亦称临汾乡祠)。山西临汾商人建立的临汾西馆。山西潞安州铜、铁、锡、碳、烟袋诸帮商人建立的潞安会馆。浙江宁波药材商人建立的四明会馆。陕西关中商人建立的关中会馆等。"③ 李华教授在 1961 年实地调查,明清工商业会馆有 55 个,其中晋商会馆 15 个,占 27%。

北京以外,出现了很多商业城镇,景德镇、朱仙镇、佛山镇、汉口镇号称"天下四大名镇"。景德镇早在 1004 ~ 1007 年(宋景德年间),烧造瓷器已名扬海内,明代以后,景德镇成为全国的制瓷中心之一,制品行销国内外,"自燕云而北,南交趾,东际海,西被蜀,无所不至"④,也大量运往欧洲,1602 ~ 1637 年,经荷兰东印度公司运往荷兰的瓷器达 300 万

---

① 沈传义:光绪《祥符县志》卷九,《市集》。
② 唐基渊:乾隆《嵩县志》卷十二,《市镇》。
③ 李华:《明清以来北京的工商业行会》,《历史研究》1978 年第 4 期。
④ 嘉靖:《江西省大志》卷七,《陶书》。

件以上①。18 世纪，英国、法国、荷兰、丹麦、瑞典等国先后在广州等地设立代理行，通过广州商行向景德镇定制瓷器。1723～1795 年（清雍正、乾隆年间），景德镇已有"民窑二三百区，工匠人数不下数十余万"，制瓷业"生产年值三百万到四百万两白银，主要商品额折银五百二十万到六百万余两，只比 17 世纪英国的年出口值低七分之一到六分之一，相当于 18 世纪法国出口商品值的三分之一强"②。随着瓷业生产的发达，"豪商大贾，咸聚于此"，"其人口之稠密，商贾之喧阗，市井之错综，物类之荟萃，几与通都大邑"③。嘉庆年间，景德镇街市的扩展已"自观音阁江南雄镇坊至小港咀，前后街计十三里"，人口达 25 万④。佛山镇，因周边地区拥有丰富的铁矿资源，明清广州、南雄、韶州、惠州、罗定、连州、怀集之铁均输于佛山⑤。清代官府规定，两广所属冶炼铁锭全部运往佛山加工，如在当地铸造，则属私铸，与私盐同罪⑥。明人霍与瑕称佛山为"两广铁货所都，七省需焉。每月浙、直、湖、湘客人腰缠过梅岭者数十万，皆置铁货而北。"⑦ 清康乾时期，佛山炒铁工人 5000～7000 人，加上铸铁行业及其他铁行，拥有的工匠当在两三万以上⑧。铁货之外，成药、染纸、民间手工艺、五金加工、金属制箔、衣帽鞋制品、造船、泥水建筑、砖瓦灰炉、竹木藤器、骨角皮毛筋器、涂染料、爆竹、漆器、乐器、文具、食品酿造、牙刷、纸伞和其他各业在佛山也很兴盛。清嘉道年间，18 世纪末 19 世纪初，佛山商业有 70 多个行业，工商店铺在 300 家以上，商品有三四千种，绅衿商贾，林林总总⑨。本地产品也远销国内各省及南洋、澳洲、美洲和越南等地。19 世纪中期到 19 世纪上半期，佛山有 18 省的会馆和 22 家洋馆⑩。朱仙镇位于河南开封府城西南，明末清初，全镇面积为 25 平方公里，人口 20 多万，民商 4 万多户，除客栈数十家外，还有山西会馆、山陕甘会馆和数十个驿站，官僚贵戚、文人雅士云集，客商工匠、手工艺人、卖艺人常年往来不断⑪。康熙年间，朱仙镇的

①③ 梁淼泰：《明清景德镇——城市经济研究》（增订版），江西人民出版社，2004 年。
② 刘毅：《景德镇瓷业成就及其成为"瓷都"的原因》，《南方文物》1996 年第 3 期。
④ 蓝浦等：《景德镇陶录》卷五、卷一。
⑤⑥ 阮元：《两广盐法志》卷三十五，《铁志》。
⑦ 隗瀛涛：《中国近代不同类型城市综合研究》，四川大学出版社，1998 年。
⑧ 罗一星：《明清佛山经济发展与社会变迁》，广东人民出版社，1994 年。
⑨ 道光《佛山忠义乡志》卷六，《乡事志》。
⑩ 道光《佛山忠义乡志》卷五，《乡俗》。
⑪ 程子良、李清银：《开封城市史》。

商铺有 32 类、620 余家，除本地产的爆竹、年画、红纸、香、豆腐干、油、酒、醋等以外，还有从山西、陕西运来的皮毛、木材、铁货、桐油；从北京、天津运来的食盐、杂货；从江西、福建运来的茶叶、瓷器、纸张；以及江浙的绸缎、鞋帽和湖广的大米、糖、首饰和茶叶等。汉口镇位于湖北汉水与长江交汇处，明成化年间，由于汉水改道，将一片原来无人居住的低洼之地从汉阳分离出来，水深可通行巨舶，适合民船停泊，成为长江中游水运交汇点。清刘献廷称："汉口不特为楚省咽喉，而云贵、四川、湖南、广西、陕西、河南、江西之货物，皆于此焉转输。"[①]

明清全国各地商业城镇的兴起，比比皆是，不可能一一介绍。需要指出的是，明清时期北方边地兴起一大批商业城镇，如张家口、大同、包头、西宁、定远营、包头、归化（呼和浩特）、古城、伊犁、塔尔巴哈台、科布多、库伦、买卖城（恰克图）、朝阳、海拉尔等商业贸易城市。偏僻的宣府镇在明代已经"贾店鳞比，各有名称，如云南京罗缎庄、苏杭罗缎庄、潞州绸庄、泽州帕铺、临清布帛铺、绒棉铺、杂货铺、各行交易铺沿长四五里许，贾皆争居之。"[②] 张家口又是内地商人通往库伦、恰克图以至俄罗斯的必经之地，所以，随着内地对蒙古地区和俄罗斯贸易迅速发站起来。张家口上堡的日升昌巷，下堡的锦泉兴巷，分别是山西货币商人日升昌票号和锦泉兴钱庄建设并以自己的商号名字命名的街巷。外蒙古的科布多，是山西巨商大盛魁的基地，建有大盛魁街。辽宁朝阳原名三座塔，乃一村镇，山西太谷曹家在此开发贸易，后有"先有曹家号，后有朝阳县"的民谣。呼伦贝尔在 1723 年（清雍正元年）建城时，"划清街道，招山西行商市易，为蒙旗会集场"，有山西商人八大家之说，现在的正阳街聚居着很多山西宁武人。包头有民谣"先有复字号，后有包头城"，说的是山西祁县乔家从开复盛西面坊起步，与包头镇共同发展成为包头城。宁夏有"先有祥泰隆，后有定远营"，青海有"先有晋益老，后有西宁城"等民谣。如同意大利北部伦巴第商人在伦敦发展建立了伦巴第街成为英国金融中心一样，晋商在张家口的日升昌巷曾一度成为北亚的金融贸易中心。

（八）国内市场的形成

关于国内市场的形成，龙登高博士在《中国传统市场的整合：11 ~

---

① 刘献廷：《广阳杂记》卷四，中华书局，1957 年。
② 《宣府镇志》（嘉靖版），卷二十。

19 世纪的历程》一文中描述道："商品在全国范围内的周流，以苏杭等地棉布、丝绸及日用杂货等各种手工业制品最为显著，可谓无远弗届。"在明清各地方志中，苏杭杂货的记载，俯拾即是。江西"民间所用细布，悉从苏松芜湖商贩贸易"。清代山东兖州府，"服食器用，鬻自江南者十之六七矣"。广东英德县墟市，"苏杭杂货齐备"。远至塞北，亦不例外，宣化府大市中，南京罗缎铺、苏杭罗缎铺为商贾竞相争占；宁夏的苏杭杂货集于毓秀坊内……①唯其如此，苏杭各类手工业产品的生产具备有力的市场刺激。"吴制服而华，以为非是弗文也；吴制器而美，以为非是弗珍也。四方重吴服，而吴益工于服；四方贵吴器，而吴益工于器。"② 乾隆《安邑县运盐城志·风俗》也记载，山西运城产盐，"商贾取处，百货骈集，珍馈罗列，凡于无物不有，是合五方物产，即为运城物产"。

华北地区，京师所在，加上周边直隶、山西、山东、河南构成华北市场。北京市场，自明代以来山西人就很活跃，到清代又有进一步的发展。以粮食和各种消费品为主，聚集了来自全国的商人，最活跃的是山西商人、安徽省人、江浙商人和山东商人等，北京的粮食米面行，多为山西祁县商人经营；北京的油盐酒店，多为山西襄陵人经营；北京的纸张店，多为山西临汾和襄陵人经营；北京的布行多为山西翼城人经营；鲜鱼口往西有布苍，全为冀城人。其他如颜料、染坊、干鲜水果、粥行等都是山西人占优势。专为宫廷搬运元宝的"茂盛永"、专为下层人服务的小米粥摊贩，都是山西翼城人。北京至今仍留有招牌的大商号，"都一处"、"六必居"、"乐仁堂"等均是山西浮山、临汾等地商人经营的企业。但是势力最大的还是经营货币信用活动的银钱商人。北京前门外的草厂胡同、施家胡同、大栅栏、粮店街一带为山西商人聚居经营之地。京城之外，山东的临清，直隶的天津、保定，山西的潞安、泽州、绛州、平阳、太谷、汾阳，河南的开封、洛阳、周口、赊旗等商业城镇依靠水陆交通的便利，使得粮食、食盐、药材、干果、卖炭、铁货、皮毛、纸张、布匹、丝绸、烟丝等市场活跃。山西运城的潞盐，始自尧舜，历周秦汉唐宋元不断发展，明清时期产量达三四百万担，行销陕西、山西河南等 11 府 115 县，坐商、

---

① 《两台奏议》卷五；《古今图书集成·职方典》，兖州府物产考；道光《英德县志》卷六；万历《宣府镇志》，嘉靖《宁夏新志》卷一。

② 张翰：《松窗梦语》卷四。

行商都很活跃①。山西盛产煤铁，冶铁和铁器制造很早就比较发达，铁锅、铁器，特别是缝衣针供应整个北亚地区。

长江中下游地区，苏州、扬州、盛泽、南京、杭州、宁波、汉口、湘潭、九江等地，发达的水上交通，构成了长江中下游平原的市场，使得湖北、湖南、江西、安徽的茶叶，淮安、扬州的食盐，苏杭的丝绸织品、棉花布匹制品，长江两岸的粮食、纸张、木材等，是明清物产丰盛，市场活跃的最典型的地区。

珠江三角洲地区，这里通过西江、北江、东江、韩江连接着广东、广西、江西、湖南、福建，是珠江三角洲市场。在海禁未开以前，出口由广州十三行办理，内地出口商品，有来自各地商人转手广帮，如山西商人的开设的广生远、广懋兴、广益义等，与广帮关系密切。由海上出口的茶叶，如销往印度尼西亚的茶，也是由山西商人在产地收购，运往广州，潮帮商人又从山西商人手中购进转销南洋的。②

云贵川地区可谓西南市场，"四川隆昌、荣昌、内江一带盛产夏布，为朝鲜族喜穿之衣，中国人畴昔也有穿者。经营此业者，均为山西中区人。"③在云南昆明的黑龙潭，笔者曾见到残碑一块，记载1838年（道光十八年）建筑文昌等殿宇时，"云贵总督史捐银四十两；云南布政使口捐银三十二两；山西太原府榆次孙云汉捐银二十两"。孙氏无官衔，捐款名次紧列布政使之后，可以认定为在当地经商的山西人。1895年（光绪二十一年）晋阳人周永沣在昆明金殿有三笔捐献：一是大铜鼎一尊，直径1米多，高约1.5米；二是铜殿悬挂铜制牌联一副，长约2~3米，宽约15~20厘米，厚约2~4厘米；三是重修殿宇捐银60两，这也是山西商人。在贵州，山西盐商挟川盐入黔，著名的贵州茅台酒"是1704年山西盐商郭某雇工制造"，开始只是"盐商自饮"，后来"出现专为销售的烧房"，"从山西雇了酿造杏花村汾酒的工人来茅台村和当地酿造工人共同研究制造"。④

塞外蒙古市场是一个很大的国内市场与俄罗斯及欧洲没有的市场，但是被不少学者忽视了。中国北部游牧民族与中原汉民族的物质交换自古以来就是民族关系的重要问题。大体在汉以前蒙汉没有就已出现。在蒙古萨

---

① 《中国实业志》（山西省），南京政府实业部，1936年。
②③ 许铁如：《旧管见闻》，1980年未刊稿。
④ 贵州省工商业联合会：《贵州茅台酒史》，载《工商史料》第1辑，文史资料出版社，1980年。

县和包头郊区出土的赵国墓葬，有大批铸有安阳、中都（平遥）、铜鞮（沁县）、蔺（离石）、平阳、寻阺（巩县）、襄垣、戈邑等字样的大方足布，并有"安阳"布范的出土，昭盟宁城又有"大泉五十"、"小泉直一"钱范和钱文出土。可见这条商路当在早期就比较活跃，后来被冷落了。江南雨中原物资经东西两口进入蒙古市场，往西可由归化—包头—宁夏—兰州—敦煌到叶尔羌，或由归化—库伦—乌里雅苏台—科布多—哈密—乌鲁木齐到塔尔巴哈台，往东经张家口—多伦—齐齐哈尔到呼伦贝尔，往北则是库伦—恰克图—伊尔库茨克—西伯利亚—莫斯科到彼得堡，进入欧洲市场。明清时期，虽然在明初汉蒙关系曾一度紧张，但自然地理形成的社会分工，使得商品交易无法中断，蒙古人民不能长期忍受"无釜"的艰难生活，经过双方长期谈判，终达成协议，在边镇建立交易市场。蒙古以自己的马匹、皮毛换取内地的铁锅、粮食、茶叶和布匹，以满足蒙古族的生活需要，亦补充明政府的军马来源。参与当时谈判的徐渭曾赋诗道："千里赤兔匿宛城，一只黄羊奉老营，自古著棋嫌尽杀，大家和气免输赢。"[1] "当时通关互市之处，辽东方面有：镇北关、广顺关、抚顺、义州、新安关、镇安关、大福堡、大康堡等；大同山西方面有：喜逢口、黑峪关、张家口、得胜堡、杀胡堡（即杀虎口）、新平堡、守口堡、水泉营等；延绥宁夏方面有：红山敦、清水营、平虏厂、中卫厂等关口。"[2] 明代九边三军马匹数如下：辽东 77001 匹、蓟州 41321 匹、宣府 55274 匹、大同 51654 匹、山西 6551 匹、延绥 45940 匹、宁夏 22182 匹、甘肃 27318 匹、固原 32250 匹，总计 359491 匹，可想见这个市场上的交易规模[3]。清末，蒙古地区每年需要由中原输入的主要商品数量如下：砖茶 24 万公斤（每箱 27 块）、小米大米 2482.1 万公斤、面粉 2778 万公斤、烟草 117.6 万公斤、糖 20.9 万公斤、酒 98.8 万公斤，还有各种布匹、绸缎、杂货、家具，诸如铁锅、茶壶、小刀、鞍镫、提桶，寺院喇嘛用品、神像、僧帽、经书以及各种装饰品等，都要从中原地区输入[4]。而每年从蒙古地区又要运出大量物资，其中肉类 60 万担、羊毛 12 万担、驼毛 1.3 万担、马毛 1.13 万担、羊皮 50 万张、羔皮 70 万张、牛皮 8.4 万张、马

---

① 亓爱华：《三娘子传》，《包头史料荟要》第 2 辑。
②③ 札奇斯钦：《北亚游牧民族与中原农业民族的和平战争与贸易之关系》，1977 年。
④ 克拉米息夫：《中国西北部之经济状况》，商务印书馆，1935 年。

皮 7 万张①。在这一联结东西南北的商路上，主要的运载工具是骆驼，它是现代火车、汽车运输工具出现以前，北方陆路运输的主要动力。由于骆驼的胃内附生二三十个水脬，能贮水，故善忍饥渴，性温顺而执拗，食粗草及灌木，能负重致远，喜欢北方气候，往南可以达到汉中、周家口、徐州以至符离集。再加之用骆驼运输价格比较低廉，因而成为华北、蒙古、东北、新疆以及俄罗斯等地的主要运输工具。从张家口至库伦，全程 1000 公里，骆驼运输 25～30 天，每头号骆驼雇价白银 17 两，每头平均驮运 432 磅（约 196 公斤），运送 1 吨货物约 88 两白银。大的骆驼商队 1000 头组成 1 个运输队，内再分若干个小队。每小队 15～20 头骆驼，由 2 名驼工管理。每小时可以行走 9 华里，日行 80～100 华里。除骆驼运输之外，还有骡、马、驴和牛车，只行进在有水草的地方，牛车为 1 轮 2 牛，载重 540 磅，也是分成商队，1 个大商队下分若干个小分队行进。如果在青海、宁夏、甘肃一带，往西口运输，又可以利用黄河水运，从兰州至包头，货物可以筏载顺流而下，每筏载重 260～290 担，须时 13～42 天（因水面变化和风向影响），每担运输费白银 2～3 两。当时山西商人"贩绸缎于苏杭，贩茶糖于汉口，贩葛布于四川，贩棉布于直隶，贩其他杂货于山东周村"转而又将货物"售于新疆、内外蒙古等处"②。汉民族对蒙古游牧民族的贸易，一般都要经过张家口和杀虎口，俗称东口和西口，为商品交流的必经之地。据顺治《云中郡志》：张家口"商贾皆出山右人，而汾介居多，踵世边居，婚嫁随之。"③ "张家口最大的企业是山西祁县人范家开设的'兴隆魁'，于清初开设至光绪末年倒闭，临倒闭时，光顶身力之职员有二百九十人左右，而未顶身力之职员亦在几百人，有的说共职员一千人左右，有的说七八百人，是清朝时期对外蒙和俄国等地贸易的中国第二大型企业。"④ 这个时期"每天从外地进入张家口之皮张、药材、杂物、牛马羊等可售一千两银子。"⑤其他商号如"长盛川"、"大盛魁"、"大昌川"等，都是重要的旅蒙商。"大昌川"茶店院内还有康熙皇帝赐予的双龙石碑，以表彰山西旅蒙商人的功绩。张家口城在清代的发展，是同山西商人对蒙贸易紧密相连的。张家口上堡的日升昌巷，下堡的锦泉兴

---

① 克拉米息夫：《中国西北部之经济状况》，商务印书馆，1935 年。
② 张之杰：《三十年来之山西经济》，《晋阳日报三十周年纪念册》。
③ 《云中郡志》（顺治版），卷二。
④⑤ 许轼如：《旧管见闻》，1980 年未刊稿。

巷，就是山西货币商人建立起来的，并是以票号、银号名称来命名的。呼伦贝尔城即海拉尔城，是 1723 年（雍正元年）因该地"水草丰茂，树木丛生，禽兽繁殖，土地膏腴"，奏准建城。"于伊敏河左岸筑土房为围，划清街道，招山西行商市易，为蒙旗会集场……城周四里余，就商户市房为垣。"至今该地还有一个正阳街，为山西宁武人聚居之地，山西人吃醋的习惯也流传到当地蒙民之中。对蒙贸易的西口，即杀虎口，后改移归化城。据《绥远通志稿》说："绥为山西辖境，故经商于此者多晋籍。其时贩运货物，经过杀虎口交纳关税后，至归化城行销无阻。"这里的山西商人，分行商与坐商。行商贸易于大青山后和西营一带，需向绥远将军署领取理蕃院颁发的"龙票"。这种"龙票"不仅便于清政府管理，而且对旅蒙商也是一种特殊照顾，持此"龙票"贸易者，"蒙户如有拖欠，札萨克有代为催还之责，且旗长对于此等商户，纯以礼客遇之。"[1] 所以，旅蒙商很少亏折，获利巨厚。赴蒙古草原贸易者，其经营地域有前营、后营及西北营路之分，前营即乌里雅苏台一带，后营即科布多一带，西北营路则是北雅尔、伊犁、古城子（奇台）、红庙子等处。这种贸易，"途中均无旅店可宿，须结驼队运输，自携锅账"。"运输之货，以绸缎、布匹、茶、糖、烟为大宗，而以其他杂货附之，运回者，以绒毛、皮毛、各种牲畜为主。"从新疆方面回来的还有白银、金砂、鹿茸、葡萄干、杏瓜之类。运回之货物在丰镇、归化、包头出售。每年将 20 余万只羊卖给京羊庄。鹿茸开市之时，交易量日达 20 万两白银，甘草约 50 万银元。[2] 上述行商之中，专门走草原到蒙民中去贸易的商人因为会说蒙古语，称为"通事行"。大盛魁在内外蒙古地区深入蒙古包销售生活和生产用品时，同时也带去了治疗各种疾病的中药包、冻饺子。清代的旅蒙商，是由清康熙时的随军贸易演变而来的。清政府规定旅蒙商须领取政府颁发的"龙票"后方可到蒙古经商。在清代旅商中主要是山西商人。他们根据蒙古人的日常生活所需，用较为廉价的绸布、茶叶、烟酒和金属器皿及工具等，换取各类牲畜、毛皮等畜产品。山西商人还根据畜牧业经济的生产特点，在春夏之交，走串帐篷，把商品赊销给蒙古牧民，当面以货物折合牲畜皮毛数量，先不收取，迨至秋冬之际，蒙古牧民把牲畜养得膘肥体壮时，再收取牲畜和畜产品以及赊销的利息，来获取高额商业利润和高利贷收入。旅蒙

---

[1][2] 《绥远通志稿》卷四九，民国年间抄本。

商其经营地域有前营、后营之分，前营即乌里雅苏台，后营即科布多，均在今蒙古地区，另外还有呼伦贝尔地区。山西旅蒙商号著名的有大盛魁、兴隆魁、长盛川、大昌川等。其中大盛魁极盛时同蒙古的贸易额年约900万～1000万两白银，每年有1500峰骆驼往来于长城和乌里雅苏台之间，其中从业人员达六七千人，时人形容"大盛魁"的财产，可以用50两重的银元宝从库伦（乌兰巴托）到北京铺一条路。

西北地区出产许多名贵药材，如甘草、枸杞、麝香等，尤其是大量的皮毛诸类商品须向外输出，那里需要的茶叶、布匹、绸缎需要由外地购进，形成西北市场。甘草产地在内蒙西部和陕西、甘肃、宁夏北部地区，清末年间产量约800万斤。而这里甘草的刨采、炮制、加工、买卖多系山西商人。最初是清乾隆年间，保德县人王蕊因生活困难，流落口外，在达拉特旗的一个寺庙佣工糊口，得寺庙住持信任而允刨采该庙属荆棘地的甘草而逐渐扩大，以后创办了"西碾房"，并世代相传。同时代还有定襄人张六乡之子孙，在杭棉旗刨采，设"德盛成"。保德人张家开设"十盛恒"，杨家开设"义成远"，卢家开设"仁和永"，太谷李家开设"德盛亨"，忻县张家开设"永和西"，祁县张家开设"广庆泰"。从事甘草买方和卖方中介人的是甘草店，最初是嘉庆、道光年间保德马家在河口开设的"晋益恒"，光绪初年开始，又有"庆和成"、"信成"、"日生"、"公义昌"、"庆记"、"裕隆和"、"集义昌"等先后开设。通过草店之手，销往河南、河北、天津、山东、湖北、湖南、汉口、上海、中国香港以及朝鲜、日本、印度尼西亚等地。① 在宁夏，著名的大商号有敬义泰、合盛恒、恒盛裕、庆泰亨等由山西万泉商人、平遥商人、榆次商人、猗氏、临晋商人开办。著名的宁夏枸杞，半数以上掌握在"庆泰亨"手中。在宁、蒙、甘三省区交界有个定远营（今阿拉善左旗），向有"小北京"之称，那里最大的商号"祥泰隆"是山西平遥人经营，当地有"先有祥泰隆，后有定远营"的谚语，它收购皮毛运销内地或天津，贩日用百货于此销售，供应蒙回汉各族人民。② 在青海，"商业主要由山、陕两省的客商经营，其中尤其以山西人较多，来宁（西宁）时间也较早，如'合盛裕'、'晋益老'商号都有二百九十年以上的历史"③ 在青海的山西商人以西宁

---

① 伊子衡口述、阎秉乾整理：《解放前甘草和甘草行业的概况》，《包头史料荟要》第5辑。
② 许轼如：《旧管见闻》，1980年未刊稿。
③ 廖庭：《解放前西宁一带商业和金融业概论》，《青海文史资料》第1辑。

为根据地，活动于各州县①。在新疆塔尔巴哈台、伊犁、和田、叶尔羌等地，"山陕江浙之人，不辞险远，货贩其地"②。"西藏、青海一带高山中产麝香，山西闻喜人多年在打箭炉一带设立企业，收购此宗物品。"③

东北地区盛产大豆、高粱、药材，通过海运或者陆路运销湖北与江南。在满族贵族为进入中原之前，在东北的满族贵族与明王朝对立，大量物资特别是军用物资，由张家口转手进入了东北地区，1618 年（明万历四十六年），努尔哈赤占领抚顺时，对在抚顺的山西、山东、河东、河西等豪商书"七大恨"令其带回关内④。道光《万全县志》说到张家口名商八大家时："八大家者，皆山右人，明末时以贸易来张家口，曰王登库、勒良玉、范永斗、王大宇、梁嘉宾、田生兰、翟堂、黄云发，自本朝龙兴辽左，遣人来口市易，皆八家主之。"⑤ 清入关后，命范永斗等为皇商，给予种种特权，允许其贩卖食盐，允许其在蒙古森林伐木出售，允许其组织山西人到新疆从事贸易。在晋中盆地，各县民间流传这样的《摇篮曲》："我娃娃亲，我娃娃蛋，我娃娃长大了捏兰炭（捏兰炭指从富人烧过的炉渣中拣可以再用的小焦炭块），捏不来炭吃不上饭；我娃娃蛋，我娃娃亲，我娃娃长大了走关东，深蓝布、佛头青、虾米海菜吃不清。"这首歌谣反映贫苦的劳动人民生活困难，盼儿长大了为其拣煤核以备炊用，更盼儿长大了像那些商人一样到东北去经商，那时就可以不愁吃穿了。据1933 年 7 月 1 日截止的山海关报告，由于东北沦陷于日本侵略者，由关外返回的山西商人有 17 万人，就在东北者估计不及晋商的 1/3⑥。可以说，山西商人以其特有的开拓进取和风险精神，在明清时期上演了一场长达数百年的大型历史剧，其舞台之广大，演员之众多，在世界历史上是罕见的。

上述区域性的市场通过几条水陆商路联结成贸易网络，构成了明清国内大市场，其商品流通的规模、数量、范围，都是前所未有的，是商业革命的结果。

---

① 任斌：《略论青海山陕会馆和山陕商帮的性质及历史作用》，《青海师范大学学报》1984 年第 3 期。
② 冯家升等：《维吾尔史料简编》下册。
③ 许轼如：《旧管见闻》，1980 年未刊稿。
④ 《清太祖实录》卷五。
⑤ 《万全县志》（道光版），卷十一。
⑥ 孔祥毅：《近代的山西史上的山西商人与商业资本》，载《近代的山西》，山西人民出版社，1986 年。

三、海外贸易与国际商路

16 世纪中期开始，明王朝部分地开放海禁，对外贸易有了发展。到清代，1655 年（顺治十二年）、1678 年（康熙十七年），商人也有禁海令或者迁海令，但是海外贸易并没有停止，1684 年（康熙二十三年）放弃海禁，对外贸易迅速发展，对外贸易的地域与数量迅速扩大。当时对国外贸易分为两部分：一是陆路贸易，主要是通过蒙古地区对俄罗斯、欧洲的贸易和对朝鲜的贸易；二是海上贸易，集中在东南沿海，以广州、泉州、厦门、福州、上海、天津为中心，与交趾、泰国、马来半岛、爪哇、菲律宾、日本和欧洲商人贸易。日本学者滨下武志认为，"亚洲区域内的贸易网，主要是由中国和印度商人到各地去进行贸易而形成，并由此构成相应的结算网"①。

（一）陆路贸易

17～18 世纪（明万历二十八年至清嘉庆五年），中国对外贸易的大量顺差，使外国银元大量流入国内，总计大约 13 亿元。除销熔、外购鸦片等外，净余白银货币大约 10.8 亿元。另外，大约还有 6 万吨银块。上述这些数字，虽然并不是很准确，但是，中国有大量的白银净流入，当是不争的事实。② 诚如顾炎武《自大同到西口》诗所说："年年天马至，岁岁酪农忙。"

对北亚、西亚和欧洲方向的陆路贸易，重点是俄罗斯。自 1689 年（康熙二十八年）《中俄尼布楚条约》签订以后，凡两国人民持有护照者，俱得过界往来，并许其互市。1727 年（雍正五年）《恰克图条约》签订，两国以恰克图为贸易市场。马克思在谈到俄华贸易时说："由 1768 年叶卡捷琳娜二世统治时期订立的条约规定下来的贸易，是以恰克图为主要的（如果不是唯一的）活动中心，恰克图位于西伯利亚南部和中国的鞑靼交界处，在流入贝加尔湖的一条河上，在伊尔库茨克城以南离城约 100 英里。"③ 在 1845～1847 年以前，平均每年从这里输走茶叶 4 万箱左右，"1852 年却达 175000"箱④。此外，还有"少量的糖、棉花、生丝和丝织

---

① 滨下武志：《近代中国的国际契机》，中国社会科学出版社，1999 年。
② 根据郝延年的《中国近代商业革命》、彭信威的《中国货币史》、佛兰克的《白银资本》等书的资料整理。
③④ 《马克思恩格斯全集》，人民出版社，1965 年。

品……俄国人则付出数量大致相等的棉织品和毛织品，再加上少量的俄国皮革，精制的金属制品、毛皮以及鸦片。买卖货物的总价值（按照所公布的账目来看，货物定价都不高）竟达 1500 万美元以上的巨额。"① 1853 年因太平天国运动截断茶产区与北方的商路，运往恰克图的茶叶仅 5 万箱。以后，很快恢复，"运往恰克图供应 1855 年集市的茶叶不下 112000 箱"②。"由于这种贸易的增长，位于俄国境内的恰克图就由一个普通的要塞和集市地点发展成一个相当大的城市了。"③

对俄贸易的主市场在恰克图、塔尔巴哈台、海拉尔。

恰克图位于库伦（乌兰巴托）北，色楞格斯克附近。1727 年（雍正五年）中俄两国签订《恰克图条约》后，确定此处为中俄贸易点。恰克图中方商人由山西人垄断，俄商先是用毛皮换取中国的商品。从 19 世纪 30 年代起，毛皮为呢绒纺织品所代替，到 30 年代末期，呢绒已占对华贸易的 50%。中国在 1768 年（乾隆三十三年）以前，出口以绸缎、棉布、大黄为主。此后，茶叶出口日增，进入 19 世纪 40 年代，茶叶出口已占首位，1851 年（清咸丰元年）茶叶已占全部出口额的 93%。恰克图贸易给双方商人带来了很大利润。俄国商人在恰克图以 2 卢布 1 磅的茶价，转运至彼得堡，可卖 3 卢布 1 磅，赚利 5 成，有些商品转运至西欧，获利更丰。同时，还给俄国政府带来了关税收入，1760 年俄国从恰克图收的关税已占俄国全国关税收入的 24%，1775 年又上升到 38.5%。恰克图一处，1821～1850 年（清道光年间）俄国对华贸易额占俄国全部对外贸易的 40%～60%，最高时达到 60% 以上，而中国对外输出商品的 16% 和 19% 是通过这里进入俄国和欧洲市场的。

恰克图市场在 1723 年（清雍正初年），商品交换额大约为 100 万卢布，1765 年前后（清乾隆中期）增至 200 万卢布左右，到 1795 年（清乾隆末年）达到 300 万卢布以上，1796～1820 年（清嘉庆年间）增至 600 万卢布以上，清道光咸丰年间持续增加。以 1843 年（清道光二十三年）为例，经山西商人之手，输往恰克图的商品，仅茶叶一项就达 12 万箱（每箱 100 磅）。这一年，从俄国输入的商品有：各种毛皮 123 万张，各种毛呢 11000 匹，天鹅绒 117 万张，亚麻布 57 万俄尺，羽纱 2.6 万俄尺。据统计资料，清道光朝是恰克图市场的繁荣时期。这个时期，俄国对华贸

①②③ 《马克思恩格斯全集》人民出版社，1965 年。

易占其对外贸易总额的 40%～60%，19 世纪 40 年代贸易额有时超过 60%，据《中俄贸易之统计的研究》，1844 年，中国对俄商品输出入分别占全国商品输出入总额的 16% 和 19%。对俄贸易仅次于英国，居第二位。1821～1850 年，中国方面向俄输出，每年约 800 万卢布。俄国对华贸易的差额，是用一种白银的粗制品并冠以"工艺品"的名义来支付的，因为当时俄国禁止输出白银。

输出俄罗斯茶叶逐年增加，1845～1847 年以前每年输出俄罗斯茶叶大约 4 万箱，1852 年以后达到 17.5 万箱以上，俄罗斯商人也将茶叶转贩欧洲市场，获取厚利。以恰克图、塔尔巴哈台、海拉尔为中心的北方的对外陆路贸易，与俄罗斯与欧洲国家及西亚地区进行商品交换。如恰克图市场在 1723 年（清雍正初年）贸易额为 100 万卢布，1796～1820 年（清嘉庆年间）增至 600 万卢布以上，道光、咸丰年间持续增加。正如马克思说：沙俄"独享内地陆路贸易，成了他们没有可能参加海上贸易的一种补偿"，"由于这种贸易的增长……恰克图就由一种普通的要塞和集镇发展成一个相当大的城市了。"[1] 恰克图交易，开始时年交易额大约 1 万布卢，1777 年（乾隆四十二年）输入 1484712 卢布，输出为 1383621 卢布。到 19 世纪 30 年代交易额达 1280 万卢布。

山西徐沟县的"万胜通"、"万胜顺"、"万胜高"、"豫盛达"等，就是专门在省内推销俄国货的"羌货庄"。"所有恰克图贸易商民，皆晋省人。"[2] 恰克图位于中俄边界，中俄两国各建一城毗连，中国方面叫买卖城，俄国方面叫恰克图，俄方恰克图为正方形，以木栅为垣，中方买卖城为矩形，亦以木为垣。先后在这里建立了许多大型商号，这些山西商号有大升玉（榆次常家），永玉恒、福源德、天庆隆、天和兴、祥发永、恒隆光（祁县乔家），永光发、锦泰亨（太谷曹家），大泉玉（榆次常家），久成兴、壁光发（汾阳牛家），独慎玉（榆次常家），万盛永（汾阳赵家），大德玉（榆次常家），永玉亨，大美玉（榆次常家），公和盛、锦泉涌（太谷曹家），火成庆、大盛魁（祁县史家等）、广余泰、兴泰隆、永和玉、公和盛、大珍玉（榆次常家），万庆泰、复沅德、公和浚等。据 1920 年山西督军阎锡山接见因为俄国"十月革命"从俄国返回来的山西

---

[1] 《马克思恩格斯全集》，人民出版社，1965 年。
[2] 何秋涛：《朔方奋乘》卷四十六，《考订绥服纪略》，光绪七年刊本。

商人代表时，汾阳代表说，在俄国的山西商人有 1 万人。①

明时海禁森严，山西商人的势力仅以发展到全国和东南沿海为限。1716 年（康熙五十五年）、1727 年（雍正五年）、1736 年（乾隆元年），清廷多次申禁，仅特许浙闽粤人可以出海，所以晋商只有北趋以求陆路对外拓展。直到 1851 年（咸丰元年），政府始终不收税，商人获利丰厚，也不像广州那样要经过牙行的剥削。山西商人在湖北、湖南、江西、福建采购并加工包装砖茶，由陆路一直运往恰克图，销于恰克图市场。除中俄边界的交易处，各商号在俄国的莫斯科、多木斯克、耶尔古特斯克、克拉斯诺亚尔斯克、新西伯利亚、巴尔纳乌、巴尔古今、比西克、上乌金斯克、聂尔庆斯克、彼得堡等城市都设有分号。输出的主要是茶叶、绸缎、绫罗、绢纱、瓷器、手工艺品、烟等；输入的主要是哈喇、呢子、毛毯、哔叽、钟表、金沙、皮毛、五金、玻璃器具等。对朝鲜主要输出夏布，输入人参，榆次常家人称"人参财主"。

（二）海上贸易

历史上，广州的对外贸易地位很重要，是海上贸易的门户，早在公元714 年前，唐王朝就在广州开设了掌管海外贸易事务的管理机关市舶司。广州成了中国最早设市舶司的港口城市。清代，由于清政府的一口通商政策，广州成为了全国唯一的对外通商口岸。所有的外国商船都停靠在珠江的入海口处，等待着装满货物。从广州起程，途经东南亚、印度洋、波斯湾、东非、地中海沿岸，是当时世界上最长的国际航线，这一世界纪录保持了八九百年，直到公元 16 世纪中叶，才在欧洲人开辟东方航道时被打破。当时在出口的货物中，丝绸和瓷器是主要的，景德镇、越州、洪州的瓷器，都是国际市场最受欢迎的商品，多是运到广州再出口的。

明清时期，私商和海盗贸易，与政府的朝贡贸易政策有很大的矛盾。明嘉靖十九年，徽商汪直与多人结伙到广东"造巨舰，收带硝黄、丝绵等违禁之物，抵日本、暹罗（今泰国）、西洋等国，往来互市"。嘉靖二十一年，开始在日本的平户建立贸易基地。汪直早先出海得到邑人许栋的帮助，后于嘉靖二十三年加入许氏海商集团任"管库"，后升至"管哨"，兼理军事，成为许氏海商集团的主要头目之一。嘉靖二十七年，许栋海商集团被朱纨击溃后，其残部组成一个新的海商集团，汪直为舶主，以舟山

---

① 《革命人物传·阎锡山》，台北传记文学出版社。

烈港为贸易基地，以后取得了江浙东南沿海的控制权。据传汪直海商集团拥有兵众20余万人及载重120吨以上巨舰百余艘。汪直等海商集团始终要求开放海禁、通商互市，发展海外贸易。可见明清时期中国商人的海商贸易发展已经有了很大规模。①

有学者统计，明末清初，中国到东南亚的商船年均91艘左右②；1641～1683年（明崇祯十四年到康熙二十二年），中国驶往日本的商船共1711艘，年均107艘，1684～1789年（康熙二十三年到乾隆二十二年），3017艘，年均41.4艘③。1685～1789年（康熙二十四年到乾隆五十四年）到中国的英美商船312艘，其中英国商船1789年（乾隆五十四年）为58艘。12～13世纪中国海外贸易总值不过500万两，16世纪末期100万两，18世纪中期达到3657万两。④清代，中国对外贸易的港口，已经有浙江双屿，福建的漳州、晋江、诏安，广东的澳门、南澳，台湾的澎湖、大员、鸡笼、淡水等100多处。⑤对日本贸易的商人最重要的是山西介休范家。清康熙年间，商品经济有很大发展，作为交换媒介的制钱因铜源不足供不应求，除国产铜外，还需从日本长崎购进，范家垄断对日的生铜进口和百货输出。清初，作为皇商的山西商人范永斗等皇商，接办了原来浙江商人海上对日本贸易权，在18世纪往返于长江口与日本长崎之间，垄断从日本进口铜的贸易七八十年，为国家铸造制钱补充了铜源。每年两次乘季风出海，将中国的土特产及书籍输往长崎，再由长崎贩日铜回国交与政府。起初，采买日本铜由沿海民商承办，晋商范三拔联络各家皇商，奏请包办，并提出减价交售清廷的竞争条件。康熙（三十八年）准其所请，范三拔与其子范毓宾出色完成任务，深受朝廷赏识，遂又取得荆州、凤阳、太平桥、龙江、西新、南新、赣关等各关采购铜料的任务。范氏经常拥有洋铜船六七只，成为洋铜商中的大户。范氏在长芦、河东盐区资本相当可观。范氏持长芦盐引10718道，按每引200斤计，即2143600斤，其资本据乾隆二十年（1755年）内务府统计，"所有盐业查明后估银百余万两"。范氏还经营木材、马、人参，乾隆二十一年（1756年）曾在宁波与英商签订过玻璃贸易合同。由于每年购铜数量高达六七百万斤，日

① 汪直：《明代海上贸易商人兼海盗》。
② 林仁川：《明末清初私人海上贸易》，华东师范大学出版社，1986年。
③④ 黄启臣：《清代前期海外贸易的发展》，《历史研究》1986年第4期。
⑤ 唐文基：《16～18世纪中国商业革命》，中国社会科学出版社，2008年。

本开始限制向中国的出口量。并于 1714 年（康熙五十三年）规定：中国在长崎的入港船数不得超过 30，铜出口量不得超过 300 万斤。进口日铜顿时减少，使铸币数量锐减，于是出现了"钱价日贵，民间以钱交易，资用甚艰"的景象。为求铜荒，康熙（五十五年）取消了皇商们承包的铜料采买权，交由江苏、安徽、江西、浙江、福建、湖北、湖南、广东八省督抚办理，希图调动八省之力，保证政府所需铜量。乾隆登基后，为扭转鼓铸制钱不足的局面，重新起用范毓宾购铜，定其每年从日本购买 200 万斤。购铜商船在每年夏至时，就须装载日人所需中国土产杂物放洋，9 月中旬，装载铜料等日货回国；小雪后、大雪前夕放洋，次年 4 月回国；计一年运铜两次，借季风往返。常年漂泊海上，出没洪涛礁屿之中，范毓宾儿子范清注、范清洪，侄子范清济前后经营了 80 余年。

中国东南沿海居民向东南亚地区的移民始于唐朝，16 世纪后规模逐渐扩大，19 世纪达到高潮。这些海外移民大部分是经商于外，并且与原籍地亲属间仍然保留着联系。同时海上商人势力得以发展，在东南沿海创新了一批武装贸易的海商集团，17 世纪郑芝龙、郑成功父子，不仅拓展了对日本、吕宋、暹罗、交趾等国的贸易，1650 年占领厦门、金门，1662 年将荷兰殖民者赶出台湾，收回了祖国宝岛台湾。郑氏集团还管理海上贸易，收取货物过往税，发给牌照，特别是对荷兰商人和英国东印度公司的条约和关税，标志着中国已经介入世界商业革命的大潮。

山西商人在贩运中国内地商品物资到北部边疆少数民族地区，日本、朝鲜、俄罗斯及西亚地区的同时，也带去了中国内地的传统文化。范永斗等到日本贩铜，带去的中国商品有绸缎、茶叶、衣针、瓷器、纸张、书籍、笔墨、药材等。日本学者宫本泰彦在《中日交通史》中说："中国书籍之传入日本，影响日本文化最大……使日本文运大兴。"

四、大批商帮和大型商号的出现

明王朝和北方的鞑靼以长城为界，山西地处中原汉族地主政权与北方蒙古贵族政权的接壤地，明王朝的军事部署主要设在山西河北北部沿长城线上，军需贸易需要商人来承担。加上明王朝内部政局安定，商品流通范围日益扩大，商业资本空前活跃起来，出现了晋商、徽商、粤商、闽商、江右商、吴越商等许多商帮。全国较大的商业城市有 33 个，而山西就有太原、平阳、蒲州（今永济县）三处①。这个时期，山西商人的资本积累已相当可观。

伴随商品化发展的是从事异地贩运贸易商人队伍的扩大，形成了许多帮派，最著名的有山西帮、安徽帮、广东帮、山东帮、宁波帮、陕西帮、洞庭帮、福建帮、江右帮、龙游帮等。

早在《易经》中就记载："日中为市，致天下之民，聚天下之货，交易而退，各得其所"②的商业交易活动。晋文公称霸之时，山西的榆次、安邑就是有名的商业集镇，对内使"工商食官"，对外使"轻关易道通商"③以后，鲁之穷士猗顿居猗氏，"用鹽盐起"，"兴富于猗氏"。④《孔丛子》又说，他受陶朱公之教，"大蓄牛羊于猗氏之南，十年之间其息不可计，赀拟王公，名驰天下"⑤。秦汉时期，太原、平陆、平遥、汾阳等地已成为重要的商品集散市场。隋唐五代又出现了泽州（今晋城市）、太谷、平定、大同等新兴商业城镇。⑥近年在山西出土有公元4~7世纪萨珊王朝金币（山西省博物馆收藏），虽不能认定隋唐时期已有山西商人到过伊朗，然而山西商人与丝绸之路的密切关系，却是毋庸置疑的。宋代，山西地处北宋边防，宋王朝所需战马大都依靠北方的辽来供应，而辽更需要宋的手工业制品。公元996年（至道二年）在山西"边州置榷场，与藩人互市"，而"沿边商人深入戎界"⑦，进行贸易。后来赵宋王朝怕危及自己的政权，曾几度下令闭市，但是事实上无法办到。庆历年间（11世纪40年代），宋王朝出藏绢2000余匹，市马于山西岢岚，又诏三司出绢3万匹，市马于山西各州府。其他商品交易，"非官市者听其与民交易"。⑧元代，虽然战争对工商业有一定破坏作用，但是元朝政权结束了宋、辽、金的割据局面，特别是元代驿站的完备，使商业活动的地域扩大了。从《马可·波罗行记》可以看到"从太原到平阳（临汾）这一带的商人遍及全国各地，获得巨额利润"⑨。"平阳、泽、潞富豪甲天下，非数十万不称富。"⑩明万历时，张瀚就其宦游所及，著《松窗梦语》说：

① 《山西资料汇编》，山西人民出版社，1960年。
② 《易·系辞》。
③ 《国语·晋语》。
④⑤ 《史记·货殖列传》，中华书局标点本。
⑥ 《山西资料汇编》，山西人民出版社，1960年。
⑦⑧ 康基田：《晋乘蒐略》卷二。
⑨ 《马可·波罗行记》，福建科学技术出版社，1981年。
⑩ 谢肇淛：《五杂俎》。

"（黄）河以北为山西，古冀都邑也，故禹贡不言贡。自昔饶林竹纑旄玉石，今有鱼盐柿枣之利，所辖四郡，以太原为省会，而平阳为富饶，大同、潞安依边害薄，地狭人稠，俗尚勤俭，然多玩好事末，独蒲坂一州庶富尤甚，商贾争趋。" "秦晋燕同大贾，不远数千里而求缪绮缯帛者，必走浙之东也。"[1] 康熙中年，在镇压噶尔丹叛乱时，山西商人随军进入外蒙古草原贸易，除供应军队外，还对草原牧民进行交易。从此，广阔的东北松辽平原和内外蒙古草原为山西商人的贩运贸易又提供了新的市场。经过清初的发展，到乾隆、嘉庆至道光初年，山西商品经营资本处于它的黄金时代。他们上通清廷，下结官绅，商路达数万里之遥，款项可"汇通天下"；从蒙古草原的骆驼商队到扬州起锚出海的商船，从呼伦贝尔草原的醋坊到贵州茅台酒厂，都有山西人在酿造、出售；南起香港、加尔各答，北到伊尔库茨克、西伯利亚、莫斯科、彼得堡，东到大阪、神户、横滨、仁川，西达塔尔巴哈台、什噶尔、阿拉伯国家，都留了下山西商人的足迹。他们中有不少人可以用蒙古语、维吾尔语、俄语，与北方少数民族和俄国人洽谈贸易。晋商自称："凡是有麻雀能飞到的地方都有山西人。"

山西人经商之多，历史之久的原因，社会传说和文字记述有多种说法：第一种说法，唐王朝李渊、李世民父子起兵于太原，他们的不少好友伙伴都参加了太原起事和建立统一国家的斗争，李氏父子夺取政权后，这些好友也做了官，后来一些人在官场失意，走上了丝绸之路。"彼时苏杭绸缎还未发展，所销中亚一带之绸子，多系山西上党潞安一带之绸子，以及河南鲁山、山东潍县绸子，其中潞绸最多。"[2] 但这会不会成为山西人经商多的原因？从唐初山西从政人物看不出与山西商人的因果关系，而且也没有史料可资证明。第二种说法，明末李自成的遗金是山西商人的原始资本。卫聚贤在《山西票号史》一书中说："李自成入北京，将明朝文武诸臣八百余人拷打求金银，及李自成由山海关败归，将所掠及宫中藏的银器等，熔铸成饼，每饼重约千两，共数万饼，用骡车载走。清兵进至定州，李自成败伤……自山西大道上经过时……乃沿南山行走，至祁县南二十里孙家河时，或者曾将现银一部分遗弃，现在祁县尚传说元丰玖票号股东孙郆系孙家河人，其先人曾拾有李自成的弃金。"据卫聚贤调查，孙郆的高祖孙高山的墓碑云："家道中落，未有厚产……乃走关东，经营产

---

① 张瀚：《松窗梦语》卷四。
② 许轼如：《旧管见闻》，1980 年未刊稿。

业，渐积万金。"孙高山是 1676 年（康熙十五年）到 1758 年（乾隆二十三年）人，那么高山之父或祖父一定家道富实，"有拾李自成遗金之可能"[1]，晋南万荣县潘家，也是清代有名的大工商业户。民间传说，"潘家发家的起因，是在荣河老城东门外灵青山拾得了一些生金子。"据《荣河县志》"明末李自成一部，曾由荣河城渡河而西去"之记载，潘家商业资本来自李自成遗金。[2] 李自成败退时有无遗金，未见实证，即使真有遗金一事，亦非山西商人和商业资本的来源。因为明代中后期山西商人和商业资本已经有了相当的发展，更何况有机会能够拾得遗金的人毕竟是个别人，能成为山西商人资本的原始资本吗？第三种说法，是著名经济史专家傅衣凌先生的看法，他在《明清时代的商人与商业资本》一书中说："内地商业资本的发展，如山陕商人，则靠着庞大的农业地区为基础以其地方的丰富资源，先由农业上的积蓄，逐渐地形成为巨大的地方商人。"[3] 全国有很多地区农业条件比山西好，它们的农业积累自然要比山西多，然而却没有形成像山西商人这样的商人势力。第四种说法，历代王朝均以食盐专卖为财政收入的主要来源，运城盐池是山西商人致富的主要原因。但是，长芦盐、淮盐比运城潞盐在数量、质量、销路上都要优越得多，为什么在那里就没有出现商人势力？相反却由山西商人和徽州商人垄断了淮盐贸易？第五种说法，认为山西的平阳、安邑、晋阳等地曾几度建都，是全国政治中心，也是经济中心，这是山西人经商多的原因。其实这都是五代以前的事，宋以后山西未曾建过都，但山西商人的发展却是在宋以后，特别是在明末清初时期，这又如何解释？

应当说，山西人经商多的原因，地理条件和历史因素结合是山西人络绎不绝走上商途并世代相传的缘由。第一，土地贫瘠，生计困难。《史记》在《货殖列传》第六九说："昔唐人都河东……土地小狭，民人众，郡国诸侯所聚会，故其俗纤俭习事。杨（洪洞）、平阳（临汾）、陈西贾秦（陕西）、翟（隰县、石楼县及延安、绥德、榆林一带）、北贾种（雁北及河北省西北部）、代（代州）。"[4] 清代康基田在《晋乘蒐略》中引用《燕闻录》说："山西土瘠天寒，生物鲜少，故禹贡冀州无贡物，诗云：

---

① 卫聚贤：《山西票号史》，重庆说文社，1944 年。
② 潘奉先、赵子贞：《荣河老城潘家财东》，1965 年未刊稿。
③ 傅衣凌：《明清时代的商人与商业资本》，1956 年。
④ 《史记》卷一二九，中华书局标点本。

好乐无荒，良土瞿瞿。朱子以为唐魏勤俭，土风使然，而实地本瘠寒，以人事补其不足耳。太原迤南多服贾远方，或数年不归，非自有余而逐什一也。盖其土之所有不能给半，岁之食不能得，不得不贸迁有无，取给他乡；太原迤北岗陵邱阜，硗薄难耕，乡民惟以垦种上岭下坂，汗牛痛仆，仰天待命，无平地沃土之饶，无水泉灌溉之益，无舟车鱼米之利。兼拙于远营，终岁不出里门，甘食蔬粝，亦势使之然。而或厌其嗜利，或病其节啬，皆未深悉西人之苦，原其不得已之初心也。"① 这条资料似乎是说晋南土地狭小，粮食不足，远贾他乡，而晋北地区外出贸易者较少。其实，山西商人队伍中初期确实是晋南人多、晋北人少，但清中期以后，晋中、晋北商人越来越多，其势力逐渐超过了晋南商人。《五台新志》"晋俗以商贾为重，非弃本而逐末，土狭人满，田不足于耕也。太原、汾州所称饶沃之数大县及关北忻州，皆服贾于京畿、三江、两湖、岭表（五岭以南）、东西北三口（古北口、张家口、归化城），致富在数千里或数万里外，不资地力。"②《平阳府志》记载：其地"小狭人满，每挟赀走四方，所至多流寓其间，虽山陬海澨皆有邑人。"《太谷县志》说："阳邑（太谷）民多而田少，竭丰年之谷，不足供两月。故耕读之外，咸善谋生，跋涉数千里，率以为常，土俗殷实，实由于此。"③ 据有关资料统计，山西省人均耕地在明清时期逐渐减少，1393 年（明洪武二十六年）10.28 亩、1491 年（明弘治四年）9.54 亩、1578 年（明万历六年）6.29 亩、1661 年（清顺治十八年）4.49 亩、1724 年（清雍正二年）4.42 亩、1766 年（清乾隆三十一年）5.12 亩、1812 年（清嘉庆十七年）3.95 亩、1887 年（清光绪十三年）5.31 亩。山西人为生活所迫外出经商的事实，在明清野史笔记中也可以看到不少记述。如纪晓岚《阅微草堂笔记》说："山西人多商于外，十余岁辄从人学贸易，俟积蓄有余，始归纳妇，纳妇后仍出营利，率二三年一归省，其常例也。或命余蹇剥，或事故萦牵，一二十年不得归，甚或金尽裘敝，耻还乡里，萍飘蓬转，不通音问者，亦往往有之。"翻开山西旧县志，几乎每个县志的烈女篇、孝友篇，都有关于"夫商于外"妻在家中如何孝敬公婆，抚养弟妹的记述。忻县人陈吉昌，生于1831 年，"幼贫乏，十四岁徒步如归化。时忻人业商者多在归化。

---

① 康基田：《晋乘蒐略》卷二。
② 《五台新志》（清光绪版），卷二。
③ 《太谷县志》卷三，风俗。

先生至，依乡戚，初习当业，继而入运货店。与人交一依笃诚，代运屯寄，事隔数年毫无少误，以故各省商贩，皆乐就之，先生业日以起，且名于时"。以后又结交地方官吏，与美、俄、法、意等国商人往来，生意发展，成为当时的名商①。可见山西人远足经商，原出无奈。出走发富后，又成了乡里众族所望，以至相偕出奔，亲朋引进，盼望发财致富。第二，地处塞边，位扼通衢。山西北依长城，与内外蒙古游牧民族地区接壤，南则与中原广大农业地区连成一体，为畜牧业区和农业、手工业区的中间地带。自古以来，中原汉民族生产和生活使用的耕牛、皮毛，特别是战争中使用的军马，主要取之于蒙古草原，而蒙古族人民的衣、食、日用品，则主要依赖于内地汉民族的农业和手工业。山西的地理位置自然成了这种南北物资交流的要冲。虽然在长期的封建社会中，北方游牧民族的贵族政权和中原汉民族的地主政权时分时合，民族矛盾有时剧烈，有时缓和，对南北物资交流干扰很大，但无论在和平状态还是战争状态，双方的物资交流不论是公开合法地进行，还是隐蔽非法地进行，始终没有停止。山西人担任这种南北物资交换的中介人，自然有其得天独厚的有利条件。汉初，山西人已经与匈奴在长城脚下互市。《汉书》记载："匈奴自单于以下，皆亲汉，往来长城下，汉使马邑人聂翁壹，间阑出物，与匈奴交易。"② 三国时，"鲜卑酋长曾至贡献，并求通市，曹操表之为王。鲜卑之人尝诣并州互市"③。宋代以山西为边防，北宋与辽的关系是比较紧张的，但贸易并未中断，当时，不仅在并州有交易市场；"并州西边合河（今兴县）、保德皆临河，夏人西来，辽兵南下，聚于麟（州）、府（谷）二州界上，对渡之合河、保德当冲受敌，征调无时。辽夏皆利于互市，时以此为控御之道。互市以缯帛罗绮，易驼马牛羊、玉、毡、甘草；以香药、瓷漆器、姜、桂等物，易蜜蜡、麝脐、毛褐羊原、羚角、硇砂、柴胡、苏蓉、红花、翎毛。非官市者，听其与民交易。"其间，并州知府虽曾奏请"禁边民无得私相贸易，而私贩不能止"④ 后来蒙古族入主中原，建立元朝，统一了宋辽金的割据局面，给商业活动开创了更为有利的环境。第三，资源丰富，手工业发达。山西虽山多田少，但山多山货亦多，无田之民为了谋

---

① 《山西献征》卷八。
② 《汉书》卷九四，《匈奴传》。
③ 陈灿：《中国商业史》。
④ 康其田：《晋乘蒐略》卷二十。

生，则利用当地土产加工制作。山西手工业在古代就比较发达，随着手工业的发展，社会发生了"一个第三次的、它所特有的、有决定意义的重要分工：它创造了一个不从事生产而只从事产品交换的阶段——商人"，商人资本可以支配手工业，并独立地发展，即通过异地的贩运贸易，赚取巨额收入。但是，他们为了减少运费，降低商业成本，又会在他们认为适合的地方建立制造业和加工业支配生产，以获得更大的利润。第四，流亡迁徙，去土离乡。历史上人口的迁移和流亡，会使原来的谋生手段发生变化。《诗经·幽风》说："氓之蚩蚩，抱布贸丝"，"氓"者，亡国之民，因为丧失了国家和土地，不得不从事贩卖以维持生活。西周初年，武王灭商，除一部分俘虏到洛阳当奴隶外，流亡之"氓"则散处各地，成群结伙，贩运贸易，做起买卖来了，因系商之遗民，称为"商人"，后人因袭，沿用"商人"一词至今。1000 年前，宋赵匡胤统一了全国绝大部分地区，而盘踞晋中盆地的北汉政权却久攻不下，公元 969 年，赵匡胤御驾亲征，"强迫居民万户迁徙山东"①。1976 年又攻晋阳，掠晋民四五万人到河南。金诗人元好问《过晋阳古城书事》说："至今父老哭主夫，可恨河南往来苦。"② 相传太谷大富户杨家就是因此在流徙淮海一带经商致富的。第五，食盐"开中"，捷足先登。宋明两代，北方游牧民族和中原汉民族之间民族矛盾尖锐，中原汉民族地主政权在山西北部大量驻军，其生活用品和战马的补充，是宋、明王朝的重大难题。公元 985 年（宋雍熙二年）实行食盐"折中法"，令商人向边塞输纳粮草，并照地点远近，分别发给盐茶交引，到产地领盐茶销售。1370 年（洪武三年）明政府实行食盐"开中法"，要求商人在边境缴纳粮食、马匹，换取定额盐引，凭盐引到产盐地领盐运销于指定地点。《明会要》记载："洪武三年五月，山西行省言大同粮储自口陵县远至太和岭，路远费烦，请令商人于大同仓入米一石，太原仓入米一石三斗，给淮盐一小引。商人鬻毕，即以原引赴所在官司缴之。如此，则运费省，边储充。帝从之，请召商输粮而与之盐，谓之'开中'。其后各行省边境，多召商中盐，以备边储。"③ 洪武二十五年，"各处极边军士，不拘口粮多少，月支粮一石"④。每一战士除粮饷外，又

---

① 郝树候：《太原史话》，山西人民出版社，1962 年。
② 《太原县志》（明嘉靖版）。
③ 《明会要》，《食货志·盐法》。
④ 《明会典》，万历会典，卷四一。

需配备铠甲。"绵甲以棉花七斤，用布缝如夹袄，两臂过肩五寸，下长掩膝，粗线逐行横直缝紧，入水浸透，取起铺地，用脚蹃实，以不胖胀为度，晒干收用，见雨不重，徵黑真不烂，鸟铳不能大伤。纸铠，用无性极柔之纸，加工槌软，叠厚三寸，方寸四钉，如遇水雨浸湿，铳箭难透。"① 当时驻军人人都需粮饷、军服、用品，军马匹匹需要草料、鞍辔，如此"兵马之屯，赖召买盐引，接济军需，岁有常额。往时，召集山西商人，乐认淮浙两盐，输粮于各堡仓给引，前去江南投司，领盐发卖。盐法疏通，边商获利，二百来年，未闻壅滞。"② 与此同时，这样庞大数量的军需物资不仅需要源源供应，而且需要众多工匠加工制作，这也为山西手工业匠人找到了生活门路。在这场军需贸易中，不只是山西人捷足先登，积极中盐，就是其他地方商人如徽商、山东商也踊跃挟资北上，开赴九边，使中原与南方物资源源向北移动，顿时边塞苦寒之地热闹起来。但山西商人利用靠近边防，运输便利的优势，始终垄断着北方军需贸易。为了降低纳粮成本，有的商人就在边境招民垦荒耕种，如雁门关内外诸县就有这种"商屯"，从中获得支盐粮草，这样他们实际上是一批盐商兼粮商。这种商屯，在1403～1487年（永乐到成化年间）尤为盛行。除晋北外，商屯还在东北等地进行，"迩时辽东千里，晋人商屯其间，各为城堡，耕者数千万。商人争出财力，募民垦田。天顺中，斗粟值银三分，边储大裕"③。为了更多地中盐获利，商人在边塞争购粮食，甚至购买青苗，或向当地土著之人提供借贷资金，又获得一重高利贷利润。在这场纳粮中盐的竞争中，大大促进了山西商人和商业资本的发展。1492年（弘治五年），政府改纳粮草马匹为直接向盐运司纳银领引，这些盐粮商人就将目光南移，或山西解州潞盐，或长芦盐、淮盐、川盐，其中以淮盐为首。"天下盐赋，淮南居其半，岁额百三十万引。向来山西、徽州之富人商于淮者，百数十户，蓄资以七八千万计。"④ 扬州是淮盐集散中心，太原的阎家、李家，河津县的刘家，襄陵县的乔家、高家，临汾的亢家，均在扬州盐市称雄，并"流寓入籍"⑤。全国各省盐商也多为山西人垄断。在福建，"官办各

① 朱国祯：《涌幢小品》卷一二。
② 《经世文编》卷四四七。
③ 倪元璐：《倪文贞公奏疏》卷十一。
④ 《从政录》卷二。
⑤ 《江都县续志》（嘉靖版），卷十二。

帮，酌拟匀令西商代销盐数"[①]，在四川，"川中民贫，称为盐商者，多山陕之民"[②]。1617年（明万历四十五年）改引为纲法，这批盐商又获得收购、运销食盐的世袭经营特权，使官商进一步勾结，山西盐商一步步成为垄断性商人。山西阳城商人的经商地域有河南的太康、新安、朱仙镇、开封、通许、巩县、洛阳、新乡、许州、驻马店、漯河、汝南、禹州、汝宁、周家口、商丘、鹿邑、济源、怀庆、南阳、清化、淇县、浚县、鲁山、孟县、登封、临汝、辉县、汲县、滑县；安徽有颍州、泗州、合肥、太和、三河尖、界首、六安；山东有峄县、周口、曹县、济南、泰安、菏泽、十字路（莒南）；河北有保定、威县、邯郸、南和、张家口；还有北京、天津；湖北随州；江苏徐州、碭山；四川长寿、重庆；青海西宁；陕西西安；甘肃兰州、武威及内蒙古等。

综上所述，山西由于人多田少，不得不以商补农，利用当地资源，加工制作，以宽生计。他们生活在东西和南北物资交流的商路交叉处，加上历史因素，络绎不绝地走上了商途，造成了山西商人闻名于世的历史，并且成就了很多著名大商号和大商业家族。

（一）大盛魁

晋商大盛魁，从康熙初年一直经营到1928年，是中国企业史上时间最长、规模最大、地域最广的早期长寿企业。主要从事对蒙古和俄国的贸易活动，是清代北方最大的一家通事行。蒙古族以放牧为业，鄙视商业，生活用品和自己生产的畜产品的买进卖出，全赖汉族商人，遂出现一种专门"跑草地"的通事行。大盛魁就极盛时，它的职工有六七千人，骆驼商队有骆驼1.6万~2万头，业务重心在内外蒙古，活动地区包括喀尔喀四大部唐努乌梁海、科布多、乌里雅苏台、库伦、恰克图，以及内蒙古各盟旗和新疆乌鲁木齐、库车、伊犁、塔尔巴哈台和俄国西伯利亚、莫斯科等地，内地则以北京、山西、山东、河北、湖北、湖南、广东等省为主要活动舞台。其资本周转额，仅在外蒙古即达1000万两白银以上。大盛魁的组织机构精悍，灵活机动，指挥如意，办事效率较高。总号下属机构，一种是直属机构，只有科布多和乌里雅苏台两个分号，不设过多的中间环节，总号对直属机构直接发号施令，各营业单位在总号的直接指挥下，由归化城载货外出销售；收购回来的牲畜、皮毛和药材等土特产品，也交总

---

① 《福建盐法志》，《配运》。
② 《四川盐法志》卷三九。

号统一经销。整个蒙古地区东西 6000 多华里，南北 2000 余华里，基本是依靠总号和两个分庄组织贸易活动，并垄断着蒙区贸易。另一种是"小号"。它与驼队的毡房贸易不同，是由总号投资独立经营的单位，进行独立的经济核算。总号是"小号"的财东。其业务大体可以分作普通商品经营业和货币经营业两大类。经营普通商品的"小号"，大多设在内地，主要任务是购进内地农产品和手工业产品，为前述直属骆驼队货房子采办商品和推销畜产品，也可以经营当地业务。大盛魁涉足货币经营业，设有票号、银号、钱庄、当铺。大盛魁只通过自己的银号、票号、钱庄借贷、存放、汇兑、融通资金，就可以从全国各地进货；通过归化城、库伦、科布多、恰克图，行销于蒙古草原、新疆、西藏与俄罗斯；又从那里运回北方和欧洲特产，转销内地。南来北去的物资有茶叶、烟丝、绸缎、布匹、铁器、银器、白酒、食糖、炒米、糕点、木桶、木碗、药包、蒙靴、马毡、马鞍等；北来南往的物资主要有牛、马、骆驼、羊、皮张、绒毛、药材，还有俄国的哈喇、毕图绒、哔叽、羽翎绸、羽毛纱、毛呢等。大盛魁财雄塞北，垄断一方，每逢秋冬过标时，各地骆驼队先后返回归化，带来大量商品，顿时归化城热闹非凡，戏园饭馆也都活跃起来。那些拉骆驼的人从茂司嘎哇（莫斯科）回来，坐在茶馆里，津津有味地给人们讲述俄罗斯的风土人情。

（二）祥泰隆

祥泰隆创业于在内蒙自治区西部的贺兰山西麓、腾格里沙漠东侧一片美丽富饶的大草原——阿拉善旗，在这片广袤的草原上，主宰阿拉善旗商业长达 200 年之久。当地有这样的谚语："先有祥泰隆，后有定远营。"[①]18 世纪的祥泰隆虽然发展快速，经营项目由日杂、百货、绸缎发展到了牲畜、畜产品、粮食、砖茶、药材、土产等；从批发、零售到收购、运销；从牧民的衣、食、住、行必需品到畜牧业生产资料，成为了占有 18 万平方米土地的阿拉善旗草原的总供销部。[②]祥泰隆在阿拉善旗草原的 8 个苏木[③]设有 8 个分号，每号约有员工 30 人，经营牧民所需要的各种生产生活用品，收购羊毛、驼绒、牲畜、药材等。每个分号各有一个牧场，牧

---

① 定远营于 1723 年（清雍正元年），清政府在紫泥湖东 80 里处建了定远营。两年后，祥泰隆迁入，定远营随即成为当时阿拉善旗政治、经济、文化的中心。

② 董培良、董建东：《祥泰隆商号》，载《晋商史料全览·晋中卷》，山西人民出版社，2006 年。

③ 苏木为蒙语，相对于汉语里的区。

养自己运货的驼队和收购待卖的牲畜。① 祥泰隆能长期立足于定远营不仅是由于其能够入乡随俗，通过各种形式，各种渠道结交当地的王公贵族、地方官吏，而且能服务蒙古族的普通牧民，根据其生产方式、生活习惯，采取了与之相适应的特殊经营方式。祥泰隆根据蒙古族牧民春贫秋富的特点和淳厚诚实的民风，尽量为牧民提供方便，把生意做活。牧民们来总号门市部买货，多是赊销记账，只记品名数量，不记价格，欠账不计息。秋季到来，羊毛驼绒收获，牛羊牲畜长成，即以物顶账。各分号也是根据市场调查和多年的经验，报总号所需采购的货物。早春二月，总号将发货到各分号，各分号负责东西南北各路业务的伙计，携货送往各牧民手中，不收现款，不计脚银，记账后还要询问下次需带什么货来，以便采办。秋季收获后，也是由送货伙计下去收账，以物折算。至于物品价格，事先都不说明，收账前才由商号和村长协商，由村长宣布各种商品的价位。② 祥泰隆也会在丰年储粮，歉年抛售来获取暴利。祥泰隆赊销账上不但记牧民姓名、面貌特征，甚至连其直系亲属也详记在册，再加上有王府做后盾，因而不怕逃账。每年秋季结算时，难免有个别牧民少量欠账，但确实是无力偿还的，祥泰隆就当众宣布其债务全部核免，这就更加赢得了蒙胞的感激和赞誉。③ 每年八月初一的"那达慕"大会和大巴喇嘛寺庙会，对于远道来定远营总号购货者，祥泰隆热情招待，按照蒙古族的风俗献奶茶、奶酒等，上好的酒可以开怀畅饮，就连晚上看戏等，都是由祥泰隆出资提供。祥泰隆这种独特的"售前售后"服务又为其赢来了阿拉善旗人的拥戴。祥泰隆还在全国设立分庄，经营项目各有侧重，分工细化，初步具备了近代资本主义企业的特征。包头分庄负责销售药材、牲畜和畜产品（羊毛、驼绒、皮张），收购砖茶、生烟、糖类、布匹，并包销四大裁绒地毯厂家的全部产品。后来包头还是祥泰隆的一个重要商品散集地，在阿拉善旗收购的皮毛托运到包头，再装运往京、津；京、津采购的货物，集运包头后，再由自己的骆驼队运到阿拉善旗。天津分庄主要推销头等、二等驼绒和药材，采购绸缎布匹、日用百货，还经营羊毛、驼绒出口贸易。北京分庄主要采购蒙民喜爱的首饰，如珊瑚项珠，装饰品、鞋帽、绸缎等。山西蒲州分庄主要采购鱼牌砖茶。山西平遥分庄主要采购土布和曲沃生烟，生烟以汾东和魁泰为主，销量很大。归绥、张家口也是祥泰隆货物的重要的

---

①②③　董培良、董建东：《祥泰隆商号》，载《晋商史料全览·晋中卷》，山西人民出版社，2006 年。

集散地。[①]

（三）大商业家族的出现

大商业家族的出现是商业资本发展水平的又一个突出标志。他们的发迹，有的是在明代中后期，有的是在清初，也有的是在清中期。在清入关以后268年和统治中，能够兴旺发达200余年的商业世家比比皆是。据《清裨类钞》记载，山西省的大事业家族有榆次的常家、聂家，太谷的曹家，祁县的乔家、渠家，平遥的李家，介休的侯家、冀家，临汾的亢家，万荣的潘家，阳城的杨家等。他们不仅开设绸缎庄、茶庄、布店和百货店于各省城市，设当铺、钱庄、账庄和票号于各商埠，并且置房买地，出租土地，坐收地租。

（四）蒲州张家

蒲州张氏家族，以商起家，后成为显赫一时的官商结合的家族，其先祖原来居住在解州盐池之南，明初曾三代官居知府，至张允龄时，因父早逝，其母解氏既要奉养婆婆，又要抚养允龄和弟弟遐龄，因此张允龄年方幼学，即掌理家政。步入商途后，其"识量宏远，诸所废居剂量，往往牟奇息……不与人竞刀锥。"后被人暗算，干没其资，于是又发愤远游，"西渡皋兰、历浩（甘肃），居货张掖、酒泉间，数年乃南循淮泗，渡江入吴。又数年益困，则溯江汉，西直夔峡（四川奉节），岁往来楚蜀间；已乃北游沧博，拮据二十年，足迹半天下。虽治市廛业，其视财利甚轻，笃信重义，南北所至，必为众所敬服。"张允龄以一个中落的官宦子弟弃儒经商，不竞刀锥，不重财利，虽然经营并非一帆风顺，但识量宏远，不仅众所敬服，也为子孙立业打下基础。其弟张遐龄也以商为业，先游吴越，后又"历南越、番禹，往来于豫章建业大都会"，主要在东南一带立足。张允龄有子9人。长子张四维登进士，公元1575年（万历三年），以吏部尚书、东阁大学士进入内阁，成为当朝首辅张居正内阁的要员。其三子张四教仍以商为业，年仅16岁就服贾远游。身居要位的张四维十分赞赏他这个经商的三弟，说他"历汴泗，涉江淮，南及姑苏、吴兴之境，所经纪废居，咸出人意……先君居伧瀛间，识量益宏远，综计精确，不屑较锱铢，每牟羡于人所不取。尤精《九章算术》，凡方田粟布勾股商分等法，廛中白首不得肯綮者，弟皆按籍妙解，不由师授。旅党或财贿他合纠

---

① 董培良、董建东：《祥泰隆商号》，载《晋商史料全览·晋中卷》，山西人民出版社，2006年。

纷难叙者，率请弟决，莫不犁然两解，彼此称平焉。弟治业滋久，谙于东方盐利原委、分布、调度，具其操纵。末年业用大饶，不啻十倍其初。乃襟度旷达，乐善好义，当其意气所至，即挥掷千金不顾。"张四教能够运用《九章算术》、勾股方田的数学知识，操纵盐利的原委、分布、调度，提高盐业利润，而又旷达好义，识量宏远，不屑计利，这些都离不开儒学伦理的根本。

（五）祁县渠家

祁县渠氏家族，发迹于元末明初，先祖渠济长子县人，元末明初其子敬信、守信、忠信做贩运小本生意，走村串户，1369 年（明洪武二年），定居祁县，后来其子孙经商于包头一带，到清朝乾嘉年间，渠源映璜增设长源川、长顺川两大茶庄，从两湖采办红茶，贩销于西北各地及蒙古、俄国，成为巨商大贾之家。到第 17 代源字辈，进入黄金时代，为晋中八大富户之一。渠源祯，人称"旺财主"，是三晋源票号财东，在北京、天津、上海等地设分号 11 处，最盛时营业额达六七百万两，每股红利 6000余两。渠源潮是长盛川票号的财东。源祯还与源潮、源淦、源洛合组百川通票号、存义公票号，在各省设有茶盐店、钱铺、当行、绸缎庄、药材庄等庄号。渠源祯之子渠本翘，以儒入贾，以官经商 26 岁中举，1888 年以进士入内阁中书，被委任为驻日本横滨领事，留心外国商务，1902 年以5000 两白银收进山西商务局经办的晋升火柴公司，更名为双福火柴公司，并注入 1.3 万两资金，由官办改为商办，成为山西最早的最有成效的民族工业。1906 年后，渠本翘在向英商福公司争回矿权、路权，筹建保晋矿务公司的爱国运动中曾做出了重要的贡献。至辛亥武汉军兴，毅然拒绝清政府给他的"宣慰使"，力主彻底改革山西票号的无限责任制弊端，号召山西商界同心协力组建有限股份制银行。

（六）介休范家

介休范氏家族，最先去塞上经商的是第六世范明，家道日渐充裕，其第三子范永斗继承父兄的事业，在张家口经商，清初成为张家口"八大家"之一，隶籍内务府。皇帝和摄政大臣还单独召见了名声卓著的范永斗，特赐张家口的房屋和土地，让他仍在塞上从事贸易。积极参与到朝廷控制的食盐开中，包办洋铜的贸易，在征剿噶尔丹叛乱中承担千里送军粮的艰巨任务，1720～1721 年（康熙五十九至六十年），康熙皇帝派皇十四子胤禵指挥三十万清军从四川和青海两路向西藏进发，镇压再次叛乱的准噶尔部。作为范氏家族杰出代表人物，范永斗的孙子范毓宾出于爱国心切，不忍心看着朝廷为运粮耗费巨额的资金。加之他从小随父亲在塞外经商，熟悉沙漠荒途运输的情况，结合自己的经验，经过详细核算，深思熟虑之后，自愿以前几次出征 1/3 的运费，低价运售军粮。在朝廷组织下，范家跋涉数千里运送军粮，运粮沿途均是沙漠地带，荒无人烟，范家先用自己家中的百万资金抵垫粮款。到了雍正年间，清军对西部的用兵更多，1723 年（雍正元年），罗布藏丹津纠合青海各头目叛乱，雍正皇帝派兵镇压，范家又主动承担了运粮事务。出征之前，雍正皇帝召见了范毓宾，向他晓谕运送军粮事关国家命运，范氏也深知此次运粮不仅直接影响到战争的胜败，家族大业的兴毁也系于一举。于是，他认真物色人选，积极准备运输器材，多方收集军情信息，安排出发时间和中转修整地点，通盘合理预算，耗费了许多心血。1728 年（雍正六年），准噶尔部再次叛乱，朝廷出动大军征讨，千军万马出发，以运粮为首要任务，为在边塞地区行动方便，朝廷特赐范毓宾四品顶戴，承办军粮运输。此次军粮由张家口运起，在范毓宾的组织和雇佣下，有多家商民参加，由于各家商民运达的目的地和运粮的数量不同，经范毓宾建议，朝廷对运价实行按谷石多寡，道里远近，计算发给，范毓宾为感激朝廷对他的信任，再次降低了运价标准，有的地方运价比上次又下调了 1/4。第二年，朝廷准备来年进兵伊犁，范氏兄弟再次向西北战场运送军粮，车载驼负，相当艰难，在数千里运途上，风餐露宿，克服各种艰难险阻。军中将帅对范氏兄弟为国尽力之举，深为感戴，列举其功，上奏朝廷。皇帝赐范毓宾太仆寺卿，用二品服，赐范毓覃为布政司参政。从此，范氏由皇商而兼高官，朝野皆知，名噪一时。在1724～1732 年（雍正二年至十年）的连续征战中，清朝北路军已增至 6万多人，西路军也有 3 万多人，徐珂的《清稗类钞》一书中记载，范氏兄弟输粮前后 8 年，共运输粮草百万石，为国库至少节省了 600 万甚至上千万两白银。范氏兄弟远途运粮，也曾遭受过重大损失，1731～1732 年（雍正九年至十年）朝廷再次对准噶尔用兵时，大将傅尔丹中敌诡计，全军溃退，范毓宾运送的谷米 13 万石落入敌手，雍正皇帝得知实情后，准其据实报销，范毓宾却辞谢了皇上的恩典，再拿出 144 万两白银补运损失的军粮，全力支持朝廷[①]。范家运送军粮直至 1737 年（乾隆二年）才宣

---

① 李晨光：《晋商史料全览·晋中卷》，山西人民出版社，2006 年。

告结束，1738 年（乾隆三年），清廷与准噶尔部谈判成功，西北战事全面停止，征伐大军全部撤回。由此，由范氏兄弟组织运到科布多的军粮，也需全部运回，运往科布多的军粮价格定为每石 28 两，粮到之日范毓宾已经按此价付与运户，而户部却不管过去的远路运价，一律重新核定最短路程的运价，这新旧运价的差额很大，户部要按折回的近地价格核销，向范毓宾追缴科布多的运费，户部大员督促范氏兄弟向运户催讨，范毓宾说："运户都是贫寒人家的子弟，挣的运费随手就花完了，哪还能要回来？"他只好解囊为各路运户补交了 400 余万两白银，还无奈地承担了"代输所应追者 262 万余两"。① 这笔债务，范毓宾先以历年应领米钱 90 余万两抵扣，剩余部分限期归还，从而埋下了范氏家族走向衰败的祸根②。皇商范氏在 18 世纪往返于长江口和日本长崎之间，当时国内有洋船 15 只左右，范氏就拥有六七只，垄断从日本进口铜的贸易七八十年。

（七）临汾亢家

临汾亢氏家族，为山西巨富，"号称数千万两，实为最富"③，明末清初的亢嗣鼎时达到顶峰。亢嗣鼎自幼笃志力学，一生勤奋，也是一位孝子，对母亲特别孝敬，且抚养侄子，如同亲生子女，"居乡优多义举"，经常举办社会公益事业，被《临汾县志》载入"义行"。1699～1701 年（清康熙三十八年至四十年），满族官吏葛礼担任山西巡抚，上任不久，就下令全省，要"每两钱粮加索火耗银二钱"，以增加省库收入。激起社会反对，临汾、汾阳、长治等各府州县商人联名上书，恳请巡抚收回成令。亢嗣鼎为临汾领头人。巡抚葛礼下令拘捕带头闹事的富室大户，亢嗣鼎名列其首。恰在此时亢嗣鼎在山东处理商务，家属通过人钱关节，"认罚万金"，得以了事。临汾亢家是有名的大盐商，运城盐池、两淮盐场、天津长芦尤为活跃。"康熙时，平阳亢氏，泰兴季氏，皆富可敌国，享用奢靡，埒于王侯"。这亢、季两家都是盐商。时人钮秀说："江南泰兴季氏与山西平阳亢氏，俱以富闻于天下。"亢氏仅扬州寓所，就屋宇宏伟得令人咋舌，还在扬州城西北角虹桥小秦淮河附近建筑一处"亢园"。"亢氏构园城阴，长许里，自头敌台起，至四敌台止，临河造屋一百间，土人呼为百间房"。"亢园"即今日扬州瘦西湖公园的一部分；另外，亢氏又在小东门外，建有"亢家花园"一处，成为扬州的显贵。《扬州画坊录》

---

① ② 李晨光：《晋商史料全览·晋中卷》，山西人民出版社，2006 年。
③ 徐珂：《清稗类钞》。

说："亢氏业盐，与安氏齐名，谓之北安、西亢。"当时有一位诗人描述山西盐商在扬州发财致富后纳妾的情景时写道："二十四桥边，当垆谁可怜，妆成窥客坐，不奈数青钱。东家女十三，西家女十五，夜半牵娘啼，嫁与并州估。罗衣束素云，绣衣裹纤玉，低回不自前，含娇灭华烛。大鳊银万箱，广场盐万廪，峨峨虹鬈商，日簇红儿饮。"亢家也是大钱商，经营当铺、钱庄，据徐珂《清稗类钞》第 24 册《豪奢》说，清康熙年间，亢家在山西临汾城内开设了当铺，别的商人就不敢再在临汾城内开设当铺了。可是有一家人不以为然，在临汾城内也开了一家当铺，有一天，一个人拿着一尊金罗汉来其当铺当钱，当价 1000 两白银。第二天此人又拿来一尊金罗汉，又当了 1000 两白银。第三天还是此人，又拿来一尊金罗汉，又当了 1000 两白银。第四天、第五天……一连三个月不间断，用了 99 个金罗汉当了 99000 两白银，当铺的掌柜害怕了，"这是什么人，他有多少金罗汉？"便恭恭敬敬地问客人："先生，您是从哪里来的，怎么这么多金罗汉？"客人说："我家有 500 尊金罗汉，刚刚当了 99 尊，还有 410 尊没有拿来呢。"然后扬长而去。这家当铺掌柜立即差人四处打听，方知是亢家堡"亢百万"差人干的，意在垄断临汾城的银钱业。便急急忙忙把东家请来商量，然后请了当地有名望的人出面，请亢家赎当，归还金罗汉，匆匆忙忙关门而去。亢家在山东开有钱庄，在北京开有钱庄，则一直开到 1948 年北京解放。一位山西临汾籍的当年负责接管北京城官僚资本金融机构的老同志，是笔者的上级领导，曾对笔者说："当时进城不久，接管工作刚刚开始，一天晚上突然来了一个电话，通讯员接起电话说是我的老乡，要和我说话，我还很纳闷。只听见电话中说，'我是山西临汾亢家堡的，我姓亢，我在北京大栅栏开钱庄，还有几个商铺。你的大名我早就知道，现在咱们都到北京了，老乡嘛，我请您吃饭，我们认识认识，希望您能够赏光。'一听说临汾亢家堡，我立刻想到他是'亢百万'的后代，大资本家，我只能回答我是解放军，我们有纪律，任何人不得私下会见客人，婉言谢绝了亢氏的邀请。"亢家是大粮商，据临汾县志记载，山西临汾亢家"仓庾多至数千"，在北京开有大粮食商行，商号设在外大栅栏西口粮食店街，这里是北京城最重要的粮食市场。《清稗类钞》第二十一册记载，"京师大贾多晋人，正阳门外粮食店亢掌柜者，雄于财"，有一天，亢家粮行数十辆牛车拉着粮食由外地而来，浩浩荡荡，络绎不绝，途中遇上一位无赖平某，带着一帮恶棍，拦住去路，不仅强行借粮，还要粮行掌柜酒席招待。亢家粮行掌柜无奈，只好送给平某十石大米。但是，平某并不甘休，恰在此时，一位王爷路经此地，问明缘由，遂拔刀相助，令卫兵赶走了强盗。康熙年间，临汾大旱，连续 15 个月天上没有下一滴雨，赤地千里，饿殍载道，亢嗣鼎领头富户共九家，煮粥招饥民进食，每天达到 1 万人以上。踊跃捐钱捐粮，帮助老百姓度过荒年。一直延续到清朝末年，在北京等地的商业勉强维持到 20 世纪 40 年代。

（八）榆次常家

榆次常氏家族，一世祖常仲林迁居车辋时很贫困，靠与人放羊为生，到八世常威经商时，家境已经"小康"。据村寺碑文记载，常威"幼即极有天赋，聪明好学，被同辈学子所敬仰"，经商之前就有了儒学底子。在常威之后，常氏几乎家家办私塾，到咸丰年间，常氏私塾发展到 17 所之多，延聘省内外知名儒者住馆授课，以很高的礼遇对待老师，严束弟子，从师传读。但他们尊师重教的目的，并不是当官从政，而是为他们的经商活动培育具有儒家思想品德、明白人情事理的人才。譬如常威之子常万玘创立了"十大德"——10 个以"德"为名的商号，常万达创立了"十大玉"——10 个以"玉"为名的商号。20 几个商号，成了晋商中的一支劲旅，在常家 200 余年经商、兴学史中，仅取得秀才、举人、进士等功名的就有 170 余人，但登入仕途做官的却仅有 1 人，而且非常短暂。可以说常氏学子全经商去了。其动机正如考中秀才又被选了拔贡后仍承父业经商的常立训所言："子曰：'不患无位，患无所以立'。吾家世资商业为生计，人处其逸，我任其劳，为有立也。"在他看来，当官是安逸的，经商是辛苦的，但经商可以"立身"，合孔圣人"不担心没有官位，只担心没立身本领"的教诲。"学而优则商"的方针保证了经商者的品德、见识、素质不断优化，导致了商业的不断兴旺。他把祖先的放羊鞭和父亲常威徒步张家口开创事业时背的粗布褡裤供在祠堂，以告诫后人"成由勤俭败由奢"的道理。他的后人不仅像他一样把这两件祖传物件顶礼膜拜了 200 多年，而且也把他的名言作为祖训传颂了 200 多年。常万达之后，其子孙不断扩大经营规模，在 1826 年（道光六年）设立大升玉商号，于 1842 年（道光二十二年）设大泉玉商号，1867 年（同治六年）设大美玉商号，1879 年（光绪五年）设独慎玉商号，并以独慎玉名义在莫斯科设立分号。至此，基本构成以张家口大德玉商号为总号，大升玉、大美玉、大泉玉、独慎玉四大商号联合在恰克图从事对外贸易的商业集团。此外，在常万达世和堂名下的商号，还有大昌玉、保和玉、三德玉、顺德玉、大涌玉、奉和玉和三和源等，从事以茶叶为主的国内贸易。这些商号号称"十大玉"。常家的另一支，常万达的长兄一门，也是子孙世代经商，经过几代人的经营，在世荣堂名下的也有大德川、大德昌、大德美等十几个商号，号称"十大德"。可以说，常家能垄断中俄贸易200余年，在很大程度上归功于以"十大玉"、"十大德"组成的商业集团。

（九）祁县乔家

祁县乔氏家族，经商致富始于清乾隆初年时的乔贵发。乔贵发原系一贫苦农民，为生活所迫，与盟兄弟徐沟县大常村秦某相偕于1736年（乾隆元年）背井离乡，到了内蒙古萨拉齐厅老官营村，在一家吴姓的当铺当了伙计。十余年后，多少有点积蓄，便转到包头西脑包开了一个草料铺，并经营豆腐、豆芽、烧饼、切面以及零星杂货，后来又经营银炉，打造金银头饰，同心协力，省吃俭用，苦心经营，加上待人接物态度好，生意日见起色，给商号起名"广盛公"，乾隆后期，更名"复盛公"，后又开设了当铺、估衣铺、钱铺，逐渐向外拓展。当时包头乃村镇，是蒙汉交界地区，土地肥沃，交通便利，复盛西生意越做越好，而秦家因后人抽大烟，逐渐撤走了资金，乔家就买秦家的股份，到最后成为乔家的独家生意。到1818年（清嘉庆二十三年），乔贵发的孙子乔致庸时乔家生意达到顶峰，乔致庸活了89岁，历经嘉庆、道光、咸丰、同治、光绪五帝，经过几十年奋斗，在包头增设了复盛西、复盛全。咸丰以后又增设了复盛菜园280亩及复盛协、复盛信、复盛油场等，统称"复字号"，形成一个庞大的商业网络。其经营项目包括粮食、布匹、绸缎、烟酒、蔬菜、皮毛、铁木、洗染、旅馆、当铺、钱店、票号等，并且还发行了纸币。内蒙古有"先有复盛公，后有包头城"之说。乔致庸把商号陆续延伸至平津、东北直到长江流域各大商埠。又创办了"大德通"、"大德恒"两个票号。清末，乔映霞自强不息，倾向孙中山的资产阶级革命，对他家商务企业也进行整顿。治家也很严格，兄弟成家后均让其另立门户，独立为生，为兄弟几人命名"自强不息斋"、"退思补过斋"、"知不足斋"、"昨非今是斋"、"不得不勉斋"、"日新斋"、"习勤斋"、"时新斋"等。在此期间，乔家生意又有了一个大的飞跃。乔家在包头有复盛公、复盛西、复盛全（19个门面，400~500名员工）、复盛菜园、复盛油坊、复盛兴（粮店）、复盛和（粮店）、复盛西（粮店）、通和店（粮店）、广顺恒（钱铺）、复盛协（钱铺）、复盛锦（钱铺）。呼和浩特有通顺南店（百货）、通顺北店（皮毛）、大德店（粮店）、德兴店（粮店）、德兴长（面铺）、法中庸（钱铺）。其他地区也有太原晋泉源（钱铺）、保晋公司（煤矿），太谷恒豫（钱铺），祁县大德通（票号）、大德恒（票号）、义中恒（钱铺）、大德兴（茶庄）、大德诚（茶庄）、万川汇（百货）、油面铺。在北京、天津、东北、四川、湖南、湖北等地，设有钱庄、当铺、粮店、茶庄等。大德兴茶庄，在咸丰时就兼营汇兑，同治初年专营汇兑，光绪十年（1884 年）四月更名大德通票号，最初资本 6 万两，中期 12 万两，最后增至 35 万两，分号有北京、天津、张家口、石家庄、沈阳、营口、呼和浩特、包头、济南、周村、周家口、正阳关、三原、上海、汉口、沙市、开封、常德、重庆、苏州等，20 世纪 30 年代改为银号。大德恒票号亦在全国各地设置分支机构。全部资产约在白银 1000 万两以上[1]。庚子事变，慈禧西逃途经太原，乔家捐银 10 万两，李鸿章组建北洋舰队时，乔家捐银 10 万两购军舰一艘，左宗棠平定西北，乔家票号曾为之办理款项汇兑，事毕返京就任军机大臣途经山西时，专程到乔家堡拜会乔致庸，乔致庸率众下跪，左宗棠急忙握住乔致庸的手说："亮大哥，久仰了。"左宗棠为在建的乔家大门前的百寿图题联道："损人欲以复天理，蓄道德而能文章。"横批"履和"。

（十）太谷曹家

太谷县曹氏家族，明末清初，曹三喜因家庭生计困难，随人到了三座塔（今辽宁朝阳）租地种菜，后与当地人合伙种大豆，磨豆腐，又以豆渣养猪。精打细算，生意日渐发展，有时也做小量囤积粮食生意，盈利一天天增加，后收购高粱酿酒，开设杂货业，至清光绪年间，生意已由朝阳发展到赤峰、凌源、建昌、沈阳、锦州、四平等地，经营范围由豆腐、养猪、酿酒、杂货发展到典当、日用百货等。极盛时，曹家的商号遍及东北、华北、西北及华北各大城市，并远设蒙古和俄国的西伯利亚、莫斯科。资本总额达到白银 1000 万两，传世 24 代，历经 300 余年[2]。

五、商业组织的企业化

（一）商业手工业组织企业化

明朝成化年间即 1465～1487 年，江南机户由一张机发展到 20 余张机

---

[1] 刘静山：《祁县乔家在包头的复字号》，《山西文史资料》第 6 辑。
[2] 聂昌：《太谷曹家商业资本兴衰记》，《山西文史资料》第 12 辑。

的丝织手工业作坊多了起来，江苏吴江县盛泽镇在嘉靖年间即 1522 ~ 1566 年有的机户在十几年内织机由 1 张发展到三四十张，出现了许多手工丝纺织、棉纺织手工业工场。到清朝康熙年间，纺织业工场的工人有的数十人，有的数百上千人，甚至有达到上万人的。[①] 而且这些手工作坊内部分工很细。康熙年间，广东有的铁工场分为司炉、掘铁、汲水、烧炭等工种，云南铜场工人分工有领班、打洞、排水、捶矿、洗矿、配矿、煅窑、炼炉等，投资和管理人员分工有场主、管事、炉头等。[②] 在西北地区，"定远西乡巴山林甚多……西乡纸厂二十余座，定远纸厂逾百，近日洋县亦有小纸厂二十余座。厂大者匠作雇工必得百数十人，小者亦得四五十人"。"开厂出资商人，住西安、汉中城，其总理总管之人曰掌柜，曰当家；挂记账目，经管包揽承货字据，曰书办；水次揽运头人，曰领岸；水陆领夫之人，曰包头；计大圆木厂，匠作水陆挽运之人，不下三五千，其开伐以渐而进，平时进止，皆有号令，号曰营，与行军同。"[③] 从企业组织制度看，明中期以后到清中期，中国手工业、工业、商业、金融业的企业组织形式基本形成以下几种类型：一是独资企业；二是合作企业；三是合伙企业；四是股份企业。等到清末出现了股份有限责任公司。

全国铁生产中心之一山西晋城，一个生产工场都有秩序井然的管理：8 个方炉设 1 大柜，供应 4 个炒铁炉和 1 个铸锅炉；4 个炒铁炉供 16 个条炉和 1 个圪渣炉（处理次铁），各设 1 大柜；经理、采购、会计、保管分工细致。云南铜场工人分工有领班、打洞、排水、捶矿、洗矿、配矿、煅窑、炼炉等，投资和管理人员分工有场主、管事、炉头等。[④] 晋商商号大部分实行所有权与经营权两权分离，出现了职业经理人阶层和普遍的委托代理关系，有了规范的企业管理制度。

（二）分号制与联号制

在商业企业组织形式上，出现了"分号制"的独资或合资企业。所谓"分号制"，即其财东独立投资或合资办商号，其商号又分设若干分号于全国各大商埠，而且商号或分号又可以投资办小商号，类似近代西方资

---

① 刘云村：《关于中国资本主义萌芽问题的商榷》，载《明清资本主义萌芽研究论文集》，上海人民出版社，1981 年。

② 孔经纬：《关于中国资本主义关系萌芽》，载《明清资本主义萌芽研究论文集》，上海人民出版社，1981 年。

③ 傅衣凌：《明清上海经济史论文集》，《历史研究》1963 年第 4 期。

④ 孔经纬：《明清资本主义萌芽研究论文集》，上海人民出版社，1981 年。

本主义国家通过控制股权形成的母子公司；另外还实行联号制，即一财东（或几个合伙财东）投资办若干个不同行业的各自独立核算和经营的商号或票号，在业务上相互联系，相互服务，相互支持。这种网络体系近似现代企业集团。太谷曹家的企业在19世纪20~50年代有13种行业，640多个商号，3.7万名职工，资本1000多万两白银。其商号名称多数冠以"锦"字，如锦霞明、锦丰庆、锦亨泰绸缎庄，锦泉涌、锦泉汇、锦丰焕、锦丰典、锦隆德钱庄，锦元懋账庄，锦生润票号等，分布于朝阳、赤峰、建昌、凌源、沈阳、锦州、四平、太原、榆次、屯留、长子、黎城、襄垣、东观、天津、北京、徐州、济南、苏州、杭州、上海、广州、四川、兰州、新疆、张家口、库伦、恰克图、伊尔库茨克、莫斯科等地。在曹家这个"锦"囊集团之中包容了多家商号、多种经营、多处分支庄号，形成了曹家的商业网络。在管理上通过"励金德"管理设在太原、潞安及江南各地的商号，通过"用通五"管理设在东北的各商号，通过"三晋川"管理设在山东的各商号。励金德管辖的彩霞蔚绸缎庄下辖张家口的锦泰亨、黎城的瑞霞当、榆次的广生店、太谷的锦生蔚商号。其经营和盈亏，财东曹氏不直接过问，是由彩霞蔚负责，彩霞蔚向励金德负责。如果彩霞蔚所属锦泰亨等商号经理需面见财东，应由彩霞蔚所属锦泰亨等商号经理先引见励金德经理，再由励金德经理引见财东。在保持各商号独立核算的基础上，由上一级商号领导相互进行信息交换，联合采办商品，融通资金，人才调剂等，发挥了综合优势，形成强有力的曹家企业集团。独资企业之外，合伙企业也很多，在清末俄国驻中国领事馆官员尼·维·鲍戈亚夫连斯基《长城外的中国西部地区》一书中说："汉族人则特别喜欢联合行事，特别喜欢各种形式的合股……有些商行掌握了整省的贸易，其办法就是把某一地区的所有商人都招来入股。因此。在中国早已有了现代美国托拉斯式企业的成熟样板。当前在中国西部地区的主要是山西和天津的商行。"

（三）两权分离及其制约

山西商人在它的长期经营活动中，创造了一套自己的企业组织管理制度，这些制度至今对我国目前的现代企业制度的建立具有重要的现实意义。比如：①企业管理的两权分离制度。欲办企业的财东，"将资本交付于管事人（大掌柜）一人，而管事于营业上一切事项，如何办理，财东均不闻问，既不预定方针于事前，又不施其监督于事后"，就可以等待到期分红了。②人力资本股份制度。将企业内的上层职工按其职责、能力和贡献确定人身股份额，作为资本，与财东的货币资本股一起参与利润分配，有钱出钱，有力出力，出钱者为东家，出力者为伙计，东伙共商之，有不少晋商企业后期人力资本股超过了货币资本股。③财务管理制度。山西商人的企业，特别是金融企业，有倍股、厚成和公座厚利的规定。倍股是在账期分红后，按股东股份比例，提交一部分红利，留在企业参加周转使用，以扩大经营中的流动资本；厚成即在年终结算时，将应收账款、现存资产乘以一定比率进行折扣，使企业实际资产超过账面资产；公座厚利是在账期分红时，在财东银股和职工身股未分配之前先提取利润的一部分作为"公座"，以便"厚利"。这些办法，都是为在资本经营中尽可能扩大流动资本，保证资本充足率。

一般人认为，所有权和经营权相分离，权责明晰的企业治理结构源自西方发达国家，是现代企业的一个重要标志。其实明清时期的山西商人，就普遍采用两权严格分离，权责高度明确，这一治理模式运行了数百年之久，很少有因为制度本身的缺陷而导致严重问题的记载。晋商实行的两权分离的制度大体形成于明代。无论是独资企业还是股份制企业，财东（投资人）决定投资某项商业时，先物色一位有经验、可信赖的人做掌柜，并在有中证人参加的宴请席上，授予全权，包括资金运用权、职工调动权、业务经营权，并签有契约合同，规定资本若干，由掌柜自主经营，财东不加干预。在今天看到的许多商号遗存的史料上，晋商普遍采取的是这种两权分离的治理结构。

晋商的经营者权力确实非常大，财东对于企业具体的经营过程采取了超然的态度，资本、人事全权委托经理负责，对一切经营活动不加干预，对日常的盈亏也不过问，让经理大胆放手经营，静候账期（一个会计年度，一般为4年）决算。财东的子弟就业，也不得进入本号。财东连举荐人的权力也没有。在大德通商号的号规中有这样一条："各连号不准东家举荐人位，如实在有情面难推者，准其往别号转推。"经理在商号内部实行高度集权制，同仁们虽然有建议权，有身份、有资历的伙计在一些小事情上也可以便宜行事，但大事则由经理裁夺。经理每年年终汇集营业报告表，造具情册，向财东汇报一次，这时财东对经理的经营策略只有建议权，没有决策权。财东只能在结账时行使权力，平时不得在号内食宿、借钱或指使号内人员为自己办事，只有经理才能对外代表商号，财东不得以商号名义在外活动。

晋商的财东们之所以敢于对经理们如此大规模地放权，主要体现在两个层面：第一个层面是如何选人、用人，包括选人的程序、选人的标准和选拔人以后如何培训教育、如何起用；第二个层面是对于人的约束，这又可以分为两个约束，一是用伦理思想约束，这种约束是潜移默化的，贯穿在日常的企活动之中，二是用企业的规章制度进行约束，属于内部约束，是通过制度来规范约束人的。由于晋商在选人、用人以及约束、制约员工几个关键的环节处理得比较好，所以财东能够大胆地放手、大胆地授权。

（四）经理人的选择

晋商在经理的选择上是非常慎重、认真的。山西票号业的著名人物李宏龄总结说："得人者兴，失人者衰，认真察看者得之，不认真察看者不得之。"财东在开办企业之前，第一件要务是物色合适的经理，或是由介绍人引荐，或是由自己注意查访。财东心目中理想的经理应该是能攻善守，有谋有为，特别是要德才兼备。经过反复考察、比较、筛选以后，一旦确定人选，财东便具礼相聘。在正式聘用之前，财东与被聘的经理还要面谈一次，以便当面做最后考察，被聘者也借此机会考察一下财东，看他对自己是否有信心、有决心，在经营思想和方略上是否相一致。这一切都没有问题以后，双方便正式合作。所以说尽管财东在企业正式运作以后采取一种超然事外的态度，但在选人上是从不畏烦难、毫不含糊的。

山西商人在选拔、培养后备人才时也充分表现出"慎于择人"的管理风格。晋商在选择新人时，一般都是在总号所在地本县和邻近地区的青少年中选拔，从很小的时候就开始培养。通常，新人进入企业工作还要有可靠的介绍人作保。比如山西商号中最著名的大盛魁在选择人时，都是从祁县、太谷选择十五六岁的孩子，有一定文化、举止正派、聪慧机灵，而且其家族及上代人均没有污点。选定后让他们步行到归化（今呼和浩特）的分号，然后换乘骆驼一直到科布多（位于外蒙古的西部与新疆交界处）总号，在那里进行培训，主要是外语和少数民族语言，如俄语、蒙古语、维吾尔语、哈萨克语等及商号里的各项规矩，随后分派到各个分号，跟着老职工学习业务，叫学徒，主要是端"三壶"（水壶、茶壶、尿壶）、扫地、抹桌、上下门板等杂活，晚上练习写字、打算盘，向老职工学习各项实用技术，此外还要学习企业里的各项规矩。三年学徒期满，方可以做一些具体业务，经多年实际业务考验，选能任贤、委以重任，不分门户，不问私情，量才任用。晋商财东认为："得人者昌，政界固然，商界何独不然？"他们求贤若渴，一旦发现可用之才，便登门相求。

六、重商思想的形成与影响

重商思想本来在民间，但是发展到明末清初，晋商与社会名流学者在特殊的背景下有一种非常特殊的合作。山西民间有大量的传说和散见的一些资料，说顾炎武、傅山、戴廷栻等，为了实现反清复明的政治主张，在山西组织镖局，支持形意拳等武术训练，名为服务商人货物、白银异地押运及守库护院，安全保卫，实则暗中积蓄武装力量。1659 年（顺治十六年），傅山、顾炎武、戴廷栻改造一家当铺为"义振泉票号"，组织存款、贷款、汇兑、收兑金银，为反清义军筹措经费。这家票号的投资人是祁县商人家族出身的学者戴廷栻和商人李恩、戴惇林任掌柜。李氏家谱记载："顺治十六年□月，由傅山经手，支大同义军白银 3 万两，支江浙军费 4 万两"①，以走镖运出。仅仅过了 4 年，1663 年（康熙二年）义振泉票号被政府查封。太谷商人后人员文秀说，顾炎武 66 岁大寿是在他家过的，这一年是 1679 年（康熙十八年），顾炎武帮助制定规章制度，成立了志成信票号，他见过志成信当年的一些账簿。晋商的会计记账法"龙门账"就是傅山帮助建立的。

这些传说和记载虽然还需要进一步考证，但是傅山、顾炎武支持商人，主张商人进入主流社会的重商主义思想，却是实实在在的事情。祁县商家出身的名士戴廷栻在祁县城内修建的"丹枫阁"，是顾炎武、傅山、阎尔梅、阎若璩、王士禛、屈大钧等聚会之所，这些名士多有商人家族背景。他们站在商人立场上，呼吁商人进入主流社会。傅山提出"市井贱夫可以平治天下"的主张，他认为，商人对商品生产、交换、流通、供求以及财富创造、经营管理最为了解，他说："何以聚人？曰财。白然贫士难乎有群矣，家国亦然。故讳言财者，自是一教化头骨相耳。常贫贱骄语仁义之人，大容易做也。"②"生人之有为也，本以富生人。富生人，而治人者乃有为。"③ 明确提出有为的人关键是创造财富。李贽也说："不言

---

① 《晋商史料全览》晋中卷，山西人民出版社，2006 年。"□"为史料原文模糊不辨。
② 魏宗禹：《晋阳人文精神》，山西古籍出版社，2003 年。
③ 傅山：《霜红龛集》卷三十五。

理财者，决不能平治天下。"① 清初山西祁县丹枫阁是北方学术交流与反清思想研究中心，与江苏如皋冒襄的水绘园南北呼应。

清中期以后，一批研究地理学的学者如祁寯藻（1793～1866 年，山西寿阳人，其父祁韵士是研究西北地理的先驱者）、张穆（1803～1849年，山西平定人）、何秋涛（1824～1862 年，福建光泽人）、徐继畲（1795～1873 年，山西五台人）等，不仅研究西北、蒙古地理商路，而且研究世界地理，徐继畲说："欧罗巴诸国，皆善权子母，以商贾为本计，关有税而田无赋。航海贸迁，不辞险远，四海之内，遍设埠头，固由其善于操舟，亦因国计全在于此，不得不尽心而为之也。"② 并且提出中国借鉴西方经济社会制度的问题。曾任山西巡抚的洋务派人物张之洞、胡聘之等都是商人精神进入主流社会的推动者。欧洲的文艺复兴运动使欧洲的神权得以清算，人权得以张扬，科学与民主成为时尚，使欧洲的商业精神、重商主义与市民思想成为社会的主流，导致工业化在欧洲崛起。中国的皇权始终没有得到清算，"戊戌变法"没有能够像"明治维新"那样获得成功，中国商人精神始终没有登上政治舞台成为社会主流。但是，这些重商思想进入上层社会的要求，自然地是晋商精神的重要根源。

七、商业革命呼唤金融业变革

秦佩珩先生所归纳的："一般看来，明中叶以后，商业资本已达到了相当发展的程度，这是研究明清经济史的人所公认的事实。如闽粤舶主、江淮盐商、山东绸商、山西缎商，都是当时最著名的地方商人。特别是明代会票制度的产生，更加强了各地商人的活跃。各地商人把一部分社会资本用在商品流通过程中。泉州海商'入海而贸夷，差强资用'，芜湖染商，所染织物'遍于吴、越、荆、梁、燕、豫、齐、鲁之间'。徽州盐商'混迹渔盐中三致千金，随手挥净'，看这样子，当时作为两种形式的商业资本，都已被当时的商人所运用了。"③ 美国学者费正清先生也说："中国在 18 世纪，如果不是更早些的话，已经有了一个真正的国内市场，任何一个地区的供应品，可以用来满足其他任何地方的需要……好比说欧洲

---

① 李贽：《大学评》。
② 徐继畲：《瀛寰志略》卷四。
③ 秦佩珩：《论十六、十七世纪中国社会经济的性质》，载《明清资本主义萌芽研究论文集》，上海人民出版社，1981 年。

文艺复兴的开端，或者中国商业革命的起步……中国国内市场的兴起可以从各种专业化的商人群体的成长来衡量，诸如批发商、零售商、走南闯北的行商，上层都还有层层的掮客和代理人，他们为不同地区间的贸易服务。"①

明清时期，随着自然经济向商品市场经济的转变，以人们日用品如绸缎、棉布、粮食、茶叶等为主的长途贩运贸易得到了迅速发展，城市的商品交换功能加强，形成了一大批经济中心城市，一些市镇成为商品的集散地，这样，商人的资金需求进一步增强。原来以小农生产性借贷和生活性货币借贷为主要的金融活动，逐渐向商人手工业者对经营资本融通为主发展。工商业店铺或行商，通过信用贷货与信用贷款所形成的运营资本规模，往往达到原本的数倍以上。与此同时，社会资金供给的主体、业务、利率等也发生了相应的变化。

首先是资金供给主体的变化。明代，原有质库仍然存在，但是多数被称为典当、质店，又产生了钱铺（钱庄、银号），清代又出现印局、账局、票号等金融机构。这些金融机构的出现，是与明代白银货币化进程同时演变而来的。"值得注意的是，明清时期的商铺也常执行部分的金融职能，尤其资本殷实、信誉较高的商铺，包括布铺、杂货店、绸缎店乃至烧锅等。""虽然私人、官府的一般放贷还占有相当重要的地位，但是金融机构在资金市场上的地位却越来越重要，尤其是商人手工业者的流动资金更越来越依赖这些机构予以满足，从而表现出了对私人高利贷者的一种排挤。这应该是封建社会后期资金融通即资金市场的运作走向社会化或者说近代化的一种表现。"②

其次是金融业务与工具的变化。白银货币化之后，银两与铜制钱并行，铜币和白银有了相对固定的比价，产生了钱桌、钱铺的货币兑换，随着经营资本的扩大，它们开始对商人与城乡居民进行资金的放贷，继而开展了存款业务和钱票发行，即以钱票向商人放贷，扩大了资本规模和信用范围，创造了新的信用形式。进而办理异地款项的汇兑，票据交换与转账结算等。

最后是资金存放利率的变化。据刘秋根分析，"唐宋时法定利率一般

① 费正清：《伟大的中国革命》，世界知识出版社，2000年。
② 刘秋根：《中国封建社会资金市场分析——以高利贷资本为中心》，中国经济史论坛，2004年5月19日。

是四、五、六分，而明清则一般是三分，法定利率一般反映当时利率的中等水平，它的下降无疑在相当程度上反映了实际利率的下降……明清以后，则以二分三分为多，一分五厘、一分甚至九厘、八厘等低利率也流行起来。到了清代后期，二分之息就被视为重息，十分之息则被看作是罕见的、带盘剥性质的利率了。光绪年间的樊增祥说：'月利十分，闻所未闻。'又说：'事在光绪十二年，迄今八载，现负二分重息，何得彼此均不筹还。'"[1]

贸易发展使得货币数量需求增加，金属货币总量不足，引起信用工具产生发展和金融机构的建立，发生了金融业的革命性变化。明朝中期，当铺、钱庄已经遍及大江南北，虽然还没有专门从事异地款项汇兑的机构，但是已经出现了兼作异地款项汇兑的商号，并且使用会票。清代又有印局、账局和票号产生，将金融机构设到了日本、朝鲜、俄罗斯等国家。1912 年 11 月，梁启超先生在北京对山西银行业界的一次演讲中谈道："英之金钱商，与吾之炉房类，姑且不论。若以意大利自由都府之钱商与吾票号较，则其相类处有四：一是与商业企业往来不少，但吸收官款存放，并与帝王贵族往来者居多；二是利用各地币制不一和平砝的差异，压平擦色，从中渔利；三是出票慎重，信用卓著；四是同时发生的时代背景相同。"[2] 美国学者费正清先生说："中国在 18 世纪，如果不是更早些的话，已经有了一个真正的国内市场，任何一个地区的供应品，可以用来满足其他任何地方的需要……好比说欧洲文艺复兴的开端，或者中国商业革命的起步……中国国内市场的兴起可以从各种专业化的商人群体的成长来衡量，诸如批发商、零售商、走南闯北的行商，上层都还有层层的捎客和代理人，他们为不同地区间的贸易服务。"[3]

在这场商业革命中，晋商、徽商、潮商、洞庭商、宁波商、龙游商、陕西商、山东商、江右商等都很活跃，商品贸易规模扩大，商路拓展，由其引起的远距离货币支付的方式、成本、时间等困难，导致了信用和信用工具的产生，由此引发了金融工具、金融机构、金融业务与金融制度等一系列创新，形成了中国明清时期的金融革命。

---

① 刘秋根：《中国封建社会资金市场分析——以高利贷资本为中心》，中国经济史论坛，2004 年 5 月 19 日。
② 《山西票号史料》，山西人民出版社，1990 年。
③ 费正清：《伟大的中国革命》，世界知识出版社，2000 年。

货币经营资本是随着商品经营资本的发展而发展起来的。随着山西商人资本的发展，山西商人逐渐办起了不同业务形式的金融商号，如经营银钱兑换的钱庄，经营货币信贷的账庄，经营异地汇款的票号，经营消费信用的当铺，经营小额短期借款的印局等。开始时，这些业务在商号内附设，以后逐渐成为独立经营的货币商号——金融业。这些商号被西方人称为"山西银行"。山西商人投资商业也投资"银行"，往往一个财东既有商店，又有票号、钱庄。如介休冀家既有绸缎、茶叶、皮毛、布匹、杂货等商号，又有账局、钱庄、票号、当铺等金融机构，仅在湖北襄樊一带就有70余家商号，十几家当铺。经营地点，南起湖北，北到喇嘛庙和库伦。晋商的金融业首先是支持其百货业的资金需要，可以说晋商以商业和金融业相互渗透、混合生长的形式，形成了高效融资的机制，加速了资本周转和增值。

中国金融革命探讨

背景说明

本文写于 2009 年秋，是为研究生讲授的专题，中心为探讨中国金融革命的历程。金融业是农业经济时代进入工业经济时代的重要推手。中国虽然同欧洲商业与金融革命同时起步，但是后期落伍了。19 世纪后半期以来，社会矛盾重重，动乱不停，直到清末，金融革命仍然没有完成。进入民国时期，尽管有识之士都想把已经掉队的中国经济赶上去，作了大量的金融政策与制度创新，但成效有限。新中国成立后，又经过了 30 余年探索，直到 20 世纪 70 年代末，方找到了通过改革开放建设社会主义市场经济的道路，并构建了中国特色的金融体系，走上了金融强国之路。

"疑今者察之古，不知来者视之往。"[①] 历史上常常有很多惊人的相似之处。当今 30 年的中国金融改革，为中国经济社会发展注入了新的能量，使中国经济社会发生了巨大的变化。金融改革，也可以称为金融革命。而事实上中国金融革命在历史上曾经发生过，这就是明清资本主义萌芽中，商业革命所引发的金融业的革命性变革。但是它又没有像欧洲商业革命和金融革命那样导致工业化的到来，它是一场未完成的金融革命。鸦片战争以后，外国资本侵入，中国经济金融更为复杂化，到新中国成立，经过

---

① 《管子》。

30 年的探索，走上改革开放的道路，建设社会主义的市场经济，中国金融革命方真正走向成熟。但是，回顾历史，从明末清初中国开启的金融革命，不断地影响着中国生产力的发展水平，在与外国资本的较量、吸收中曲折前进。其间，在 19 世纪和 20 世纪之交，外国资本主用鸦片、大炮大开了中国的国门，被迫其对外开放；20 世纪和 21 世纪之交，中国主动地对外开放，有计划、有步骤地引进外国资本和国外先进技术与经验，金融改革一步步走向成功。研究 500 年中国金融革命发展，对中国社会主义市场经济建设无疑是有现实意义的，它仍然会影响中国经济社会发展的进程。

一、金融与金融革命

金融，顾名思义乃资金融通。融通资金必不可少的要素，首先是融通对象，这就是货币资金，包括现金货币、存款货币、外汇形式的货币等；资金融通的主体是筹资人和投资人，在信息不对称的情况下，还需要中介人；资金融通的方式最初是借贷，随着社会的发展，融资形式越来越多，花样不断翻新。所以人们说，金融是货币、信用、信用机构及其活动的总称。

金融一词虽然是近代人开始使用的概念，但是它的内涵包括了货币、信用、信用机构，而且货币、信用与信用机构在中国已经有了两三千年的历史。作为金融的革命性的变化，还是近几百年的事情。

（一）金融与世界文明同步走来

公元 1500 年以前，人们处在农业经济时代，这个时期，货币和信用已经进入人们的生活之中，如货币的铸造与发行，信用机构的货币资金借贷等，但是那时的货币仅仅是一般等价物，是商品交易中的媒介，信用活动也仅仅是满足暂时没钱的人获得流通手段和支付手段，服务于商品生产和交换持续发展。

1500～1750 年，随着商品生产的发展和国际商路的开拓，商业迅速发展，出现了商业革命性的变化，商品交换中的企业化程度大大提高，社会经济的商品化、货币化、市场化、城市化、国际化步伐加快。商业革命带动了金融革命，金融革命也促进了商业革命。新的金融机构、新的金融工具、新的金融业务不断出现，使得商品交易和生产发展离开金融的支持就显得竞争无力，金融成了经济社会发展的重要力量。商业革命是农业经济社会发展的产物，是工业经济社会到来的准备，是农业社会向工业社会转变的过渡时期。

1750～1913 年，是欧美主要国家工业革命的时代，一批国家在成功的商业革命基础上走向工业革命。这个时期，金融的功能进一步发生巨大变化，银行不仅仅是社会的信用中介、支付中介，而且可以使储蓄转化为资本，银行可以创造货币。由于世界各国发展的不平衡，工业化国家开始向海外扩张，变落后国家为自己的殖民地，成为自己的原料供应地和商品销售市场。

1913～1970 年，世界各国进入管理通货时期，资本主义由自由竞争演变为垄断，经济社会发展极不平衡，发生了两次世界战争和一次世界性经济危机，产生了一批实行计划经济的社会主义国家，殖民地国家斗争并脱离殖民主义枷锁，建立独立国家并发展自己的民族经济。在这个时期，影响金融最大的问题是金本位制度在世界范围内崩溃，纸币与黄金脱钩，世界各国强化中央银行制度，国家通过中央银行的货币政策，对经济进行宏观调控。

1970 年以来，世界金融创新进一步发展，产生了很多新变化，经济金融全球化迅速发展，借助于高科技，金融创新不断翻新，从欧洲美元市场和离岸金融市场出现，到世界上几大国际金融中心的形成，国际融资、国际债务、国际资本流动、国际货币汇率变幻莫测，跨国金融集团公司发展，金融购并浪潮迭起，世界性和区域性金融组织的不断发展和强化，构成了现代金融的主题。

（二）商业革命导致金融革命

在人类社会发展的历史中，最重要的是生产力革命，最早的原始人由依靠采集、狩猎生活发展到有了固定的房舍和村落，依靠种植、饲养生活，这是一场农业革命。在农业生产和相关的手工业生产发展到一定水平，出现了大批以从事商业贸易为生的专业商人阶层时，又是一场商业革命。在人们的生活来源或者说国民收入由主要依靠农业生产转变为主要依靠工业生产时，是一场工业革命。在当代高新技术迅猛发展以致使自然资源配置、生产和贸易全球化，则是一场高新技术革命。

如果这一认识能够成立，那么，16～19 世纪中期，当是世界商业革命时期，即由农业经济时代向工业经济时代过渡的时期。商业的革命性变化，按照马克思的解释，是商业的突然扩大和新世界的形成。这大体在

15世纪末，中国和欧洲同时开始，商业规模迅速扩大成为社会经济的重要组成部分。马克思主义认为，在生产没有从属于资本以前，资本作为商人资本可以独立地优先地发展起来，这就是经营贩运贸易。"在这种贸易上，主要利润的获取不是靠输出本国产品，而是靠对商业和一般经济都不发达的共同体的产品交换起中介作用，靠对两个生产国家进行剥削。在这个场合，商人资本是纯粹的商业资本，同两极即以它作为媒介的各个生产部门分离了。这就是商人资本形成的一个主要源泉。"[①] 正因如此，中国商人和商业资本早在鸦片战争以前，就已经有了很大发展，鸦片战争以后，随着外国资本主义势力的入侵，使中国商业资本受到了打击，发生了转折。

在欧洲商业革命之前，曾发生一场文艺复兴运动，在那里，神权被得以清算，人权得以张扬，科学成为时尚，商人的社会地位上升，进入社会主流，国家政策是保护商业和手工业，经过250年商业资本主义的发展，导致了工业革命。而在中国，商业革命虽然与欧洲同时开始，经过350多年的发展，直到清末民初，中国商人一直在尝试进入主流社会，参与民主政治，在实业救国口号下，以工商业人士为主体的民族资产阶级，在中国近代社会经济转型和曲折发展中做出了巨大贡献，但是中国商业革命和工业化一直没有完成，商品经济缓慢发展，延续至今。明清中国的商业革命，没有解决商人进入主流社会的问题，没有完成国家向市场经济的体制变革，是一场未完成的革命。

但是，无论如何，中国商业的革命性变化确实发生了，表现为农业商品化程度的提高，一大批商业城市兴起，国际商路的开拓，商业组织企业化，商业技术的创新，以及商业文化的形成。商业的巨变，自然产生了对商品交换中流通手段和支出手段的大量需求，对异地货币资金调度与支付技术的创新的需求，围绕货币资金的供应、收付、远距离运送等一系列问题产生，自然提出了对金融机构、金融工具、金融技术、金融业务以及金融制度、管理等金融业的创新，最终导致金融革命性巨变。不幸的是，由于国内、国际多方面因素的影响，中国金融革命与中国商业革命同样没有能够自然演进为资本主义工业化，从而金融革命也是一场没有完成的革命。

---

① 《马克思恩格斯全集》，人民出版社，1974年。

（三）欧洲的金融革命

与中国不同，意大利在 14 世纪，荷兰、英国、美国、日本先后在 17～19 世纪发生了巨大金融变革，成为这些国家由农业经济时代进入工业经济时代的重要推手。欧洲金融革命，主要表现为金融工具、金融机构和金融业务的革命性变化。

1. 票据与票据市场的发展

在商业的大发展中，欧洲各地每年定期召开的由各地商人组织参与的大型商品展销会，称为集市。最早的集市是法国的香槟集市，后来又在日内瓦、里昂等出现。这些集市的支付与结算，最初一般是用硬币来清理。每个商人都有一本账，在账上记下自己欠别人的和别人欠自己的钱。自己对别人的负债称为来账，别人对自己的负债称为往账。当结算日期来临时，集市的管理人员来核实商人账本上的来账与往账，并实行相互抵消以减少硬币的使用量。随着商品市场的发展，一种新的信用工具——汇票出现了，它不但可以代替硬币进行交易，而且具有远期交易功能。在集市中，新贸易产生的新的债权债务关系可以通过开具新汇票的方法转移到下一次集市。渐渐的参加到这种结算中的人越来越多，包括一些政府部门和其他行业的人。后来，税务官也参与到集市上的汇票买卖中来，因为他们可以通过汇票，要求同纳税人进行支付交割。于是，皇家借债代理人也参加结算，他们用票据或其他的债务证据来筹集资金。房地产业、银行业、早期的保险业，甚至彩票业都在集市上出现了。这样，集市不仅是单纯的国际贸易市场，而且也是一个外汇市场、金融市场和清算市场。

汇票是一种具有法律约束力的书面承诺，即甲在 A 地承诺在未来的某一天向 B 地乙支付一笔款项。其特点有二：一是支付汇票的地点与发出汇票的地点不同；二是支付汇票所使用的货币与发出汇票的地点使用的货币不同。那时，存款人委托银行转账，必须亲自到银行口授一份转账授权书，要求将自己账户上的一笔存款转至别人的账户下。这样，一个人就很难把一个城市中的一笔钱交给另一个城市的另一个人。汇票的产生，减少了易货贸易、当面清账，或用大量金银货币支付的必要。因此汇票在商品市场上受到了广泛的欢迎。

汇票是一种支付工具，但也是信用工具，每一张汇票都包含着一笔短期信用借款，自然含有利息因素。当时欧洲的交通十分不便，即使是"见票即付"的汇票，从其出发点带到支付地点也要一定的时间。例如从西班牙或意大利到达抵地国家需要 2~4 个星期。如果汇票要求承兑的是很大一笔钱，那么承兑汇票的人就可以得到一段时间以便筹措应付的款项。这段时间被称为"汇票支付期限"。这种期限往往是对特定的交易所提供的标准信用期限。16 世纪初，从热那亚到比萨的期限为 5 天，到米兰的期限为 6 天，到安科纳为 15 天，到巴塞罗那为 20 天，到瓦伦西亚和蒙彼利埃为 30 天，到布鲁日为 2 个月，到伦敦为 3 个月。购货者用汇票支付一笔现金，既是延期支付，也意味着得到了一笔相当于汇票期限的借款，所以，支付时要加上这笔款在此期限内的利息。如果商人之间找不到相互了解并同意使用这种支付方式的对象，这种交易就无法进行。那么，付款人就会去找商业银行家，请商业银行家开出汇票。银行家的汇票的信誉比普通商人更高。于是汇票制度得到了广泛的运用。

这种汇票制度方便有效，省了许多麻烦。但是也存在一定的风险，一是买卖双方两地的汇率变动问题；二是两方的银行家可能发现契约的某一方已经无力偿付或者弄虚作假，可是错付的钱已经无法追还回来；三是付款人同收款人之间也会发生时间拖延问题等。尽管如此，汇票产生以后还是得到了广泛的应用，因为它大大降低了交易成本，提高了交易的效率。

作为信用转让的书面工具，在汇票之后，支票很快也出现了。如在威尼斯，商人要求转账时，银行家向来要求客户亲自来银行办理，或者必须派其代理人到银行来。16 世纪六七十年代，意大利、英国与欧洲其他各国也都出现了支票。

除支票外，还有期票广为应用。它主要出现在那些并不绝对禁止放债取息的国家，它们使用一种简单的期票作为贷款的保障，这种期票即"责任票"，作为出票人的借方以此为保证在某日清偿这一笔债务。在同一通货区内，一笔款项由一地转移到另一地也使用这一工具。在 15 世纪，英国商人经常将其所持有的期票"转让"给其债权人以清偿债务，并且得到法律上的保护。到 16 世纪欧洲各国基本在法律上保护债券持有者对原债务人拥有一切权力，如果期票上署名的原债权人将期票转让给其他人，他便不再对该票的支付拥有任何权力，也不承担任何责任。不过由于现持票人对以前的持票人没有追索权，所以导致了汇票的可转让进展较慢。票据的背书转让，安特卫普大约在 16 世纪 70 年开始，而英国至少到 17 世纪中期才有进展。票据完全转让就是票据贴现。即在一张票据到期之前卖给第三者，获得低于票面价值的现金。在中世纪，汇票严禁贴现。

因为贴现意味着收取了利息，而教会高利贷法则禁止收取利息。直到教会的法令有所放松，票据贴现才逐渐出现。到了 1550 年以后，由于金银货币严重短缺，人们越来越多地使用贴现来筹集现金。17 世纪，由于各商业中心证券买卖习以为常，贴现也就司空见惯了。到了 18 世纪英国的英格兰银行可以说就是一个贴现银行。

票据的广泛使用，产生了票据交换的问题。同一城市的票据交换比较容易进行，只需一个清算银行即可。各个银行家都在彼此的银行内设立账户，那么一个银行的顾客可以通过它的银行，在避免现金流动情况下实现转账至其他银行的账户。伦敦在 18 世纪仍采用这种办法。但是欧洲各国之间的票据交换与清算就比较复杂了。集市为票据的交换提供了一个场所和机制，并最终成为了国际票据交换体系。商人在交易结束后，将所有承付款项记录在也参加集市的银行的账簿上。银行将各个客户的来账往账进行归总结算，差额部分客户用现金或者汇票支付。当汇票普遍以后，商人们就可以不带任何现金在集市上贸易。这种制度很受商人的欢迎。

2. 公共银行的发展

随着经济的发展，商品的繁荣，贸易已经不能再局限于固定的集市，越来越多的商人，在主要的商业中心建立常住的办事处。这些商人没必要，也不愿意将其贸易限制在集市期内。这样欧洲集市的作用迅速衰退，取而代之的是各个城市相继建立的交易所，交易所给商人们提供了经常性的商品交易场所，也是金融交易的场所。1531 年安特卫普建立了一个交易所，不仅取代了集市的贸易职能，而且也取代了集市的金融职能。1551 年开始，英国伊丽莎白女王安排皇家汇兑人托马斯·格兰欣爵士常驻安特卫普考察交易所，后来他回到英国，于 1571 年建立英国皇家交易所，主要经营国际票据。紧接着，塞利维亚和阿姆斯特丹先后在 1583 年和 1611 年建立了交易所。

交易所一年四季不间断地进行商品批发业务，商人们就希望有大型的管理和服务更好的银行，以便放心地将其资产放在这些银行中，并且能够随时提取，还可以进行快速的票据结算。因为原来的私人银行实力有限，信誉较差，有时还往往利用客户的存款进行自己的商业经营。1575 年以后，私人银行纷纷陷入困境，而代之以国家和政府创建或者改建的公共银行。这种银行在办理存贷款业务以及信用转让票据清算业务过程中，受到政府部门的担保和监督。

最早的公共银行萌芽是 1401 年后巴塞罗那创建的市立银行，但是真正的公共银行最早是 1587 年开始营业的莱尔托银行，它接受与偿还存款；负责各账户之间的转账；将应付汇票计入客户贷方。后来 1593 年米兰的圣安布罗焦银行、1605 年罗马的圣灵银行等，成立后马上成为重要的信用交易中心。

但是发展最快、实力最强的公共银行是 1606 年议会批准、1609 年开始营业的阿姆斯特丹银行。由于当时所有在 600 弗罗林以上的票据只有通过银行才能计入贷方，所以几乎每一个商人都在银行开有账户。除此之外，该银行还可以兑换货币、购买金银外国货币并将其铸造成合法货币。阿姆斯特丹银行成立后发展迅猛。它为社会流动资本找到了可靠的存放处，同时也为信用票据提供了有效的票据交换所。所以米德尔堡、鹿特丹、纽伦堡、斯德哥尔摩等地纷纷成立这种类型的公共银行。到 1697 年，欧洲已有 25 家不同类型的公共银行。

阿姆斯特丹银行大发展的关键原因是荷兰的贸易企业遍布各地。荷兰商人、荷兰制造业与荷兰的投资在欧洲各主要商业中心以及亚洲、美洲与非洲的大多数沿海城市都落地生根。与各商业中心广泛的贸易联系使得在阿姆斯特丹购买的汇票几乎在世界各地都能承兑。甚至有一些贸易区（如波罗的海地区）只接受阿姆斯特丹开出的票据。同时由于贸易优势荷兰的企业又给这个城市带来世界各地的金银与硬币的大量流入，阿姆斯特丹也就成为欧洲贵金属贸易的中心。

3. 近代银行业的诞生

从农业社会向工业社会的过渡时期，在商品化、货币化发展和市场经济酝酿成长过程中，旧有的金融机构，作为一种生息资本，一方面它加速了货币的集中和积累，促进了资本的原始积累；另一方面，它又促使大批的农民和手工业者破产并无产阶级化，因而，它既是资本主义前提条件形成的一个杠杆，又是资本主义生产关系形成的一种阻力。新兴的工商业者不得不开展反对高利贷的斗争。这是一场要生息资本服从于产业资本的斗争，也是一场为社会生产力的发展解开桎梏的斗争。这种斗争最初表现为政府企图以法律来限制利息率。如英国，1545 年通过法案，规定最高利息率为 10%，1624 年为 8%，1651 年为 6%，1714 年为 5% 等。然而，当银行和信用事业依然为高利贷所垄断时，一切希图通过法律手段加以限制的做法，都是不可能产生多少效果的。因为早期金融机构本身，正是高利贷资本运动的形式，所以，只有对反映这种高利贷资本运动形式的组织机构的否定，才能从根本上解决问题。17世纪末到18世纪上半期，适应新的工业产业发展的银行业，终于通过两条渠道产生了：一是新式的股份制银行的创建；二是旧的金融业被迫改组为新的银行业。在英国，最初是从经营高利贷与兑换业务的金匠业中逐渐独立出来的一些金匠业和公共银行。最初，那些商人们是把他们的流动资金委托给金银商来保管，这些金银商摇身一变成了"银行家"，向存款人出银票，向政府贷款，也可以向实业家和商人贷款，他们还把银行票据印成小额等价钞票，以方便使用，加速流通，另外，也搞商业票据背书转让，办理票据贴现，这些"金银商"成了存款银行、流动银行，贷款人有时也存款进来，或凭此再把票据发出去，扩大了信贷规模，促进了经济发展。在其银行券的发行与放款过程中，它们逐渐发现实际上不需要百分之百的准备金，从而开创了银行创造信用与货币先例，银行由此进入了一个新的阶段，但是，此类银行业的利息仍然很高，而且常因无法控制税收，拒绝对政府的放款。于是，1694年，在政府的支持下，集资创办了第一个大规模的股份银行——英格兰银行。它的正式贴现率一开始就规定为4.5%～6%，并集资120万英镑，以8%的年利贷予政府，从而享有了无现金准备的发行权。1697年增资，并以6%的年利贷款予政府，而换得六人以下的私人银行不得发行银行券的特权。可见，英格兰银行从一开始，就具有政府的银行的特征。到1814年，具有相同性质的地方银行，在英国达到了940余家。在相互的竞争中，独资的私人银行逐渐缩小，集资的股份银行不断增加。19世纪后半期，初步形成了以英格兰银行为中央银行的辅之以商业银行等不同种类的专业信用机构的金融体系。在法国，1800年，以股份公司的形式组成了法兰西银行，它一开始就有着半国家的性质。在美国，1782年创立了北美洲银行（第一美洲银行的前身），1784年又创立了纽约银行和马萨诸塞银行。从1781年到1861年，先后建立的银行达到2500余家。

4. 证券市场的出现

15世纪在意大利和德国出现过发行可转让股票的合伙企业，后来在英国和尼德兰传开。但是，那时的股票只是一次性出海冒险的筹资，回来后就还本付息，不能算是真正的股票交易市场。到1600年以后，才有了不退股的永久性投资的股份公司，其股票可以拿到市场上去出卖。1612年荷兰东印度公司规定了公司股票只能在交易所公开出售，接着英国公司学习荷兰的做法，并且将利润与资本区别管理。随后又有了公司融资债券的出售。17 世纪中期，正规的股票交易市场在阿姆斯特丹交易所开始，其中有证券经纪人及其代理人，并通过股票价格的涨落赚钱。

股票债券交易市场的出现，同时伴生着证券交易的投机。1719～1720 年发生了历史上最早的证券投机引发的金融危机，即始于南海泡沫事件。这次金融动荡，在伦敦、巴黎、阿姆斯特丹及欧洲各大城市蔓延，最后造成大量企业的破产倒闭。事件的根源，一方面是由于刚刚建立的证券交易制度很不完善，另一方面是证券交易与证券投机如影随形。事件以后，直到 18 世纪 30 年代，证券市场才恢复正常。

世界金融发展史证明，一般情况下金融业的发展是经济发展需求引起的，即金融业随着经济的发展而发展。但是，在一定的条件下政府为了给经济发展创造必要的金融环境，可以通过政策让金融领先发展，特别是某些金融创新的成功推进，能够改变原有经济结构与经济发展水平，提升一个国家的综合国力。

二、中国金融革命的曲折发展

从明末清初到晚清，金融业发生了一系列重大的创新和变革。这里需要说的是，虽然中国与欧洲的商业革命、金融革命同时起步，但是后期落伍了，因而其发展轨迹与欧洲相比也有很大差异。本来中国经济社会体制与欧洲的差异就比较大，特别是外国资本势力进入中国之后，社会矛盾重重，动乱不停，直到清末，金融革命仍然没有完成。进入民国时期，在民族矛盾、阶级矛盾导致的战争环境下，尽管有识之士与当政的一些开明者，都想很快把已经掉队落伍的中国经济赶上去，作了大量的金融政策与金融制度的创新，试图以金融为先导，推动经济社会发展，但是成效有限。这些金融政策和金融制度的创新，应当说也是明末清初以来金融革命的延续与发展。中华人民共和国成立后，结束了战争，实现了政治、经济、社会的统一，政府为了追赶欧美发达国家，尽快实现"超英赶美"，进行了不断的探索，选择了高度集中的计划经济，先是用"大搞群众运动"来实现经济大跃进，失败以后，又以"阶级斗争为纲"，"抓革命，促生产"，仍然未能成功，经过 30 年摸索试验后，直到 20 世纪 70 年代末，方找到了通过改革开放的道路，在建设中国特色的社会主义市场经济中，金融业渐进式的改革，"摸着石头过河"，终于构建了中国社会主义的金融体系，有计划、有步骤地主动融入国际市场，走上了金融强国之路，适应了世界金融经济时代社会经济发展对金融的要求。中国的金融革命经历 500 年的摸索、奋斗、曲折、创新，一步步走向成熟。

（一）明清金融的巨大变革

明末清初开启的中国金融革命的步履，在 16～19 世纪初，做出了巨大贡献，其基本表现如下：

1. 金融机构覆盖全国城镇

虽然早在南北朝时当铺已经出现，但是发展不快，明朝又出现了钱庄，到清康熙年间，当铺、钱庄逐步分布全国城市集镇，继而又出现了印局、账局、票号等金融机构。

2. 票据流通开始代替金属货币

唐代飞钱已具有票据性质，不过作用有限，宋元会子、交子发展成银行券和纸币，明前期行使纸币，后来停用，民间使用"会票"（汇票），代替现银的运送与支付；清代康熙、雍正、乾隆时期，票据代银的金融工具不断创新，到道光年间金融工具使用已经普及，并且形式多样，有相当于现代本票的"凭帖"，有相当于现代支票的"兑帖"，有相当于现代银行汇票的"上帖"，有相当现代商业汇票的"上票"，有相当于现代融通票据的"壶瓶帖"，有相当于现代远期汇票的"期帖"等，后来又衍出即票、期票与票汇、信汇等。

3. 债权债务清算网络基本形成

清代前期，金融机构逐渐开始为客户办理债权债务的非现金清偿业务，"在有清一代，在现款凭帖而外，大宗过付，有拨兑一法……乃由各商转账，借资周转。"① 同时，银行清算已经出现，一是系统内清算，如一家票号各地分支机构相互之间在一定时间内发生的汇差，以"月清年结"两种账向总号报账，以"收汇"和"交汇"两项分列，总号收到报来的清账，核对无误后，将月清收汇和交汇差额分别记入各分号与总号的往来账，差额为分号收存总号款项数，这大概是现代银行清算相互轧差办法之源；二是各金融机构在为企业办理转账结算之后形成的债权债务，在金融业行会组织下，通过定期"订卯"清结。

4. 金融机构的企业化管理

清代的票号、钱庄、当铺、账局等金融机构多数都不再是父子店、夫

---

① 《绥远通志稿》卷三十八，民国抄本。

妻店，而实行了企业化管理，有相当一部分金融机构实行股份制，集股以某家族领头，吸收本族、亲朋好友及社会投资，企业聘请职业经理人来管理，所有权与经营权两权分离，实行总分支机构管理体制，甚至出现了联号制，即集团公司管理形式。企业管理制度比较齐全，资本金管理、银行密押、金融稽核，甚至实行人力资本制度等。

5. 介入国际金融市场

晚清账局、钱庄、票号分支机构设往国外，从事国际汇兑、贸易融资、货币结算等业务。合盛元票号在日本、朝鲜设多家分号，如东京分号称"合盛元银行东京出张所"。

6. 票号为清政府与地方政府融资

由于清政府财政恶化，对外赔款，债务压力一年年扩大，不得不委托票号为政府融资、汇兑、认购和推销政府债券，充当清政府的财政支柱。

7. 金融业同业公会活跃

金融机构为防范和控制金融风险，协调金融业内部及其与社会各方面的关系，设立同业公会。典当业如当行公所（天津）、公合堂（广州）、"振业堂"（佛山），钱庄行会如忠信堂（广州）、宝丰社（归化）、裕丰社（包头）、恒丰社（大同）等，票号如汇业公所（上海）、汇兑庄商会（北京）等。金融业同业行会，承担组织货币商人商定市场规程，执行金融监督，组织金融市场运行，商定市场利率、票据交换、银行清算等，协调同行间的无序竞争，仲裁会员间的商务纠纷，维护共同利益和市场秩序。

总而言之，在中国农业社会向近代社会转型过程中，商品化、货币化、城市化的一步步发展，金融业为商品交易引起的货款信用清偿、货币借贷、转账结算、异地资金汇划、票据发行与流通、票据识别与防伪、商业资本金筹措等一系列革命性的创新，创造了明清中国金融革命的辉煌。

（二）外国资本侵入的冲击

中国商业革命虽然与欧洲商业革命同时发生，但是经过 1500~1750 年 250 年的时间，欧洲的商业革命催育了欧洲工业化的诞生，先是英国产业革命，继而整个欧洲过渡到工业社会，贩运贸易商人转化为近代工商业资本家，建立了资本主义制度，并向外扩张侵略。到 19 世纪上半期，欧洲列强已经占领了不少经济落后的国家，同时也瞄准了曾经是天朝帝国的大清王朝。19 世纪初，以英国为代表的欧洲商人，发现了在其殖民地印度种植鸦片运到中国，成本很低，利润丰厚，可以解决对华贸易长期存在的逆差问题。于是开始了对中国大规模的鸦片贸易，由此引发了中国白银外流，经济下滑，国民病弱，国势由强而衰。这种贸易，理所当然地受到中国人民的抵制，1840 年爆发了鸦片战争，侵略者用大炮打开了中国的大门，1842 年英国强迫中国政府签订《南京条约》，同意开放广州、福州、厦门、宁波、上海"五口通商"，中国金融的格局发生了巨大变化。

1. 国际贸易格局发生变化

欧洲工业革命中，蒸汽机的使用使运输业发生革命性变化，火车、轮船代替了马车、牛车与骆驼等运载工具，进而改变了国际商路与贸易格局。1903 年（光绪二十九年），由西伯利亚到海参崴的铁路通车，俄国海上运输与铁路运输对华贸易，运载成本比原来经过山西的茶叶之路上马车、骆驼运输的成本大大降低，中国茶叶由海上直接进入了欧洲，称雄商界的山西商人失去了地理优势。欧洲用机器生产的布匹、呢绒、金属制品以及玻璃器皿等价廉物美，对中国消费者有着强烈的吸引力。清政府原定的广州公行控制外贸的制度也被打破。

2. 外国商品挤占中国市场

鸦片战争以后，侵略者得寸进尺，开放商埠扩大到几十个港口与城市，洋货进一步涌入中国市场，洋布、洋油、洋火、洋烟、洋糖等洋货可以由沿海直达内地乡村，外国商人可以直接到内地收购土特产品和原材料，而中国人自己的手工业产品市场则逐渐萎缩，传统商业亏损破产。

3. 列强由商品输出转向资本输出使中国负债累累

19 世纪 40 年代以后，外国资本出现三次在华设立银行高潮，第一次高潮是 40 年代的丽如银行、汇隆银行、阿加拉银行、有利银行、麦加利银行等英商银行进入中国；第二次外资银行入驻高潮是 60 年代的法兰西银行、汇川银行、利生银行、利升银行、汇丰银行等英、法银行的进入；第三次外资银行入驻高潮是 90 年代的德华银行、横滨正金银行、华俄道胜银行、东方汇理银行、花旗银行等德、日、俄、法、美国银行的进入。在三次外资银行入驻高潮的前后，外资保险公司、证券公司也进入中国。这些外资金融机构在中国的大量设立，标志着西方国家对华贸易由原来的商品输出转变为资本输出，中国市场面临着国内外多重市场的竞争和冲击。最初，这些银行主要是为支持本国商人推销商品而办理国际汇兑和存放款业务，后来由于清廷腐败和经济落后，他们以苛刻的条件对清政府提供附带各种政治经济条件的借款，夺取了管理中国关税管理权，以致发行纸币、垄断外汇行市、在中国境内修建铁路等特权，扼住了中国金融的咽喉，控制了中国经济命脉。

4. 列强为争夺殖民地瓜分中国

由于世界经济发展的不平衡，西方列强在 19 世纪末占有的殖民地很不均衡，后起者企图瓜分老殖民者的殖民地，相互之间的摩擦、斗争以至战争不断。1904 年，日本与沙俄为了重新分割中国东北和朝鲜而进行战争，战场是在中国东北境内，战后日本取代了沙俄在东北的支配地位，并准备进一步侵略中国。日本侵略者在 1895 年 6 月用武力占领台湾，为建立"殖民地体制"，用武力镇压和控制台湾人民的反抗，派出日本总督，集立法、行政、军事大权于一身，掌握了当地中国人的生杀予夺大权，手上都沾满了中国人民的鲜血。1896 年发布"关于施行台湾之法律"，1906 年颁布实质相同的"三一法"，实施"保甲条例"。在日本殖民者统治台湾期间，被日寇残杀的中国人达 60 多万。日本侵略者以"官有林野取缔规则"，强占全台 94.15% 的山林原野。日本总督府强占民田 2700 万亩，日本财团强占 200 多万亩，台湾土地的 3/4 落入日本殖民者手中，对台湾实施超经济的剥削。1905 年收取地税 300 万元，1933 年高达 570 余万元。1900 年稻米年输往日本 1400 公吨，占当年台湾米生产总量的 0.46%，到 1934 年，年输入日本 51.5 万公吨，占当年生产总量的 40% 以上。日本对中国东北的金融掠夺，早在 20 世纪初就已开始，到 1931 年，日本在东北开设的银行机构达 58 个，其中主要有朝鲜银行和正金银行。1932 年 6 月，日伪又在长春开设了伪满洲中央银行，同时兼并东北其他银行和钱庄。伪满洲中央银行发行的伪钞，为东北唯一流通的货币，1935 年发行额为 1.98 亿元，1941 年为 13.1 亿元，到 1945 年 8 月竟达到 136 亿元。[1]"七七"事变以后，日本在绥远、察哈尔和晋北设伪蒙疆银行，在北京设伪中国联合准备银行，南京设伪华兴银行、汪伪中央筹备银行等掠夺我国财富和资源的殖民地银行，严重地破坏了中国的民族金融和经济。

（三）商人未能进入主流社会

18 世纪的中国，商业繁荣，手工业发达，贸易上经常保持巨额的顺差，但"天朝帝国"已呈落日的辉煌，到了 19 世纪中叶以后，中国已经

---

① 洪葭管：《金融话旧》，中国金融出版社，1991 年。

成为西方列强餐桌上的鱼肉。究其原因，欧洲商业革命，得益于文艺复兴运动，它带来了人性的解放和科学的崇尚，带来了民主和技术的进步，商人势力进入了社会主流。而中国的封建"皇权"制度和思想始终没有得以清算，长期占据统治地位，商人阶层始终没有进入主流社会。明清货币商人作为中国金融创业者，虽然创造了骄人的辉煌，但是并没有导致中国工商业的迅速发展，显赫一时的商人势力过早地衰亡了，各大商帮中只有宁波帮和洞庭帮经过曲折的买办道路得以保存，缓慢地发展为以上海为中心的江浙财团。以票号商人为领头雁的清代金融革命创造了中国历史上从未有的商品经济发展所需要的大量金融工具、金融机构、金融业务技术、金融制度，但是保留在当代中国金融业中的并不太多，不能不说这是一场未能完成的金融革命，到了20世纪上半期，由江浙财团领头兴办起来的近代银行业、证券业、保险业，艰难地承担了支持现代中国工商业发展的重任。山西货币商人的遗憾是什么因素造成的，一直是留给现代人来解的谜。

（四）落后的白银货币制度

1436年（正统元年），明政府解除"银禁"，法律上允许用白银作货币，从此确立了明清白银与铜钱为本位货币长达500年的历史。当时，中国贸易出超，白银大量流入，加之政府库藏和银矿开采所得，白银来源充裕甚至引起"银贱铜贵"。当时中国是全球经济大国，也是国际贸易的强国、顺差大国。欧洲人依托他们的美洲殖民体系，用从美洲掠夺来的白银与亚洲贸易，换取以中国为主的亚洲产品。欧洲人为了改变贸易中大量输出白银的不利地位，英国最先将殖民地孟加拉的鸦片转销中国，逆转了中国与欧洲之间的贸易优势，中国开始了长期的白银外流的历史。同时，从全球的视角来看，大洲贸易已经在海路贸易基础上形成大西洋三角体系，西欧拥有海航商业与军事优势，这种优势在金属本位货币的条件下，更直接地刺激了海上军事力量与贸易力量的结合，对亚洲的海上贸易一步步扩展，使原先带有易货贸易特征的中国与欧洲的陆路贸易冷落了。鸦片贸易的继续，引发了中国白银危机，直接瓦解了中国的白银货币基础。

中国商业革命与金融革命正好是同白银货币相伴而行。不管中国国内银铜货币金属是"铜贵银贱"还是"银贵铜贱"，随着国际市场的形成，中国都无法摆脱世界市场的影响。18世纪中后期，金本位制度在世界范围确立，中国却长期坚持银铜本位，而且不是银元本位，而是称量银两货币，这不能不给中国经济带来损失。落后的银两货币制度，严重影响了中国商品经济的发展，使曾经商业繁荣、生产先进的中国没有产生工业革命的条件，也使货币商人的金融创新难以延续与发展。如银两货币制度在存、放、汇、兑中遇到平砝折合的困难，操作中自然存在压平擦色，很难促进社会储蓄转化为资本，办理转账结算的存款银行也很难发挥货币创造功能，严重制约着经济金融的发展。

从明清金银比价的变化，我们很难想象以白银为财富的中国与以黄金为财富的西方国家在经济交往中，中国商人的财富不会缩水。如金银比价的变化确实令人震惊：1368 年（明洪武元年）金：银 = 1：4，1830 年（道光十年）成为 1：15，1909 年（宣统元年）为 1：39。从 18 世纪初到 19 世纪初，白银货币的中国与世界金本位国家相比，财富的严重缩水显而易见。

19 世纪 20 年代，山西票号大量开设，第一个需要解决的难题就是创造"本平"。办理异地款项汇兑，因为各地银两平色不一，全国平砝 1000 多种，票号只得自设平砝，通过各路平砝的一一折合，才有了货币记账单位，方使款项"汇通天下"。这本来是应当由政府通过货币立法解决的价格标准问题，政府没有解决，票号商人不得不通过自己的金融创新克服这一困难。

鸦片战争以后，国内外商品交易继续扩大，中国银两货币的价格标准问题，政府仍然没有关心，几十家票号各自设置本平，得益于汇款本平折算中暗中自有 2‰～3‰ 的余平利益。然而被迫开放的上海对货币制度的严重问题自然不能等待，1856 年（咸丰六年），上海外国银行与商界公议，将往来账目一律改为以"规元"为标准，即以上海银炉所铸二七宝银折算使用，由公估局鉴定成色，合格者折算成纹银加以升水，支付时再以 98% 除之，所得之数就是上海通行银两的价格。[①]汉口开阜后，通行二四宝银，外国商人要求汉口商人依据上海规元折算的先例，以二四宝银 980 两升成洋银 1000 两的标准，即二四宝银的九八折扣，称为"洋例"。鸦片战争以后的沿海沿江城市的外国商人与中国买办商人对中国货币价格标准的再一次创新，一直延续到 1933 年废两改元。可见，中国货币商人已经屈从于外国资本了。

---

① 中国银两货币的价格标准，有三次变化，一是 1823 年初山西票号的"本平"，二是 1856 年上海的规元，三是 1933 年废两改元。

（五）江浙商人的曲线图强

当英国殖民者登上香港小岛，同中国人做买卖、谈生意的时候，第一关就是要丢开他所熟悉的英镑、先令和便士，去认识在银戥子上度量银锭的本领。因而"英国政府的坚定意图是：香港的货币制度必须建立在英镑、先令和便士的英国体系之上。"[1]由于中国习俗，英国政府终于在1862年同意香港殖民地单独使用银元，亦即法定的记账单位。汇丰银行的出现，是独立的香港货币体系最终形成的一个标志。汇丰银行1864年的注册执照中，特别规定有发行钞票的权力，1865年一开业，就立即发行以银元为单位的钞票。1867~1874年7年中，汇丰银行的钞票由120万元上升到220万元。在华南一带广泛流通。之后的英商丽如银行、麦加利银行、有利银行也都发行银元钞票。"进入90年代以后，汇丰银行包揽了外国殖民地银行在中国的汇兑、存款和商业放款的绝大部分，包揽了发钞业务的绝大部分，还包揽了中国政府外债发行业务的绝大部分，以后又陆续包揽了中国关税和盐税的存放业务。也就是说，它在控制了中国的金融市场以外，又进一步涉足中国财政和经济命脉的控制。"[2]

当外国银行还仅仅是在香港活动的时候，票号商人的势力可执中国金融之牛耳。不久就被另一种新的金融理念和制度逐渐替代，其演变的进程大体是：1863年以前票号独占中国金融的领先地位。1864~1893年，外商银行势力在大陆扩大，尤其在沿海、沿江开放商埠，形成了票号、外国银行、钱庄三足鼎立局面，票号的地位明显地在东南沿海的势力受到挑战。当时钱庄势力弱小，不过沿海沿江钱庄一般具有买办特点，与外国银行联系密切，可以找外国银行融资；同时与票号关系也很密切，也可以找票号融资。灵活应变的由洞庭商人、宁波商人为主发展起来的上海商人，根据变化了的国内外形势，与洋人合作甚至担任洋行买办，一边服务洋行，一边学习洋人，获得了许多新的经营管理技术。1894~1911年，民资银行在上海出现[3]，上海钱庄与银行发展了汇划市场、证券市场，上海成为中外金融贸易的枢纽。它们有中西合璧之长。此时尽管票号在承办清政府对洋人赔款的汇兑上仍然占垄断地位，但是其三分天下有其一的地位

---

[1][2] 汪敬虞：《"同治银币"的历史意义》，中国经济史论坛，2004年3月3日。

[3] 清末设立的商办银行有：1906年由周廷弼创办的信成银行，总行设于上海，是中国第一家商业兼储蓄业务的银行；1907年由浙江铁路公司发起组织的浙江兴业银行，主要为铁路股款的筹集和运用服务；1908年由李云书、朱葆三等集资合办的四明银行，也是一家商业储蓄银行。

实际上已经丧失。

在晋商与江浙财团势力的消长上，江浙财团之所以能够取代票号的地位，除了从竞争对手外国银行方面吸收了外来经验以外，主要还是票号内部问题，比如股东资本结构长期不变，对分得利润注重财富的保存，投向原籍土地与宅院建设或者窖藏，不注意资本性运用，没有增资扩股提高实力；不重视吸收小额储蓄存款，聚积社会资本，扩大贷款规模；贷款重人信用大于重物信用，在贷款无法收回时束手无策；在内部治理上，大掌柜全权独揽，没有监事会制约；实行股东无限责任制，破产清理时，债务累及东家家庭财产。同时，票号早期服务于以异地贩运贸易为主的商业资本，即商业金融，后期主要服务于政府金融。而20世纪上半期发展起来的江浙财团，与外国经济金融势力有斗争有合作，并且注意学习西方金融业的先进技术与管理经验，业务主要服务于现代工商业。从事商业金融和政府金融的票号让位于新兴的江浙工业金融势力也是合乎逻辑的。也难怪，票号本来是随着商业的发展而发展的，本属商业金融，但是19世纪50年代以后，其业务重心转向政府金融，承办捐纳报效清廷，借垫政府财政支出，成为清政府的财政支柱，使自己的性质发生了异化，把自己与政府的命运捆绑在一起，其资产很大一部分是政府的负债。辛亥革命清政府一倒，票号立刻就接二连三倒闭。

商业革命的成功，必然伴随成功的金融革命。货币是金融运作的基本媒体，作为媒介商品交换的货币与货币制度的改革与创新，政府应当义不容辞，不能依靠民间企业。当然作为经营、操作货币运行的金融机构，只有积极稳健地推进金融制度的改革创新，才能实现金融与经济、社会的协调发展。在市场的力量不能达到金融、经济、社会协调发展的时候，政府就需要跟进，用行政的力量，解决市场解决不了的问题，才有助于经济社会的稳定健康发展。

三、中国金融革命的轨迹

中国的金融，若以货币的产生为开始，已有5000年的历史。前4500年的漫长历史中，货币、信用基本是平行发展，货币仅仅是交换的媒介，服务于商品生产和商品流通的资金融通并不重要。16世纪以来的500年，开启了中国金融革命漫长而曲折的道路。

（一）前期的自然演进

16～19世纪，明清时期中国金融的巨大变革，是国内商品经济发展的必然产物。商业的革命性巨变，对资金融通、货币支付在数量上、技术上提出了多种要求，适应这种客观的商品经济发展的需要，金融业在金融机构、金融工具、金融业务、金融技术、金融制度等方面进行了不断的创新。应当说，这种创新，明后期仅仅是个开始，真正的大量的金融创新是在清康熙、雍正、乾隆到嘉庆几朝，即 17 世纪中期到 19 世纪上半期。这个时期，中国金融创新基本没有受到外来因素的影响，是土生土长地自然演进的。

第一，白银与铜钱数量不足，不能满足商品交易的需求，商人们在实践中创造了以纸质票据代替金属货币流通的新的支付手段和流通手段；而且，远距离长途贩运贸易的现银支付成本高，又不安全，商业票据受地域与信用制约，不能在更大范围内流通，异地款项支付的汇兑形式及其相应的会（汇）票也应运而生。第二，商业、手工业的发展，城市与集镇随之增多且扩大，不同阶层的人对不同的融资需求导致多种金融机构和多种金融业务，如放款、存款、委托、代理等的不断推出。第三，金融业为了资金运营的安全，为了控制经营中的风险，金融机构在自己的业务活动中，创造了大量的金融技术和稳健操作的方法，使金融业不断地向前发展。第四，由于金融机构数量、类型不断增多，同业间的业务协调、制度统一与规范，以及由于行业竞争的出现、商务纠纷的频繁，产生了自治、自卫、自律的同业行会和商帮组织金融业行会在金融业务制度、管理、监督等方面开始发挥作用。

虽然明代的对外贸易开始发展，外国货币进入中国，中外金融已经有了一定的接触与联系，但并没有影响中国的金融发展。明代长期外贸出超，有大量白银流入中国。西班牙商人将美洲白银运到吕宋，与中国商人交换，中国商人将大量白银运回了国内；葡萄牙商人将白银运到澳门购买中国商品，也使白银流入国内；日本商人与中国商人交换，或者在澳门与葡萄牙商人交换，也使日本白银进入中国。据庄国土先生估算，从 1567 年（明隆庆元年）到 1643 年（明崇祯十六年）的 77 年间，流入白银 3.5 亿西班牙银元以上[①]，在清代，到鸦片战争前，流入中国的外国银元大约几亿元[②]。因为外国商人购买中国瓷器、茶叶、丝绸、香料等，没有什么可以输出中国的商品，只得以他们的白银货币来支付，荷兰的"马钱"、

---

① 庄国土：《16～18 世纪白银流入中国数量估算》，《中国钱币》1995 年第 3 期。
② 《中国金融通史》第一卷，中国金融出版社，2002 年。

西班牙的"本洋"、墨西哥的"鹰洋"等进入中国，因外国银元有固定的形制、固定的成色、固定的重量，比中国的散银与元宝使用起来方便，沿海地区民间喜欢这种货币，所以外国银元在沿海地区使用逐渐增多。但是清政府并没有注意到改造称量货币为铸币的重要性。所以，中国在银两之外，又出现了以个计量的货币单位"圆"。

到19世纪初的嘉庆年间，白银开始外流，一方面由于民间喜欢流通方便的洋银元，银两兑换银元有贴水，所以外国商人与投机商人在民间用外国银元换取银两，偷运银两到海外换成银元再输入国内，获取厚利；另一方面鸦片输入中国，贩运鸦片者进入中国主要是英国商人，他们为解决对华贸易的入超，向中国走私鸦片。鸦片烟在清康熙初年，以药材纳税，乾隆三十年以前，每年多不过200箱，主要是由葡萄牙和荷兰商人从土耳其运来。1757年（乾隆二十二年）英国占领鸦片产地孟加拉以后，英国东印度公司就成为最大的鸦片贩子，到1820年前，每年输入中国鸦片达三四千箱，1838年（道光十八年）达到4万余箱。当然其中也有少数是美国与葡萄牙等国商人所为[①]。白银的输入，使得中国市场上金银比价发生巨大变化，1687年（康熙二十六年）金与银的比价是江西1∶9，云南1∶13；到1795年（乾隆末年）云南、江南的金银比价成1∶16，开始影响到中国的物价水平的变化。不过在金融上反映并不剧烈。

（二）外来冲击下的混乱

19世纪后期到20世纪40年代末，中国陷入半殖民地半封建深渊，直到40年代末新中国成立前，中国金融一直在混乱中缓慢前进。

1. 货币制度的混乱

18世纪末19世纪初，西方国家先后放弃金银复本位的货币制度，实行金本位，但中国的货币还是银铜平行本位。辛亥革命以后，政府宣布实行银元制度，然而流通中仍是"两"、"元"并行，各种元宝、锞子、制钱、铜元、银票、钱帖、银行兑换券、外国钞票和军用手券充斥市场。1935年南京政府实行法币政策，把黄金白银换成英镑和美元，以法币无限制兑换外汇为保证。但在市场上，多种纸币和土杂钱帖仍然没有肃清，外国银行钞票也流通于市。作为法币的发行银行——中央银行、交通银行、中国银行、中国农民银行的钞票，从1937年7月抗战爆发到1949年

[①] 《中国金融通史》第一卷，中国金融出版社，2002年。

5 月新中国成立前夕，发行量增加 1400 多亿倍，物价上涨了 85000 多亿倍，达到了天文数字。

2. 老式的金融机构的厄运

在 20 世纪 20～40 年代，中国早期的金融机构在外国金融资本、官僚金融资本的挤压下，与新式银行业的竞争中，举步维艰，到民国时期大部分遭衰落的厄运。票号在 1911 年清廷皇冠掷地之后，先后关门，破产的票号东家有的竟倾家荡产，流落街头；钱庄（银号）、账局等则在 20 世纪 30 年代以后随着中国经济不景气，业务衰落，尤其是 1934 年美国白银法案，导致中国白银外流，金融危机，大批钱庄歇业倒闭；勉强支撑到解放战争时期的钱庄、当铺等，由于通货膨胀，被卷入高利拆放和金银、外汇、股票投机，一度畸形发展，或者破产关门。

3. 外国在华金融机构长期控制国际金融业务与市场

19 世纪 40 年代开始外资银行有三次来华设行的高潮，先后有英、法、德、日、俄、美、荷、比等国商人在华设立银行，主要业务一方面是支持本国商人推销商品而办理国际汇兑和存放款业务，另一方面以苛刻的条件迫使政府接受各种政治经济借款，以至发行纸币、垄断外汇行市等。尤其是 1931 年以后，日本在东北、华北、中南成立伪满洲国中央银行、伪蒙疆银行、联合准备银行、中央筹备银行等，严重祸害着中国金融和经济。

4. 民族资本主义金融业在夹缝中生存

19 世纪末，中国的企业家不仅学习西方先进技术，办工厂，搞实业，看到外国在华银行业务灵活、资本集中、管理先进，遂引进现代银行制度，1897 年的中国通商银行，1906～1908 年的信诚商业储蓄银行、信义银行、浙江兴业银行、四明商业储蓄银行等，它们以纸币发行，使用新式票据和新的管理制度，实行股东有限责任制，艰难地发展起来，外国银行的挤压，钱庄等旧式金融机构对市场的争夺，国内官僚资本银行的压迫，资本主义发育不健全的弊端，国内阶级矛盾和民族矛盾以至战争的影响，造成了现代银行制度在旧中国起伏不定的曲折路径。

5. 官僚资本银行孕育中先天不足

发展中权利倾轧，营养不良。1905 年的户部银行（后为中国银行），1908 年的交通银行，1928 年的中央银行，以后又有中国农民银行的成立，都是发行银行，部分地执行中央银行职能，抗战爆发后，产生了中、中、交、农"四联总处",不伦不类。1930年和1936年又分别成立邮政储金汇业总局和中央信托局,号称"四行二局",1948年又设以"中央合作金库",形成了"四行二局一库"的官僚资本金融体系。

清末到民国时期,政府也曾试图引进国外经验,制定金融法律法规,由于外国的干预、战争的影响,始终不能做出规范与整顿。金融制度、金融法律与规范、金融管理与监督,基本上是混乱的。

(三)由混乱走向统一

混乱的中国金融,在新中国成立以后,实行一系列政策,中国人民银行用人民币收兑了市场上行使的各种钞票,建立了人民币的统一市场,同时取缔了外国在华银行的特权,接管了官僚资本金融机构与资产,改造了私营资本主义金融业,在农村普遍建立了农村信用合作社,使中国金融由混乱走向统一。

1. 货币制度由混乱到统一

中国人民银行在解放战争胜利的炮声中,于1948年12月在石家庄成立,发行人民币,除台湾、香港、澳门之外,人民币迅速占领全国市场。自此,中国货币市场彻底得以统一。

2. 金融机构由混乱到统一

旧式金融机构到1949年钱庄已经为数不多。印局、典当等亦因其高利贷特征与非生产性经营,新中国成立以后失去了社会的需要。中国传统的旧式金融机构在1952年12月全部退出了历史舞台。对外国在华银行特权全部被取消,外资银行先后退出了市场。新中国成立后,全部由人民银行接管。人民革命根据地的金融业从无到有,从小到大,最后掌握全国金融。20世纪20年代后期,由人民革命根据地建立起来的根据地银行,如同人民革命一样呈星火燎原之势。北伐战争中,中国共产党在湖南衡山县组织了柴山洲特区第一农民银行,发行白布印制的货币,发放贷款,诞生了人民金融。以后又成立了浏东平民银行、江西蛟洋区农民银行、海陆丰劳动银行、闽西工农银行等,1931年11月7日正式成立中华苏维埃共和国国家银行,并对私人行庄进行监督。抗日战争和解放战争时期,先后组织建立了陕甘宁边区银行、西北农民银行、晋察冀边区银行、冀南银行、北海银行、江淮银行、盐阜银行、大江银行等。各根据地银行统一政策,多元发行。随着革命胜利,根据地连成一片,各银行逐渐进行合并。1948年12月1日,在华北银行(晋察冀边区银行和冀南银行合并)、北海银行和西北农民银行基础上，组建了中国人民银行，各根据地银行成为它的分行。1926～1948 年，人民金融事业从无到有，由弱到强，随着解放战争的胜利，解放军带着人民银行进城，在北京、上海、南京等大城市接收官僚资本银行，形成了强大的国有金融体系。

中国人民银行的成立，标志着新中国金融业的开端，它一开始就行使中央银行的职能，代表人民政府管理金融行政，同时又从事货币发行和信贷业务，一身二任，在金融领域占据领导地位，业务上也占据垄断地位。1949～1952 年，完成了对私人资本主义金融业的社会主义改造，使社会信贷资金全部掌握在国家手中，切断了私人资本主义工商业与私人金融业的联系。中国人民银行集中了全国金融管理和主要业务活动，可谓"一统天下"。

综观近代中国金融，土生土长的旧式金融机构、外国在华金融机构、中国民族资产阶级自办的现代银行与革命根据地银行在市场争夺中，此进彼退，商业金融与政府金融的较量，殖民地金融势力与民族金融力量的拼杀，各种其他非经济势力对金融的渗透与参与，各派政治集团在地域间"本币"与"外汇"的储备、买卖与斗争，各种金融机构的筹组、建立、分合与撤并，演出了近代金融闹剧，描绘了动荡的半殖民地、半封建金融的典型画卷。在此过程中，旧的东西由盛而衰，新的东西由弱而强，反动派的金融势力由垄断走向垮台，人民革命的金融势力从无到有，最终成为中国金融的主人，混乱的中国金融走向统一。

（四）由统一走向发展

自 1952 年末，国家完成了对私人资本主义金融业的社会主义改造，中国金融机构统一到广布全国城镇的中国人民银行"一统天下"和广布农村的信用合作社两种形式。人民银行撤销了原来的"大区行"，强化总行统一领导和集中管理，将公私合营银行纳入人民银行体系，刚刚建立的农业银行很快并入人民银行；建立全国纵向管理的信贷资金管理体制，统存统贷，存贷两条线；撤销信托、保险公司，集中信用于国家银行；严格货币发行、现金管理和工资基金监督，形成了高度集中统一的中国金融体系。这种高度集中的金融体制与政策，使多年战争破坏了的国民经济得以迅速恢复和发展，并开始了有计划的工业化建设。为了进一步加快中国工业化的步伐，金融业也曾在"大跃进"的旗帜下，存款、贷款"放卫星"。后来当国民经济陷入严重困难时期，又通过贯彻"财政银行双六条"，整顿金融，度过了困难时期。后来又在"文化大革命"中，金融系统"精简"合并，银行职工下放"五七干校"劳动锻炼，国民经济被推到了"崩溃的边缘"。1976年粉碎"四人帮"以后，总结30年的经济发展探索过程的经验教训，选择了改革开放，走社会主义市场经济的道路，中国金融经历拨乱反正之后，迎来了金融事业的春天。

根据邓小平的经济改革和对外开放的理论，中国政府对金融体制进行了前所未有的大刀阔斧的改革，变人民银行"一统天下"为多种金融机构并存、多种金融形式并存、多种金融工具并存。随着科技的发展，电子货币以及回购、对冲等金融业务不断创新，金融业呈现方兴未艾之势。商业银行多元化发展，非银行金融机构如保险公司、信托公司、投资公司、财务公司等，亦如雨后春笋，生机勃勃。货币市场与证券市场发展尤为快速。形成了以中央银行为主导的金融宏观调控体系，以国有商业银行和股份制商业银行、地方城市商业银行、信用合作社等多种金融机构并存的金融组织体系，统一领导、竞争有序的金融市场体系。同时，中国的金融机构亦开始走出国门，进入世界市场，人民币在部分国家和地区计价结算，部分地承担世界货币职能。同时也有计划、有步骤地引进外资金融机构进入我国金融市场，出现了20世纪90年代外商在华设立金融机构的高潮。同19世纪的高潮相比，这一次没有特权，没有外汇垄断，没有不平等条约，在平等互利、互相尊重主权的前提下进行经济金融交往。中国金融走向全面发展。

（五）由发展走向规范

市场经济必然不断地内生出金融创新，金融创新必然带来金融业的繁荣与发展。金融发展中不可避免地会隐含金融风险，金融风险不防范，金融动荡就会时刻威胁着人们，金融安全和经济安全问题让人们无法高枕无忧。所以，金融越创新，越发展，越需要金融的规范，规范才可以协调，协调会促进稳定和发展。中国金融在改革开放中，引进了国外不少成熟的先进金融理论、金融业务、金融技术，也引进了国外成熟的先进金融管理、金融监督的机制和方法。不断规范，不断提高。1983年国家确定人民银行专门行使中央银行职能，运用货币政策对宏观金融和经济进行调控。10多年来，中央银行的货币政策目标越来越明确，货币政策手段越来越多样化，货币政策操作越来越主动，越来越得心应手。已经有了比较成熟的通过货币政策进行宏观经济调控的手段与操作规范。

正在建立的中国金融规范，最集中地体现在金融立法上。短短的 30 年金融改革，已经出台了大量金融法规和管理条例，如《中国人民银行法》、《商业银行法》、《公司法》、《证券法》、《贷款通则》、《加强金融机构内部控制的指导原则》、《商业银行资产负债比例管理监控监测指标》、《贷款风险分类指导原则》、《防范和处置金融机构支付风险暂行办法》等。中国金融正在市场化、国际化中规范行进。中国特色的社会主义金融正在昂首走向国际经济舞台。

当今世界，金融已经不仅仅是经济发展的推手，也是决定经济社会发展和国家安全的巨臂，无论发达国家或者是新兴市场国家，不仅高度重视金融创新，而且将其作为国家发展的推动力和国家安全的战略。当代金融创新浪潮也被很多学者们称为当代的金融革命，而中国在改革开放中，在完成历史金融革命的同时，也融入了当代金融革命的洪流。

明清货币商人的经营战略

背景说明

本文写于 2010 年春。明清中国货币商人不仅有金融机构、金融工具、金融业务、金融制度的大量创新，而且在经营理念和策略方面也有了很大发展。

明清货币商人经营的中国早期金融业，特别是清代中期以后的票号、钱庄、账局，已经实行企业化的经营管理，它们十分重视经营谋略，能够把握货币市场的经营战略。它们从商品经营资本中分离出来，带着丰富的普通商号经营管理的经验，重视信息，审时度势，灵活机动，慎待社会各方面的关系，营造和谐的经营环境，通过不断的金融创新，探索货币经营业的经营管理艺术和战略，一步步走向成熟。

一、稳健谨慎，重视市场信息

（一）机构设置，审时度势

清代货币经营业规模较大的金融机构要数票号，票号实行总分支机构制，增设新的分支机构，必先进行调查研究，在掌握市场发展趋势的基础上，决定新号布局，拓宽经营地域。在经营过程中，如果发现某地环境变化不能盈利，就果断撤庄。票号分支机构设遍全国通都大邑、商卓码头，拉萨、巴塘、理塘、打箭炉、雅安等，藏区虽然地理偏僻，但因财政和商务有汇兑需求也设有分号。在太平军进军南京时，在长江一线的分号受到侵扰，总号遂令该地分号急速收缩。日俄战争期间，东北营口等地业务困难，不得不停业，战后则迅速调整力量，扩展业务，在四平、哈尔滨、齐齐哈尔、黑河、丹东等地设立分支机构，继而设庄于朝鲜仁川，后又伸向日本神户、横滨、大阪、东京。可以说，票号分支机构的设置是随盈利与风险大小而伸缩。

洪洞草集刘氏约在清康熙、雍正年间，十一世刘三表与其儿子围维、围纬相继经商。刘三表一生善于交际，商界厚友很多，中年时和长子围维一同前往山东聊城经商，买卖日渐兴隆。刘三表年老返乡时，所立家业就交由其长子继承。三表去世时，次子围纬尚未成年。后围纬奉母命去山东探兄，见面之后发现其兄无意将事业和自己共享，决心返乡后自创事业，不到 20 年时间，围纬已积聚了不少资本。其子刘谦，更是一个机智有谋、善于经营之人。在清乾、嘉之际，他携带了大部分家资，前往山东滕县，寄居于一个素有联系的当铺内，开始从事放贷。之后，盈余渐多，便接管了当地一家典当铺，自己经营起来，几年后，又在峄县、忻州两地开设典当铺。刘家经营典当铺有以下诸项规矩：一是只开当铺，不做别的生意。他们认为，别行生意有赚有赔，获利不可靠，只有典当才是有把握的赚钱买卖。二是资本要少，上架要多，营业盈余为号内公有。资本少，由资本得来的盈余也少；上架多，需要的当价也多，超出资本的当价由当铺向东家出息借款支付。由上架得来的盈利，首先扣去借款利息，归还东家，其余归号内公有。三是只放内账，不放外账[1]。为了利不外溢，刘家放账只给自己的当铺放账，利率虽小，但绝无丢失之虑；外放到其他行业，如若遭遇债务者赔钱倒闭，难免会受到连带损失。[2]

（二）严格情报，重视信息

商谚道，"买卖赔与赚，行情占一半。"重视信息，自古皆然。孔子曾称赞其弟子子贡道，"赐不受命，而货殖焉，亿则屡中。"他说端木赐（子贡）没有接受官府的任命，而是以私人身份去经商，预测行情很准确。票号商人非常重视通过各种渠道了解市场信息，如各地物资余缺及其他影响经营的因素。《太谷县志》称，太谷商人"至持筹握算，善亿屡中，讲信耐劳，尤为谷人特色，自有明迄于清之中叶，商贾之迹几遍行省"。据史料记载，"票庄做生意，必须视各庄之出产，四时之遭遇……预测某处之丰歉，早定计划以兑款，届时银根松紧，于中取利，得贴水，

---

① 内账，在此处仅指典当铺只给自己同号内的当铺放贷；外账，指典当铺放贷给别的当铺以及其他行业。
② 樊小平：《典当起家的洪洞草集刘家》，载《晋商史料全览·临汾卷》，山西人民出版社，2007 年。

可卜优胜。"[1] 票号根据自然气候，年成丰歉，分析市场走向，确定资金计划，确保经营安全而盈利。就是宁波钱庄商人也是如此，他们"凡事均宜刻意研究，从不知而求知。本行既为商业银行，所办之事皆为商业之事，则一举一动皆应与商业合拍，方不愧商业两字。现将聘请于丝、布、纱、糖、棉花以及其他种商品富有经验者为顾问，一一研究其来源出处，工本若干，售价若干。举凡涨落之比较，销路之淡旺，时间之关系，市面之需要，无不加以彻底研究。"[2] 票号、钱庄都重视从各种渠道掌握各种信息，包括市场信息、地方政治军事信息、工农业生产信息以及政界人事变动等。票号规定，每天晚上，分支机构必须以信函形式，及时汇报当天情况于总号，以便总号审时度势，深思熟虑，谨慎决策，绝不贪图近期利益，甚少短期行为，注意别人不经营的业务，开拓市场，出奇制胜。在其资产负债管理中，坚持谨慎行事，如既要发行钱帖，扩大资金来源，又要现金准备充足，防御凭帖挤兑、存户提现、当票质典，甚至还要准备地方政府财政急待周济时的立即垫付。这样做，使客户感到"相与"，信用卓著，乐与往来，不断扩张业务。晋商商谚称："屯得应时货，自有赚钱时"；"人叫人，观望不前，货叫人，点首即来。"晋商总是能在经营中审时度势，机动灵活地面对千变万化的市场环境。如蔚丰厚票号，1826年（清道光六年）由蔚丰厚绸缎庄改组而成，是平遥帮"蔚"字五联号之一。鸦片战争后，票号业务屡屡受挫，致使大多票号开始收缩业务，而蔚丰厚票号却能审时度势，抓住经济复苏的每一个契机，扩大业务。1894年（光绪二十年），中日战争爆发，人心惶骇，京官携家眷纷纷出京，各票号均停止收交款项。当时蔚丰厚票号默察时事，仍通电各分号照常收交，不过要汇费加重，交款期延长。同时，将收汇的款项和收进的存款，调至南方有关分号放账，等事态稳定后再调回京号，结果获利颇丰。

晋商审时度势，不贪图近期利益，不搞短期行为，别人不关注的经营业务，他们却能从中出奇制胜。平遥县人赵德普，原本是个书生，后经人介绍进入协同庆票号，由于他精明能干，很快便受到经理孟子元的赏识，破格提拔他任苏州分号经理。赵德普分析了苏州的商业形势之后，仅带两名伙友，就到苏州挂牌营业，并且很快就打开了局面。不久因政局动荡，他被调任兰州分号任经理。起初经营比较艰难，赵德普仔细分析全国形势

---

① 王之淦：《票庄实事论》史料。
② 宁波政协、人民银行宁波中心支行：《宁波帮与中国近代金融业》，中国文史出版社，2008年。

之后，妥善处理了票号和政府之间的关系，使协同庆不仅在兰州站稳了脚跟，而且乘势在凉州、肃州、宁夏、乌鲁木齐建立了分号，大大拓展了协同庆的业务。后来，赵德普被任命为负责协同庆四川方面的总务。赵往来于成都与重庆两号之间，协调两号关系，发挥各自特长，整整20余年时间，四川的业务在协同庆所有的分号中居于首位。由于赵德普善于审时度势，被号内人称为"常胜将军"。这些例证都说明，善于审时度势是票号成功的必要条件。[1]

二、预提倒款，抽疲转快

（一）预提护本，严防空底

票号在经营中会因市场风险、信用风险等发生亏赔，损及资本。为防御风险，票号商人设计了一种预提"护本"的制度，即在账期分红时，从红利中预提一定数额的可能发生倒账的损失，建立风险基金，专款存储，一旦发生损失，以此作为补偿，这种"预提倒款"，亦谓之"撤除疲账，严防空底"，防止亏煞老本，故称"护本"。这是中国历史上最早的风险基金制度。票号在账期分红时，按股东份额比例，提留一部分红利，充作扩大经营的资金来源，谓之"倍股"；将应收账款、现存商品及其他资产，予以折扣，使企业实际资产超过账面资产，谓之"厚成"。还有一些企业实行"公座厚利"，即在职工身股和财东银股未分配之前就提取一部分利润，作为"公座"。无论是倍成、厚股或公座厚利，其目的都在于保证资本的充足率，以扩大业务，防范风险，反对急功近利和短期行为。

（二）酌盈济虚，抽疲转快

票号实行总分支机构制度，在经营中各地分号往往会出现此地现银多，彼地现银少，为了平衡现银摆布，保证票号的清偿力和安全支付，不致发生挤兑，他们创造了"逆汇"办法调度现银。逆汇与甲地先收款、乙地后付款的顺汇不同，而是主动在乙地寻找急需在甲地支用款项而无现款的客户，允许其在甲地先付出，随后某一时间在乙地后收进，这样就使得乙地商人在没有现款的情况下可以立即在甲地购货，待商品运抵乙地销售后再在乙地付款。100年前的《东方杂志》评论道，"中国此种汇兑，前所未有，至近年与外国通商，关系密切，内地市场间之贸易随之而盛，

---

① 《晋商史料全览·临汾卷》，山西人民出版社，2006年；《晋商史料全览·运城卷》，山西人民出版社，2006年；余明：《贺将波的生意经：人弃我取，人取我予》，《21世纪经济报道》2005年3月8日。

汇兑之种类不得不因之变化……倒汇之手续亦别无烦累……有信用之商人立一汇票，交于票号，票号即买取之，送交收汇地之支店，索取现金"。[1] 逆汇的意义，不仅是平衡现银布局，减少异地现银运送的成本与风险，避免清偿力不足发生挤兑，同时也是存、放、汇结合的业务创新，能够扩大利润来源。上述例子中，如果是乙地分号先付款，甲地分号后收款，是汇兑与贷款结合。如果是乙地分号先收款，甲地分号后付款，是汇兑与存款结合，此种逆汇，不仅收取汇费，并且计算利息。这种财务创新，一是满足了商人异地采购急需款项的需求；二是减少了票号资金闲置，增加了利息收入；三是减少了异地现银运送，谓之"酌盈济虚，抽疲转快"。[2] 这是票号商人经营中的重要办法，即在总分号之间，各分号之间调度资金，增加放款，扩大利润的做法。因为各分号在营业中，经常会出现现金盈绌和行市疲快的矛盾现象，有的地方现金多余，银根松，利率低，款放不出去，资金闲置；另一些地方则现金不足，银根吃紧，利率上升，无款可放，支付困难。为了尽可能盈利，必须在各分号之间调度款项，否则，不仅不能放款生息，而且盈余地客户向短绌地汇款的业务也做不成，因为该地无现银可以付出，这时按理应当调运现银，但费用高昂，而且需费时等待。"酌盈济虚，抽疲转快"，就是用现银多的地方的钱，去接济短绌的地方。如北京分庄盈，张家口分庄短，张家口可主动吸收向北京的汇款，在张家口取款，北京付出，此叫顺汇；也可以张家口分庄先贷款给当地的商人，允其去北京取款购货，北京先付出，张家口后取进，叫逆汇。这样不仅平衡了两地现银盈绌，也多赚了贷款利息和汇款的汇费收入。

三、金融贸易结合，两业混合生长

（一）金融贸易混合生长

明清钱庄、当铺、账局、票号等金融企业，大多是在商品经营资本积累和发展的基础上发展起来的。这些金融企业产生以后，它们中的很多货币商人不仅没有放弃原来经营的商号、货栈、店铺，反而还在某些方面予以加强，很多大商业家族不仅有众多商号，也设有多家金融企业。山西介休冀家有绸缎、茶叶、皮毛、布匹、杂货等商号，也有账局、钱庄、票号、当铺等金融机构，仅在湖北襄樊一带就有70余家商号，十几家当铺，

---

[1] 君实：《记山西票号》，1917年第14卷6号。

[2] 颉尊三：《山西票号之构造》，《山西票号史料》。

其经营地点，南起湖北，北到喇嘛庙和库伦。其金融业首先是支持其百货业的资金需要，有的还多少地将一些资本投入了纺织、面粉、火柴、酿造以及采矿、冶炼等轻重工业。从而形成了金融资本与工商业资本的相互结合，相互促进。从而使其两类企业形成了高效融资、混合生长的机制，加速了资本周转和增值。

晋商企业大盛魁，是近代中国最大的长寿企业之一，从清康熙初年直到1928年，存续280余年，其组织机构精悍，灵活机动，指挥如意，办事效率较高。大盛魁的下属机构有两类，一种是直属机构，在外蒙古的科布多和乌里雅苏台设有两个分号，不设过多的中间环节，由总号直属机构直接发号施信，各营业单位在总号的直接指挥下，从事运销贸易，在整个蒙古地区东西6000多华里，南北2000余华里的区域内，基本是依靠其总号和两个分庄组织贸易活动并垄断着蒙区贸易。另一种是"小号"，是由总号投资独立经营的单位，进行独立核算。这些"小号"有商品经营业和货币经营业两类，商品经营业如"三玉川茶庄"、"长盛川茶庄"，"天顺泰绸布庄"，"德盛魁羊马店"，"东升店"货栈，以及药材、粮店、饭馆等商店；货币经营业有"大盛川票号"、"裕盛厚银号"、"宏盛银号"，以及其他钱庄、当铺等。它的茶庄，既是商业，又是手工业，设庄于湖北、湖南产茶地区，就地收购鲜茶按照华北人喜欢花茶、蒙古和新疆人喜欢砖茶、俄罗斯和欧洲人喜欢红茶的不同习惯和要求，加工成不同种类的茶品分别包装，北运销售。蒙古牧民只要看到印有"川"字的砖茶，便争相购买。茶庄分号在北方则设在转销堆栈地张家口、归绥、包头、宁夏等地。天顺泰绸布庄经常派人往返于京、津、苏、杭等地采办纺织品。专营马匹的小号南设汉口，专营羊的小号则设北京。如此庞大的南北物资交流需要巨额的资金运转，大盛魁只通过自己的银号、票号、钱庄借贷、存放、汇兑、融通资金，就可以从全国各地进货，通过归绥、库伦、科布多、恰克图，行销于蒙古草原、新疆、西藏与俄罗斯；又从那里运回北方和欧洲特产，转销内地。大盛魁财雄塞北，垄断一方，每逢秋冬过标时，各地骆驼队先后返回归化，带来大量商品，顿时归化城热闹非凡，戏园饭馆也都活跃起来。那些拉骆驼的人从茂司嘎哇（莫斯科）回来，坐在茶馆里，津津有味地给人们讲述俄罗斯的风土人情。大盛魁最有特点的是"大盛魁印票庄"。大盛魁在蒙古地区销售商品因为牧民没有现银，便将日用百货赊销于牧民，按照购买商品额计息，偿还时牧民以牲畜皮张作价清偿货款和利息，有时还将收购的牛、马、羊等牲畜暂不赶走，交给牧民代为喂养，等膘肥肉圆时再赶走，并不付给牧民报酬。同样，大盛魁贷款给蒙古王爷贵族，或者代办王爷晋京值班全程后勤服务，印就借据，由王爷府盖以印信，偿还债务时由牧民公摊。其借据称为印票，上印偿债人亡故后，"父债子还，夫债妻还，死亡绝后，由旗公还"等字样。

(二) 金融控股集团的雏形

清代中国已经出现进入跨国集团的雏形，这就是晋商的联号制。即由财东投资创办若干个不同行业的各自独立核算和经营的商号或票号、账局、钱庄、银号，在业务上相互联系，相互服务，相互支持，形成一个网络体系，近似现代企业集团，其分支机构遍布全国各地以至国外。在明代，山西商人已有不少以家族形式出现的大型商业集团，到清代则进一步形成由金融企业领头并管理的企业集团。如祁县的乔家、渠家，榆次的常家、聂家，太谷的曹家，平遥的李家，介休的侯家、冀家，临汾的亢家，万荣的潘家，阳城的杨家，等等。这些商业家族的商号随着业务的发展扩张，不断增加，而形成了一个个商业集团。以太谷曹家为例，该家族在19世纪20～50年代，有13种行业，640多个商号，3.7万多名职工，资本1000多万两白银。商号名称多冠以"锦"字，如锦霞明、锦丰庆、锦泰亨绸缎庄，锦泉涌、锦泉兴茶庄，锦丰泰皮货庄，锦生蔚货行，锦丰庆当铺，锦泉汇、锦泉和、锦丰焕、锦丰典、锦隆德钱庄，锦元懋账庄，锦生润票号等。分布于朝阳、赤峰、建昌、凌源、沈阳、锦州、四平、太谷、太原、榆次、屯留、长子、黎城、襄垣、东观、天津、北京、徐州、济南、苏州、杭州、上海、广州、四川、兰州、新疆、张家口、库伦、恰克图、伊尔库茨克、莫斯科等地。在曹家这个"锦"囊集团中，包容了多家商号、多种经营、多处分支庄号，形成了曹家庞大的商业网络。在管理上，通过"励金德"账局管理设在太原、潞安及江南各地的商号，通过"用通玉"账局管理设在东北的各商号，通过"三晋川"账局管理设在山东的各商号。励金德管辖的彩霞蔚绸缎庄下辖张家口的锦泰亨、黎城的瑞霞当、榆次的广生店、太谷的锦生蔚商号，其经营盈亏，财东曹氏不直接过问，是由彩霞蔚向励金德负责的。如果彩霞蔚所属锦泰亨等商号经理需面见财东，应由彩霞蔚所属锦泰亨等商号经理先引见励金德经理，由励金德经理引见财东。在保持各商号独立核算基础上，由上一级商号领导相互进行信息交换、联合采办商品、融通资金、调剂人才等，发挥了综合优势，形成类似现代金融控股集团公司的组织。

四、慎处外界，营造经营环境

（一）重视企业形象

金融业的经营需要好的经营环境，环境虽然是客观的，但是也需要自己营造，以形象创立事业。宁波钱业商人十分重视面子，他们认为，面子是形象、是牌子，人没有好的形象就没有朋友，企业没有好的形象就没有后劲。企业的形象往往与职员的形象有关，山西票号、宁波钱庄十分重视职员形象的教育与培训，言行举止和品行锻造，首先从自身节俭做起，常人看似"土财主"、"守财奴"，对自己刻薄，对他人宽宏，正是一个有眼光的大企业家应具备的品格。山西票商、宁波钱商的精明、开明与节俭、"吝啬"是他们成功的重要条件。

（二）慎待商界"相与"

票号商人主张"和为贵"，认为和气才能生财。凡经常有业务往来的诚信客户称为"相遇"。凡是相遇，不讲价格，友好相处，世代相传；一旦发现不诚，永不往来。晋商重视稳妥经商，慎待"相与"。所谓慎待，就是不随便建立相与关系，一旦建立起来则要善始善终，同舟共济。山西祁县乔家的"复字号"，尽管资本雄厚，财大气粗，但与其他商号交往时却要经过详细了解，确认该商号信义可靠时，才与之建立业务交往关系。否则均予以婉言谢绝。其目的是避免卷入不必要的麻烦之中。但是当看准对象，摸清市场的状况，认为可以"相与"时，又舍得下本钱。对于已经建立起"相与"关系的商号，均给予多方支持、业务方便，即使对方中途发生变故，也不轻易催逼欠债，不诉诸官司，而是竭力维持和从中吸取教训。他们认为，即使本号吃了亏，别的商号沾了光，也不能因此把钱花在衙门里。榆次常家天亨玉商号，该号掌柜王盛林在财东将要破产时，曾向其"相与"大盛魁借银三四万两，让财东把天亨玉的资本全部抽走，天亨玉在无资金的状况下全靠借贷维持，仅将字号改名为天亨永，照常营业，未发生倒账，全凭着王盛林掌柜的人格信用。后来大盛魁发生危机时，王盛林认为该号受过大盛魁"相与"的帮助，不能过河拆桥，不顾一些人的反对，仍然设法从经济上、业务上支持大盛魁，帮助大盛魁渡过了难关。

（三）维护金融市场秩序

金融业的经营活动需要稳定的市场秩序，需要大家共同遵守行为规范，在没有金融法规的明清时期，全靠银钱业行会来维持。金融业行会的制度是货币商人自发地联合议定的规矩，大家必须自觉遵守，久而久之，就成为金融业的习惯法，其本质是维护金融业的信用，使得各种金融交易得以持续不断地进行下去。这种金融业习惯法，一是为授人以积极的预期，得以继续融资；二是有章可循，降低金融交易成本。所以无论票号、钱庄、账局，无论在北方抑或南方，各地货币商人都很尊重行会的组织管理。否则就会被逐出市场。

（四）政府支持与保护

与政府的关系如何处理，是金融业经营中不可避免的问题。这是历代银钱业都很谨慎对待的事。金融业本来是随着商业的发展而发展起来的，与政府本无关系。票号与政府关系密切是从清咸丰王朝开始的。咸丰皇帝登基之时正遇太平天国起事，太平天国占据南京，活跃于长江一线，切断了清政府的南方税款的上解，财政收入锐减，同时又要派兵镇压，财政支出骤紧，想了很多办法都不能平衡财政收支，遂想出卖官鬻爵一法。票号发现各地特别是边缘省区的穷儒寒士入京捐官成本过高，费用无多，便创新代办捐纳印结之业务，新官上任，有代办支垫应酬，赴任时随行服务，到达任职地点，即开办票号分号，拓展业务，请求公款存入票号，一步步与官僚发生不解之缘。以致有后来的官商相维，官商结合。进一步票号商人也捐纳报效，取得虚职虚衔，不仅可以官服加身，与政府官员称兄道弟，平起平坐，对于追收逾期贷款或者延揽公款存入，也是轻而易举之事了。在遇到重大社会问题时，请求政府出面，维护市场稳定，如货币流通问题、社会治安问题等。明清虽然没有系统的金融法规，但是也有一些政府的指令、文告是为金融市场秩序而出，诸如破坏货币流通、市场借贷利率等的规定。

五、竞争合作，吸收外来经验

（一）钱庄与外国银行

鸦片战争以后，外资银行逐渐进入中国。钱庄业由于资力弱，为了自存并扩展业务，不能不与洋行或外资银行建立业务联系。钱庄向外资银行融通资金的工具是庄票。当中国商人向洋行进货时，在中国商人资金有限时，洋行不了解中国商人资信而不能赊销，商人仍请求钱庄提供信用，钱庄便开出自己的庄票，洋行对钱庄庄票较为信任，到期即可在钱庄取得现金。于是洋行扩大了销路，中国商人获得了购进洋货运销内地所需资金，钱庄扩大了放款，增加了利润。后来，经买办介绍，外资银行对钱庄以庄票为保证品提供贷款成了常事。此种业务不断扩大，遂使钱庄进一步依赖外资银行，只要外资银行稍微收紧贷款，钱庄就感到周转失灵。由于钱庄和外资银行拆款关系的建立，外资银行和钱庄之间通过相互轧抵，减少了现金的搬运，建立起了新的清算网，有利于中外贸易的开展。

（二）灵活的钱庄老板

自从西方列强用大炮和鸦片打开了关闭的中国大门，外资银行、保险业进入中国市场，但它们在中国的经济活动很难直接进行，必须委托中国人办理，即实行买办制度。银行雇用中国雇员，为银行经理了解经济和市场情况，招揽各项业务，经手银钱往来，这些买办及其雇员处理业务的地方叫作买办间。外资银行和买办订有契约，规定买办业务范围、责任以及担保事项等。钱庄与外资银行间收付庄票、鉴定金银、买卖汇票、款项拆借等均通过买办之手，故买办必须了解钱庄。这些买办不是出身于钱庄，就是与钱庄有密切联系，熟悉钱庄情况的人，一切由买办搭桥挂钩。那些当了买办后又仍与人合开钱庄，一身二任，既是买办又是钱庄老板，外资银行、洋行与钱庄就这样联结起来了。钱庄商人常常托庇租界，进行金融市场投机。19世纪60～80年代金融投机盛行，上海县、苏松太道乃至江苏巡抚曾不止一次发出布告，要查办投机活动，而租界内钱庄竟敢不予理睬。1871年上海县知事出了告示，规定了钱庄连环互保，钱庄倒闭由投资人完全负责等。各国领事竟"拒绝在租界中公布这个告示"。[1]

（三）钱庄是洋行和内商的联结器

根锯海关《关册》记载，1864～1894年的30年中，中国进出口贸易的总值由9400余万海关两，逐步增加到29000余万海关两，而同期在中国通商口岸的所有洋行最多时不到600家，各国商人不到1万人。[2]在当时这些洋行和洋人对中国的贸易之所以能达到如此庞大的数额，是和全国各地的钱庄为之效劳分不开的。比如，洋货进入我国西南省份，西南地区土产的出口，均借助于四川商人之手。而四川商人之所以有这样的力量是借助于汉口钱业和上海钱庄的信用。长江水运使外国商品进入四川需要较长时间，四川商人在汉口购进洋货时向当地钱业取得3～6个月的信用，

① 中国人民银行上海市分行：《上海钱庄史料》，上海人民出版社，1960年。
② 张国辉：《19世纪后半期中国钱庄的买办化》，《历史研究》1963年第6期。

然后经过两地票号的汇划关系来清算，或向上海进货，由上海钱庄通融资金。中国土产出口，如生丝和茶叶由乡村进入通商口岸，也经过了钱庄的活动。钱庄、票号使洋货从上海、广州来，土产从云、贵、川、赣等地来，中间以上海、汉口、湘潭、重庆为集散地，金融机构是这种交易的联结器。洋行在华北的经济渗透和对北方土产皮毛等的掠夺，主要是天津票号和钱庄的资金支持。[1] 清末，近代银行、保险公司、投资公司等已经产生，虽然在工商业中的地位还不高，但它们普遍采用了股份有限公司的组织形式，资本较多，存贷额比较大，发展势头很好。钱庄与新式商业"同舟共济"，而且钱庄主和新式商人的身份常常是"二合一"。钱庄流通资金的来源有工商业存款、达官贵人的私蓄，但主要是外资银行和票号的拆放，后期也有本国银行的拆放。19 世纪 60 年代以后，上海商人仿照山西帮票号的办法，设立南帮票号，如胡光墉的阜康、严义彬的源丰润、李经楚的义善源等，它们除汇兑外，其存放业务与钱庄相似。由于钱庄在进出口贸易中的地位如此重要，早期的洋行就支持买办开设钱庄，如徐润、杨坊、唐廷枢等，而严兰卿就经营有七八家钱庄。有的洋行还与买办合伙开设钱庄。银行买办开设钱庄者，如王槐山、席正甫、王宪臣、吴耀庭、徐庆云等。但是，外资银行虽然控制中国金融市场，但不可能控制钱庄的内部业务，钱庄仍然是民族资本金融业，与晚清时期国人设立的 30 家银行、14 家保险公司、1 家投资公司一起，服务于中国工商业的运行与发展。

　　中国的钱庄、当铺、印局、账局和票号，是中国土生土长的商业银行，它们由小到大，由弱到强，不断壮大，固然是各大商帮的支持，但是不能不说是伴随着工商业的发展而不断进行的金融创新。在对外金融活动方面，进口货币金属、与外国商人的信用交易、将票号钱庄设往国外；在金融制度创新方面，有股份企业制度、两权分离制度、联号制度、风险基金制度、人力资本制度、薪酬激励制度；在金融工具创新方面，有凭帖、兑帖、上帖、上票、壶瓶帖、期帖、会券、旅行支票等；在金融业务创新方面，有"本平"制度、票据贴现、顺汇与逆汇、代办代理业务、掉期业务、转账结算、同业拆借、银行清算、信约公履制度；在风险控制方面，有"护本"制度、宗法与担保约束、银行密押、安全支付、金融稽

① 张国辉：《19 世纪后半期中国钱庄的买办化》，《历史研究》1963 年第 6 期。

核、内控制度等。金融创新是金融业发展的不竭动力。

六、金融业与政府的关系

金融机构从商业中分离出来是一个漫长的历史过程，由小到大，由简到繁，服务的内容越来越多，对社会的作用越来越重要，不仅受到了商人们的欢迎，而且也引起了政府的关注。当然，货币商人稳定的经营环境离不开政府的支持，而政府也逐步发现民间金融机构有必要充分利用。特别是清代中后期，货币商人千方百计迎合官员与政府的需要，政府也先后经历官款存当生息、官办钱局管理调节货币、委托票号代理金融事务，以至自办近代银行的过程。

（一）官款发当生息与钱商融资政府

隋、唐时期，就有官办的放款取息的一种金融机构"公廨"，收入归财政支配。不过隋朝公廨是地方官府直接经营，"回易生利，以给公用"，以解决地方政府公用经费不足。唐代的公廨，在诸州有"捉钱令史"，资金来源以税钱充本，全部高利贷给有偿还能力的"高户"经营，谓之"捉钱户"。官府不管具体经营，由捉钱户以公廨钱为资本进行贸易、质库、高利贷等经营。金大定十三年（1173 年），世宗对宰臣说："闻民间质典，利息重者至五七分，或以利为本，小民苦之。若官为设库务，十中取一为息，以诸官吏廪给之费，似可便民。"① 在中都、南京、东平、真定等处开设官办质库，称为"流泉务"，制定了管理办法，后推广发展为28 所。元代也有官办当质库，称广惠库或平准周急库，"轻其月息，以贷贫民"。明代商业发展，当铺、钱庄增加，盈利颇丰，政府对当铺、钱庄征收税捐，以实财政。清初有将财政收入借给商人生息的事情，后来各省效尤，将税收发当生息，或直接开办官当铺。康熙三年（1664 年），政府向官办商办当铺收取税款，年税银 5 两。

商人对候补官员放款，不仅利息很高而且加收"扣头"，有时使得官员长期负债以至于贪污受贿。故乾隆十四年（1749 年），政府禁止商人对选官放京债，但是实际上禁而不止。在外蒙古地区，按清朝定制，各王公要定期晋京纳贡和轮流值班，开支费用浩繁，远途携带也不方便，旅蒙商大盛魁等便为其提供信用贷款，其贷款的还本付息，习惯上由各旗按照所

---

① 《金史》卷五十七，《百官志三》。

管辖地区人丁数目分摊。光绪十七年至十八年（1891～1892 年），外蒙古扎萨克图汗盟长阿育尔公三次向大盛魁借用现银 8660 两，全部分摊各旗牧民偿还。在王公晋京值班居留期间，其服饰、送礼、宴客、朝佛、游览以及生活事务，都由随行的放印票账人员代为办理，大盛魁对此满足供应，也摊派给所属牧民，收账时一并回收。如果届时不能收清，转为印票账，按月行息，直到全部收回为止。因为这种信用贷款，借者要向资金提供者出具盖有王公或旗署印信的借款凭据，称为"印票"。大盛魁印票庄除对蒙古王公提供信用贷款之外，还有信用贷货，即赊货放贷，商人驮着各种货物到各部、旗，把货物赊销给王公、贵族或广大牧民，按赊销货物的价款折成银两，作为放印票账的本金，由王公门出具印票，按月计息，到期以牛羊马牲畜作价归还欠款。盟旗政府既已出具印信，商人的本利偿还当然不会有风险。

（二）金融行会协助政府管理货币市场

清代，民间金融业行会也千方百计取信政府和官员，希望得到政府和官员的支持，而业务活动又千方百计不受政府制约，通过自己的行会组织，管理行内事务，约束会员避免内部争斗，而一致对外。如清光绪十五年（1889 年），绥远市场上不法之徒私造沙钱，冒充法定制钱流通严重，为维护经济秩序，当地银钱业各商会积极配合当局，整顿货币市场，在三贤庙设立交换所，让人们以同等重量的沙钱换取足值制钱，并将沙钱熔毁铸成铜碑一块立于三贤庙内，上书"严禁沙钱碑"，碑文写道："如再有不法之徒仍蹈故辙，禀官究治，决不宽恕。"同样，南茶坊关帝庙内《整立钱法序》也记述了钱业行会宝丰社协助政府整理"短百钱"问题的历史。

（三）票号承办政府金融

票号业务本以商号和个人为对象，但是在 19 世纪 50 年代太平天国革命爆发后，与政府的关系越来越密切，逐渐代理了政府金融。

清代财政制度规定，各省征收赋税，存入公库，在中央批准的开支内动用库款，所余款项由中央调剂，运解中央者称为"京饷"，运解入不敷出之省份者称为"协饷"。京饷、协饷的拨付一律装鞘运现，"不得假手商人胥役。"[1] 但是自太平天国和捻军运动，交通常常被阻断，京饷不能

---

[1] 清《上谕档》道光八年十二月十五日。

运现送达，不得不在同治元年（1862年）批准各省督抚将京饷觅殷实商号"设法汇兑"。① 当年有闽海关通过票号，汇兑三笔20多万两。次年又有粤海关、湖北、江西等十余省关汇款66万两。在1862～1893年（同治元年到光绪十九年）的31年间，票号为政府汇兑京饷6159余万两。继而各省协饷，也照此办理，据不完全统计，1867～1893年（同治六年到光绪十九年）共汇兑甘、新协饷达460余万两。② 票号还为洋务运动汇解经费款项和海防经费、铁路经费、轮船经费。自19世纪50年代开始，票号与清政府的联系越来越密切，步步升级，成为清王朝的财政支柱。

（四）政府创办官钱银局以及近代银行

清初，虽然官办钱银号已经开始，不过与后来的官钱局和官银号是不同的。史料记载，1722年（康熙六十一年），议将"平粜官米钱交五城市易以平钱直。"③ "康熙六十一年，大、宛两县设立官牙，议平钱价。"④ 1731年（雍正九年）上谕，"朕思钱价之不能平减者，因兑换之柄操于铺户，官府不司其事，是以小人图利，得任意多取以便其私耳。若照五城减价粜米之道，将搭放兵饷之钱文，令八旗于五城各设一局，兑换于民，照铺户之数，多换数十文，以银一两换制钱一千文为率。如此，则钱价不待禁约，自然平减，于民用似有裨益。"⑤ 可见，当时只是为了平抑银钱比价。1745年（乾隆十年）"以钱价渐减，奸民每以在京贱买之，官钱运至近京钱贵之地，兴贩射利，议将官局停止。"⑥ 嘉庆年间，为倾熔银锭事务的检查，不使"稍滋弊窦，粤海关等曾设立官银号"。"道光年间所设官号钱铺五处，分储户、工两局卯钱，京师俸饷照公费发票之案，按数支给，以钱代银。"政府对官钱局的开办、停止的交替变化，看得出其主要目标在于平抑钱价，调节货币流通。至于放款生息问题，康熙到乾隆中期虽然为增加收入，奖励旗兵，但并没有制度化。在乾隆中期以后则明显地为了盈利而"发商生息"，甚至没有本金向商借钱再发商生息。但是在太平天国革命以后，清政府中央与地方均开始设立官办金融机构，不仅名称有某某省官钱局、官银号，或者在官银钱局前面加上吉利词语，如

① 清《上谕档》同治元年十月十一日。
② 《山西票号史料》。
③ 《通考》卷十四，《中国金融通史》第一卷。
④ 《鸦片战争》，《中国金融通史》第一卷。
⑤ 《通考》卷三十二，《中国金融通史》第一卷。
⑥ 《通考》钱币考四，《中国金融通史》第一卷。

"广信"、"华丰"、"永衡"等，而且官银钱局职能和业务也发生变化，它们发行纸币，兑换银钱，调节银价，熔铸银锭，代理省库，吸收存款，发放贷款，办理贴现、汇兑，买卖生金银等，一步步趋向近代银行。

鸦片战争以后，外国银行陆续进入中国，到清末先后在中国设立机构的外资银行不下 40 家。国内商人亦引进西方商业银行的经营技术，于1897 年（光绪二十三年）在上海成立中国通商银行，综合办理存款、放款、汇兑、结算等金融业务。在此之前，清政府统治集团内部，也有人提出创办官银行，但是直到 1905 年才有户部银行正式成立。军机大臣主持财政处的奕劻在给皇帝的一份奏折中说，"中国向无银行，各省富商所设票号、钱庄大致虽与银行相类，特公家未设有银行相与维系，则国用盈盈之大局，不足资以辅助……现拟先由户部设法筹集股本，采取各国银行章程，斟酌损益，迅速试办银行，以为财币流转总汇之所。"① 两年后又有交通银行成立。大清银行和交通银行发行货币，代理国库，管理外汇，是中国最早的政府的银行和发行的银行，同时均为从事普通银行业务。到清末，中国人无论在民间或者在政府，都已经将金融业视为经济发展的重要支撑力量。

---

① 中国人民银行总行参事室金融史料组：《中国近代货币史资料》，中华书局，1964 年。

中国金融理论演进

中国金融理论演进纲要

背景说明

本文是 2009 年为博士研究生讲课的提纲。中国金融理论演进分为以下时期：公元前 1166～公元 1840 年为古代中国的金融理论；1841～1949 年为近代金融理论的发展：1841～1911 年为近代金融理论的萌芽，1912～1926 年为近代金融理论的发展，1927～1949 年为近代金融理论的进一步发展；1950～1978 年为计划金融理论的探索与争论；1978 年以来为中国金融理论在改革中走向成熟。

导言

2008 年下半年以来的全球金融危机对计量模型研究提出了质疑。计量模型不是唯一的，但是需要的。美国证券信用评级是通过数学模型进行的，信用违约互换的违约概率计算公式，是所有次级信贷证券风险计算的基础，该模型在应用中没有考虑开放的金融工程系统的其他因素，评估仅限于信用风险，不包括流动性风险、模型本身的风险和其他风险。当风险显现时，大规模地对级别进行快速调整，从而对市场造成冲击。"从数学意义上讲堪称一流的"模型，无法捕捉到驱动全球经济的全部主要变量，更难以预测出金融危机的出现。对数学模型的过度依赖为次贷危机埋下隐患。数学模型解决经济问题，有两个致命伤：模型据以产生的时间与模型运用指导实践的时间是错位的；模型常常是舍掉次要的因子而建立的。

中国有没有金融理论？要不要开设《中国金融理论演进》课程？2007年，在南宁的"中国金融理论讨论会"上，有人说中国从来没有金融理论，金融理论是从西方学来的。也有人说中国没有金融理论是不对的。我们认为，历史虚无主义是要不得的，需要实事求是地对待历史，实事求是地研究中国金融与金融理论。中国金融改革不可能完全照搬西方的理论与经验。中国不能没有金融理论，金融理论影响和指导着金融改革（金融制度变迁）。中国需要根据国情，改革中国金融体制，发展中国金融市场，开拓中国金融业务，促进中国经济的发展。

从金融理论发展变迁看，自从有了人类的商品生产与交换，就有了货币的产生和金融思想的萌芽，但作为系统理论的金融科学，却经历了从实物经济到货币经济，从宏观货币政策到微观金融市场，从微观金融产品到宏观金融风险与管理的发展过程。

中国金融理论是在4000年货币与信用活动的基础上，特别是近100多年中国的经济金融实践中，在总结自己经验基础上，同时也是在不断地通过吸收、借鉴国外金融理论的成果和实践经验中发展起来的。与西方金融理论演进基本一样，从古代、近代走到现代金融，大体上经历了三个转变和四个发展阶段。

三个转变：第一，分析工具的转变。古典金融理论承袭古典经济学的一般均衡分析法，侧重于理性研究，进行问题的纯理性描述。而现代金融理论越来越多地运用数学、模型分析法，侧重于定量分析，对问题进行较严格的科学论证。第二，问题研究层面的转变。古典金融理论无论是对货币的供求，还是对通货膨胀、就业等问题的分析，较多地是从宏观层面对金融问题进行探讨。而现代金融理论在宏观层面之外，越来越多地从微观层面对金融进行研究，成为指导微观金融企业行为的重要手段。第三，研究领域的转变。古典金融理论的研究集中于经济金融领域；而现代金融理论的研究已跨出这一领域而走向社会工程化。

四个阶段：一是古代金融思想萌芽（公元前1166～公元1840年）；二是近代金融理论的产生、发展与进一步发展：1841～1911年为产生、1912～1926年为发展、1927～1949年为进一步发展；三是计划金融理论的探索与争论（1950～1978 年）；四是现代金融理论的发展（1978 年以来）。

一、古代中国金融理论（公元前 1166～公元 1840 年）

中国金融思想，早在公元前 6 世纪初，就产生了比较系统的货币思想。在公元前 3 世纪便产生了信用思想。但在 19 世纪上半期之前的 2000 多年里，中国传统金融思想研究的主题仅限于货币、价格与信用，而不探讨信用机构的职能与作用，票号与账局产生以后虽然有了关于票据、金融机构的研究，但仍然不是研究的重点。

古代对货币、价格与信用问题的研究，主要涉及货币的起源、币材、货币的性质与职能、货币铸造权与货币基金问题、货币本位制、纸币的发行与管理、商品价格的调节与稳定、政府信贷与私人高利贷等。尽管在对这些问题研究探讨的过程中，形成了比较深刻的思想，并且许多思想与西方同时期的同类思想相比，处于领先地位，如管子的货币数量说思想、贾谊的关于货币铸造权必须集中与统一、白居易的货币调控等思想、沈括的货币流通速度思想、南宋与元初的纸币发行与管理思想等。但整体来说，中国传统金融思想的研究内容比较狭窄。

（一）农业经济时代的货币金融理论

中国人使用货币大约已经有 5000 年的历史了。中国是世界上最早铸造金属货币的国家，侯马出土的公元前六七世纪的造币厂比公元前 3 世纪欧洲古罗马的造币厂早四个多世纪。中国的货币理论早在公元前 6 世纪就已经出现了。《国语·周语》记载，公元前 524 年（周景王二十一年）铸大钱，单旗就提出圣王制币论、铸币子母相权论、货币财富论等货币理论。比公元前 4 世纪古希腊的柏拉图和亚里士多德研究货币还要早。中国古代虽然是农耕社会，但是手工业、商业已经逐渐从农业中分离出来，不仅有了货币交易，而且有了借贷活动，因而金融理论开始萌芽。

1. 关于货币的起源

（1）圣王创制说。"汤七年水，禹五年旱，民之无糟有卖子者，汤以庄山之金铸币，而赎民之无糟卖子者"。（《管子·山权数》）

（2）商品流通说。（西汉）司马迁："农工商交易之路通，而龟贝金钱刀布之币兴焉。"（《史记·平准书》）（北宋）李觏："昔在神农，日中为市，致民聚货，以有易无。然轻重之数无所主宰，故后世圣人造币以权

之。"（李觏《国富策》）

2. 关于货币的性质

货币王权论。（西汉）贾山："钱者，亡用器也，而可以易富贵。富贵者，人主之操柄也。"（《汉书·贾山传》）（唐）韩愈："更其文贵之，使一当五，而新旧皆用之。凡铸千钱其费一千。今铸一得五，是费钱千而得钱五千，可立多也。"（《韩昌黎集》）

3. 关于货币流通

（1）子母相权论。单穆公（单旗）：周景王二十一年（公元前524年）铸大钱，单穆公说："不可。古者天降灾戾，于是乎量资币，权轻重，以拯救民。民患轻，则为之作重币以行之，于是乎有母权子而行，小大利之。今王废轻而作重，民失其资，能无匮乎？民若匮，王用将有所乏，乏将厚取于民。民不给，将有远志，是离民也。"（《周礼·国语》）

（2）货币轻重论。从单旗到管子，从单一币材到多种货币币材，有权轻重的问题。从一种货币出发权衡别的币材轻重（价值）。

（3）劣币驱逐良币论。（西汉）贾谊："法钱不立"，"民用钱郡县不同"，"奸钱日繁，正钱日亡"。（《汉书·食货志》）（唐）"顷铸新钱，且是从权，知非经久；如问官炉之外，私铸颇多，吞并小钱，逾滥成弊"。（《旧唐书·食货志》，上元元年（760年）六月诏书）

4. 关于货币与物价

货币数量论。《管子·山国轨》："国币之九在上，一在下，币重而万物轻。敛万物应之于币。币在下，万物皆在上，万物重什倍。"《管子·山至数》："一国之谷资在上，币资在下，国谷什倍，数也。"《晋书·食货志》："今非但谷贵也，百物皆贵，此钱贱故耳；宜令天下悉取布帛为租，市买皆用之，封钱勿出，如此，则钱少，物皆贱矣。"（东汉元和元年至四年尚书张林）（唐）刘秩："天物重则钱轻，钱轻由于钱多，多则作法收之使少，少则重。"（《旧唐书·食货志上》）

5. 关于货币发行权

货币国控论。（西汉）桑弘羊认为允许郡国铸币，"市肆异用，钱文大乱"，"奸贞并行"，"钱益多而轻"，"物益少而贵"。主张国家垄断铸造，"故统一，则民不二也；币由上，则下不疑也"。（《盐铁论·错币》）（唐）刘秩：货币是"人主之权"。

6. 关于信用活动

反高利贷论。孟子："为民父母，使民盻盻然，将终岁勤动，不得以养其父母，又称贷而益之，时老稚转乎沟壑，恶得其为父母也。"（《孟子·滕文公上》）（西汉）晁错：高利贷是小生产者"当具，有者半价二卖，亡者去倍称之息，于是卖田宅，鬻子孙以偿债者矣"。（《汉书·食货志》）

7. 货币调控论

（唐）白居易（772～846年）："谷帛者生于农也，器用者化于工也，财物者通广商也，钱刀者操于君也。君操其一，以节其三，三者和钧，非钱不可。"（《白香山集》）

8. 纸币理论

宋元时期，纸币出现，如何处理纸币与金属货币的关系，防止通货膨胀，世界最早的纸币理论。有：

交子利害论：北宋的四川薛田（《宋朝事实》卷十五）。

交子本钱论：宋吕惠卿（1032～1111年）。

钱物相等论：北宋周行己（1067～？）。

平准钞法论：宋末元初叶李（1242～1292年）。

造铜钱以翼钞法论。大额交易用纸币、小额交易用铜钱。

（二）商业革命时期的货币金融理论

进入明清时期，国内商品经济有了很大的发展，手工业发展，农产品商品化提高，出现了大批从事异地贩运贸易的商人，货币需求扩大，商业票据进入金融贸易活动中，金融机构增加，货币、银行等许多现实问题需要理论的解决，出现了一批金融理论的言论与著作。

1. 以至无用而权至有用论（金银复本位论）

王炜（1322～1374年），元末明初人。提出货币是国家的命脉，是"以至无用而权至有用"之物，主张"用黄金、白银为钱，与铜钱并行"，"因其所利而利之者"。（《王文忠公文集·泉货议》）实际上是主张实行金银铜复本位制，可称"以至无用而权至有用论"。

2. 银钞表里论（可兑换纸币制度论）

黄宗羲（1610～1676年）认为"银之力拙，钞以舒之"，主张废银，实行以铜钱为本的可兑换纸币制度。（《明夷待访录·财计一》）

3. 金钱百货之母论（单一铜钱论）

王夫之（1619～1692年）认为"金钱者，尤百货之母，国之贫富所司也"，没有货币，工农劳动成果将"委积于无用"，造成人民贫困。但是他主张以铜钱为唯一流通手段，反对发行纸币，认为"交子变而为会子，会子变而为钞，其实皆敝纸而已矣"，也反对白银作货币。（《读通鉴论》）

4. 造百万即百万论（纸币制度论）

王鎏（1786～1843 年）主张废除金属货币，实行纸币制度，国家控制发行数量，用适度的通货膨胀政策发展经济，可以使"君足而后民足"，即使白银外流也不影响中国的货币流通，并且有专著《钞币刍言》刻印。即无限制发行不兑现纸币。

5. 以钱为币论（制钱本位论）

包世臣（1775～1855 年）"以钱为币论"，主张以制钱为本位的可兑换纸币制度，提出建立发钞总额"什之二、三"的"以实驱虚"的准备金制度，即专以钱为币的"以钱为币论"。

6. 以实运虚论（纸币兑现论）

王茂荫（1798～1865 年）认为纸币发行量必须控制，但是他主张通过钱庄、银号发行兑换券解决"以实运虚"，即"钱钞可取钱"，"银票可取银"，钱庄银号需要有现金准备。

7. 金属准备论

许楣（1797～1870 年）反对不兑现纸币制度，针对王鎏著有《钞币论》，认为金属货币不能废止，纸币发行需要百分之百的金属准备，主张纸币的经济发行，反对财政发行。

8. 自铸银元论

丁履恒（1770～1832 年）、林则徐（1785～1850 年）、魏源（1794～1857 年）等提出中国"自铸银元论"，以抵制外国银元流入套换中国白银的弊端发生，解决中国货币危机问题。

9. 钱票流通有益论

申启贤，曾任山西巡抚，道光十八年六月二十五日奏折"胪陈钱票不能禁止及山西钱票流通情况"列举四条理由，批驳四川督臣宝兴，请严禁钱铺行用钱票，以平市价的建议。认为行使钱票，"有益于国计民生也"并且分析了山西商人的凭帖、兑帖、上帖、上票、壶瓶帖、期帖六种，前三种宜大力推广。道光皇帝在七月初一批示"依议妥办。钦此"。也得到各地政府官员的支持。（《中国近代货币史料》）

中国古代的金融理论，实际都是围绕货币问题展开的，可用说基本是货币理论。只有白居易的货币理论实际是货币政策理论的雏形，具有宏观金融理论意义。

二、近代金融理论萌芽与发展（1841~1949年）

自19世纪中期以后，随着商业革命与金融革命的发展，特别是西方银行理论的传入，加上中国银行制度的建立，才使得银行的产生、银行职能、银行作用、银行的监督管理、银行与财政的关系、银行与货币兑换业和银钱业的关系、银行信用与商业信用的关系、中央银行的货币政策等问题，成为中国金融思想研究的主要内容，从而大大丰富了中国金融思想的研究领域和研究内容。

当银行理论成为中国金融思想的主要研究内容后，中国传统金融思想便在研究内容上开始了向近代金融理论的转变。

与此同时，随着西方银行理论的传入，西方金融理论注重理论分析和实证研究的研究方法也被引进中国，克服了中国传统金融思想研究方法主要是经验性描述的缺陷。

（一）近代金融理论的萌芽（1841~1911年）

19世纪末至20世纪初，以资本输出为侵略特征的帝国主义国家加紧了对中国的侵略。它们一方面使用武力发起了连续的侵华战争，另一方面利用战争的威力迫使清政府接受丧权辱国的金融侵略条件。为了掌控中国的经济命脉，它们增设银行进行资本输出。通过强行政治借款、铁路借款和实业借款操纵中国财政金融，并且吸引中国资金扩大对中国人民的剥削，使中国的关税和金融长期控制在它们的手中。许多爱国志士面对帝国主义金融侵略不断加深和晚清政府的腐朽无能，在革命救国的同时，积极寻求金融自强的道路：一是将西方银行理论和银行制度广泛详细地介绍到中国；二是提出了在中国设立银行的建议和主张（农民起义领袖、资产阶级改良主义者、洋务派、清政府官员、新兴工商业者）。

在西方银行理论传播、外国银行侵略、清政府财政日趋困难和民族工商业发展的历史条件下，形成了一股兴办银行的思潮：

1897年5月，在上海开设了中国第一家新式银行——中国通商银行。

1905年8月，在北京成立了第一家国家银行——大清户部银行。

1906年，在上海出现了第一家纯粹由私人创办的商业银行——信义银行。

1908 年 1 月，在北京成立了中国交通银行。

中国新式银行的产生为中国近代货币银行和金融理论的萌芽提供了土壤。

1. 西方银行理论的传播

1840 年鸦片战争后，随着外国银行的入侵，西方银行理论逐渐被传入中国。主要通过三种形式：第一，留学生或出国人员到国外后，接触了银行理论；第二，国内新式学校聘请外国人或留学回国的中国人讲授西方银行理论；第三，发表或出版研究西方银行理论的论文和著作。

西方银行理论在近代中国的传播对近代中国金融思想的发展产生了深刻的影响。

（1）魏源：《海国图志》（1846 年）。魏源（1794～1857 年），湖南邵阳人，进士。一生的大部分时间是做幕客和从事写作。主张"师夷长技以制夷"。1846 年《海国图志》，最先介绍了 1841 年 8 月，魏源在镇江与被革职的林则徐相遇，两人彻夜长谈。受林则徐嘱托，立志编写一部激励世人、反对外来侵略的著作。他以林则徐主持编译的《四洲志》为基础，广泛搜集资料，编写成《海国图志》50 卷。此后，他对《海国图志》一再增补，10 年后，全书达到 100 卷。魏源不仅介绍了外国银行，还主张仿铸银元，反对不兑现纸币。最先向国人介绍了西方银行学知识。在该书的英吉利国标题下，他介绍了英国债券、银行券、汇兑和存放款等银行业务，并简要介绍了英格兰银行及普通商业银行的设立及资本情况。由于主客观条件的限制，魏源对英国银行知识与银行制度的介绍尚十分简单，且不成系统，也没有使用银行一词，而是将英文 Bank 一词译作"银局"。

（2）郑观应：《盛世危言》（1894 年）。郑观应（1842～1921 年）：《盛世危言》专列银行上下篇，并附录《英国国家总银行考》，最早向国人比较详细地介绍了银行的职能、作用、业务、收益、银行的组织形式、资金来源，以及银行券的发行等近代银行理论知识。认为银行是"商务之本"和"百业之总枢"，能够"聚通国之财"以解决国家急需，解决货币"周转不灵"以"扩充商务"等问题，还可以免受外国银行"重息"盘剥，可以"无须关票作押，以全国体"，以及"出洋华商可以汇兑"等，为银行总枢论。

兹略举其利民利国之大要言之：银行之盛衰隐关国本，上下远近声气相通，聚通国之财，收通国之利，呼应甚灵，不形支绌，其便一；国家有大兴作，如造铁路，设船厂种种工程，可以代筹，其便二；国家有军务赈务缓急之需，随时通融，咄嗟立办，其便三；国家借款不需重息，银行自有定章，无经手中饱之弊，其便四；国家借款重叠，即或支应不敷，可以他处汇通，无须关票作押，以全国体，其便五；国中各殷实行家银号钱庄，或一时周转不灵，诸多窒碍，银行可力为转移，不至败坏市面，商务藉可扩充，其便六；各省公寄存银行，需用之时支应与存库无异，而岁时入息仍归公项，不致被射利之徒暗中盘算，其便七；官积清俸，民蓄辛赀，存款生息，断无他虑，其便八；出洋华商可以汇兑，不致如肇兴公司动为洋人掣肘，其便九；市面银根短绌，可借本行汇票流通以资挹注，其便十。

（3）容闳：美国银行法（1896 年）。容闳（1828～1912 年），广东珠海市南屏人，中国近代史上首位留学美国的学生。中国留学生事业的先驱，被誉为"中国留学生之父"。1850 年毕业后考入耶鲁学院，1852 年入籍美国。1854 年获文学士，返回中国，在广州美国公使馆、香港高等审判厅、上海海关等处任职，后为上海宝顺洋行经营丝茶生意。在洋行任职后，自营商业，旋投入师夷自强的洋务运动。

容闳为说服清政府设立国家银行，将美国 1857 年制定的《国家银行》法译为中文，全文共四节：创立、事权、制用钞票、生意条例和结账收开。这是国人最早将外国国家银行法介绍到国内。

（4）洪仁玕：《资政新篇》（1859 年）。洪仁玕（1822～1864 年），洪秀全的一个族弟，1859 年担任军师初时上奏天王陈述他向西方学习草拟的建国方案。

《资政新篇》的内容：政治方面，主张统一政令，以法治国；各省设新闻官，听取社会舆论，设投票箱，由公众选举官吏。经济方面，主张学习西方，发展工商业，奖励技术发明，兴办保险事业等。文教方面，反对迷信，提倡兴办学校、医院和慈善机构；严禁买卖人口和吸食鸦片。外交方面，主张同外国自由通商，交流文化，平等往来，但不准外国干涉中国内政。《资政新篇》提出创设银行，主张国家垄断纸币发行，"大利善贾士民"。洪秀全眉批"此策是也"。

20 世纪初，在外国金融侵略不断加深的背景下，西方银行理论被更加详细系统地介绍到中国。

（5）傅兰雅、徐家宝译：《保富述要》（1897年）。1897年，第一部汉译货币银行学著作《保富述要》出版。作者（英）布来德，傅兰雅口译，徐家宝笔述。该书比较详细地介绍了西方银行的法律、规章制度的发展演变过程；股份责任有限制和股份责任无限制，以及股本、收益与风险的简单关系；银行总办的职责与应具备的各种经营管理能力、管理方法；银行的主要业务，汇兑制度与汇兑办法，国际汇兑与国际贸易的关系；银行利息；银行挤兑发生的原因和防治办法。

（6）严复：《原富》（1901年）。严复（1853～1921年），是将西方资产阶级古典政治经济学说和自然科学、哲学的理论知识介绍到中国的第一人。1898年，严复开始翻译，1901年完成，1902年11月首次出版。《原富》即亚当·斯密（1723～1790年）的《国富论》，该书最先提出财富形成的源泉和过程，揭示出财富在社会各阶层的分配。

（7）钱恂：《财政四纲》（1901年）。钱恂（1853～1927年），浙江湖州人。为薛福成门人。后受薛之命，整理宁波天一阁存书，随薛出使英国、法国、意大利、比利时。后为张之洞帮办洋务。1893年出任湖北自强学堂首任提调、武备学堂提调，后负责校务，1898年任湖北留日学生监督。1905年为赴东西洋考察宪政大臣参赞官。1907年以江苏省补用知府出任荷兰、意大利大臣。1914年6月，任北京政府参政院参政。著作颇丰。

《财政四纲》分"租税"、"货币"、"银行"、"国债"四卷，1901年成书于日本，同年在国内出版。自序中说："恂不通东邦文字，不能识其精且深者，仅就学生所述，录其四纲。""若欲求精深，则不但东西文原书千百卷具在，即在此学生亦大堪询问。""银行"卷说："今世界金融之中央市场，固无不推重英国"，"英国为世界金融之中心"。书中称"金融危机"为"金融逼迫"，并说："金融逼迫时，通常贸易无不减色，物价无不下落，一般商人之蒙损失者不少，银行其显然者也。"《财政四纲》可能是中国人最早提到"金融"的著作。至今日研究近代货币、金融历史，将钱恂此著当作中国近代金融理论的一个重要阶段，是钱恂最早将"金融"概念介绍到中国。（《钱恂的货币理论》，《经济评论》1991年第5期）

（8）1908年，刘鹤年翻译了日本水岛铁也的《银行及外国为替》。

（9）1911年，王建祖、吴忠寿翻译了美国哈佛大学博士顿巴的《银行学原理》。此书后来再版六次。主要内容是介绍银行的业务。该书在清末和北洋政府时期影响较大。

2. 国人自撰银行著作

1911年4月，第一部由国人自撰的专论银行制度的著作《银行制度论》出版。该书是留日学生谢霖、李徽参考日本两位老师佐野善作、崛江归一的银行理论及野口宏毅、村田俊秀郎等的银行论著编撰而成。《银行制度论》，该书详细介绍了银行的组织形式、银行的类型、银行票据交换所与征信所等银行制度的辅助机关。该书还重点介绍了中央银行制度，界定了中央银行概念，认为一家银行，有独占国内发行纸币之权，有运用国币枢纽财政并为国库代理者之权，可称为中央银行；阐述了中央银行拥有重要地位的理论根据在于其具有政治经济上的重要利益；介绍了中央银行的两种组织形式：股份制和国有制，分析了两者的利弊。主张中央银行为一独立机关，不得经营商业银行业务，不得与商业银行争利，而要保护商业银行。

这些译著和著述从零星到系统、由粗浅到深入地介绍了银行的职能、作用、业务、收益、资金来源和银行券发行等西方银行制度的基本理论和知识，为近代中国货币银行和金融理论的萌芽和形成打下了基础。

3. 主要金融思想与代表人物

清末（1840～1911年）是中国近代金融理论的萌芽时期。基本上是介绍西方银行制度与金融思想多，但是也发表了很多自己的看法与评论。主要有三方面：货币理论、银行理论、国债理论。

（1）货币理论。19世纪末20世纪初，是中国币制史上最紊乱的时期，银元、铜元、纸币名目繁多。尤其是帝国主义加紧对中国的掠夺，肆意发行纸币，侵犯中国主权，危害社会经济。帝国主义金融掠夺的猖狂行径使中国人猛醒，货币理论的研究变得空前热烈。认为西方国家已经实行金本位制度，放弃使用银币，银价跌落，金价上涨，主张实行金本位制度或者虚金本位制度，改变中国对外经济交往中的被动局面。

1901年严复翻译亚当·斯密的《国富论》，译名《原富》。严复认为：货币的职能作用"一曰懋迁易中，二曰物值通量"；就货币供求价值而言，"贵贱定于所与易之货值，然则仍视夫供求之例"，就是说一般价格的高低取决于货币供应量和需求量之比；对币制改革，他否定了中国实行复本位甚至三品位制的主张，论证了劣币驱逐良币的经济现象。

钱恂在《财政四纲》中承认货币具有流通手段、价值尺度、支付手段和储藏手段四个职能作用。他明确了价值尺度和价格的关系，但混淆了价值尺度与价格标准的界限，并错误地认为价格标准是"研究货币学之根点"。他还重点讨论了复本位制的货币制度，认为纸币是货币发展的必然结果，并将纸币分为兑现纸币和不兑现纸币，强调增发不兑现纸币的最大受害者是劳动人民。

梁启超对于货币理论的研究最早见于《中国古代币材考》中对货币职能的述及，他认为决定价格高低、货币购买力大小的不是商品和货币所含价值量的比，而是货币的数量。对于币制改革，他几经反复终以坚守西方币制的原则，认定银本位制。

康有为（1858～1927 年）的货币理论集中在《金主币救国论》，他极力主张币制改革，实行金本位制。

可见，这一时期的货币理论主要是针对当时财政危机、币制紊乱和帝国主义金融侵略致使大量白银外流的社会现实，集中讨论了货币价值、职能和币制改革等方面的问题。

（2）银行理论。银行理论研究的兴起是这一时期金融理论研究的重要特点，但以介绍西方银行理论为主，代表性著述是钱恂的《财政四纲》。该书论述了银行的职能、作用、银行分类和银行业务，特别是对中央银行的职能、性质、作用及英、法、日等国中央银行制度及条例的介绍。在当时国内尚属首次。同时，还专述了金融恐慌问题，是最早按照西方资产阶级货币银行学说系统论述银行问题的著述。

谢霖、李激在《银行制度论》中，详细地介绍了银行组织形式、中央银行制度、五种银行机构类型及业务外，还首次向国内介绍了银行票据交易所与征信所等银行制度的辅助机关。可见，这些实务性的银行理论为中国自设银行提供了良好的理论指导。

除上述著述外，严复还对利息问题进行了探讨，认为利息是利润的一部分，是购买资本使用权的价格；利息率是由借贷供求状况决定，受市场供求规律支配；古代高利贷利率是由高利贷资本供求状况和信用状况来确定，与利润率无关；只要能兴国富民，不必计较利息高低。

梁启超（1873～1929 年）对中国银行制度选择提出了自己的见解，认为银行的根本生命不在政府而在市场，中国应实行以单一制为最终目标、兼采多种制为过渡的银行制度，因为只有在信用制度发达的基础上，银行制度已具雏形，发行制度才能趋于单一。认为中央银行能够"掌握全国金融枢纽"，通过货币收放，"有时储于中央银行，有时散之于市场，凡以挤其平，广其用而已。"主张建立中央银行制度；康有为在《理财救国论》中提出了"妙用银行、善用虚金"的理财思想和银行学说。"妙用银行"就是要建立上层是中央国家银行、中间是组合银行、下层是国民银行的完整金融体系；"善用虚金"就是要建立股票交易所。康有为这一建立完整金融体系和股票交易所的分析和构想是第一次提出，在中国近代金融理论发展中起着不可忽视的作用。

（3）国债理论。"中日甲午战争"和"八国联军侵华战争"，使清政府背下了巨额战争赔偿的外债，因此国债问题成为当时财政金融一大难题。在此背景下，国债研究突出出来。代表人物是梁启超，他先后在《中国国债史》、《外债评议》和《外资输入问题》等著述中广泛深入地讨论了国债的作用、发行原则和条件、外债举借原则及利弊等问题。他认为，愈文明的国家所负担的公债愈多，因为民众对政府愈信任。他并对1878～1902年中国的外债情况进行了分析，指出以海关税作抵押的外国借款是对国家财政和主权的侵害。

4. 理论研究的影响

这一时期，引进国外金融理论，有利于发展工商业，解决国家财政困难，抵制外国银行经济侵略，仿行西方各国银行制度，直接推动了各类银行在近代中国的建立。清末中国，社会各界呼吁建立各类银行的要求越来越强烈。1859～1860年，洪仁玕和容闳欲借太平天国政权实现推动银行业建立。1876年，轮船招商局的唐延枢向福建巡抚丁日昌提出"由中国纠集股份设一大银行，并在国外伦敦、日本设立分支机构，为发展海外贸易和远洋航运服务"。

1886～1887年留学法国的马建忠极力鼓动李鸿章创办银行。1894年前后，陈炽、郑观应、汪康年等呼吁建立新式银行；同时部分洋务派官僚如盛宣怀等也积极鼓吹建立银行。最后终于造就了中国通商银行、户部银行建立和一些省银行、商业银行及储蓄银行的设立。

（二）近代金融理论的发展（1912～1926年）

辛亥革命虽然推翻了几千年的封建专制统治，但革命成果却被袁世凯窃走。袁世凯篡权后，国内陷入一片混乱。北洋政府时期（1912～1927年），军阀混战、金融割据。帝国主义银行在华划分势力范围；乱发纸币，乱举内债外债，货币流通混乱；中行、交行两次停兑，金融失控，以致发生财政危机。

可以说，这一时期政局动乱、金融混乱。但由于民族资产阶级振兴实业的主张、民族工商业进一步发展的要求、外国银行发展的借鉴以及北洋政府和国民政府巩固政权的需要，促使了银行业和金融业的快速发展。

1. 西方理论的进一步传播

北洋政府时期，"西学东渐"和"洋为中用"的思想比较盛行。一是因为帝国主义金融资本深入到了中国经济金融生活的中心；二是由于介绍和研究西方银行理论与金融思想的书籍日益增多。其情况与特点如下：

（1）介绍和研究西方银行理论的论著日趋增多。清末出版了 8 部银行学著作，北洋政府时期出版了 18 部。其中银行学方面 14 部（译著 3 部、国人自撰的 11 部）；银行史方面 4 部，包括研究法兰西、意大利和英格兰银行史的 3 部及研究中国银行史的 1 部。

（2）对西方银行理论的介绍更加全面、准确。首先，对银行作用的理解更加全面。清末出版的银行学著作主要强调银行具有促进工商业发展和维持财政两大作用；北洋政府时期出版的银行学著作则认为银行具有增益资本之效用、奖励人民之储蓄、节省货币之转输、促进实业之发展四大作用。其次，对银行种类的介绍更多更加全面。详细介绍了各类银行以及投资银行、信托公司等非银行金融机构外，对于票据交换所、信用调查部等银行辅助机关的介绍也更加详细具体。最后，对中央银行制度的介绍逐步深入。一是对各国中央银行制度进行了广泛的介绍。清末重点介绍的是英国和日本。北洋政府时期除英、日外，对法、德、美、加拿大、荷兰、比利时、苏格兰等国的都作了详细的介绍。二是对中央银行控制金融的作用及手段进行了介绍。清末出版的银行学书籍重点介绍中央银行的三大职能，但对中央银行调控金融的手段鲜作论述。北洋政府时期的一些银行学开始较详细地论述中央银行运用存款准备制度、再贴现政策和公开市场活动三大工具，调剂货币伸缩，控制金融的内容与方法。三是主张中央银行应实行股份制，而反对采用国有制。

（3）对日本银行制度进行了重点介绍。不仅陈震巽翻译的日本著名货币银行学者堀江归一的《银行论》对日本的银行制度作了详细具体的论述，而且国人自撰的许多银行学著作也都列有专章详细介绍了日本的银行制度。内容涉及日本的中央银行、普通商业银行及各种专业银行的设立背景、组织形式、主要业务及其条例。

2. 国人的理论观点和代表性人物

这一时期是金融理论和金融实践相对比较活跃的时期。特点：第一，无论是金融理论还是金融实践都有一些中西合璧的成分。理论上许多译著都带有译者自己的观点，而许多自撰著作又多介绍西方的银行理论。实践中也有不少模仿。第二，北洋政府时期以货币本质、货币本位、币制改革等方面的研究为主。第三，开始重视宏观金融问题。

代表性人物有孙中山、朱执信、廖仲恺、章太炎、马寅初等。主要理论观点如下：

（1）货币理论。辛亥革命至"五四"运动前，孙中山倡导的钱币革命是研究的主流。

辛亥革命胜利后，孙中山认为国内的主要任务不再是革命，而是经济建设，所以倡导经济救国、金融强国。1912年12月，孙中山发表了《倡议钱币革命对抗沙俄侵略通电》（简称"钱币革命"），主张实行纸币本位。认为以纸币代金银，"一使市面永无金融恐慌之患，二使工商业必然发达，三能解决财政困难"。他还分析了既往中外纸币发行的教训。认为保证币值稳定，一要保持纸币发行量与货物流通量相适应；二要纸币发行实行金银货物共同保证制；三要发挥国家政权机构在组织调配商品供应、平抑市场物价中的积极作用。孙中山的纸币发行保证从金银到商品物资的突破，具有重大科学价值，在中国是第一人。之后，朱执信、廖仲恺宣扬和阐发了孙中山的钱币革命学说。朱执信提出了"八种兑换品物价指数论"。廖仲恺提出了"货物本位论"。章太炎在货币价值理论的阐发上具有独到见解，认为价值是衡量在物上所消耗的劳动；劳动耗费与劳动耗费间的比较、价值量与价值量间的相互衡量，即是交换价值；货币与商品都是劳动生产物，商品交换是劳动量间的相互比较衡量。这些观点实际上是马克思劳动价值学说的阐发。同时，他还认为货币是阶级产生的根源，在中国是第一位倡言货币阶级性的人。周宏业在《论中国币制之本位》（1912年9月）一书中首先提出"中国倘要说币制改革，如果不讨论金汇兑本位，那么币制也就毫无自身的价值"。

（2）银行理论。在西方银行理论深入传播的基础上，这一时期开始重视银行理论研究，特别是中国银行制度建设。范源濂在《银行制度之研究》（1919年）一文中，将西方各国的银行制度分为中央银行调控全国财政和中央银行只起监督作用两类之后，提出治理中国银行的最好办法是先在几个财政较清楚的省整理财权，然后推及各省，再设立中央银行监督。陈其鹿在《银行学》（1924年）一书中对银行的作用、类型、业务等都作了详细论述。

（3）金融市场理论。金融市场的早期形态是钱业市场，新式银行兴起后逐步形成了以上海为中心的旧中国金融市场。1905年在上海由外商成立了中国第一家证券交易所，1919年在北京成立了全国第一家专营证券业务的交易所。伴随着旧中国金融市场的形成，有关金融市场理论的研究也兴盛起来。张辑毅在《中国金融论》（1920年）中系统论述了当时的中国金融市场，并对金融市场恐慌进行了研究。

（4）国际金融。1925年马寅初在《中国国外汇兑》中首先揭示了国外汇兑的秘诀。

随着中国新式银行的纷纷设立，社会各界开始探讨中国的银行体制建设问题并提出了一系列构想。周学熙（1866~1947年），清末举人，为北洋政府财政总长、实业家。曾赴日本考察工商币制，创办北洋银元局和北洋天津官银号，开滦矿务局、启新洋灰公司、华新纺织公司、耀华玻璃公司、京师自来水公司、山东高等学校（山东大学）、北洋工艺学堂（河北工业大学）、天津高等工业学堂等。以兴办实业成绩卓著与张謇齐名，有"南张北周"之说。

康有为（1858~1927年），广东南海人，清光绪年进士，官授工部主事。出身广东望族，世代为儒。近代著名政治家、思想家、社会改革家和学者，主要著作有《康子篇》、《新学伪经考》。

1912年周学熙提出参照日本银行体制，建立以中央银行为核心、商业银行为基础、专业银行为辅助的多元化银行体制。1913年康有为发表《理财救国论》，提出建立融欧、美、加、日银行体系为一体的综合型银行体制。1914年梁启超发表《银行制度之建设》，提出建立欧洲中央银行制与美国国民银行制并存的混合型银行体制。

上述关于中国银行体制的构想，是北洋政府时期三种具有代表性的思想。其中周学熙的思想得到了北洋政府的采纳和社会各界的认同，对当时银行制度建设发挥了积极的作用。政府为了推动中国银行业的发展和银行体系的建立，模仿日本的银行法规颁布了一系列银行条例。1913年4月仿照《日本银行法》颁布《中国银行则例》，成立中国银行作为中国的中央银行。民国元年仿照日本《横滨正金银行法》，公布《兴华汇业银行则例》。民国三四年仿照日本《劝业银行法》、《农工银行法》、《兴业银行法》制定公布了《劝业银行条例》、《农工银行条例》及《实业银行条例》。同时规定沿用清末制定的《银行通行则例》作为发展普通商业银行的准则。可见，北洋政府实是想仿照日本银行制度模式，建立中国的银行体制。

从北洋政府时期银行设立的种类来看，有具有中央银行性质的中、交两行，有以"南三行"、"北四行"为代表的众多商业银行，还有农工银行、殖业银行、盐业银行、新华储蓄银行、棉业银行等各类专业银行。无论从政府的提倡，还是从银行设立的情况来看，北洋政府时期银行业的发展和银行体制建设是沿着周学熙的思路发展的。

（三）近代金融理论的进一步发展（1927～1949 年）

国民政府时期，十年内战、八年抗战、蒋、宋、孔、陈四大家族加强了对金融机构的垄断。1933 年"废两改元"、1935 年"法币政策"促进了民族经济的发展，实现了货币制度从近代向现代的转变，但帝国主义对中国的财政金融的控制并没有彻底摆脱。抗战胜利后，国民党政府发起全面内战，通过"四行二局一库"，高度垄断金融业务，操纵黄金市场，滥发纸币，造成法币恶性通货膨胀。

1. 继续引进西方金融理论

国民政府建立后，随着国际文化交流关系的扩大，西方银行理论在中国的传播日趋深入。表现为：

（1）数量进一步增多。这一时期共出版 42 部银行学著作，比北洋政府时期多了 24 部。其中译著 15 部，大多数是欧美的名著。国人自撰的27 部，这些自撰著作不再拘泥于介绍西方的银行理论，大多含有作者自己的观点。李达理译自甘奈·马铿（Kermeth Mackenzie）的《欧美银行制度》（1934 年），该书影响最大，是一部名著，系苏格兰银行学会 1932年征文获奖之作。作者甘奈·马铿是近代著名的货币银行学家。

（2）传播范围扩大。除欧美日银行理论外，开始传播苏联的银行理论。万鸿开翻译了哈巴德著的《苏联之货币与金融》（1939 年）；吴清友编撰了《苏联的货币与银行》（1949 年）；彭华翻译了阿特拉斯著的《苏联银行国有史的发展》；季陶达翻译了阿特拉斯著的《苏联银行国有史论》（上册）（1949 年）。这些著作详细介绍了苏联银行组织及立法，苏联的国家银行及各种专业银行制度及业务，苏联银行国有化理论及银行国有化发展的历史等。

（3）中央银行专著突出。有两本中央银行译著。如 1944 年陈思德、陈友三合译的第·考克著的《中央银行新论》。此书讲述了中央银行制度的沿革、中央银行的基本职能、中央银行实行货币政策的工具、中央银行的组织与管理、各国中央银行发展趋势等理论与实务问题。1947 年由潭寿清翻译出版的《中央银行经营论》。此书译自霍曲莱（R. V. Hawtrey）1933 年出版的论文集中的一篇。全书分 38 个题目，涉及当时最主要和最前沿的金融问题。主要有银行利率学说需要修正、现金的放出与吸收、中央银行控制信用的力量、信用内在的波动性、金本位、将来稳定的条件、无黄金的稳定、中央银行与通货膨胀、国际中央银行等。

（4）引进比较及时。克胥、爱尔金 1925 年出版的《中央银行概论》，国内在 1931 年就翻译出版了。甘奈·马铿 1932 年出版的《欧美银行制度》，国内更是在 1934 年就翻译出版了。有些西方银行学名著，虽未能及时译成中文出版，但其原著多能早早传入国内，被国内学者所研究和引用。

（5）侧重银行和金融政策。童致桢译自柯谋的《美国联邦准备银行制度》（1930 年），是当时唯一一部专论美国联邦准备银行制度的著作，主要介绍了美国联邦准备制度的产生过程、组织结构、作用及其与财政部的关系。1931 年陈清华翻译出版的《中央银行概论》是世界第一部专论中央银行的著作。由克胥（Kisch）、爱尔金（Elkin）合著，1925 年出版。该书论述了中央银行的地位，国家与中央银行的关系，中央银行的组织与管理，中央银行与商业银行及金融市场的关系，中央银行业务，各国中央银行的合作等问题。并对欧、美、澳洲等 29 个国家的中央银行的条例和规章作了介绍。

2. 国人的理论观点与代表人物

国民政府时期金融研究比前期更为深刻、广泛和专门化。例如，专门介绍和研究各国银行制度的著作和专门研究中央银行理论的著作比较突出。国民政府时期共出版银行学著作 42 部，其中译著 15 部，国人自撰 27 部。自撰著作不再拘泥于介绍西方银行理论，大多作者都有自己的金融理论观点。

（1）货币理论。阎锡山主张实行货币的"物产本位"，废除黄金白银作货币，实行实物本位货币制度，即国家有管理的纸币制度，并且进行了实验。

在实行法币政策前，有关币制改革的争论十分激烈。如胡维德主张实行金本位制；赫德、精奇与币制委员会倡导金汇兑本位制；刘冕执《中国币制及生计问题》中提出金银并行本位制（1934 年）；刘振东在《中国币制改造问题与有限银本位制》中提出有限银本位制（1934 年）；顾季高在《中国当前货币改革问题》一文中提出管理制银本位（1934 年）。

这些货币本位及币制改革主张，都是针对当时美国收购白银导致白银外流、金贵银贱和货币流通混乱不堪的现实而提出的。如果说 1933 年 3 月国民党政府"废两改元"统一了货币发行权，那么 1935 年 11 月实行法币政策则完成了争论 30 多年的币制改革，从而确立了实质上是金汇兑本位制的货币制度。

这一时期，最有代表性的人物和最有影响力的货币理论著作，是马寅初和他的《通货新论》（1944 年 6 月）。

马寅初（1882～1982 年）的《通货新论》（1944 年），分析了当时的经济结构、金融现状；他在参考当时世界流行的"通货决定理论"的基础上，提出了通货稳定的种种方案，论述了通货膨胀、通货紧缩的利弊，并在论述金银本位脆弱性的基础上，指出纸本位是唯一应对办法。该书集中反映了马寅初的稳定币值、反对恶性通货膨胀、保持货币独立性的金融思想。20 世纪 40 年代通胀严重，马寅初关于治理通胀的理论和政策主张有重要理论意义。

（2）银行理论。1927 年 10 月国民党政府设立中央银行后，有关银行理论的研究逐渐增多。马寅初：《中华银行论》（1929 年）。资耀华：《英美银行制度及其银行业之现状》（1936 年）。资耀华是上海银行调查部经理，该书是其赴美国考察银行制度期间所写，具有比较银行学的意义。主要论述英、美两国银行制度的产生、发展情况，对比分析两国银行制度的优劣，认为英国银行制度优于美国银行制度。

资耀华（1900～1996 年），中国著名金融家、银行家，26 岁毕业于日本京都帝大经济学院，回国后入上海商业储蓄银行直至 1950 年，期间曾在宾夕法尼亚大学沃顿商学院和哈佛大学商学院进修和考察。新中国成立后曾任上海银行总经理，公私合营银行总管理处副董事长兼副总经理，中国人民银行参事室主任直至去世。二至七届全国政协委员，中国金融学会创始人之一，长期担任副会长、顾问。著有《货币论》、《国外汇兑之理论与实务》、《英美银行制度论》、《信托及信托公司论》，主编《清代外债史资料》、《中国近代货币史资料（清政府统治时期)》、《中华民国货币史资料》。2005年出版其自述《世纪足音——凡人小事八十年》。

李紫翔：《中国银行之特质》（1933年）一文，指出了帝国主义在华银行享有至高无上的权威；关盐两税、国际贸易、外汇兑换等几乎全部操纵在他们手中；而中国自己的银行则势单资薄，业务畸形发展，像这样不上轨道的金融业势必导致金融恐慌以至国民经济破产。李紫翔（1902～1979年），1922年加入共产党，1930年任河北省委秘书长，后因组织被敌人破坏失去联系。写稿度日，1946年后任《商务日报》总主笔，重庆大学银学系教授，新中国成立后四川省人民委员会委员，水利厅厅长，全国政协委员。1979年民革中央委员，病逝。唐庆永：《现代货币银行及商业问题》（1935年）一书，首次将货币制度、银行和商业问题联系起来研究，并对购买力平价说、货币数量说、货币商品说三大货币学说进行了介绍和评价。张学赛：《银行学概论》（1936年），首次提出了三大理想银行政策标准。刘冠英：《现代银行制度》（1937年）。《现代银行制度》是国人自撰的第一部详论英、法、德、日、俄、美等各国银行制度的著作，该书最大的特色是将中国的银行制度列入书中，以便同各国银行制度进行比较。

（3）中央银行理论。这一时期，国人自撰的关于中央银行学著作5本，依时间的先后，反映出当时我国学者对中央银行理论认识水平的发展。孙祖荫1929年《各国中央银行比较论》（1929年）；梁钜文1931年《中央银行制度概论》（1931年）；陈天表1934年《中央银行之理论与实务》（1934年）；崔晓岑1936年《中央银行论》（1936年）；陈行1948年《中央银行概论》（1948年）。孙祖荫的书，主要介绍了英、德、法、日、美五国的中央银行制度及其不同特点。梁钜文和陈天表的书，对中央银行的实务叙述较多。崔晓岑和陈行的书，对中央银行理论表述准确，比较侧重于货币政策运用问题研究。这5本著作虽然是教科书性质，但其中有不少作者的见解。

（4）金融经济理论。1929年美国发生金融风潮，经济金融恐慌弥漫全球。在此背景下，从宏观经济角度研究中国金融问题的著作不断增多。杨荫溥：《中国金融研究》（1936年），对金融恐慌和新货币政策作了深入分析。王承志：《中国金融资本论》（1936年），站在社会科学的立场上，对中国金融经济问题的本质进行了深入研究。蔡铁郎：《金融学纲要》（1937年），探讨了金融变动周期与经济变动周期的关系。

（5）金融市场理论。王相秦：《中国金政策与金市场》（1941年），研究了中国的黄金市场。

国民文库投资周刊社出版了《证券交易所》（1947年），对证券市场作了系统介绍。交通银行总管理处出版了《金融市场论》（1945年），对金融市场与实业、短期和长期资金市场、中国产业证券化与资本市场的建立等问题作了较深入的论述。

（6）国际金融理论。中国与国际金融市场联系密切，开放的风气促进了理论研究从一开始就与国际市场相联系。例如，讨论币制改革问题时就开始研究国际货币体系问题；讨论银行制度建设时就开始研究国际金融机构和国际汇兑问题。1937年出版了蔡铁郎的《金融学纲要》，这是中国最早论及国际金融和国际贸易理论的书籍。从此，国际金融理论逐步走向系统化。

3. 理论研究的影响

从20世纪30年代中期开始，受全球统制经济思潮和银行国有化思想以及苏联国有银行制度的影响，学术界兴起了一股主张银行国有化，建立国有银行制度的思潮。1935年佟灿章在《中国经济》发表《我国银行制度之检讨》，指出"银行现已发展为社会枢纽，关系国家经济集聚，今后绝不能再由私人执掌，也不能任私营公司经营，应改为国家和社会公营"。1941年，梁晨君发表《建立三民主义的国防银行制刍议》文章，认为"国防制下的银行，必属于国家……故应收归国有"。1943年6月，张之杰发表《银行革命建国速成论》，提出"最好采取国营而且单一主义，即全国只准有国立银行独立经营，所有私立银行一律勒令停业或改业，所有以前省市县立银行，一律收归国有"。1947年，复旦大学教授刘泽霖出版《银行国有论》，详细论述了银行国有的定义及我国实行银行国有的必要性、途径及银行国有化后的银行体系等问题。当时政府部门与学术界均有人给予很高评价。曾任财政部长的俞鸿钧和著名经济学家马寅初，在给这部书写的序言中，均认为这是一部应时的重要之作。马寅初甚至说"余以为今日吾国经济社会之变迁，与夫国民经济思想之发达，对于刘教授的意见或有授受之可能也"。有人还在《新经济半月刊》上发表评论指出："关于未来之银行制度，有一种比较特殊的意见，就是刘泽霖先生的《银行国有论》……其观点很值得重视。"

由于有名家的赞誉，故《银行国有论》出版后，得到许多人的响应，以致此后许多人在向政府发表政见时，往往都要提银行国有问题。主张政府加强对银行的管制，建立国有化的银行制度的思想对国民政府时期银行制度建设产生了深刻影响，国民党建立垄断银行体制虽然主要是出于加强对全国经济统制的需要，但不能说和银行国有化思想的盛行完全无关。可见，西方银行理论在近代中国的传播推动了银行制度在近代中国的建立与演进。

总的来看，在古代，中国很早就对货币、价格、信用等金融问题进行了研究。但这种研究基本是与哲学、政治学、伦理学等学科融合在一起，体现在思想家内容丰富的著作中，所表达的主要是货币、信用问题的社会性和政治性等。金融学尚没有成为独立的学科体系。

近代，中国随着商品市场经济发展，及其与国外交往的扩大，学者、官员们对中国的银行制度建设、币制改革、货币政策等问题，有越来越多的论文、专著，这些论著的出版，初步构建起中国金融学的理论体系。同时，银行货币学也被作为重要的课程在许多大学开设。

光绪二十八年（1902 年），《钦定京师大学堂章程》规定，仕学馆第三年学"银行、保险、统计学"。光绪二十九年颁布的《大学堂章程》，把大学分为 8 科，在商科中有银行保险学，把银行业要义、银行论、货币论等列为主课。之后，随着金融学著作的大量出版以及货币银行学及其他金融学课程在各大学的开设，使金融学作为一门独立的学科在中国建立起来。

值得注意的是，近代国人学习借鉴西方银行制度建立中国银行时，大多反对照抄照搬，主张吸取各国银行之长，结合中国实际，建立适合中国国情的银行制度。如清末张謇提出，中国应参考各国银行制度，选择适合中国的方法，建立适合中国国情的银行制度。北洋政府时期，康有为强调，中国绝不能照抄照搬任何一国的银行制度，而应"熔各国之制，而特创新法"。国民政府时期，经济学家丁洪范认为，中国"应采资本主义与社会主义金融机关之所长，兼而有之，以成我独特之银行制度"。这种思想具有重要的现实意义。

三、计划金融理论的探索与争论（1950～1978年）

近代中国有两大矛盾：一是帝国主义与中华民族的矛盾；二是封建主义与人民大众的矛盾。当时，中华民族有两大任务：一是求解放；二是求富强。人们看到了，入侵的帝国主义者不是要把中国变成资本主义的中国，而是要把中国变成殖民地。中国向哪里走？最终选择了学习苏联。创造性地由农村包围城市，建立了中华人民共和国。

新中国成立后，西方国家采取经济封锁、政治孤立、军事包围等手段打压中国，妄图把新中国扼杀在摇篮中。中国在继续完成新民主主义革命遗留任务的同时，有步骤地实现由新民主主义到社会主义的转变。1950～1952年国民经济恢复。1953～1956年对农手工业资本主义工商业社会主义改造。探索社会主义道路是个艰辛的过程。

新中国成立初"走俄国人的路"，后来"走自己的路"。50年代后期出现"左"的偏差；60年代中期开始出现"左倾"达到极端，"十年内乱"。1976年依靠自身的力量，结束了内乱。接着开始了中国第二次革命——改革开放。我们把新中国成立后的前30年（1949～1978年）称为计划经济时期。把1978年以后称为改革开放时期。新中国成立后，经过三年国民经济恢复和"一五"计划的建设，逐步建立起了"大一统"的计划金融体制。

计划金融体制的形成最早可以追溯到战争时期。1927～1937年革命战争时期，围绕革命战争这个中心，领导并发动广大群众在根据地进行了以农村为中心的金融建设：1927年在闽西建立第一家农民银行；1932年成立了中国苏维埃国家银行，并开始统一发行根据地的货币"苏币"。1937～1945年抗战时期，党领导群众在根据地继续进行具有社会主义性质的金融建设：组建银行，发行"边币"，联合"法币"与"伪币"做斗争；建立与扩大本币流通市场；实行低利率借贷，反对高利贷；组织信用社，加强信贷工作，支持工农业生产。巩固和发展抗日根据地。1945～1949年解放战争时期，随着解放区的扩大统一，逐步建立以城市为中心的金融体系，肃清日伪货币，反对假票法币。1948年12月在石家庄成立中国人民银行，发行人民币，标志新中国金融体系的建立。

1949年新中国成立后，中央政府对官僚资本、民族资本等200多家旧金融机构分别进行了改造和改组，建立起社会主义金融机构体系；彻底肃清法币、金圆券和银元券，用人民币占领货币阵地；禁止金银计价流通和私下买卖；肃清外国货币，统一外汇管理。1950 年统一全国财政经济工作，运用信贷计划对货币流通实行统一管理。计划经济体制下的货币制度正式建立。"一五"（1953～1958 年）至 1978 年的 20 多年间，以中国人民银行为核心、统收统支、统存统贷的单一计划型金融体制，一直曲折起伏地延续下来。

新中国成立后的前 30 年，实行高度集中的计划经济，社会实物资源、财政资金、银行信贷资金，统一由政府编制计划，统一调度。中国金融机构，是单一的国家垄断的人民银行独家，其业务是发行货币，代理国库、吸收存款、支付清算、办理超定额的季节性的临时贷款，执行现金流和工资基金监督。那么如何调节全国的供求均衡，如何解决财政收支和银行信贷收支平衡，是中国金融理论与实务工作者探索研究的中心问题。坚持财政收支平衡、信贷收支平衡和物资供求平衡的三大平衡理论，就是这一时期实现发展经济、稳定物价的金融理论的核心问题。

（一）苏联货币金融理论的引进

计划金融体制确立以后，中国开始了苏联社会主义货币银行和信用理论的学习和引进。据初步统计，1949～1978 年，先后翻译或介绍有关苏联金融经济建设和理论的书籍达 70 多部，几乎成为当时金融理论研究的主流。如亚特拉斯：《苏联银行国有之史的发展》（1949 年）；卡兹洛夫：《苏联货币论简明教程》（1951 年）；阿特拉斯：《货币流通规律》（1960 年）；乌索斯金：《苏联信贷组织与计划》（1956 年）；西尼洛夫：《货币流通与信用讲授提纲》（1952 年）；科兹洛夫：《货币的本质与职能》（1952 年）；古莎科夫、德姆什茨：《苏联货币流通与信用》（1954 年）；布列格里的《资本主义国家货币流通与信用》影响最大。

这些译著为中国学习苏联模式，建立社会主义计划金融理论提供了范本。

此外，还翻译了（英）凯恩斯的《就业、利息和货币通论》（1963 年）、（瑞）米尔达尔的《货币均衡论》（1963 年）等经济金融理论名著。

（二）计划金融时期的主要代表人物和主要观点

新中国成立后，中国金融体系照搬苏联模式，形成了金融机构、金融业务单一，金融资产、金融工具单调，商业信用、金融市场缺位，金融运行、金融政策僵化的"大一统"格局。在这种格局下，金融理论研究受到限制，"货币银行消亡论"突出，理论发展出现倒退。但是仍有一些学者在中国货币制度、人民币本质和作用、中国货币史以及财政信贷理论等方面孜孜以求地探索着。

1. 代表人物

李达（1890～1966 年）：《货币学概论》（三联书店 1950 年）。内容包括货币本质、货币机能、各派货币学说、信用与信用货币、资本主义的货币体制、金融恐慌与货币流通、世界货币的运动与汇价、通货膨胀、金本位制的崩溃。

郑伯彬：《新货币信用制度》（上海中华书局 1951 年），《货币的本质与机能》（北京财政经济出版社 1955 年），《国家贷款在促进农业合作化中的作用》（新知识出版社 1956 年）。

彭信威，江西安福人。1931 年毕业于日本东京高等师范学校英国语文系。1934～1936 年留学英国伦敦大学。曾任中国银行总管理处办事员、复旦大学教授。新中国成立后，历任复旦大学、上海财经学院教授。著有《中国货币史》，译有《战后世界金融》等。

骆耕漠（1908～），浙江临安人。1922 年冬毕业于潜县立高等小学，后入浙江省立商业学校（浙江工商大学前身）。新中国成立后，任中共中央华东局财经委员会委员，华东财委秘书长、副主任，1954 年起任国家计委成本物价局局长、副主任，全国人大办公厅副主任，1981 年任中国科学院哲学社会科学部学部委员，中国社会科学院经济研究所研究员、顾问，国家计委副主任，1982 年受聘为中国社会科学院研究生教授、博士生导师。骆耕漠代表作：《从资本主义到共产主义的三个过渡问题》、《社会主义商品货币问题的争论的分析》、《关于社会主义计划经济的几个理论问题》。

黄达，1925 年 2 月 22 日生，天津人。著名经济学家、教育家，中国人民大学荣誉一级教授、博士生导师。中国金融学的主要奠基人，黄达教授从 1950 年起就开始讲授货币银行。1991 年 11 月至 1994 年 6 月任中国人民大学校长。

黄达专著：《我国社会主义经济中的货币和货币流通》（1964 年）；《财政信贷综合平衡导论》（1984 年）；《宏观调控与货币供给》（1997 年，1999 年修订）；《黄达文集》（1999 年）；《黄达书集》（2005 年）；《黄达自选集》（2007 年）；《结缘货币银行学六十年》（2010 年）。

刘鸿儒，1930 年生，1948 年入党，1952 年毕业于中国人民大学财政研究生班。1959 年于苏联莫斯科大学经济专业获副博士学位。回国后在中国人民银行先后任处长、局长，1979～1980 年任农业银行副行长，1980～1989 年任中国人民银行副行长，国家经济体制改革委员会副主任，中国金融学院院长、博士研究生导师，中国金融学会副会长，政协经济委副主任，中共第十二届、第十三届中央候补委员。刘鸿儒著作：《社会主义的银行信贷问题》（1964 年）；《社会主义的货币与银行问题》（1980 年）；《漫谈中央银行与货币政策》（1986 年）；《中国金融体制改革问题研究》（1987 年）；《金融调控论》（1991 年）；《中国金融体制改革的理论与实践》（1987 年）；《第二次世界大战后资本主义体系中的黄金》（1965 年）；《变革——中国金融体制发展六十年》（2009 年）。论文 140 余篇。

曾凌、韩雷：《中华人民共和国的货币流通》；李成瑞、左春台：《社会主义的银行工作》；王兰、刘鸿儒：《社会主义的银行信贷问题》等著作，都是具有代表性的研究成果。

2. 金融学教材

金融教材是系统的金融理论著作，反映中国金融理论发展的水平。1957 年《资本主义国家货币流通与信用》（周作仁、杨承祚、黄达、林与权）。1959 年《货币信用学》上册（黄达等）。这本书是 1951 年开始的三个专题多次修改、试用而来（《人民革命胜利前的还不信用体系》、《独立、统一与稳定的货币制度的建立与巩固》、《社会主义信用体系的建立与巩固》）。1961 年开始对金融理论进行反思，学术气氛再起。两文三书影响最大：黄达：《银行信贷原则与货币流通》（载《经济研究》1962 年）；周升业、侯梦蟾：《信贷收支差额问题》（载《光明日报》1963 年 8 月 26 日）。

黄达：《我国社会主义经济中的货币和货币流通》（财经社 1964 年）；王克华：《社会主义经济中的信用》（财经社 1964 年）；周升业：《信贷资金运动与信贷收支平衡》（财经社 1964 年）；林继肯：《社会主义财政金融问题》（黄达、陈共、侯梦蟾、周升业、韩英杰，1981 年）。《财政信贷综合平衡导论》（黄达）1984 年。

3. 货币理论

新中国成立后，国民党政府建立的货币制度彻底瓦解。面对当时混乱的金融局面，治理通胀、统一货币、稳定币值成为政府面临的紧迫任务。在理论研究上，集中在以马克思货币理论为指导，探索建立社会主义计划经济的货币理论体系。

（1）关于公有制下货币必要性问题。

1）货币无用论。1958年，陈伯达提出取消商品生产，取消货币，替代办法，一是流通餐券，吃饭不要钱；二是日用品供应化，由供销社发一个折子，社员买东西记个数，一定时期供销社与人民公社结算；三是地区之间物物交换。他认为"实现完全的供给制，可以推进'大跃进'"，可以"两年建成社会主义，过渡到共产主义"。

2）货币有害论。"文化大革命"期间，"四人帮"在"限制资产阶级法权"的招牌下，提出"利息是剥削"，是产生资产阶级的土壤。造反派的银行要求取消利息。有的银行被迫设有息无息两个柜台。

3）货币消亡论。社会主义货币已经不是货币，而是"劳动券"。货币的性质已经消亡。

（2）关于社会主义制度下货币的本质。

1）货币有阶级性论。"货币是一般等价物，代表一定的生产关系"，在"资产阶级经济学家看到的物与物的背后，马克思看到了人与人的关系"。在奴隶社会，货币是阶级社会剥削劳动人民的工具。

2）货币无阶级性论。郑伯彬在《货币的本质与机能》（1955年）中认为，"货币是具有一般等价物作用的特殊商品"。骆耕漠（1958）认为"货币是充当商品的一般等价物"。黄达（1955）认为"货币这一经济范畴，其形式的本质特征……是一般等价物——作为表现价值的材料和具有直接交换能力的特殊商品"。

（3）关于货币本位。

1）黄金派。理论依据是马克思关于"金银天然不是货币，货币天然是金银"的论断，认为人民币只是黄金的符号，应以黄金为其价值基础。1935年11月后法币代表黄金；根据地货币到1949年后也代表黄金。

2）非黄金派。认为人民币不是黄金的符号，人民币发行应以"比金银更可靠的粮食、布以及其他生产和生活所必需的重要物资作为保证"。

（4）关于货币流通。主要的货币流通范围与货币流通规律。依据1957年引进的苏联《政治经济学教科书》，"商品流通所需的货币量应等

于全部商品价格总额除以同一货币单位的平均周转数"的表述。黄达
（1964）研究了货币流通的两个领域、两种形态以及货币流通的稳定性和
组织问题，认为货币流通应包括现金量和银行转账量。林继肯（1965）
研究了货币需要量、货币流通速度、货币流通规律的要求和作用范围等问
题，认为"在社会主义制度下，货币流通就是指现金流通"。黄达在80
年代后，关于货币流通范围的讨论拓展到货币流通层次上。彭信威研究了
货币购买力变动等问题。

（5）关于货币流通正常标志。

1）1∶8 经验公式。只要全国现金发行量与物资供应量保持 1∶8 的比
例，就不会出现货币过多或者过少；各个省区根据自己的经济结构和货币
投放省或货币回笼省的不同，需要高于或者低于这一比例。根据是《资
本论》第一卷的货币量计算公式。

2）银行理论。银行国有化理论源于《共产党宣言》，无产阶级夺取
政权后要"通过拥有国家资本和独享垄断权的国家银行，把信贷集中在
国家手里。"列宁在十月革命后，认为银行是全部国民经济体系的神经中
枢，是"对产品的生产和分配过程实行社会调节的机构"，"没有大银行，
社会主义是不能实现的"，是"社会主义社会的一种骨干"。必须实行集
中统一的银行制度。建立国家统一的银行，就需要严禁商业信用，推行单
一银行信用，信贷资金管理实行统存统贷。新中国国民经济恢复后，实行
计划经济，中国人民银行就成为全国的信贷中心、结算中心和现金出纳中
心，是全国唯一办理银行业务的金融机构。是国家机关。所以，有关中央
银行、商业银行的银行理论成为多余。在这种背景下，对银行理论的研究
几乎停滞，少数研究也仅限于对社会主义国家银行的职能、作用和业务的
介绍。这个时期较有代表性的银行理论著作是李成瑞和左春台的《社会
主义的银行工作》（1963 年）。

（三）信贷和综合平衡理论

（1）关于商业信用。

1）商业信用取消论。60 年代，有人提出社会主义是计划经济，计划
经济以集中为前提，商业信用也是一种对国家物资和资金的分配，是脱离
国家计划的盲目的分配，对计划经济有破坏作用，提出了取消商业信用，
将一切信用集中于国家银行，才能保证计划经济的实现。

2）商业信用发展论。与商业信用取消论相反，认为银行不可能满足

千差万别的众多企业的资金需求，所以商业信用不但不可以取消，而且应当发展，应作为疏通商品流通渠道，搞活经济的手段。

3）商业信用利弊论。认为商业信用有利有弊，有的认为利大于弊，有的认为弊大于利。主张限制取消者说弊大于利。理由：一是商业信用是企业间自发的信用，会打乱国家计划；二是商业信用会逃避银行监督，会边赊销，边生产，边积压，保护落后。主张发展者说利大于弊。理由：一是商业信用能搞活物资，搞活流通；二是商业信用可以纳入国家计划指导，加速资金周转，提高效率。

（2）关于信贷理论（信贷计划理论）。银行贷款"三性"。银行信贷计划和综合信贷计划。为保证银行信用与货币流通和商品流通相协调，银行信贷必须遵循：按计划发放贷款和按计划使用贷款（计划性）；贷款要有足够的短期周转性物资作保证（物资保证性）；贷款必须按期如数归还（偿还性）。信贷计划规定计划期内银行信贷资金的来源和数量，以及信贷资金运用的方向和数量。采取平衡表形式，包括信贷资金来源和信贷资金运用两个方面，在每一方分系统、部门按余额和增减额编制。

一定时期内（一年）国家信贷资金来源与运用在总额和构成上保持平衡。信贷收入与信贷支出，是信贷业务的两个方面。国家根据信贷资金需要与信贷资金来源的可能，通过编制与执行信贷计划求得信贷收支的平衡。从计划编制过程来说，进行信贷收支平衡是编制信贷计划的一个重要基础。流通中货币量是信贷资金的一项来源，适应流通中货币需要量变化而必须增加的货币发行或回笼，应列入信贷计划进行统一平衡；但用于弥补财政赤字和超过生产、流通需要的信贷支出所引起的货币发行，则不应列为信贷收支平衡的内容。否则，信贷收支在形式上保持平衡，实质上并不平衡。

（3）财政与银行的关系。

1）银行从属于财政，财政从属于计划。

2）严格区分财政资金与信贷资金的界限。

3）银行信贷资金不能用作财政开支或长期基本建设支出。

4）信贷资金发放必须与物资保证的增减相适应。

（4）关于国民经济综合平衡的操作目标。

1）控制现金论。一是认为现金指标十分重要，应作为货币供应量的中介指标；二是现金量是市场货币流通量的重要组成部分，故为保持物价稳定和经济正常发展，仍然有必要加强现金管理。

2）控制贷款论。保持货币流通正常，关键在于控制信贷总量，而不是现金量，现金量是银行资产的一部分，是由信贷增加量派生出来的。只要管好信贷，就是控制了全社会货币流通的总闸门。

3）货币信贷脱钩论。80 年代初的一种观点。认为中国经常出现流通中货币过多，一个重要原因就是现金发行与信贷收支没有割断联系，使现金发行成了弥补信贷收支差额的自动调节机制。解决的办法是割断二者之间的联系，使现金发行量作为一个独立决定于政策和计划的指标。

（5）关于控制信贷规模。在金属货币条件下是存款决定贷款；在纸币条件下是贷款决定存款。从商业银行来说是存款决定贷款；从中央银行来说是贷款决定存款。从价值分配角度看是存款决定贷款；从货币流通角度看是贷款决定存款。从信用中介职能看是存款决定贷款；从信用创造职能看是贷款决定存款。从信贷资金最初投放看是贷款决定存款；从信贷资金重新使用看是存款决定贷款。

黄达在《银行信贷原则和货币流通》（1962 年）一文中提出，"对于货币流通计划化的要求，在银行信贷原则中是由信贷与物资的结合必须按计划的要求所保证的"，"贷款必须按计划规定的方向使用……一方面是说，贷款不能用于非计划目的，如基建开支、财政性开支等；另一方面是说，即使同是计划规定的贷款项目，彼此之间也不能挪用。"

这些论述实际上反映了当时陈云提出的"三平"思想。到 1964 年前后，财政、信贷、物资综合平衡的理论观点基本形成。1965 年，由于一些非经济因素的影响，综合平衡理论的研究被迫中断。1979 年以后，恢复了对"三平"、"四平"理论的研究，出现了大量有关财政信贷综合平衡的专著，其中最有代表性的是黄达的《财政信贷综合平衡导论》一书，这是国内学者撰写的第一部系统论述中国宏观货币经济的著作。财政平衡是关键，信贷平衡是条件，物资平衡是基础，后来，加上了外汇平衡，"三平"是不是理论？"三平"、"四平"与西方供求理论的关系？

货币供应量传导机理：

货币供应计算公式是：$M = K \cdot B$，即货币供应量 = 货币乘数 × 基础货币。我们分别分析基础货币和货币乘数：

先看基础货币：

表1　中央银行的资产负债表（简化）

资产	负债
国外资产 政府贷款 商业银行贷款 其他资产	国外负债 政府存款 商业银行存款（R） 法定准备金存款 超额准备金存款 货币发行（C） 其他负债

上表可以移项合并为：

中央银行的资产负债表（简化）

资产	负债
净国外资产（NFA） 国内贷款 净政府贷款（NDCG） 商业银行贷款（DCB） 其他净项目（OIN）	准备货币（B） 现金（C） 商业银行的准备金（R）

那么，$B = C + R = (NFA + NDCG + DCB + OIN)$

再看货币乘数：

因为，$K = M \div B$

$$= (C + D) \div (C + R)$$

$$= (C + D) \div (C + Rd + Rt + Re)$$

分子分母同除以 D，则 $K = (c + 1) \div (c + rd + rt + re)$。

（c 为现金漏损率、rd 为超额准备率、rt 为活期存款准备率、re 为定期存款准备率）

所以，$M = (c + 1) \div (c + (rd + rt + re)) \times (NFA + NDCG + DCB + OIN)$。c 为现金漏损率；rd 为超额准备率；rt 为活期存款准备率；re 为定期存款准备率；NFA 为净国外资产；DCB 为国内银行信贷；NDCG 为净政府资产；OIN 为其他净项目。

1998 年，国家停止了信贷计划规模控制，完全通过货币政策的间接

313

调控实行对宏观经济的调节，中国的宏观金融理论有了前所未有的发展。在微观金融理论方面，伴随着金融工具、金融业务、金融机构的改革发展，银行理论、证券市场理论、保险市场理论以及金融风险与控制理论都有了突飞猛进的发展。

可以说，改革开放的30年是中国金融理论的春天。

四、现代金融理论的发展（1978年以来）

（一）中国金融理论在改革中逐步走向成熟

1978年开始了中国第二次革命——改革开放。从农村到城市，从国企到各行业，从沿海到沿江沿边，30年奋斗，使中国人民的面貌发生了巨大变化；中国社会面貌发生了巨大变化。60年的探索，找到了中国特色的社会主义道路。80年代的中国金融体制改革，突破了计划金融体制的束缚。1979年开始从银行体制着手进行金融改革；恢复中国农业银行；中国银行从中国人民银行分离出来，作为国家指定的外汇专业银行；1980年中国建设银行从财政系统归入金融系统；1984年成立中国工商银行；中国人民银行专门行使中央银行的职能。90年代后期，设立三大政策性银行；新建交通银行、中信实业银行、招商银行等商业银行以及保险公司、信托投资公司等非银行金融机构。至此，一个以中国人民银行为核心、以四大专业银行为主体的多元化的金融机构体系基本建成。在银行体制改革的同时，信用体制、外汇体制、利率体制等也进行了一系列重大改革：

（1）恢复商业信用。

（2）银行统一管理国有流动资金，开办固定资金贷款业务。

（3）基本建设资金实行拨改贷。

（4）改"统存统贷"为"差额包干"，再到"实存实贷"。

（5）实行差别利率和浮动利率。

（6）恢复、建立与国际金融机构的关系。

（7）改革外汇管理体制。

（8）建立证券发行和流通市场，设立上海和深圳证券交易所。

90年代的金融改革，基本建立了现代金融体系。1992年邓小平南方谈话后，中国市场化改革步伐加快，金融改革进一步深化：银行体制方面，商业银行全面实行资产负债管理，设立三大政策性银行，使商业性金融与政策性金融分开。信贷体制方面，取消信贷限额，实行五级分类，进行质量监督。利率体制方面，向市场化迈进，1996 年开始进入实施阶段。外汇体制方面，实现汇率并轨和国际收支经常项目自由化，实行有管理的浮动汇率制。金融市场方面，保险市场向多元化、国际化、法律化发展。金融开放方面，允许外资银行在中国境内开设分支机构和部分开办人民币业务。

通过近 32 年的金融改革，基本建立起了与社会主义市场经济相适应的金融体制，"金融是现代经济的核心"逐步凸显。

（二）有贡献的两代金融理论工作者

在改革开放过程中，中国金融理论研究出现了前所未有的繁荣景象。可以说，80 年代的金融理论研究是一个反思引进改革的过程，90 年代以后的金融理论研究是一个发展创新的过程。总的来看，改革开放 32 年的金融理论发展的贡献：一是冲破了传统计划金融理论封闭保守格局；二是初步建立了由零散到系统的理论体系；三是进行了与国际接轨同时又具有中国特色的现代金融理论的探索。改革开放开始，一方面反思前 30 年的金融实践与理论；另一方面引进国外的经济金融理论，先是引进南斯拉夫、匈牙利、日本的理论，最后是美国的理论。中国第二轮引进外国金融理论，翻译外国金融学说专著，到欧美日留学学习西方金融理论。最早系统地介绍美国金融理论的是人民银行总行教育司谭秉文先生的《美国货币政策与金融制度》（1980 年）教材。

一批老专家为引进、创新金融学做出了很大贡献。

陈彪如——华东师大。开拓中国的国际金融学。

丁鹄——中国人民银行总行。淡泊人生八十年。"为学务求心有所得，而所得又来自于灵感。无灵感则尽管所学甚多，也视而不见"。

钱荣堃——南开大学。国内国际金融博士点创始人，中国式 MBA 之父。30 岁以前是学习，30～60 岁主要是接受改造，60～80 岁紧张地工作。

周林——中国人民银行总行。老资格谈判代表到国际金融专家。

陈观烈——复旦大学。"中西毕贯，名世高才"。

刘鸿儒——中国人民银行总行。从工人到副博士、中央委员。

黄达——中国人民大学。一生不离讲台。

周升业——中国人民大学。实践中找问题。

陈家盛——辽宁大学。孤儿。显山露水异国他乡。理工宜通，文理相依。

江其务——信贷员—系秘书—教授—博导。银行信贷管理学的开拓者。"谁掌握的问题越多，谁就站在了学科发展的前沿"。

周骏——中南财经政法大学。"人家在玩，在闲聊的时候，你在学习，这就是做学问最基本的方法"。

吴念鲁——中国银行国际金融研究所。文学青年到银行家。做学者能俗能雅。

张亦春——厦门大学。执着追求夜以继日。夜猫子。

曾康霖——西南财经大学。三个第一：发言、交卷、回答。书应当越讲越薄。

改革开放初期的代表性著作有：刘鸿儒：《社会主义货币与银行问题》（1980年）、饶余庆：《现代货币银行学》（1983年）、关广富：《社会主义银行理论与实践》（1984年）、周骏：《社会主义货币银行学》（1985年）、赵海宽：《货币银行概论》（1985年）、孔祥毅：《中央银行概论》（1986年）、林继肯：《稳定通货论》（1990年）、江其务：《中国当代金融运行调控论》（1990年）、白钦先：《金融可持续发展导论》等。

新一代的年轻专家有李阳、易纲、林毅夫、夏斌、吴晓求、王广谦、张杰、姜波克、潘英丽等。

90年代金融学专著、教材、工具书如雨后春笋。

（三）主要理论贡献

1. 货币与货币政策理论

（1）货币价值理论。货币价值理论走过了货币消灭论到货币发展论的过程。新中国成立后，曾有过人民币是否代表黄金的讨论，并出现了黄金派和非黄金派之争。"文革"时期这一讨论被终止。80年代以后关于货币价值问题再次被提了出来：一是关于对货币必要量的问题：货币量计算公式问题，提出了50多种计算方案。二是货币量有无弹性问题，提出了货币容纳量概念。三是流通中货币过多问题，提出通货膨胀理论。

1）关于对马克思的货币本质讨论。

2）关于对货币的流通范围进行讨论。1985年马克思的货币本质论开始淡化，逐渐地，货币必要量及其计算公式也淡化了。由于讨论取得共识，认为货币流通不应仅限于现金流通，并由货币流通范围的讨论转向了货币流通层次的研究。多数人主张将货币流通分为 M_0、M_1、M_2 多个层次。

有两种研究方法：一是从中国的实践出发，独立地研究货币层次，如黄达在《财政信贷综合平衡导论》中所采用的方法；二是吸收西方货币理论中有关货币层次划分的结论。接着，理论界开始对马克思的货币本质论进行反思，提出人民币代表黄金的理论和人民币代表物资的理论，都否定了中央银行进行货币调控（货币政策）的可能性和必要性，这与当时所进行的中央银行体制改革相违背。于是货币的价值问题的讨论自然停止下来。

（2）货币供给与需求理论。对此研究是在 80 年代后期货币流通规律和货币必要量公式研究失去意义之后、西方货币供求理论引入的情况下产生的。

在计划时期，货币发行和信贷规模依据存贷差额确定，银行贷款是货币供给的起点，货币供需由货币流通规律所决定，所以，不需要进行货币供需理论的研究。

改革开放后，商品经济的发展和商业信用的重建，给信用创造带来了空间，信用创造扰乱了货币的供给量和需求量，进而影响到实体经济。多次出现通货膨胀。

因此，对货币供给量控制和对货币创造及变动进行研究成为现实的要求。

1）货币供给理论。理论界同意对货币供给量进行控制时，从基础货币、货币乘数等方面研究货币供给问题的文章大量出现。如《试论基础货币》（1985 年）；《基础货币、原始存款、派生存款额再认识》（1987年）；《中国基础货币、货币乘数及其变化》（1987 年）等。这些文章集中于什么是基础货币、如何计算货币乘数等问题上。但是市场经济条件下，金融创新的货币创造能力对货币供给量的影响似乎越来越明显。因此，对货币供给理论的研究不应局限在某一个方面。

于是，将货币供给与银行业务结合起来，从货币创造角度来研究货币供给，再将货币需求与货币政策结合起来，从金融深化的角度研究货币需求的思路，为现代货币供需理论提出了较好的架构。

2）货币需求理论。80 年代中期以后，货币需求、货币供给和货币政策成为需求管理的主要内容，货币需求理论被认为是货币理论的核心。

邓乐平的《中国的货币需求》（1990 年）一书中对影响货币需求的因素进行了分析，在微观上从持币者的利益、动机和行为如何决定其货币需求，在宏观上从生产领域、流通领域、金融市场和制度因素等方面考察货币需求的决定。随着现代经济的发展，影响货币需求的因素越来越复杂，传统定性的分析方法已不能适应现代金融创新的变化。

90 年代中期以后，货币需求研究开始从定性分析转入定量研究的阶段。如中国货币需求函数的建模、创新金融工具如何影响货币需求函数、利率市场化与货币需求的关系、货币需求与货币供给、货币政策的协调等问题，都是货币需求理论所要研究的重要课题。

（3）货币政策理论。货币政策是通过中央银行操作的。改革开放初期，大家主张把货币发行与用户信贷分开，提出了人民银行独立为中央银行。开始从央行职能、独立性、货币发行、金融政策制定和执行、金融体系监管和金融市场调控等方面开始研究，逐渐进入货币政策与宏观调控理论研究。1984 年央行制度确立，1995 年有了《中国人民银行法》，独立性有了法律保障。但央行独立性还必须与有效性结合起来，因此央行理论研究一直是理论研究的提出问题。孔祥毅《中央银行概论》（1986 年）是"新中国第一本系统论述中央银行理论的专著"，"对央行理论体系与央行知识启蒙贡献突出。"《中央银行概论》除对中央银行的演进、性质、职能、业务、金融管理等进行讨论外，同时研究了"中央银行对宏观经济的调节"。包括货币政策目标、手段和调节的传导过程。

货币政策理论主要包括三大政策工具的运用、政策目标的选择、货币政策传导机制、货币政策与财政政策协调性等内容。这些理论是人民银行专门行使中央银行职能以来，实施货币政策进行宏观调控的主要内容。例如，1984 年规定一般存款准备金率为 40%，1985 年下调为 10%。1998 年存款准备金与备付金合并，实现了统一的准备金制度，理顺了央行的利差。货币政策目标包括最终目标和中介目标。关于最终目标有三种政策主张：单一目标；双重目标；多重目标。1995 年《中国人民银行法》以法律形式将反通胀和经济增长的双重目标确定下来。中介目标包括利率、货币供应量和银行准备金。经过新中国成立以后的现金和贷款规模作为中介目标的实践，1993 年人民银行正式选择货币供应量作为中介目标。

中介目标分近期目标和中期目标。近期目标主要包括存款准备金、短期利率、货币市场行情、银行资产与负债、基础货币五个金融变量。中期目标主要包括货币供应量、银行信用量、长期利率三个变量。不同的中介指标作用于政策最终目标的准确性有差异，但是通过中介指标的作用过程是一致的，即按照货币政策工具—近期目标—中期目标—最终目标的逻辑进行。

货币政策工具和目标被认为是货币政策的两大元素，因此在一段时间里学者们一直把工具和目标作为理论研究的主要内容。1996年以后，短缺经济和有效需求不足的社会现实，使得货币政策协调性和货币政策传导机制研究受到重视。

80年代，货币政策协调性以综合平衡理论为主导，传导机制主要通过计划来实现。90年代中期后，货币政策协调性研究转向了 Is–LM 模型为主要内容的财政货币政策搭配问题。

1997年以来宏观调控的实践，财政货币政策搭配使用在理论和实践上均已成熟。在市场机制日益成熟的条件下，货币政策传导机制成为货币政策研究的主要课题。

（4）利息理论。改革开放以后，许多经济学家认为利率可看作对付通胀的手段，可作为宏观调控的经济杠杆，因此利息问题又被重视起来。

对利息问题研究大致分两个阶段：80年代侧重利息的性质、作用和利率水平的确定。80年代中期以后，理论界对利息的性质、作用基本达成了共识，认为资金也是一种商品，利息是资金商品的价格。这一认识是中国利率市场化改革的理论基础。90年代侧重利率体系和利率市场化改革。郑先炳的《利率导论》（1991年）则从利息本质入手，重点研究了中国利率水平确定、利率结构设置及利率管理体制改革问题，尤其对利率管理体制改革，提出了包括利率市场化在内的十种改革方案。1996年1月，中国开始建立全国统一同业拆借市场，并取消对该利率的上限；同年4月中央银行启动公开市场业务；同年9月对一年期以上国债实行发行利率市场招标。这些举措标志着中国利率市场化改革进入实质性启动阶段。但并不等于利率自由化，而是有管理、有步骤地放开利率限制。作为经济生活的重要杠杆，利率市场化改革必然对货币需求、货币政策等许多相关因素产生影响。

2. 银行经营管理理论

银行理论研究可分为两个阶段：80年代以打破"大一统"的单一银行体制、建立中央银行制度和多元化金融机构体系为主要内容。如甘培根等：《外国银行制度与业务》（1985 年）；沈泽群等：《商业银行经营管理学》（1987 年）；江其务：《银行信贷管理学》（1992 年）。90 年代以国有银行企业化改革为主要内容。

这一时期的商业银行理论，主要是四大国有专业银行的企业化改革，包括基本制度、混业或是分业、业务范围和服务领域、内控机制、利率市场化等问题。由于四大国有银行产权问题、不良资产问题、经营垄断及外部环境问题，使得企业化改革进展十分困难。1994 年开始实行资产负债比例管理，提出了 9 项指标。1997 年将外币业务和表外业务统一纳入考核体系，为 10 项监控指标和 6 项监测指标。1998 年全面实行资产负债比例管理。

3. 金融市场理论

1994 年中央推出一系列市场化改革措施，以建立"三个体系"，其中一个是金融市场体系，它是在金融市场理论的指导下进行的。80 年代下半期，围绕是否需要建立金融市场、如何建立金融市场、如何发行股票等问题展开了讨论，并发表了大量的文章和著作。如刘鸿儒在《人民日报》上发表了《有步骤地开拓和建立资金市场》（1986 年）；赵海宽著述了《金融市场论》（1988 年）；刘鸿儒主编了《金融市场》（1988 年）等。这些著述不仅反映了当时金融市场的现实，而且为以后的发展指明了方向。

进入 90 年代后，随着西方公司金融理论、风险收益理论、期权定价理论和股市投机理论的传入，金融市场理论获得了新的发展。

（1）货币市场理论。在几百年的历史发展中，西方货币市场理论经历了真实票据理论、资本循环内在需求理论、货币市场均衡理论、流动性资产组合理论和金融市场创新理论的演进过程。中国的货币市场理论研究却从改革开放以后才开始起步。不过计划金融时期对马克思资本循环理论研究，实质上已经建立了现代货币市场理论研究的基础。但是，因没有形成真正的货币市场，故未站在市场角度来考察货币运动规律。改革开放后，货币市场理论研究从现实出发，围绕中国金融的制度创新，对货币市场必要性、制度环境、货币市场建设与管理等进行探讨。1984 年在中国金融学会年会上提出了发展金融市场的设想，并把货币市场资金横向流动作为突破口。从此以横向经济联合论为起点的货币市场理论逐步建立起来。之后出现扩大直接投资论、中央银行间接调控论、货币市场发展时序论等货币市场理论。不过，这些理论从宏观的角度和定性的描述较多，从微观的角度和定量的分析较少，尤其缺少对货币市场自身规律、货币市场金融工具创新等技术性问题的研究。

（2）资本市场理论。资本市场理论是最年轻的，90年代初中国证券市场出现后，才有中国资本市场理论研究。与西方资本市场理论反差很大。50年代后西方的现代资产组合理论、资本结构理论、资本资产定价模型、套利定价理论、期权定价理论等，由定性描述走向了数学化、模型化的定量分析阶段，由宏观市场层面走向了微观企业和金融工具创新研究。

中国资本市场理论的发展主要表现在：一是资本市场结构研究不断深入；二是资本市场功能研究进入实证阶段；三是资本市场效率研究已采用数学方法。资本市场结构包括以下方面：直接融资和间接融资结构；债务市场与股权市场结构；发行市场与交易市场结构；市场主体结构；市场客体结构；资本价格结构；交易方式结构；机构与个人投资者结构；供给与需求结构等。

对这些结构特征的研究既是发达资本市场长期发展过程中经验和成就的总结，又能为中国资本市场今后的发展指明方向。资本市场功能的研究常与国企改革结合在一起。有部分学者研究认为其具有九大功能。而李扬、王松奇则认为其具有五大功能：筹集并融通资金、决定资本的占有条件、决定资本风险的价格、有效配置经济资源、提供资本资产的流动性。

对资本市场效率的研究主要根据"有效率市场假说"，运用证券价格信息检验资本市场的运行效率与定价效率。90年代，不少学者运用上证指数或深证成份指数为研究对象，采用数学模型或数量方法对中国资本市场效率进行了实证检验。例如，1994年，吴世农对上海证券交易所抽取的12只股票进行了自相关分析，认为上海证券交易所股市不具有弱性效率。1996年，高鸿桢从序列相关性、延续性和反应速度三个方面对上海证券交易所股市进行实证考察，认为上海证券交易所股市从开市以来，从无效率的阶段正逐步向弱度有效市场过渡，上海证券交易所股市的效率性在不断提高。1998年，范龙振、张子纲运用DF检验法对深发展等五只深圳证券交易所股票进行检验，认为这五只股票的价格变动与深圳证券交易所股票市场的弱型有效性一致，指出深圳证券交易所股票市场已显示出弱型有效性。

证券市场在理论研究上还取得了包括"网上证券交易风险问题"、"上市公司重组绩效实证研究"和"非流通股的减持与流通"等重大成果。

投资银行理论实务代表作有：曹凤岐：《证券投资学》（1995 年）；吴晓求：《证券投资学》（1998 年）；周正庆：《证券知识读本》（1998 年）；李扬、王国刚：《资本市场导论》（1998 年）；王松奇、李扬、王国刚：《金融学》（1997 年）；李扬、何德旭：《经济转型中的中国金融市场》（1999 年）；厉以宁、曹凤岐：《中国资本市场发展的理论与实践》（1998 年）等。

黄达关于资本市场的观点：关于国有资产的流失。国有资产的流失不是因为全流通它才有流失——流失的过程是改革以来的长期过程。而且这里不是"零和游戏"，不会是国有资产的全损失。说双赢，不一定是一比一，也可能一方损失得多一点，但终归不是全损失。纵然有流失，对经济发展也不会造成致命损害。股民是得罪不起的！在中国的各类人群里面，不应该得罪，但又不得不得罪的人群中，绝不只是股民一家。如果得罪一下股民，造不成致命的伤害，而且今天得罪了，明天就可以大展宏图，这怕什么呢？选择可以勇敢一点。后果可能有点不太清楚，总不会有碍于经济的发展。即使遇到了一些困难，依靠自身的力量是能够克服的。

（3）保险市场。新中国成立之初学习苏联模式，保险理论建立在国家保险理论基础上，视国家保险为国家财政制度的独立环节。"大跃进"以后，保险事业和保险理论的研究被迫中断。改革开放后，保险事业和保险理论研究重新恢复。1979 年中国保险学会成立。1980 年《保险研究》创刊，开始了中国保险理论研究的新阶段。80 年代上半期，侧重于社会主义保险的性质、职能、作用等抽象的概念研究。80 年代下半期至 90 年代初，研究社会主义保险是不是商品、保险能否多家办、中国保险市场能否对外开放的三大问题。最后以 1990 年中国人民保险公司组织的《中国保险业发展》研究报告而结束。这是中国保险史上规模最大的一次科研活动，对中国保险事业的发展产生了深远影响。

1992 年邓小平南方谈话后，保险理论开始转入保险实务和保险制度研究，其特点：一是保险理论按照实践业务类型，出现了人身保险、财产保险、社会保险、保险数学等理论分支；二是社会保险和保险制度建设研究受到高度重视，并视为与国有企业改革和社会稳定紧密相连的社会课题。

代表性的著作有：李志贤：《保险数学》（1985 年）；吴耀宗、郝演苏：《保险学通论》（1987 年）；周庆瑞：《再保险概论》（1988 年）；陈继儒：《保险学概论》（1991 年）等。

4. 国际金融理论

国际金融理论研究是在改革开放以后，随着国际业务增多逐渐发展起来的。80 年代主要以教材形式出现，重点介绍国际货币体系、国际收支、外汇市场、外汇制度及国际金融市场等国际金融的基本原理和知识。较有影响的教材有：中国人民银行：《外汇概论》（1983 年），陈家盛：《国际金融通论》（1984 年），陈彪如：《国际金融概论》（1988 年）。90 年代后，开始运用国际金融理论研究中国问题，有人民币自由兑换、人民币汇率、外汇储备、外汇市场和外债问题等。

1983 年 6 月中国国际金融学会重点讨论了人民币汇价改革问题，但直到 1988 年才提出人民币有必要向自由兑换货币过渡。而且经过了"先特区后内地"、"先内后外"、"先经常项目后资本项目"的转变。

这些讨论和研究使中国成功地避免了亚洲金融危机的冲击。危机后研究重点转向了国际金融安全、人民币资本项目开放、区域货币一体化等问题。

代表性的著作有：钱荣堃：《国际金融论》（1991 年）；张志超：《汇率论》（1987 年）；陈岱孙、厉以宁：《国际金融学说史》（1991 年）等。

黄达关于人民币国际化的观点：中国经济强劲增长背后的人民币，如何实现其在国际货币体系中的"定位"——是否有希望成为"世界第三大货币"？黄达认为，中国经济的发展态势，必将"支持人民币进入国际重要货币的俱乐部"。但是不必以追求"老几"作为政策目标。人民币将来走向"国际重要货币俱乐部"是好事，同时也要承担国际责任，更多考虑政策的"溢出效应"，特别要考虑到和周边国家或地区甚至全球会产生什么样的摩擦。说到亚洲地区国家货币政策之间是否进行协调和合作，黄达认为，亚洲地区的货币在国际协调和合作方面肯定"会逐步增加"，在东南亚金融危机之后，亚洲开的一些会议，都表达了这样的意向，这是必然的趋势，这个过程不可能快速而顺畅。

5. 金融发展理论

60 年代末，美国戈德史密斯提出了金融结构理论。70 年代初麦金农提出了金融抑制理论，爱德华·肖提出了金融深化理论。经济金融发展理论主要以发展中国家的金融抑制和金融深化为主题，以金融工具和金融机构构成的金融结构演进为线索来探讨金融发展问题。这种理论首次将金融和经济结合为一个整体进行考察，在一定程度上揭示了发展中国家经济和金融困难的原因。80年代中期，经济金融发展理论传入中国后很快就被经济金融学界所接受，并逐步形成了中国经济金融发展理论研究的热点。

中国经济金融发展理论研究始于1987年《中国金融年鉴》和1988年《中国金融统计》两刊的问世，为金融发展理论研究提供了基础数据和参考资料。

1987年李茂生的《中国金融结构研究》，从金融形式结构、机构结构、调节机制结构、从业人员结构和市场结构五方面进行分析，提出了改革原有结构，实现经济金融发展的构想。1988年贝多广的《宏观金融论》通过建立一个以资金流量为内容的宏观金融模型，研究了社会资金的流动和控制性问题。1988年周晓寒的《金融经济论》；1991年王兆星的《中国金融结构论》；1992年谢平的《中国金融资产结构分析》；1994年吴先满的《中国金融发展论》；2002年孔祥毅的《百年金融制度变迁与金融协调》；2007年白钦先等的《中国金融发展理论前沿》等，将中国经济金融发展理论研究推向高潮。

中国经济金融发展理论源于经济金融协调发展需要（金融资源论，金融协调论），同时又促进了金融市场化改革的进程。但在金融自由化国际性浪潮的推动下，金融发展理论又面临着金融创新理论的冲击和影响。金融创新理论是70年代初在西方发达国家逐步兴起的，以逃避金融管制、规避金融风险为目的的金融理论。这一理论的出现使金融创新与金融监管成为金融发展的矛盾。

90年代以来，金融发展理论又出现了以金融数学为基础、以金融工程学为技术支持的金融创新研究。

黄达关于经济金融运行：首先，需要开放的思维框架：吸收、凝练一切文化精华建立起经典的范例。其次，需要批判的思维框架：既应勇于肯定，又应勇于否定，一切取决于是否经得住实践的检验。黄达说，新中国成立伊始，在金融理论建设中，我们拒绝西方，拒绝新中国成立前的研究成果，同时漠视自己本民族的古代思想，这不符合"古今中外"的精神。而现在，西方经济理论、金融理论、金融知识又受到特别重视。搞市场经济并要在国际经济舞台上取得生存空间，不能不学习一直以市场经济为研究对象并在指导市场经济实践中得到验证的西方经济理论、金融理论。今天，黄达教授却提出要把研究计划经济纳入基础金融理论建设视野，认为不应该把市场经济与计划经济截然对立割裂开来。

20世纪的计划经济并没有同它自己依以脱胎出来的历史背景——也就是现代市场经济——割断联系；商品、货币及其规律，依然在计划经济中取得了一个特殊的但却是普遍覆盖的存在形态。

6. 全球金融危机以来的金融研究

（1）金融危机发生的机制问题。在很大程度上是信贷周期、经济扩张周期和银行监管周期的共振。经济上行时，资本充足率可以达到，银行倾向于继续贷款，金融监管倾向于运行正常。经济下行时，银行倾向于紧缩信贷，金融监管倾向于严格控制。

"巴塞尔协议"整体与个体间的关系还要研究透。

后危机时代，经济周期、信贷周期、监管周期与金融监管的关系问题需要研究。

（2）宏观调控国家救市问题。1987年亚洲金融危机中，马来西亚、中国香港实施了政府救市，美国有很多人反对。现在认为政府救市是必要的。调节宏观经济的两只手都很重要。这个问题也不是凯恩斯最早提出来的，中国人早就提出来了。金融问题不完全是市场问题，国家参与的意义是肯定的。

（3）金融资源及其配置问题。美国控制全球性金融资源。中国企业没有钱，国家鼓励去外国上市；外国的非金融品也可以产生衍生品，中国房地产价格指数期货在他们的金融市场上市，意味着中国房地产定价权、金融证券的价格决定权去了外国。中国劳动者工资很低，出口成本低，换的外汇购买美国国债，美国反倒说操纵汇率。银行引进战略投资者，让外国商业银行入股中国商业银行是不是合适？金融资源论必须迅速深化，由理论研究进入应用研究。

（4）数学模型运用问题。信用违约概率计算公式，是所有次级信贷证券风险计算的基础。该模型在应用中没有考虑开放的金融工程系统的其他因素。当风险显现时，又大规模地对级别进行快速调整，从而对市场造成冲击。数学模型不可能捕捉到驱动全球经济的全部变量。数学解决问题的理论必须是在密闭系统环境。社会是开放的、动态的、演化的。社会问题的解答是多元的、多目标的。

（5）交叉金融学迅速发展。如交叉金融学、金融与工程学（金融工程学）、金融与心理学（行为金融学）、金融与法学（金融法）、金融与数学（金融数学）、金融与神经学，等等。

专　　访

货币，大国角力的利器

——访山西财经大学孔祥毅教授

背景说明

　　本文原载《太原日报》2010 年 10 月 28 日，记者宁沁萍采写。20 世纪 30 年代初美国总统罗斯福实行白银政策，使中国白银严重外流，动摇了中国的银本位制度。孔祥熙立即派代表到美国与之周旋，同时与英国谈判，实行了法币改革，迫使美国让步，保卫了中国利益。

　　近一段时间以来，关于人民币升值的话题成了国际国内的热门话题。从国会议员到奥巴马总统，从美国财长盖特纳公开表示人民币被显著低估，声称要利用一切可用工具对人民币施压，到美国国会众议院通过特别关税法案，以及是否将中国列入汇率操纵国等，都将矛头对准人民币，试图逼迫人民币按美国的意愿快速升值。与此同时，日本、印度、巴西、韩国、泰国、澳大利亚等国先后升值本国货币，一时间，世界将爆发"货币大战"的论谈纷纷扰扰。甚至 2008 年诺贝尔经济学奖得主、美国普林斯顿大学经济学家保罗·克鲁格曼公开声称，中国是货币战中的坏家伙，应对当前的世界货币紧张局势负责，企图将美国发动的世界汇率战的责任推给中国。货币之争表象背后的实质是什么？美国为什么要逼迫人民币快速升值？周末的一个下午，记者来到山西财经大学，采访了该校博士生导师、原校党委书记孔祥毅教授。

　　对我这个在金融与经济方面的知识几乎为"盲"的访客，孔教授这位头冠享受国务院特殊津贴专家、商业部部级优秀专家、中国金融学会常务理事、执教金融学47年的全国著名金融专家，丝毫没有盛气凌人的架势。他谦虚谨慎，热情耐心，徐徐道来。

"汇率是一国的主权，不能全听外国人的。"采访刚开始，孔教授就旗帜鲜明地亮出了自己的观点，可见他对这个问题已关注很久。他还告诉记者，今年6～10月中旬以来，人民币升值2.5%，仅9月就升了1.8%，汇制改革以来升值17.5%，可美国还是不满意。人民币继续升值对中国极为不利：一是影响出口；二是影响就业；三是热钱流入冲击国内市场；四是国家外汇储备与已购美国国债缩水；五是中国企业债务外币化；六是输入性通胀压力加大。我们不能跟着美国政府的指挥棒转。

国际金融危机爆发以来，美国的经济就一直在泥淖中跋涉。两年过去了，经济复苏缓慢，失业率居高不下。财政收支失衡，国际收支失衡。得病探因寻医本也正常，但美国这个世界老大却把板子打向了中国。为了转移国内视线，扩大出口，阻挡进口，平衡贸易逆差，加速经济增长，解决就业问题，美国举起了汇率这把利器，一再逼人民币升值。

当然，除了经济上的原因和利益，美国即将开始的中期选举也是其逼迫人民币升值的政治因素。奥巴马很倒霉，上台不久就赶上了华尔街导演的这场金融危机，并未给美国人带来预期的收益，以致民意下滑。为了争取更多选票，度过中期选举，人民币升值话题成了他们手中的拉票工具。

那么，造成美国经济失衡的原因真的如美国人认为的那样，是由于人民币估值过低和中国在故意操纵汇率吗？"不是这样的，中国确实没有操纵汇率。"孔教授说："中国之所以贸易顺差很大，主要是由于历史的原因，中国劳动者工资很低，使得出口商品成本低，在国际上竞争力很强。"孔教授认为，正是那些拿着不高工资的农民工和广大的一线生产劳动者，支撑着我们的经济取得了今天这样的发展和成就。所以，人民币升值解决不了美国经济的失衡问题，药方不对。

人民币要不要升值，何时升值，要根据中国对外经济关系的实际情况自主决定。"如果我们按美国的意愿，快速大幅度将人民币升值，我们将会重蹈日本的覆辙"。孔教授告诉我。

80年代中期，日本的经济总量已位居世界第二，举世瞩目。那时，日本仗着强劲的经济发展，豪气冲天，收购了很多美国大型企业，甚至野心勃勃要"收购美国"，成为世界经济的老大。美国怎么能让别人超过自己呢？于是鼓动英、法、德，于 1985 年 9 月 12 日在美国纽约广场饭店举行会议，达成"广场协议"，日元升值，美、英、法、德货币贬值。日本之所以同意签订"广场协议"，就是认为自己可以应对日元升值带来的不利影响。但是，日本过高估计了自己。随着日元的升值，日本的经济陷入了 10 年停滞。现在虽然有所好转，但元气依然没有完全恢复。

研究金融史是孔教授的专长，我请他谈谈世界货币关系的演进，他娓娓而道。在第一次世界大战以前，世界主要国家的货币制度基本都是金本位制，其特点可以称为三大自由：金币可以自由铸造；流通中的银行券可以自由兑换金币；黄金可以自由输出输入国门。各国间的货币汇率由各国货币的含金量之比——金平价来决定，所以，那个时代的汇率很稳定。但是，黄金生产数量赶不上商品生产发展的需要，特别是两次世界大战美国发了战争财，"二战"后美国拥有资本主义世界黄金储备的 4/5。1944 年 7 月，在美国的导演下，国际经济会议在美国布雷顿森林举行，45 个国家达成一致，同意成立国际货币基金组织，建立了以美元为中心的国际货币制度，其内容可以称为两个挂钩：美元与黄金挂钩；其他国家货币与美元挂钩。美国承诺 1 盎司黄金兑换 35 美元，由此形成了固定汇率的国际货币体系。布雷顿森林会议后的 25 年，资本主义国家的货币运行还是顺利的。但到了 1968 年，由于美国到处建立军事基地，发动朝鲜、越南等一系列战争，国际收支严重恶化，滥发美钞，不得不宣布美元贬值。先是将 1 盎司黄金兑换 35 美元改为 38 美元，后来干脆宣布不负责美元与黄金的固定价格，任其自由浮动，使持有美元的人拿 400 美元换不到 1 盎司黄金，这样，不仅美国骗了全世界的人，而且国际固定汇率也彻底解体。后来，各国货币汇率只得自由浮动。"现在，国际比较公认的看法是汇率按照货币购买力平价来决定。"孔教授这样告诉我。

占用孔教授的宝贵时间请他"扫盲"，很是不好意思。趁他上个问题暂告一段之隙，忙起身为他续了一杯茶水。"润喉"过后，孔教授继续与我聊谈。

"除了经济上的利益和政治上的因素，美国逼迫人民币快速升值是否也有扼制中国崛起的战略考虑？""当然也有这个因素"。孔教授说道，过去一个国家的安全主要靠军事，但现在已经不是这样了。1995 年，哈佛大学教授亨廷顿给美国政府的国家安全战略建议有 14 条，摆在第一位的是拥有和操纵国际金融系统；第二位的是控制所有的硬通货，第五位的是主宰国际资本市场。日本也出台过同样的国家安全战略方案，都把航天技术、粮食、能源等战略物资控制排在了后边。现在让一个国家倒霉，不一定非要打仗，让国际金融投机资本冲击一下比战争还惨。1997 年索罗斯的投机资本冲击泰国，一晚上泰国经济倒退了 30 年，并导致亚洲金融危机，使很多国家受害。

孔教授还给我讲了一段中美白银角力的往事。

由于"一战"后白银产量增加，出现金涨银跌现象。为稳定银价，美、中、印等 8 个产银用银大国于 1933 年 7 月在伦敦世界经济会议上签订《国际白银协定》，规定美国每年购银不超过 3500 万盎司，中国将从 1934 年起 4 年不得将年销毁银元之白银出售，以维持白银价格，稳定国际市场。但不到一年，美国就违背国际协议，出台"白银政策"，拟从国外购进白银 1 亿盎司，由此立即引起世界银价飞涨，一些国家银价甚至上涨 3 倍多。这就使中国货币银元在国际汇兑中升值几近 100%，进出口贸易迅速恶化，把中国推向了经济衰退。时任中央银行总裁的孔祥熙与之进行了坚决的斗争，联合英国给美国施压，果断地推出"法币改革"，同时积极与美方交涉，以有限的谈判资本，不厌其烦地向美方晓明利害。经过近两年的艰难交涉，最终说服了美国与中国合作，才使国内资金松动，利率下降，金融市场趋于安定，物价普遍回升，国内生产得以复苏和发展。"大国借货币角力，从来如此。"孔教授如是说。

我们清楚，中国还是一个尚未跨越"中等收入陷阱"的发展中国家，离真正的世界强国还有很长的路要走。但在别人眼里，这个过去瘦弱不堪的穷小子现在的成长着实让人瞩目和警觉，及至臆想和担忧，卧榻之侧，岂容他人酣睡？面对越来越复杂的国际国内环境，面对人民币升与不升的两难局面，我们究竟该怎样选择？"不要把外国的压力看得太可怕，因为美元贬值长远讲对美国是不利的，诚如美国历史学家、耶鲁大学国际安全研究中心主任 Paul Kennedy 所说，'敦促人民币升值，是傻瓜才会做的事情'。即便是走到最坏的结果，把我们列入汇率操纵国，也不必太惊慌，顶多是部分企业出口受阻，但对中国经济的影响不会太大。倒是我们要特别关注的是通胀压力。因此，采取波动汇率，升升降降，给虎视眈眈的国际投机资本以打击，防止国际热钱流入给中国造成输入性通货膨胀，才是最好的对策。"孔教授恳切地说道。

"和平崛起"是中国的一贯主张，"货币大战"也是我们不愿承受之苦。上周六结束的 G20 财长与央行行长会议上，各国承诺抵制竞争性贬值的"货币战争"，但下月初在首尔举行的 G20 全球领导人峰会，才是汇率激辩的正剧。"货币大战"究竟是怎样的"剧终"？我们拭目以待。

孔祥毅：对话票号历史 探寻
山西金融发展之路

背景说明

本文是 2012 年 7 月 2 日山西卫视台《新闻观察》播放的
"第一访谈"的文稿，主持人为山西电视台吉仙红。

（旁白）：他是百年中国金融研究领域的代表人物，尤其对中国金融业的乡下鼻祖山西票号有着深入的研究。他是孔氏家族第 75 代传人，儒家思想的影响和熏陶让他探寻到晋商票号走向辉煌的真正秘诀。如何续写山西票号曾经的辉煌，如何承传晋商文化的精髓。第一访谈专访著名的金融学家孔祥毅教授。

在山西经济学界，尤其是在金融票号研究领域，孔祥毅教授的名字始终是一个重要的符号。他的一系列学术成果和思想观点，在相识者和不相识者间流传，令人钦佩。而当我们以一个记录者的身份，与孔教授面对面时，更是不由自主地会生出一种崇敬之情。他的声音略显沙哑，但语调高亢，尤其是在谈到他研究了近 50 年的晋商时，眼角眉梢流露出掩饰不住的兴奋。

作为我国著名的金融学专家，孔祥毅教授的主要研究方向为金融理论与金融史、晋商与票号，他的中央银行制度变迁与功能演进论、金融协调论、金融先导论、票号挈领中国金融革命论等思想学说被收入我国第一部金融思想学说史专著《百年中国金融思想学说史》。该书选择性地介绍了 100 多年来我国金融领域里的 50 位主要代表人物，包括孙中山、郑观应、梁启超、马寅初、南汉宸等。

记者：孔教授，《百年中国金融思想学说史》可以说是我国第一部金融思想学说史的专著。

孔：记得 2004 年我们在广西有一次讨论会，有一大批人就认为，中国从来就没有金融理论，一切金融理论全部是外来的。当时我在会上就说，比如说唐朝的白居易他就讲过，用货币政策来调控宏观经济，调控农工商业，这可以说是比凯恩斯更早的宏观金融理论。会议之后，西南财经大学以曾康霖教授为首，组织了个班子，开始研究这个问题。

记者：这本书里排在第一位的是孙中山先生，还有梁启超、马寅初等这些大家的思想学说。那么您能够入选其中，能不能给我们分享一下您的感受？

孔：我能够入选就是说，我的一些学术观点被社会所认可，因为能够入选的这些人，是经过一批专家多次研究筛选出来的，就是说这些人金融方面的理论、思想能够站得住脚，是正确的，对中国的经济社会发展是有作用的。我的一些看法能够列入其中，当然非常高兴了。

（旁白）：孔祥毅教授对金融学的研究开始于对山西票号的研究。1963 年刚刚参加工作的他就参加了山西票号史料的编写工作，而就是这一次偶然的加入造就了一位晋商研究的奠基人，而票号也成为孔祥毅教授从事金融史学研究的一个切入点。

记者：说到金融史的话，作为山西人，我们会想到我们山西的票号，有人把山西票号称为银行业的乡下鼻祖。

孔：中国历史上，山西历来是金融大省、金融强省。

记者：最鼎盛的时候，是不是就是明清时期？

孔：更早一点说，在春秋战国时期已经是很有影响的。世界上最早的金属铸币是从山西开始的，在侯马出土了一个战国时期的造币工厂。这个造币工厂要比现在世界上发现最早的意大利古罗马的一个造币厂早 400 多年。两年以前在汾阳发现一个金代墓葬，里边有一幅壁画，能看出这是一个钱庄的缩影。过去一般人认为钱庄是明代开始的，这个墓葬证明了在金代已经有钱庄了。等到明清时期又有账局、印局、钱庄、银号和票号。规模最大、影响最大的是票号。

记者：山西票号在金融理论等方面有哪些探索？

孔：票号创立了以票代银、异地资金汇兑，这在中国历史上是一个巨大的贡献，可以说中国的金融业应当是从山西开始的。

（旁白）：明清时期，以"货通天下"著称的山西商人，通过票号实现了"汇通天下"的梦想，创造了一个令世人震撼的白银帝国。票号上承传统社会的银钱汇兑，下启近代金融的全力发展，成为我国解读中国金融史的一把神奇钥匙。那么对于今天的金融发展，古老的票号还能给我们提供哪些启示呢？

记者：在金融方面，我们有着丰厚的历史积淀，有哪些经验值得我们今天来学习和借鉴？

孔：当年以票号为代表的山西货币商人，不仅创造了多种金融机构，还有多种金融工具，另外还有金融技术的创新、金融制度的创新，这些创新可以说是中国早期银行业的典型代表，已经非常的完整，已经相当典型。

记者：您能不能举一个例子？

孔：现在我们经常能听到，有的银行被一些坏人拿着假的票据去提款，就真的提走了，最多搞到20个亿。我研究晋商票号到现在50年了，但是我没有看到票号因为票据是假的被人骗走钱。

记者：它的智慧在什么地方呢？

孔：它那票据里边有水印，这水印是我们山西人发明的。另外它那票据由总号统一印制，各分支机构计数领取，用了以后，坏了的、用了的还得计数结账，这样就保证了这票据，任何人不是能随便印的。还有现在一般银行提取存款三个公章，总经理章、财务章和会计章就可以提款了；当年是六枚公章，有抬头章、押款章、落地章、防伪章、骑缝章，还有套字章。再加上他们还有暗号，汇款人根本不知道这是什么意思，但是他们内部一看就知道，这一套可以把它叫作"银行密押"。可以说，中国银行业的密押制度是我们山西票号开创的。

（旁白）：山西票号在其百余年的历史实践中积累了宝贵的财富，留给后人丰富的经验教训，是一笔泽被世人、恩泽后代的遗产，如何让这朵曾在黄土地上盛开过而又凋谢的金融奇葩重新绽开生命的花蕾，这是孔祥毅教授几乎每天都在思考的一个问题。

记者：从春秋到明清可以说我们山西在金融方面积累了丰厚的历史积淀，但是今天您却说我们山西处在金融的高地，您觉得目前我们山西的金融现状是个什么样子？

孔：讲个数据，1953 年的 1 月 1 日到 1995 年的 12 月 31 日这样长的时间里，山西所有的银行机构吸收的存款和发放的贷款是个什么关系呢？最少的时候存款一块，贷款贷出一块；最多时候存款一块，贷款贷出一块九毛九分五。这说明了当年计划经济时期外面的钱流到山西来了，来建设山西的。从 1996 年开始到现在是什么状况呢？存款一块，贷款最多是 1996 年的九毛七分钱，以后逐年下降，存款一块，贷款八毛；存款一块，贷款七毛，六毛，五毛。严重的时候，光算四家国有商业银行、股份制银行和邮政储蓄银行，它们的贷款是三毛多不到四毛钱。那么这些钱去哪了？70% 的钱去哪了？它除了留有一部分准备客户提取存款以外，大部分它不会放在库里，放在库里它不就赔了吗？所以这钱调到外省去了。可以说，是这些银行，像抽水机一样把山西旱田里的水抽到东南沿海浇水浇田了，这叫"资金外流"。为什么出现这个情况？为什么计划经济时期是流进现在是流出？这是山西经济结构所决定的，就是说重型经济结构必须要大量的投入，国家要保证这个计划的实现。1996 年以后，即实行了完全市场经济以后，这个情况就变了，你好就贷，你不好就不贷你了。这些金融机构的大部分不是山西的，他们可以调动山西的钱，到其他地方放款，所以这些钱就流走了。

记者：那比如说要从金融的高地建成金融的洼地，您觉得当下最需要解决的问题是什么？

孔：首先，在战略上我主张应当实行政府主导下的金融先导战略，也就是说通过政府来创造政策，创造制度，制定新的有利于山西金融发展的战略，使金融业先于其他产业优先发展，金融业发展起来，钱有了，钱多了，那工商业发展就自然没有资金问题了。其次，我觉得应当是整合山西地方金融资源，办一个像样的地方商业银行航空母舰。如果山西地方商业银行都是山药蛋，大家互相在那里恶性竞争，肯定对山西形势不利。还有一点，就是股权交易，现在企业上市有一定的标准和条件，只有两个地方，到上海或深圳去上市，达不到那个标准就上不去。我们省内很多企业离那个标准都差一点，不能总是等，等到什么时候是时候呢？为什么我们山西不能搞一个股权交易中心，让这些已经很不错但是达不到上市条件的企业先在山西省内的股权交易市场上转让自己的股票呢？愿意买的就可以买嘛，因为太远了外地人不了解，在山西都是了解的。这样的话，就能够使这个产权交易中心变成到上海、深圳上市的预科，先培育一个时期，山西就会有更多的上市公司、上市企业。就是说，山西应当做的事很多，通过一些措施，使得山西资金外流的金融高地变成资金流入的金融洼地，山西经济社会发展应当是没问题的。因为我们的劳动力、我们的能源、我们的交通运输条件都很好。硬件都很好，需要在软件上努力提高。

（旁白）：500年间创造金融辉煌的晋商，以其勤劳、智慧传承服务、文明。足迹遍华夏，声名震欧亚。影响之大，在中国，在亚洲，甚至世界商史上都有一定的位置。50年来，孔祥毅教授在晋商研究领域倾注了大量的心血。他从晋商文化中寻找到了研究金融学的一个独特视角。

记者：其实一说到金融的话，大家自然会想到晋商。晋商的文化的确也非常的博大精深。那么和徽商、浙商相比，晋商最独特的文化内涵是什么？

孔：明清时期中国发生了商业革命，出现了十大商帮，那么晋商为什么能够在十大商帮中成为领头羊，它和其他商帮有什么根本性的差异？应当说这个差异还是很多，但是最主要最根本的，就是晋商实行人身股制度，人身股制度就是把东家的物化劳动和伙计们的活劳动结合在一起，把东家的货币投资和伙计们的劳动力结合在一起，结合在一个平台上，就是一个企业劳资共创。这种做法外国没有，中国从来也没有，这是我们晋商称雄商界的商业秘密，也是晋商文化区别于其他商帮文化最突出最重要的一点，也是最成功的一点。遗憾的是现在没有看到晋商对这个问题的传承。晋商区别于其他商帮，最大的突出之处还有一点就是货币经营资本和商品经营资本的混合生长。也就是说，投资搞金融业的这一部分商人，包括钱庄、当铺、银号、票号、账局这些货币商人和经营百货的异地贩运贸易商人，即货币经营资本与商品经营资本混合生长，相互参股。

记者：能不能理解为是实体经济和虚拟经济的很好的一种结合？

孔：是的，你说得非常好。它可以说用货币资本的发展来推动商品经营资本的发展，用虚拟资本来推动实体资本的发展。

记者：也就是这种混合生长，用现代人的眼光来看的话，它更加具有活力但同时它的风险又会降到最低。

孔：我们应当看到，现在混合经营是一种趋势，这样它的利润来源多元化，它的经营也就会很稳定。

记者：晋商有着五百多年的辉煌历史，您研究了这么多年，您觉得他们给您最大的人生启迪是什么？

孔：从晋商身上，我发现了该怎么样做人，怎么样做事。我觉得晋商做人讲究商业伦理，他们的商业伦理就是诚信义利，以义制利。只要你讲义，利也就在其中了。一讲义朋友就多，朋友多了就好做买卖，利润就来了。为人处世，他们的哲学是中和之道，对讲诚信的客户，他们称为"相与"，主张善待相与，代代相传。说到中和之道，不仅是善待相与，还有善待员工，比如说学徒进来的时候，大掌柜要举行一次请进仪式，请新学徒吃饭，就给这新来的小伙子们一个终身归属感。就是说，只要你在这里好好工作，你可以顶股的。不仅可以成为业务骨干，而且也可能当掌柜。所有的员工都是忠心耿耿，为企业效力。

记者：这对您做研究也应该说有很大的启发。

孔：是的。为人处世要讲究中庸之道，也可以叫中和哲学。不能过左过右，也不能感情用事。这也就是我这几年从这里悟出的怎么样做人、怎么样做事，才能够使自己存在下去。

（旁白）：孔祥毅教授不仅是中国著名的金融学家，而且是中国第一大家孔氏家族第75代传人。在他的家中，书是最独特的一个存在，不仅两面墙巨大的落地书架双层摆放，满满当当，就连书架顶上和地上也都是堆积如山的资料。如今，年已古稀的他依然每天穿梭在这浩瀚的书海之中，因为在他看来自己应该承担起来的工作还有很多。

记者：其实，今天我们总结起来说，孔教授能够在金融方面有这么多的成就，可能一个是得益于您多年的潜心研究，还有一个您是孔氏家族的第75代传人。这些对您是不是都有影响？

孔：应当说是有一定关系的。从小家里有规矩，就是普通字纸也不能随便撕了，不能随便踩了，更不能是把它糟蹋了，书应当怎么怎么重视等，所以从小就喜欢读书。作为孔子的后人，我们要学习老祖宗，做不了圣人做个贤人，做不了贤人做个好人，绝对不能做坏人。这也就是家庭的影响，传承给我们的最基本且始终没有忘记的一个信条。

记者：人们都说孔子五十而学易，您六十岁开始学电脑，而且退休之后这么多年来依然是一部接一部的学术专著在出版，那么在研究方面您的规划究竟是什么？

孔：我正在做的，是想搞一个《世界金融发展史》，还想做一个《中国金融革命》。中国金融革命是由山西票号领头的，应当是我们义不容辞该做的事。同时要启动一项工程，即晋商史料系列丛书。现在所有搞研究晋商的、写文章的、搞文艺作品的、搞电视剧的，资料源大部分是来自我们山西财经大学搞的《山西票号史料》那本书。除了这本票号史料以外晋商的其他史料都散在民间，需要很好地集中起来，把它挖掘、抢救、整理、出版。我希望在我有生之年能够把这项工程完成。

记者：非常有意义的大工程。

孔：晋商文化基金会，我是理事长，所以我觉得我有义务把这个任务挑起来。

学海泛舟，有幸在经济学的殿堂中结识孔祥毅教授，先生高尚的品格、精湛的学问给我们留下了深刻的印象，而他那份对研究的热爱和对事业的坚持，更让我们获益良多。我们衷心地希望孔祥毅教授能够有更多新的研究成果与著作和我们分享。